Sonderseiten

METHODE Hier kannst du naturwissenschaftliche Arbeitsweisen trainieren.

PINNWAND Hier findest du Zusatzinformationen für inhaltliche Vertiefungen.

STREIFZUG Hier findest du Verknüpfungen mit anderen Fachgebieten.

LERNEN IM TEAM Hier findest du Vorschläge für die Projektarbeit mit offen formulierten Handlungsaufträgen.

AUF EINEN BLICK Hier findest du die Inhalte des Kapitels in kurzer und übersichtlicher Form dargestellt.

BASISKONZEPTE Hier findest du Anregungen zum Betrachten der Inhalte unter bestimmten Blickwinkeln, den Basiskonzepten. Näheres dazu findest du in der Methode „Arbeiten mit Basiskonzepten".

LERNCHECK Hier findest du vielfältige Aufgaben zum Wiederholen und Vertiefen der Inhalte des Kapitels.

DEIN BUCH

Förder- und Forderseiten

Die **Förderseiten** stellen die Inhalte des Bereiches anschaulich und sprachlich vereinfacht dar.

Die **Forderseiten** stellen die Inhalte des Bereiches komplexer dar und bieten eine intensivere Auseinandersetzung mit dem Thema.

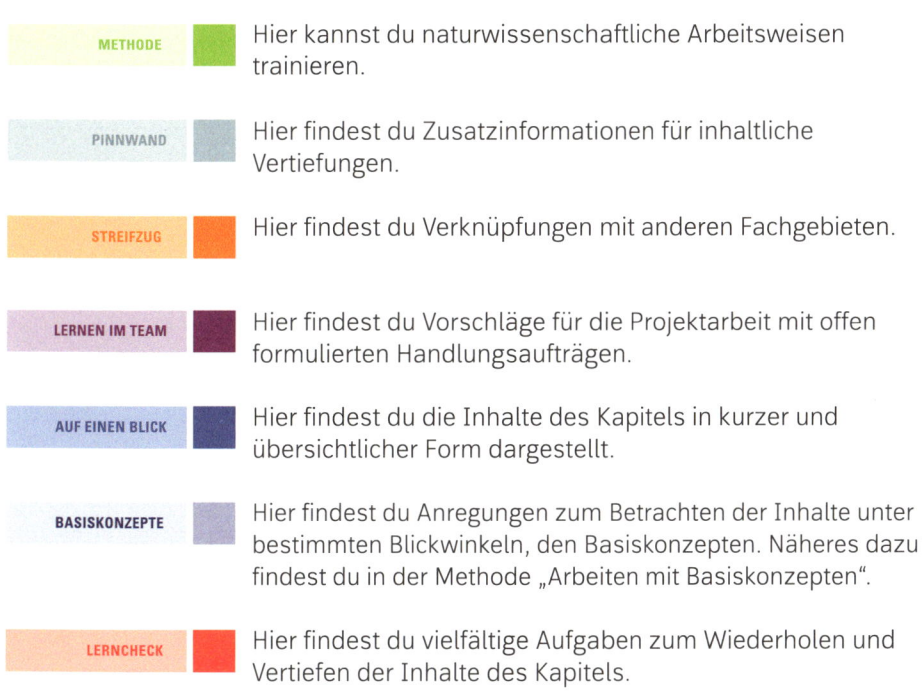

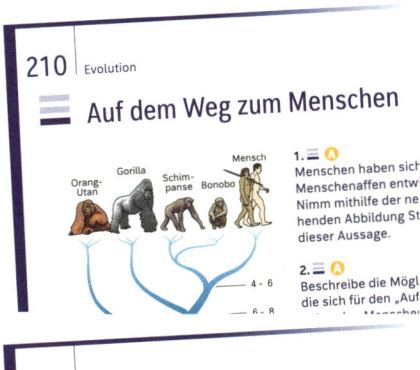

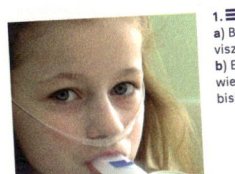

Imme Freundner-Huneke
Ralph Möllers
Siegfried Schulz
Annely Zeeb

9/10

ERLEBNIS
Biologie

Ein Lehr- und Arbeitsbuch

differenzierende **Ausgabe**

Schroedel
westermann

ERLEBNIS 9/10
Biologie

differenzierende Ausgabe

Herausgeber
Imme Freundner-Huneke
Ralph Möllers
Siegfried Schulz
Annely Zeeb

Autoren
Imme Freundner-Huneke
Silke Kraft
Ralph Möllers
Siegfried Schulz
Anja Thesing
Annely Zeeb

Redaktion
Dr. Pia Braune
Bettina Glammeier

Illustrationen
2 & 3d design Renate Diener, Wolfgang Gluszak, Düsseldorf, Atelier Tigercolor Tom Menzel, Birgitt Biermann-Schickling, Jan Bintakies Franz-Josef Domke, Eike Gall, Christine Henkel, Wolfgang Herzig, Brigitte Karnath, Heike Keis, Torsten Kropp, Silke Leisse, Lieselotte Lüddecke, Karin Mall, Olav Marahrens, Walther-Maria Scheid, Birgit und Olaf Schlierf, Ingrid Schobel, Sinnsalon Büro für Konzept und Gestaltung, Werner Wildermuth

Grundlayout und Umschlaggestaltung
SINNSALON
Agentur für Kommunikation
und Design

Mit Beiträgen von
Gerd-Peter Becker, Dr. Simone Beckmann, Heike Claßen, Albrecht Blessing, André Carozzi, Petra Dams, Jasmin Dittmar, Joachim Dobers, Nicole Fischer, Dr. Helmut Gaßmann, Peter Hartmann, Dr. Andreas Heinrich, Claudia Heist, Dr. Stefanie Jerems, Dr. Jürgen Kastner, Andreas Kegelmann, Marietta und Dieter Keller, Hauke und Christiane Kruse, Roland Künzel, Olga Leuchtenberg, Dagmar Mehliß, Dr. Susann Müller, Sara Neumann, Ulrike Preuß, Sarah Sennebogen, Rainer Seefeldt-Döhring, Werner Reitberger, Anke Roß, Dorothee Tietge, Andrea Timcke, Sabine Vogt, Michael Walory, Sybille und Martin Wellmann

westermann GRUPPE

© 2017 Bildungshaus Schulbuchverlage
Westermann Schroedel Diesterweg Schöningh Winklers GmbH, Braunschweig
www.westermann.de

Druck A^3 / Jahr 2020
Alle Drucke der Serie A sind im Unterricht parallel verwendbar.

Druck und Bindung: Westermann Druck GmbH, Braunschweig

ISBN 978-3-507-**78024**-8

Inhalt

Heimische Ökosysteme

6 Heimische Ökosysteme
8 Nicht alle Lebensräume sind gleich
10 Der Wald – ein Ökosystem
12 METHODE Messungen durchführen und auswerten
14 LERNEN IM TEAM Walduntersuchungen
16 Rotbuche und Waldkiefer – zwei typische Waldbäume
17 Wie ein Baum wächst
18 PINNWAND Waldbäume
20 Pilze im Wald
22 Nahrungsbeziehungen im Wald
24 Besondere Beziehungen zwischen Lebewesen
26 Nahrungsbeziehungen und Stoffkreisläufe
28 Alle Lebewesen benötigen Energie
30 Stoffkreisläufe und Energiefluss
32 Leistungen des Waldes
34 Der Wald ist in Gefahr
36 Nachhaltige Forstwirtschaft
37 METHODE Expertendiskussion
38 Der See – ein Ökosystem
40 PINNWAND Tiere im und am See
41 PINNWAND Atmen mit allen Tricks
42 Aus dem Wasser in die Luft
44 Nahrungsbeziehungen im See
46 Einzeller
48 PINNWAND Leben im Wassertropfen
50 METHODE Erstellen von Folien

51 METHODE Präsentieren mit dem Computer
52 Wenn der Mensch eingreift
54 Die Gewässergüte lässt sich bestimmen
56 LERNEN IM TEAM Gewässergüte eines Sees
58 PINNWAND Gewässergüteklassen und typische Zeigerorganismen
59 METHODE Eine Mindmap erstellen
60 Kleine Ökosysteme
62 PINNWAND Naturdenkmale in Baden-Württemberg
63 PINNWAND Geschützte Gebiete in Baden-Württemberg
64 Lebensbedingungen in der Stadt
66 Wege der Konsumgüter
68 Pflanzen in der Stadt
70 Tiere in der Stadt
72 Rasen oder Wiese?
74 PINNWAND Wiesenpflanzen
75 PINNWAND Häufig vorkommende Wildgräser
76 Nahrungsbeziehungen in der Stadt
78 PINNWAND Neubürger oder Neobiota
79 PINNWAND Berufe in Natur und Umwelt
80 METHODE Arbeiten mit Basiskonzepten
82 AUF EINEN BLICK
83 BASISKONZEPTE
84 LERNCHECK

Ökologie – globale Herausforderungen

86   Ökologie – globale Herausforderungen
88   Ökosysteme in Gefahr
89   PINNWAND Klimawandel und die Folgen
90   Kohlenstoff im globalen Kreislauf
92    Kohlenstoff im Kreislauf
94   Das Klima ändert sich weltweit
96   STREIFZUG Die Entstehung fossiler Brennstoffe
97   PINNWAND Regenerative Energien
98   ≡ Belastung der Atmosphäre - Gefahr für uns Menschen
100 Der Boden – eine wichtige Lebensgrundlage

102 In der Landwirtschaft muss gedüngt werden
104 Der Stickstoffkreislauf
106 Belastung und Schutz des Bodens
108 LERNEN IM TEAM Belastung und Schutz der Wasservorräte
110 Tropische Regenwälder
112 Was bedeutet Nachhaltigkeit?
114 LERNEN IM TEAM Global denken – lokal handeln
116 AUF EINEN BLICK
117 BASISKONZEPTE
118 LERNCHECK

Gene und Vererbung

120 Gene und Vererbung
122 Ganz der Vater – ganz die Mutter?
124 Zellteilung führt zu Vermehrung und Wachstum
126 ≡ Zellteilung
127 METHODE Modelle helfen beim Verstehen
128 Die Erbinformationen liegen im Zellkern
130 Die genetische Information der DNA
131 ≡ STREIFZUG Die Entschlüsselung der DNA – eine Erfolgsgeschichte
132 ≡ Die DNA wird identisch verdoppelt
133 Eiweißbildung - vom Gen zum Merkmal
134 Keimzellbildung und Befruchtung
136 STREIFZUG Ein Mönch entdeckt die Gesetzmäßigkeiten der Vererbung
138 ≡ Keimzellbildung und Befruchtung
139 ≡ Die 1. und 2. MENDELsche Erbregel
140 MENDELsche Erbregeln
142 Erbanlagen können neu kombiniert werden
144 Erbregeln gelten auch für den Menschen

146 Mutationen – Veränderungen der DNA
147 PINNWAND Schutz vor Mutagenen
148 Vererbung des Geschlechts
149 Geschlechtsgebundene Vererbung
150 Mutationen als Ursache für Krankheiten
152 Erbgut und Umwelt ergänzen sich
154 Genetische Beratung
155 STREIFZUG „Erbgesundheitspflege" im Nationalsozialismus
156 Gentechnik – Übertragung von Genen
158 ≡ Heile Welt durch Gentherapie?
160 ≡ Was Stammzellen alles können
162 METHODE Informationsquellen im Internet kritisch nutzen
163 PINNWAND Berufe in der Biotechnologie
164 Klassische Züchtungsverfahren
166 Moderne Züchtungsverfahren
168 Gentechnik in der Landwirtschaft
170 AUF EINEN BLICK
171 BASISKONZEPTE
172 LERNCHECK

Evolution

174 Evolution
176 Fossilien – Zeugen der Vorzeit
178 PINNWAND Fossilien
179 METHODE Eine Exkursion steht an
180 STREIFZUG Ein Fossil wird zum Leben erweckt
181 Evolution vollzieht sich in langen Zeiträumen
182 Wie alles begann
184 Erdzeitalter und ihre Lebewesen
186 Vom Wasser auf das Land
188 Vom Urpferd zum heutigen Pferd
190 Verwandt oder nur ähnlich?
192 Belege für die Evolution
194 Evolutionstheorien von LAMARCK und DARWIN
196 Die Entstehung neuer Arten
198 Die Entstehung neuer Arten
199 STREIFZUG Schöpfungsmythen
200 Die Rolle der Sexualität

201 PINNWAND Sexuelle Selektion
202 PINNWAND Großes Artensterben am Ende der Eiszeit
203 METHODE Gruppenpuzzle
204 Mensch und Menschenaffe – miteinander verwandt
206 Auf dem Weg zum Menschen – Australopithecus bis Homo
208 Auf dem Weg zum Menschen – die Gattung Homo
210 Auf dem Weg zum Menschen
212 Die kulturelle Evolution des Menschen
214 STREIFZUG Das Beil des Ötzi
215 Menschen beeinflussen die Evolution
216 Evolution des Verhaltens
218 Menschen – frei und gleich an Rechten und Pflichten
220 AUF EINEN BLICK
221 BASISKONZEPTE
222 LERNCHECK

Anhang

224 Stichwortverzeichnis
229 Namensverzeichnis
229 Übersicht: Methoden

229 Übersicht: Lernen im Team
229 Gefahrstoffsymbole
230 Bildquellenverzeichnis

Heimische Ökosysteme

Warum gibt es so viele verschiedene Ökosysteme?

Wovon lebt die Raupe und wer lebt von ihr?

Welche Beziehungen gibt es zwischen den Lebewesen eines Ökosystems? Und welche Rolle spielt dabei der Mensch?

Nicht alle Lebensräume sind gleich

1. ≡ Ⓐ ⦿
Erkläre, was die einzelnen Farben des Satellitenbildes zeigen.

2. ≡ Ⓐ
Welches Ökosystem ist in der Abbildung 2 auf der rechten Seite dargestellt? Zu welcher Klimazone gehört dieser Lebensraum? Beschreibe die Klimabedingungen dieser Zone.

3. ≡ Ⓐ ⦿
Abbildung 1 zeigt drei weitere Ökosysteme (A–C). In welchen Klimazonen könnten die Ökosysteme A und C liegen? Begründe deine Zuordnung.

4. ≡ Ⓐ ⦿
Betrachte alle abgebildeten Ökosysteme.
a) Ordne sie nach künstlichen und natürlichen Ökosystemen und begründe deine Zuordnung.
b) Nenne für eines der Ökosysteme drei bestimmende abiotische Faktoren.

5. ≡ Ⓐ
Erkläre folgende Begriffe:
• Biotop
• Biozönose
• Ökosystem

1 Unterschiedliche Ökosysteme

Wie sich Lebensräume unterscheiden

Auf der Erde gibt es verschiedene Lebensräume wie Wälder, Seen, Wüsten, Meere oder Gebirge. In jedem Lebensraum herrschen unterschiedliche Lebensbedingungen. Wie unterscheidet sich zum Beispiel ein mitteleuropäischer Laubwald von einem tropischen Regenwald? Mitteleuropa gehört zur gemäßigten Zone mit warmen Sommern und kalten Wintern. Unsere Laubbäume werfen im Winter ihre Blätter ab und überdauern in einem Ruhestadium bis zum nächsten Frühling. Tropische Regenwälder dagegen liegen in den Tropen beiderseits des Äquators. Dort gibt es ganzjährig gleichbleibende Temperaturen und keine Jahreszeiten, wie wir sie kennen. Es gibt daher auch keinen jahreszeitlich bedingten Laubabwurf.

Die Temperatur bestimmt wesentlich die Lebensbedingungen in einem Lebensraum, auch **Biotop** genannt. Weitere wichtige Faktoren sind die Menge und Art der Niederschläge, die Lichtmenge, die Sonneneinstrahlung und die Wind- und Bodenverhältnisse. Solche Einflüsse der unbelebten Umwelt nennt man **abiotische Faktoren.** Sie sind der Grund, warum sich beispielsweise ein Baggersee in Baden-Württemberg deutlich von Bergseen in den Zentralalpen unterscheidet. Beide gehören zwar zur gemäßigten Zone, sie liegen aber in ganz unterschiedlichen Höhen. Die Höhenlage hat Auswirkungen auf die abiotischen Faktoren.

2 Buchenmischwald mit typischen Lebewesen: **A** Lebensraum, **B** Wildschwein in einer Suhle 👆

Lebensgemeinschaften

Die unterschiedlichen Lebensbedingungen führen dazu, dass sich in jedem Biotop eine besondere Lebensgemeinschaft aus Pflanzen und Tieren, eine **Biozönose,** bildet. Alle Lebewesen einer Biozönose sind von den abiotischen Faktoren des Lebensraums abhängig. Wildschweine bevorzugen feuchte Böden, in denen sie schlammige Gruben zum Suhlen anlegen können. Diese Bedingungen gibt es zum Beispiel im Wald. Alle Pflanzen und Tiere einer Biozönose stehen in Wechselbeziehungen zueinander. Solche Einflüsse auf einen Organismus werden **biotische Faktoren** genannt.

Ökosysteme

Die Einheit aus Biotop und Biozönose wird als **Ökosystem** bezeichnet. Innerhalb eines Ökosystems leben viele Pflanzen und Tiere, manchmal auf sehr engem Raum. Dies ist deshalb möglich, weil Tiere wie beispielsweise Wasservögel zwar im gleichen Gebiet leben, aber unterschiedliche Nahrung oder Brutplätze nutzen und deshalb nicht in **Konkurrenz** zueinander treten. Man sagt, sie nutzen unterschiedliche **ökologische Nischen.** Die ökologische Nische beschreibt die „Planstelle", die eine Art in einem Ökosystem einnimmt. Dabei werden die Bedürfnisse einer Art sowie die Umweltfaktoren in ihren Wechselwirkungen betrachtet.

Tropische Regenwälder, Seen, Meere oder Wüsten sind **natürliche Ökosysteme.** Andere Ökosysteme wie Städte, Wiesen oder Felder wurden erst durch den Menschen geschaffen. Man bezeichnet sie deshalb als **künstliche Ökosysteme.**

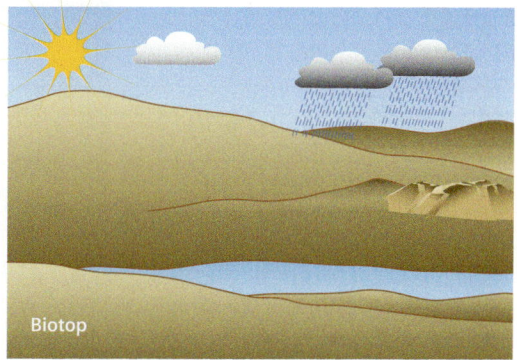

3 Biotop und Biozönose bilden ein Ökosystem.

Du kannst die Begriffe Biotop, Biozönose und Ökosystem erklären.

Der Wald – ein Ökosystem

1. Ⓐ 🔍
Erstellt eine Mindmap zum Thema Wald. Die Bilder in diesem Kapitel geben euch hierzu Anregungen.

2. Ⓥ 🔍
Erkundet in Gruppen verschiedene Wälder in der Nähe. Macht typische Fotos. Tragt die Ergebnisse zusammen und beschreibt die verschiedenen Waldtypen.

3. ☰ Ⓐ
a) Lege eine Tabelle zu den Waldstockwerken an. Beschreibe die dazugehörigen abiotischen Faktoren und ordne möglichst viele Pflanzen- und Tierarten zu.
b) Erläutere die Bedeutung von Umweltfaktoren für das Ökosystem Wald mithilfe des Basiskonzepts System.

4. ☰ Ⓐ
Am Waldrand wachsen viele verschiedene Straucharten, häufig mehr als mitten in einem Wald. Erkläre dies.

Wald ist nicht gleich Wald

In Abhängigkeit von den vorhandenen abiotischen Faktoren haben sich auf der Erde viele unterschiedliche Waldtypen entwickelt.

Für die bei uns im Flachland herrschenden Bedingungen sind Buchenwälder typisch. Sie brauchen ausreichend Feuchtigkeit, wachsen aber auf verschiedenen Bodenarten. In den Mittelgebirgen mischen sich die **Laubwälder** mit Nadelbäumen und bilden **Mischwälder.** In höheren Lagen sind die Temperaturen tiefer und die Bodenschicht flacher und steiniger. Bei solchen Bedingungen setzen sich Nadelbäume wie Tannen durch. In Gebirgen findet man daher reine **Nadelwälder.**

Weiden, Erlen und Pappeln sind Baumarten, die mit nassen Böden und Überflutungen zurechtkommen. In der Nähe von Wasserläufen und in Senken, in denen sich das Wasser sammelt, bilden sie **Bruch-** oder **Auwälder.**

In den Tropen mit gleichmäßig hohen Temperaturen und reichlich Wasser findet man **tropische Regenwälder.** Sie zeichnen sich durch großen Artenreichtum aus.

Viele Wälder sind in Schichten oder Waldstockwerke untergliedert. Diese Stockwerke sind durch unterschiedliche Bedingungen gekennzeichnet und bieten damit Pflanzen und Tieren vielfältige Lebensmöglichkeiten.

1 Die Schichten des Waldes:
A Baumschicht, **B** Strauchschicht, **C** Krautschicht,
D Moosschicht, **E** Wurzelschicht

Die Stockwerke des Waldes

Die **Baumschicht** nimmt in einem Wald den größten Raum ein. Hier befinden sich die Kronen der Laubbäume wie Rotbuche, Eiche oder Ahorn ebenso wie die von Nadelbäumen wie Fichte, Waldkiefer oder Tanne. Die Kronenbereiche der Bäume bieten zahlreichen Insektenarten, Säugetieren und Vögeln einen Lebensraum.

Die in der **Strauchschicht** vorkommenden Sträucher wie Haselnuss oder Weißdorn werden 2 m bis 6 m hoch. Zu diesem Waldstockwerk gehören außerdem Kletterpflanzen wie die Waldrebe, aber auch junge Bäume und die Stämme der größeren Bäume. In ihnen finden zum Beispiel Spechte und Fledermäuse sowie Holz bewohnende Insekten geeignete Lebensbedingungen.

In der **Krautschicht** wachsen Gräser und andere Blütenpflanzen sowie Farne. Im Frühjahr findet man hier Frühblüher wie Buschwindröschen oder Scharbockskraut. Sie werden im Sommer von Pflanzen abgelöst, die mit wenig Licht auskommen, wie Springkraut oder Schattenblume. Die Krautschicht reicht bis in eine Höhe von einem Meter und hat große Bedeutung für Blüten besuchende Insekten, Vögel und kleine Säugetiere.

Die **Moosschicht** befindet sich unmittelbar auf dem Erdboden. Sie wird meist nicht höher als 10 cm bis 20 cm. Moose gehören zu den Pflanzen, die auch an Stellen wachsen können, die nur wenig Sonnenlicht erhalten. Die Moosschicht dient dem Wald als wichtiger Wasserspeicher. Hier findet man außerdem verschiedene Arten niedriger Gräser, die Fruchtkörper vieler Pilze und viele wirbellose Tiere.

Im Waldboden sind die Wurzeln der Pflanzen verankert, die aus dem Boden Wasser und darin gelöste Mineralstoffe aufnehmen. Hier befindet sich die **Wurzelschicht.** Abgestorbene Pflanzenteile wie Blätter und Äste, aber auch Tierkot und tote Tiere werden hier von den Destruenten zerkleinert und abgebaut. Zu ihnen gehören Regenwürmer und Asseln, aber auch Pilze und Bakterien. Durch die Abbauprozesse wird mineralstoffreicher Humus gebildet.

> Du kannst verschiedene Waldtypen nennen und die dazugehörigen abiotischen Faktoren beschreiben. Du kannst die Schichten eines Mischwaldes beschreiben und einige Bewohner nennen.

Messungen durchführen und auswerten

Die Biologie ist eine Naturwissenschaft, die versucht, Erscheinungen in der Natur möglichst exakt zu beschreiben. Dafür werden Daten vor Ort gemessen und notiert. Diese Messwerte werden oft in grafischer Form als **Diagramm** dargestellt, damit man sie besser beurteilen kann. Dann können sie interpretiert werden.

Ein Beispiel soll zeigen, wie so etwas funktioniert: Es wird untersucht, ob und wie sich die Temperaturen im Tagesverlauf auf einer Wiese und im Wald unterscheiden.

1 Temperaturmessung

Messwerte erfassen und notieren

Zunächst musst du dir einen Plan für die Untersuchung machen: Entscheide, welches Messinstrument du sinnvoll benutzen kannst, wie viele Messungen du machen willst und wo die Messungen gemacht werden sollen. Bevor die Messungen begonnen werden, solltest du dir eine Tabelle anlegen, in die die Daten eingetragen werden.

Die Temperatur wird im Tagesverlauf in einem Abstand von drei Stunden sowohl auf einer Wiese als auch im Wald gemessen. Man benutzt hierfür ein digitales Thermometer. Die Messungen werden immer an derselben Stelle und im gleichen Abstand vom Boden durchgeführt, damit die Messungen nicht verfälscht werden und gut vergleichbar sind. Die erhaltenen Messwerte trägt man dann in eine vorbereitete Tabelle ein.

Grafische Darstellung

Die grafische Darstellung der Messwerte in einem Diagramm kann sowohl per Hand gezeichnet als auch per Computer erstellt werden. Da die Nutzung eines Computers die Arbeit erleichtert und mehr Möglichkeiten zu schnellen, nachträglichen Veränderungen bietet, wird dies meist vorgezogen. Für die Auswertung von Daten ist die grafische Darstellung per Hand aber genauso geeignet.

Nicht jede Art Diagramm ist für jede Untersuchung geeignet. Mit einem **Kreisdiagramm** kannst du die verschiedenen Anteile an einer Gesamtheit darstellen, zum Beispiel die Baumarten einer Waldfläche.

Ein **Säulendiagramm** bietet sich für Vergleiche an: Man vergleicht beispielsweise die Wuchshöhen verschiedener Bäume.

Soll eine Größe wie die Temperatur in Abhängigkeit von einer anderen, der Tageszeit, dargestellt werden, ist ein **xy-Diagramm (Kurvendiagramm)** geeignet.

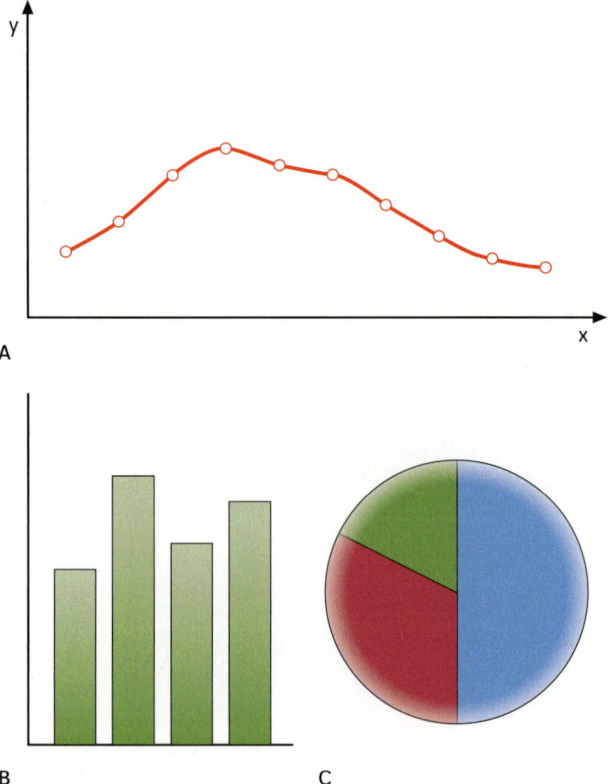

2 Verschiedene Diagrammtypen: **A** Kurvendiagramm, **B** Säulendiagramm, **C** Kreisdiagramm

Diagramme mit dem Computer erstellen

Die Bildfolge in Abbildung 3 zeigt dir, wie du ein Diagramm mit dem Computer erstellen kannst.

1. Öffne ein Tabellenkalkulations-Programm und gib die Daten in die Zellen der Programm-Tabelle ein.

2. Markiere nun mit der Maus die Zellen der Tabelle, von denen das Diagramm erstellt werden soll. Klicke dann das Diagramm-Symbol an. Jetzt öffnet sich in einem Fenster der „Diagramm-Assistent". Du kannst zwischen verschiedenen Diagrammtypen wählen, in unserem Beispiel das xy-Diagramm.

3. Beschrifte die Achsen mit den Größen und Einheiten. Gib dem Diagramm einen Titel.

4. Nun kannst du das Diagramm noch gestalten, bevor du es speicherst und ausdruckst.

Diagrammauswertung

Schreibe zuerst in einem Satz auf, was das Diagramm darstellt:
„Das Diagramm zeigt die Temperatur in einem Wald und auf einer Wiese abhängig von der Tageszeit."

Beschreibe grundlegende Sachverhalte, die sich aus dem Diagramm ablesen lassen, ohne diese zu erklären:
„Im Laufe des Tages steigen die Temperaturen sowohl auf der Wiese als auch im Wald bis zum Nachmittag an und fallen dann wieder ab. Im Wald sind die Temperaturunterschiede aber geringer als auf der Wiese."

Versuche zuletzt Gründe für die Sachverhalte zu finden. Gib, wenn möglich, weitere Erläuterungen:
„Die Sonne erwärmt im Tagesverlauf die Luft. Da im Wald mehr Wasser verdunstet als auf der Wiese, bleibt es hier kühler. Aber auch in der Nacht kühlt der Wald weniger aus, da Wasser (Feuchtigkeit) ein guter Wärmespeicher ist. Wälder regulieren das Klima."

Tageszeit in	h	6	10	12	15	19	22
Wiese: Temp. in	°C	10	17	24	28	25	18
Wald: Temp. in	°C	14	16	19	24	22	19

A

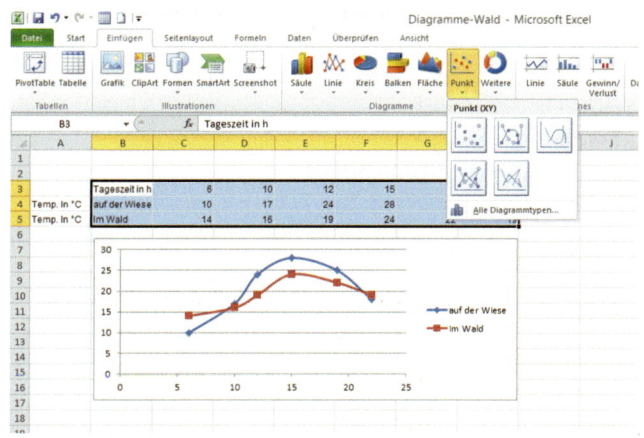

B

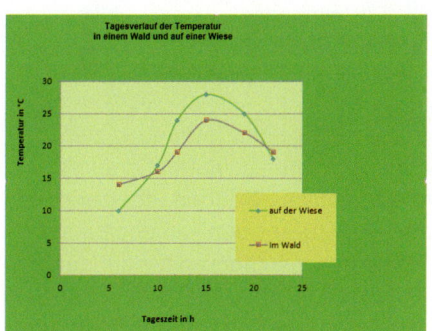

C

3 Ein Diagramm erstellen:
A Messtabelle,
B Eingabe der Messdaten,
C fertiges xy-Diagramm

1. ≡ 🅐
In einem Wald wurde in etwa 10 m Höhe einen Tag lang die CO_2-Konzentration gemessen. Erstelle aus den Messdaten ein Diagramm und werte es aus.

Tageszeit in h	6	9	12	15	18	21	24
CO_2-Konz. in %	0,034	0,032	0,031	0,03	0,031	0,032	0,033

Walduntersuchungen

Die interessantesten Ergebnisse über den Wald erhaltet ihr, wenn ihr selbst Informationen sammelt und auswertet. Im Folgenden geht es darum, ein Waldstück selbstständig zu erkunden. Beschreibt das Waldstück, zum Beispiel unter folgenden Gesichtspunkten: Welche Bäume gibt es? Wo liegt das Waldstück? Welcher Waldtyp liegt vor? In Teams aufgeteilt, bearbeitet ihr verschiedene Aufgaben. Mit den Ergebnissen eurer Untersuchungen könnt ihr beispielsweise eine Waldausstellung vorbereiten.

TEAM ❶
Bestimmung der Baumhöhe

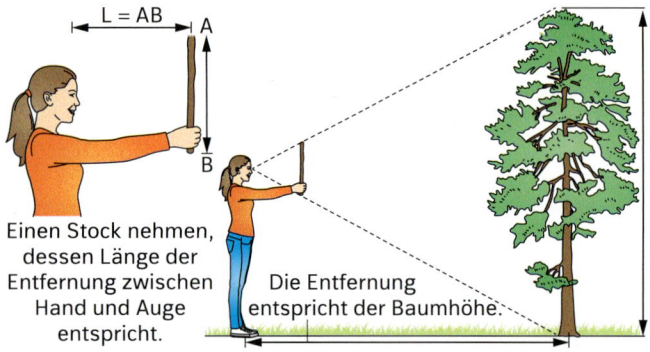

L = AB

A

B

Einen Stock nehmen, dessen Länge der Entfernung zwischen Hand und Auge entspricht.

Die Entfernung entspricht der Baumhöhe.

Nehmt einen Stock, dessen Länge der Entfernung zwischen Augen und Hand entspricht, ein Maßband und eine Markierungshilfe. Ein Teammitglied hält den Stock und peilt mit der Unterkante des Stockes den Fuß des Baumes an. Dann geht er rückwärts, bis die Stockspitze auf derselben Höhe ist wie die Baumspitze. Messt dann die Entfernung vom Baum zum Standort. Die Entfernung zum Baum entspricht seiner Höhe. Bestimmt die Höhe von verschiedenen Bäumen und Sträuchern. Notiert eure Ergebnisse.

TEAM ❷
Moose als Wasserspeicher
Der Boden unserer Wälder ist häufig mit Polstern verschiedener Moosarten bedeckt. Zwischen den Blättern können Moospflanzen wie ein Schwamm das Wasser speichern. Plant einen Versuch, mit dem ihr herausfinden könnt, wie viel Wasser Moose speichern können. Führt den Versuch durch und protokolliert ihn. Informiert euch, welche Aufgaben Moose im Wald haben.

TEAM ❸
Bestandsaufnahme im Wald

Steckt mit Zeltheringen und einer Schnur in einem Waldstück eine 4 m x 4 m große Fläche ab. Bestimmt die in diesem Quadrat vorkommenden Pflanzen und Tiere mithilfe von Bestimmungsbüchern oder -tafeln.

Fertigt eine Tabelle an und tragt eure Ergebnisse ein:

Schicht	Pflanzen	Tiere
Moosschicht		
Krautschicht		

Führt diese Untersuchungen an verschiedenen Stellen des Waldes und in verschiedenen Waldtypen durch. Vergleicht eure Ergebnisse.

TEAM ❹
Spuren im Wald

Sucht im Wald nach verschiedenen Spuren, die Tiere hinterlassen haben könnten. Dies können zum Beispiel Fraßspuren, Trittspuren, Federn oder Losungen (Tierkot) sein. Sammelt die verschiedenen Gegenstände ein und bewahrt sie in Gläsern auf, zeichnet oder fotografiert sie. Spuren könnt ihr mit Gips auslösen und einen Abdruck machen. Versucht herauszubekommen, welche Tiere die jeweiligen Spuren hinterlassen haben. Die nebenstehenden Abbildungen helfen euch dabei.

TEAM ❺
Bestimmung von Umweltfaktoren im Wald

Mithilfe verschiedener Messgeräte werden die abiotischen Faktoren Lichtmenge (A), Lufttemperatur (B), Bodentemperatur (C) und Luftfeuchtigkeit (B) an verschiedenen Standorten (siehe Tabelle unten) bestimmt.

A

B

C

Geht vorsichtig mit den empfindlichen Messgeräten um. Führt als erstes die Lichtmessungen durch. Dazu messt ihr die Werte in einem halben Meter Höhe über dem Erdboden bei gleichbleibender Bedeckung des Himmels. Bestimmt dann die Lufttemperatur und die Temperatur des Bodens in 10 cm Bodentiefe. Ermittelt schließlich mit dem Hygrometer (B) die relative Luftfeuchtigkeit. Bestimmt die Werte an den in der Tabelle genannten Standorten und tragt sie in eine eigene Tabelle ein. Stellt die Messwerte übersichtlich in einem Diagramm dar.
Beschreibt die von euch gewonnenen Ergebnisse und erklärt, wie sie zustande kommen.

Gewölle einer Eule

Gallen, hervorgerufen durch Gallwespen

Losung

Reh

Wildkaninchen

Fuchs

Feder

Fraßspuren an Haselnüssen

Specht

Eichhörnchen

Kohlmeise

Waldmaus

Rötelmaus

Standort	freie Fläche	Waldrand	Waldinneres
Lichtmenge			
Lufttemperatur			
Bodentemperatur			
Luftfeuchtigkeit			

Rotbuche und Waldkiefer – zwei typische Waldbäume

1. Stelle Informationen über die Rotbuche und die Waldkiefer in einer Tabelle zusammen. Erläutere sie.

2. Stelle weitere Waldbäume vor, die hier nicht gezeigt werden.

1 Rotbuche: **A** Wuchsform, **B** Blütenstände, **C** Fruchtbecher mit Früchten

Die Rotbuche – ein Laubbaum

Ohne den Eingriff des Menschen würden in Deutschland viele Buchenmischwälder entstehen. In solchen Wäldern gehen die Kronen der einzelnen Buchen ineinander über. Im Sommer lassen sie nur wenig Licht bis zum Boden durch. Deshalb wachsen dort nur wenige andere Pflanzenarten.

Die **Laubblätter** der Buche haben eine große Oberfläche. So können sie das Sonnenlicht gut für die Fotosynthese nutzen. Außerdem verdunsten sie viel Wasser.

Blüten und Früchte der Rotbuche

Rotbuchen blühen Ende April. Die männlichen Blüten hängen als kugelige Kätzchen am Ende der Triebe. Die weiblichen Blütenstände stehen direkt daneben. Sie sehen zwar büschelig aus, enthalten aber jeweils nur zwei Blüten. Der Pollen wird durch den Wind übertragen. Nach der Bestäubung entwickeln sich aus den zwei Blüten zwei Nussfrüchte, die **Bucheckern.** Sie sind wichtige Nahrung für viele Waldtiere.

Die Waldkiefer – ein Nadelbaum

Waldkiefern sind immergrüne Nadelbäume. Die **Nadeln** überstehen Frost und werden nicht abgeworfen. An hoch gelegenen oder kalten Orten haben Kiefern Vorteile. Über Nadeln verliert ein Baum außerdem weniger Wasser als über Laubblätter. Durch ihre tief reichenden Wurzeln können Kiefern auch an trockenen Stellen wie auf Sandböden wachsen. Die lichten Kronen des Kiefernwaldes lassen viel Licht bis zum Waldboden durch, sodass hier mehr Kräuter wachsen können als im Buchenwald. Weil aber bei der Zersetzung der Nadeln Säuren frei werden, wachsen dort nur Pflanzen, die saure Böden vertragen.

Blüten und Früchte der Waldkiefer

Kiefern blühen im Mai. Die männlichen Blütenstände erscheinen wie gelbe, schlanke Ähren. Die weiblichen Blütenstände ähneln den Zapfen, zu denen sie sich nach der Bestäubung entwickeln. Erst zwei Jahre nach der Bestäubung entlassen die Zapfen die geflügelten Samen, die durch den Wind verbreitet werden. Die leeren Zapfen fallen danach herunter.

> Du kannst erklären, wie Rotbuche und Waldkiefer an verschiedene Standortbedingungen angepasst sind.

2 Waldkiefer: **A** Wuchsform, **B** Blütenstände, **C** Frucht (Zapfen)

Wie ein Baum wächst

1. 🔲 Ⓐ 🔍
Schätze das Alter des Baumes, von dem der Querschnitt in Abbildung 1 stammt. Wie alt war der Baum, als er einem Feuer ausgesetzt war?

2. 🔲 Ⓐ 🔍
Erläutere die Bildung der Jahresringe ausführlich. Nutze dazu den Informationstext. Stelle den angesprochenen Kreislauf auch grafisch dar, zum Beispiel indem du Kästchen mit Pfeilen verbindest und in den Kästchen mit kurzen Texten beschreibst, was passiert.

1 Stammquerschnitt mit Jahresringen

Jahresringe

Eine Methode, das Alter eines Baumes zu bestimmen, ist das Zählen der Jahresringe. Sie entstehen, weil die Aktivität der Wachstumsschicht des Baumes sich mit den Jahreszeiten verändert. Im Frühjahr werden zunächst große Zellen gebildet. Diese sehen im Stammquerschnitt später hell aus. Im Laufe des Frühjahres und im Sommer entstehen aber immer kleinere Zellen. Sie bilden die dunkleren Ringe. Im späten Herbst beginnt die den ganzen Winter andauernde Wachstumspause, die erst im folgenden Frühjahr endet, wenn der Kreislauf von Neuem beginnt. So entstehen in jedem Jahr zunächst ein heller und dann ein dunkler Ring.

🔲 Dickenwachstum

Bäume können ansehnliche Stammdurchmesser erreichen. Dieses sogenannte Dickenwachstum erfolgt mithilfe des **Kambiums,** einer dünnen Schicht teilungsfähiger Zellen. Die dort durch Teilung entstehenden Zellen werden nach innen und nach außen abgegeben, der Stamm wird dicker. Die nach außen abgegebenen Zellen bilden das **Bastgewebe,** dessen Siebröhren die Nährstoffverteilung ermöglichen. Sie sterben aber bald ab und werden zur **Borke,** die den Stamm wie ein Schutzpanzer umgibt. Nach innen entsteht neues **Holz.** Hier liegen Gefäße, die Wasser und Mineralstoffe leiten. Außerdem findet man im Holz verteilt Grundgewebe, welches zum Beispiel Nährstoffe speichert, oder die Markstrahlen, die Stoffe vom Rand des Stammes ins Zentrum transportieren. Nur im äußeren Holzteil, dem Splintholz, führen die Gefäße Wasser. Bei vielen Baumarten entsteht weiter innen durch Einlagerung verschiedener Stoffe das dunklere und härtere Kernholz.

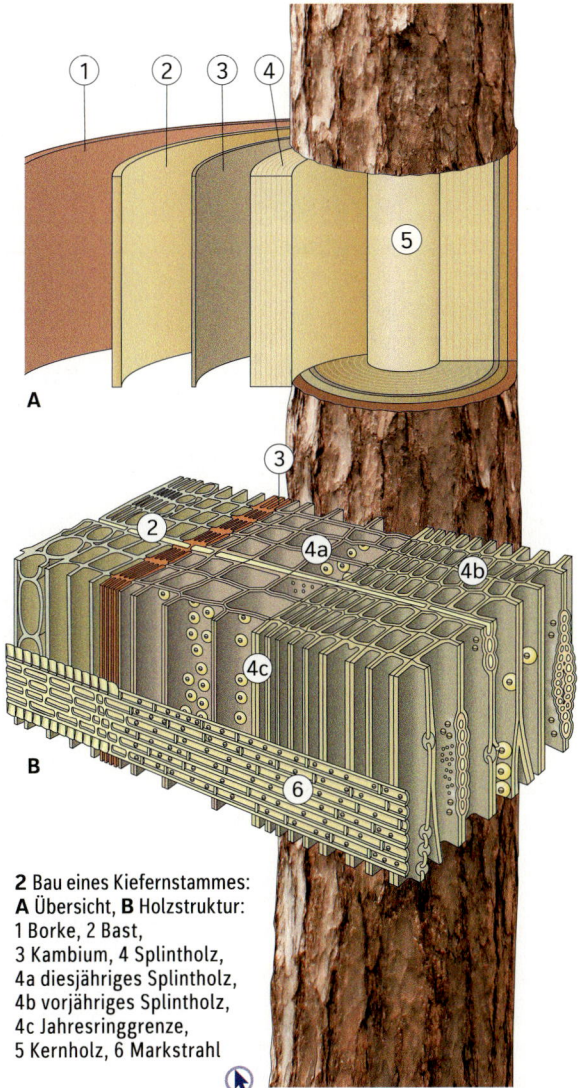

2 Bau eines Kiefernstammes:
A Übersicht, **B** Holzstruktur:
1 Borke, 2 Bast,
3 Kambium, 4 Splintholz,
4a diesjähriges Splintholz,
4b vorjähriges Splintholz,
4c Jahresringgrenze,
5 Kernholz, 6 Markstrahl

> Du kannst beschreiben, wie Bäume wachsen und wie man ihr Alter an den Jahresringen erkennt.

Basiskonzepte S. 83

Waldbäume

Aufteilung der Waldfläche in
Deutschland nach Baumarten

Fichte.	28 %
Kiefer	23 %
andere Nadelbäume. . . .	17 %
Buche.	15 %
Eiche	10 %
andere Laubbäume. . . .	7 %

1. ☰
a) Ordne die Abbildungen der Blätter und Früchte (A – F)
mithilfe der Beschreibungen den passenden Baumarten zu.
b) Warum ist die rechte Hälfte fast aller Bäume kahl gezeichnet? Warum nicht bei der Fichte? Erläutere.

2. ☰ A ⬉
Erstelle ein Kreisdiagramm, das die Aufteilung der Waldfläche in Deutschland nach Baumarten zeigt.

3. Q
Auf mehr als der Hälfte der Waldflächen in Deutschland
wachsen Nadelbäume. Informiere dich über die Gründe für
den Nadelholzanbau. Beschreibe auch Nachteile.

Fichte ⬉
Höhe: bis 60 m
Blütezeit: Mai–Juni
Rinde: rötlich bis grau
Blätter: etwa 2 cm lange
Nadeln
Früchte: 10 cm – 15 cm
lange, hängende Zapfen
Besonderheiten: auf lehmi-
gen oder sandigen Böden · in
der Zeit der Winterruhe kaum
Stoffwechsel · kann durch
Einlagerung von Zucker in ihre
Zellen Temperaturen von
minus 60 °C überleben
(Gefrierpunkterniedrigung) ·
oft in enger Lebensgemein-
schaft mit Pilzen

Schwarzerle ⬉
Höhe: bis 35 m
Blütezeit: März–April
Rinde: dunkelgrau bis
schwarz
Blätter: oval mit gesägtem
Rand
Früchte: in kleinen Zapfen
Besonderheiten: bevorzugt
feuchte Gegenden, zum
Beispiel an Bachläufen, im
Moor oder in Auwäldern ·
Rinde wurde früher zum
Schwarzfärben von Leder
gebraucht (daher der Name)
und aus den Zapfen wurde
schwarze Tinte hergestellt ·
sehr wasserbeständiges
Holz, wird daher gerne im
Schiffsbau eingesetzt

Bergahorn ⬉
Höhe: bis 40 m
Blütezeit: April–Mai
Rinde: hellbraun bis grau und
glatt
Blätter: zwei kleine und drei
große Lappen
Früchte: Spaltfrüchte mit
Flügeln
Besonderheiten: auf feuch-
ten, nährstoffreichen Böden,
auch in Au- oder Gebirgswäl-
dern · Laub verrottet schnell
und wird dabei zu gutem
Humus, dient daher der
Bodenverbesserung · liefert
gutes Holz für Möbel und
Musikinstrumente · Ahornsi-
rup ist der Saft des Ahorns,
der nach dem Anritzen der
Rinde austritt · die Ahorn-
früchte segeln drehend zum
Boden

Lärche ⬟

Höhe: bis 50 m
Blütezeit: März–Mai
Rinde: am jungen Baum grünlich und glatt, beim älteren tief gefurcht und grau
Blätter: Büschel mit 10 bis 60 Nadeln
Früchte: Zapfen etwa 4 cm x 2 cm
Besonderheiten: bevorzugt Lehmboden und braucht viel Licht, würde ohne Eingriff des Menschen daher fast überall von anderen Bäumen wie Kiefern und Fichten verdrängt · kann auch auf mäßig trockenen Böden gut überleben · wirft die Nadeln im Herbst ab · kann Temperaturen von minus 40 °C, aber auch sommerliche Hitze vertragen

Hainbuche (Weißbuche) ⬟

Höhe: bis 25 m
Blütezeit: April
Rinde: grau, dünn und glatt
Blätter: 2 cm – 4 cm breit, bis 10 cm lang, eiförmig mit Spitze, Rand doppelt gesägt
Früchte: einsamige Nuss
Besonderheiten: gerne in feuchten Laubmischwäldern · jede einzelne Nuss ist mit einem dreilappigen flügelförmigen Blatt versehen, wird erst im Herbst abgeworfen und dann mit dem Wind verbreitet · sehr hartes und schweres Holz

Stieleiche ⬟

Höhe: bis 40 m
Blütezeit: Mai
Rinde: zunächst glatt und grau-grün, später rissig und graubraun
Blätter: 10 cm – 15 cm lang mit fünf bis sechs Buchten
Früchte: Eicheln an bis zu 4 cm langen Stielen
Besonderheiten: Eicheln dienen verschiedenen Tieren als Nahrung und werden so verbreitet · bildet sehr tief reichende Pfahlwurzeln aus, daher sehr sturmfest · kann harte Böden bewurzeln und tiefes Grundwasser erreichen · das Holz ist sehr hart und widerstandsfähig und vielseitig verwendbar · kann bis zu 800 Jahre alt werden

A

C

E

B

D

F

Pilze im Wald

1.
Der giftige Knollenblätterpilz (A) wird leider häufig mit dem leckeren Speisepilz Waldchampignon (B) verwechselt. Diese Verwechslung kann tödliche Folgen haben.
Stelle in einer Tabelle die Merkmale gegenüber, in denen sich beide Pilze unterscheiden.

1 Waldpilze: **A** Knollenblätterpilz (giftig), **B** Waldchampignon (essbar)

2.
Erstelle eine Tabelle mit einigen typischen einheimischen Speisepilzen und Giftpilzen. Nenne deren Merkmale, Unterschiede und Gemeinsamkeiten. Informationen zu den verschiedenen Pilzarten findest du im Internet oder in Pilzbüchern.

3. Ⓐ
Maronen und Kiefern bilden eine besondere Art der Lebensgemeinschaft, die Mykorrhiza. Beschreibe diese anhand der Abbildung unten und mithilfe des Textes.

4. Ⓐ
Benenne die Teile 1 bis 5 des rechts abgebildeten Hutpilzes.

5. Ⓥ
Schneide von einem größeren Champignon den Stiel ab. Lege den Hut mit der Unterseite auf ein weißes Blatt Papier. Decke den Pilzhut mit einem Becherglas ab und lasse den Aufbau einen Tag lang so stehen. Nimm den Pilzhut am nächsten Tag vorsichtig hoch und beschreibe deine Beobachtungen.

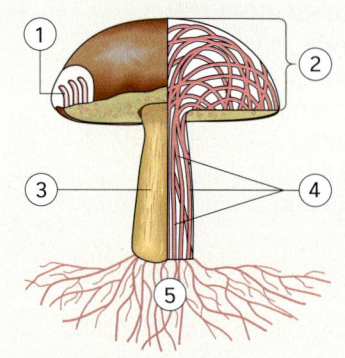

6. Ⓠ
Begründe, warum man beim Sammeln von Pilzen die folgenden Hinweise einhalten sollte.

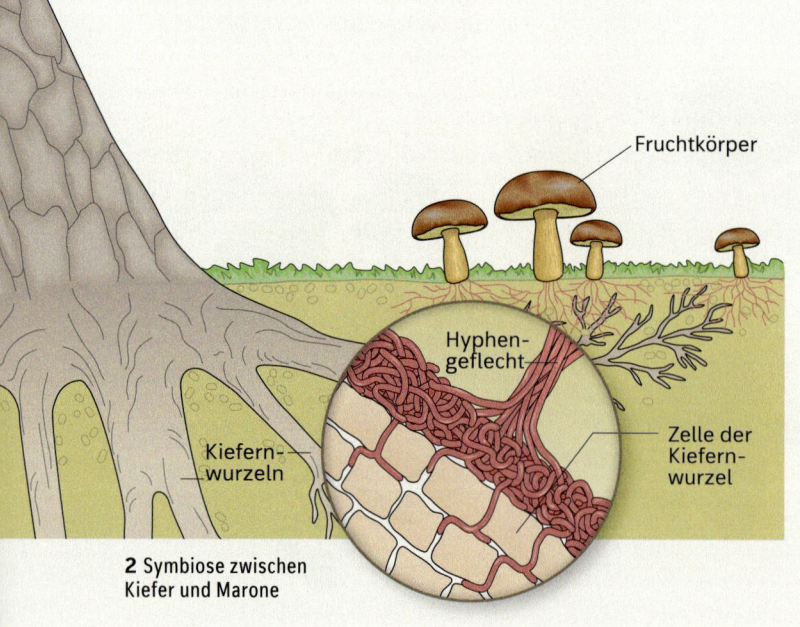

Fruchtkörper

Hyphen-geflecht

Kiefern-wurzeln

Zelle der Kiefern-wurzel

2 Symbiose zwischen Kiefer und Marone

HINWEISE ZUM PILZESAMMELN:
- Pilze dürfen nicht umgestoßen oder zertreten werden.
- Nimm nur die Pilze mit, die du sicher kennst.
- Lege die Pilze beim Sammeln in einen Korb, nicht in eine Tasche oder Plastiktüte.
- Lass deine gesammelten Pilze von einem Pilzkenner überprüfen.
- Verarbeite die Pilze möglichst am selben Tag.
- Suche sofort einen Arzt auf, wenn du nach einer Pilzmahlzeit Übelkeit oder Schmerzen verspürst.

Bau der Pilze

Von den Pilzen, die im Wald wachsen, sieht man nur den Hut und den Stiel. Beide bilden den **Fruchtkörper.** Der größte Teil des Pilzes wächst im Boden. Er besteht aus einem Fadengeflecht, dem **Myzel.** Die dünnen, weißen Fäden dieses Geflechts heißen **Hyphen.**

Pilze sind keine Pflanzen. Sie besitzen kein Chlorophyll und können keine Fotosynthese betreiben, um Nährstoffe selbst herzustellen. Aus diesem Grund nehmen Pilze mit ihren Hyphen Wasser und Nährstoffe auf. Beides nutzen sie zur Bildung ihrer Fruchtkörper. Bei feuchtwarmem Wetter wachsen diese innerhalb weniger Tage.

Vermehrung der Pilze

Pilze vermehren sich geschlechtlich über Sporen. Diese befinden sich auf der Hutunterseite. Bei den Röhrenpilzen findet man dort ein Röhrengeflecht, bei den Lamellenpilzen schmale Blätter, die Lamellen. Die **Röhren** oder **Lamellen** enthalten die Sporen. Sind die Sporen reif, fallen sie heraus und werden meist vom Wind verbreitet. Nach der Landung auf dem Waldboden keimen die Sporen dort aus und bilden ein neues Myzel. Myzelien kommen in zwei verschiedenen Typen vor. Verschmelzen unterschiedliche Myzelien miteinander, dann entsteht daraus der Fruchtkörper.

Pilze haben unterschiedliche Lebensweisen

Viele Pilze zersetzen organische Stoffe wie Pflanzen- und Tierreste, sind also **Destruenten.** Sie geben Mineralstoffe an den Boden ab, die wieder von Pflanzen genutzt werden. Aufgrund ihrer Lebensweise gehören diese Pilze zu den Fäulnisbewohnern, den **Saprophyten.**

Es gibt allerdings auch Pilze wie den Hallimasch, die auf totem und lebendem Holz wachsen können. Diese Schmarotzer oder **Parasiten** entnehmen dem Holz mithilfe ihres Myzels Nährstoffe. Gleichzeitig geben sie Stoffe ab, die zum Absterben des Baumes führen können.

☰ Mykorrhiza

Daneben gibt es andere Pilzarten, die häufig unter bestimmten Bäumen wachsen. Maronen und Steinpilze findet man oft unter Kiefern. Die Hyphen dieser Pilze dringen in die Wurzeln der Bäume ein und nehmen von dort Nährstoffe auf. Im Gegenzug hilft der Pilz dem Baum, Wasser und Mineralstoffe aufzunehmen. So haben beide Partner durch diese Gemeinschaft, auch **Symbiose** genannt, einen Vorteil. Die Form der Symbiose zwischen Pilz und Baum heißt **Mykorrhiza.**

3 Pilze im Wald:
A Steinpilze, **B** Hutunterseite mit Röhren,
C Fliegenpilze, **D** Hutunterseite mit Lamellen,
E Hallimasch

Du kannst den Bau der Pilze mit ihren unter- und oberirdischen Teilen erläutern. Du kannst die Vermehrung von Pilzen über Sporen und die unterschiedlichen Lebensweisen verschiedener Pilzarten beschreiben.

Nahrungsbeziehungen im Wald

1. ☰ Ⓐ
a) Beschreibe die Nahrungskette in Abbildung 1.
b) Erkläre, warum am Anfang einer Nahrungskette immer grüne Pflanzen stehen.
c) „Auch fleischfressende Tiere sind auf grüne Pflanzen angewiesen." Erläutere diese Aussage.

2. ☰ Ⓐ
a) Zeichne drei Nahrungsketten aus dem Nahrungsnetz in Abbildung 2 heraus.
b) Zeige anhand deiner Beispiele, wie Nahrungsketten miteinander verknüpft sind.

3. ☰ Ⓠ
Das Nahrungsnetz in Abbildung 2 ist eine vereinfachte Modellvorstellung, die eine von vielen Möglichkeiten beschreibt.
a) Recherchiere weitere Nahrung und weitere Feinde von Blaumeise, Eichhörnchen und Sperber.
b) Nenne Unterschiede zu der Darstellung in Abbildung 2.
c) Erläutere, warum man trotz der Abweichung von den tatsächlichen Verhältnissen solche Modellvorstellungen benutzt.

Fressen und Gefressenwerden – Nahrungsketten

Durch die Fotosynthese können Pflanzen die Energie der Sonne nutzen, um Nährstoffe zu erzeugen. Daher werden sie Erzeuger oder **Produzenten** genannt. Sie bilden die Lebensgrundlage für alle Tiere. Eicheln, die Früchte der Eichen, sind bei Eichhörnchen beliebt. Aber auch Eichhörnchen dienen anderen Tieren wie dem Baummarder als Nahrung. Diese Beziehungen können als **Nahrungskette** dargestellt werden. Tiere nennt man Verbraucher oder **Konsumenten,** da sie Pflanzen oder andere Tiere fressen. Pflanzenfresser wie das Eichhörnchen sind Erstkonsumenten, der Baummarder Zweitkonsument und der Uhu Drittkonsument. Er steht zugleich am Ende der Nahrungskette und wird daher als **Endkonsument** bezeichnet.

1 Nahrungskette: → wird gefressen von

Nahrungsnetze

Eicheln sind nicht die einzige Nahrung der Eichhörnchen. Sie fressen zum Beispiel auch die Samen aus den Fichtenzapfen. Der Baummarder ernährt sich nicht nur von Eichhörnchen, sondern auch von verschiedenen Vögeln oder Mäusen. So hat jedes Tier verschiedene Nahrungsmöglichkeiten, aber auch mehrere Fressfeinde. Durch die Überschneidungen der verschiedenen Nahrungsketten bildet sich ein **Nahrungsnetz.**

4.
Beschreibe mithilfe des Basiskonzepts System für das Ökosystem Wald die Bedeutung typischer Arten im Gesamtgefüge.

5.
a) Stelle die Räuber-Beute-Beziehung mithilfe folgender Symbole dar.

Beute | Räuber | (−) | (+)

—(−)→ —(+)→

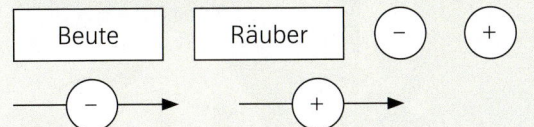

b) Beschreibe die Abbildung zur Räuber-Beute-Beziehung. Formuliere die Aussage des Diagramms am Beispiel von Feldmäusen und ihren Fressfeinden.

Anzahl der Tiere
Zeit in Jahren
Beutetiere
Räuber

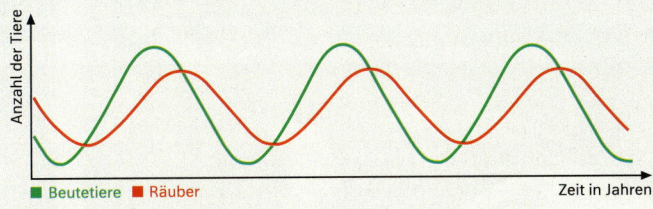

3 Räuber-Beute-Beziehung

Räuber-Beute-Beziehung

Innerhalb eines Nahrungsnetzes beeinflussen sich Jäger und Gejagte gegenseitig. Am Beispiel von Feldmäusen und ihren Feinden ist dies gut untersucht. Vermehren sich in einem Gebiet Feldmäuse besonders stark, machen ihre Jäger viel Beute und vermehren sich ebenfalls stark. Durch die vielen Jäger sinkt dann wieder die Zahl der Feldmäuse. Durch das geringere Angebot an Beutetieren sinkt anschließend die Zahl der Jäger. Daraufhin steigt die Zahl der Feldmäuse wieder an. Man nennt diese gegenseitige Abhängigkeit **Räuber-Beute-Beziehung.**

Du kannst die Begriffe Produzenten und Konsumenten erklären. Du kannst verschiedene Nahrungsketten des Waldes nennen und sie zu einem Nahrungsnetz zusammenfügen. Du kannst die Räuber-Beute-Beziehung zwischen Lebewesen als gegenseitige Abhängigkeit darstellen.

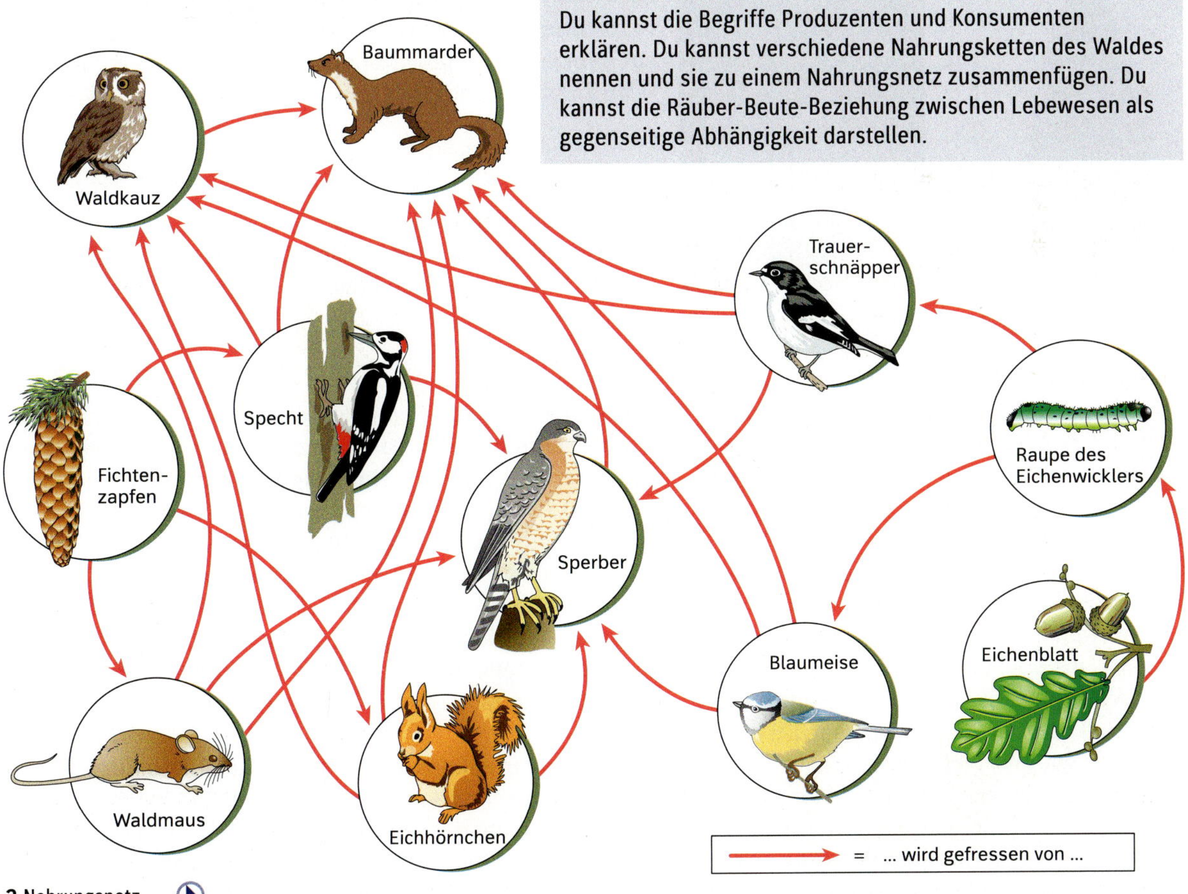

Baummarder
Waldkauz
Trauer-
schnäpper
Specht
Raupe des
Eichenwicklers
Fichten-
zapfen
Sperber
Blaumeise
Eichenblatt
Waldmaus
Eichhörnchen
= ... wird gefressen von ...

2 Nahrungsnetz

Besondere Beziehungen zwischen Lebewesen

A   B

1. ≡ Ⓐ
Links oben im Bild ist ein Habicht und rechts ein Sperber mit möglichen Beutetieren dargestellt.
a) Nenne einige Beutetiere der beiden Greifvögel.
b) Beurteile, ob Habicht und Sperber in Nahrungskonkurrenz zueinander stehen.

2. ≡ Ⓐ
Die Abbildungen links zeigen Fichten.
a) Beschreibe die Unterschiede.
b) Erkläre die unterschiedlichen Wuchsformen.

Konkurrenz

Lebewesen stehen in einem ständigen Wettbewerb um Lebensraum, Nahrung und Fortpflanzungspartner. Dieser Wettbewerb wird **Konkurrenz** genannt.

Wächst zum Beispiel eine Rotbuche auf freiem Feld, bildet sie einen mächtigen Stamm und eine ausladende Krone aus. Am Standort Feld gibt es keine Konkurrenten, die dem Baum Licht, Wasser, Mineralstoffe und Raum streitig machen. In einem Buchenwald entwickelt sich der Baum ganz anders. Sein Stamm bleibt dünner und wächst höher. Die Krone ist kleiner. Die einzelne Rotbuche steht im dichten Bestand in **Raumkonkurrenz** und in **Lichtkonkurrenz** zu ihren Nachbarbäumen.

Auch zwischen den Tieren des Waldes besteht Konkurrenz. Füchse erbeuten Feldmäuse, um sich und ihre Jungen zu ernähren. Sie stehen in **Nahrungskonkurrenz** zu anderen Füchsen. Dieser Wettbewerb findet auch zwischen Lebewesen verschiedener Arten statt. So ernähren sich zum Beispiel auch Waldohreule, Waldkauz, Graureiher, Kreuzotter und andere Räuber von Feldmäusen. Jagen sie jedoch zu unterschiedlichen Tageszeiten oder haben sie noch andere Beutetiere, können sie der Konkurrenz ausweichen. Jede Art besetzt so eine **ökologische Nische.**

Fortpflanzungskonkurrenz spielt ebenfalls eine große Rolle. Rothirsche kämpfen um Weibchen, indem sie ihre Geweihe ineinander verhaken und versuchen, sich gegenseitig vom Kampfplatz zu schieben. Der Kampf um das Weibchen ist beendet, wenn ein Rivale zurückweicht.

3. Beurteile, ob es sich bei den drei folgenden Beispielen jeweils um eine Symbiose oder um Parasitismus handelt. Begründe deine Einschätzung.

Blattläuse und Pflanzen
Blattläuse stechen mit ihrem Saugrüssel die Leitungsbahnen von Pflanzen an, in denen diese ihre Nährstoffe transportieren. Sie ernähren sich von den Eiweißen, die im Pflanzensaft enthalten sind. Stark befallene Pflanzen können vertrocknen und absterben.

Blattläuse und Ameisen
Blattläuse scheiden den größten Teil des Pflanzensafts als zuckerhaltigen Honigtau wieder aus. Dadurch werden Ameisen angelockt, die sich vom Honigtau ernähren. Im Gegenzug dazu beschützen die Ameisen die Blattläuse vor Fressfeinden wie Marienkäfer.

Flechten: Pilz und Alge
Flechten wachsen auf Bäumen oder Mauern. Sie sind keine eigenständigen Organismen, sondern eine Lebensgemeinschaft aus Pilz und Alge. Pilze geben den Algen Halt und liefern Wasser und Mineralstoffe. Im Gegenzug betreibt die Alge Fotosynthese und liefert dem Pilz Kohlenhydrate.

Parasitismus
Parasitismus bedeutet, dass zwei Organismen zusammenleben, von denen einer, der **Parasit,** seine Nahrung auf Kosten des anderen, des **Wirts,** bezieht. Der Wirt wird dabei geschädigt, aber meist nicht getötet. Ein Parasitenbefall kann sich negativ auf das Wachstum, die Fortpflanzung oder die Lebensdauer des Wirts auswirken. Parasiten werden auch als **Schmarotzer** bezeichnet.

Ein Beispiel für **Brutparasitismus** ist der Kuckuck. Er legt je ein Ei in das Nest einer anderen Vogelart. Der junge Kuckuck schlüpft schneller als die anderen Jungvögel. Sobald er geschlüpft ist, wirft er die anderen Eier aus dem Nest. Die Vogeleltern füttern dann nur das Kuckucksjunge. Es wächst schnell heran, weil es die Nahrung nicht mit anderen teilen muss.

Ein Beispiel für **Parasitismus bei Pflanzen** ist die Mistel. Sie lebt in den Kronen von Bäumen und zapft die Wasser- und Mineralstoffversorgung des Wirtsbaums an. Mit diesen Ausgangsstoffen betreibt sie selbst Fotosynthese.

Symbiose
Manche Lebewesen wie bestimmte Bäume und Pilze leben in **Symbiose** miteinander. Der Pilz nimmt Wasser und Mineralstoffe aus dem Boden auf und beliefert den Baum damit. Im Gegenzug erhält der Pilz vom Baum Kohlenhydrate, da Pilze selbst keine Fotosynthese betreiben können. Bei dieser Form des Zusammenlebens profitieren beide Arten.

Symbiosen zwischen Lebewesen entwickeln sich im Lauf der Evolution, wenn unterschiedliche Arten gemeinsam ihre Überlebenswahrscheinlichkeit erhöhen können.

Du kannst Beziehungen zwischen Lebewesen wie Konkurrenz, Parasitismus und Symbiose an Beispielen beschreiben.

Nahrungsbeziehungen und Stoffkreisläufe

1.

Stelle den Kreislauf des Kohlenstoffs dar. Verwende dabei die Begriffe Produzenten, Konsumenten, Destruenten, Fotosynthese und Atmung. Beschreibe, über welche Vorgänge der Kreislauf des Kohlenstoffs mit dem des Sauerstoffs gekoppelt ist.

2.

Illustriert und erklärt den Begriff „Stoffkreislauf in Ökosystemen" mit Folien und präsentiert diese.

3.

Mit diesem Versuch könnt ihr Kohlenstoff in Biomasse nachweisen.

Ihr braucht: feuerfeste Reagenzgläser, Reagenzglashalter, Gasbrenner, Stoffproben (zum Beispiel Laubblätter, Holz, Getreidekörner, Kochsalz, Zucker, Sand, Kreide, Eiklar). Schutzbrille nicht vergessen!

a) Gebt von den Proben jeweils eine kleine Menge in ein Reagenzglas. Haltet es mit dem Reagenzglashalter über die Flamme des Bunsenbrenners, bis sich die Proben nicht mehr verändern.

b) Nennt die Proben, die sich verändert haben. Beschreibt die Veränderungen.

c) Welche Proben enthalten Kohlenstoff?

d) Bei welchen Proben handelt es sich um Biomasse?

e) Erstellt zur Auswertung des Versuchs eine Tabelle.

Stoffprobe	Veränderung	Kohlenstoff enthalten	Biomasse

Biomasse im Stoffkreislauf

Pflanzen sind die Produzenten auf unserer Erde. Sie bauen bei der Fotosynthese **Biomasse** auf. Biomasse besteht aus den chemisch gebundenen Elementen Kohlenstoff, Sauerstoff und Wasserstoff und einigen Mineralstoffen.

Von den Produzenten leben die **Konsumenten** wie Tiere und der Mensch. Sie nutzen die Biomasse der Pflanzen zum Aufbau eigener Biomasse.

Ein Teil der Pflanzen wird jedoch nicht gefressen, sondern stirbt ab und fällt zu Boden. Dieses Material wird ebenso wie tote Tiere von Bodenorganismen, den **Destruenten,** abgebaut. Beim Abbau entsteht Kohlenstoffdioxid (CO_2) und Wasser. Es bleiben **Mineralstoffe** übrig, die von Pflanzen wieder aufgenommen werden können. Damit hat sich der **Stoffkreislauf** geschlossen.

Kohlenstoffkreislauf

Kohlenstoff ist Bestandteil des Gases **Kohlenstoffdioxid** (CO_2). Bei der Fotosynthese gelangt Kohlenstoff aus der Luft in die Pflanze. Er wird dort in Nährstoffen wie Traubenzucker oder Stärke gespeichert. Ein Teil der Nährstoffe wird von den Pflanzen bei der Zellatmung verbraucht. Dabei entsteht Kohlenstoffdioxid, das die Pflanzen wieder in die Luft abgeben. Über die Nahrung nehmen Konsumenten wie Tiere oder Menschen kohlenstoffhaltige Stoffe, also Biomasse, auf. Sie werden in körpereigene Stoffe umgewandelt. Ein Teil des Kohlenstoffs wird mit der Atemluft in Form von Kohlenstoffdioxid (CO_2) wieder in die Luft abgegeben.

Destruenten bauen totes Pflanzenmaterial, Tierausscheidungen und tote Tiere ab. Auch dabei wird Kohlenstoffdioxid frei, das an die Luft abgegeben wird. Es kann dann wieder von den Pflanzen aufgenommen werden. So schließt sich der **Kohlenstoffkreislauf.**

Sauerstoffkreislauf

Eng mit dem Kohlenstoffkreislauf verbunden ist der Sauerstoffkreislauf. Das Gas **Sauerstoff** (O_2) entsteht bei der Fotosynthese der grünen Pflanzen. Bei der Atmung nehmen Pflanzen, Tiere und Menschen Sauerstoff in ihren Körper auf. Sauerstoff ist am Abbau von Traubenzucker bei der Zellatmung beteiligt, bei der Energie für alle Lebensvorgänge gewonnen wird. Beim Abbau der kohlenstoffhaltigen Nährstoffe entstehen als Endprodukte unter anderem Kohlenstoffdioxid (CO_2), das ausgeatmet wird, und Wasser. Die Pflanzen nehmen diese Stoffe für die Fotosynthese wieder auf. Auf diese Weise schließt sich der **Sauerstoffkreislauf.**

☰ Stickstoffkreislauf

Alle Lebewesen benötigen neben Kohlenstoff und Sauerstoff auch **Stickstoff** als Baustein, beispielsweise für Eiweiße. Der gasförmige Stickstoff (N_2), der 78 % der Luft ausmacht, kann von Pflanzen in dieser Form nicht genutzt werden. Die Pflanzen nehmen Stickstoff hauptsächlich in der Form von **Nitraten** auf. Nitrate sind wasserlösliche Mineralstoffe, die von Pflanzen mit Wasser über die Wurzeln aufgenommen werden können. Wenn Pflanzen und Tiere sterben, werden ihre Eiweißstoffe von den Destruenten abgebaut. Dadurch gelangt Stickstoff in den Boden zurück, wo er durch Bakterien in Nitrate umgewandelt wird.

> Du kannst die Kreisläufe von Kohlenstoff und Sauerstoff beschreiben und skizzieren. Du kannst die Rolle von Produzenten, Konsumenten und Destruenten in diesen Kreisläufen erläutern.

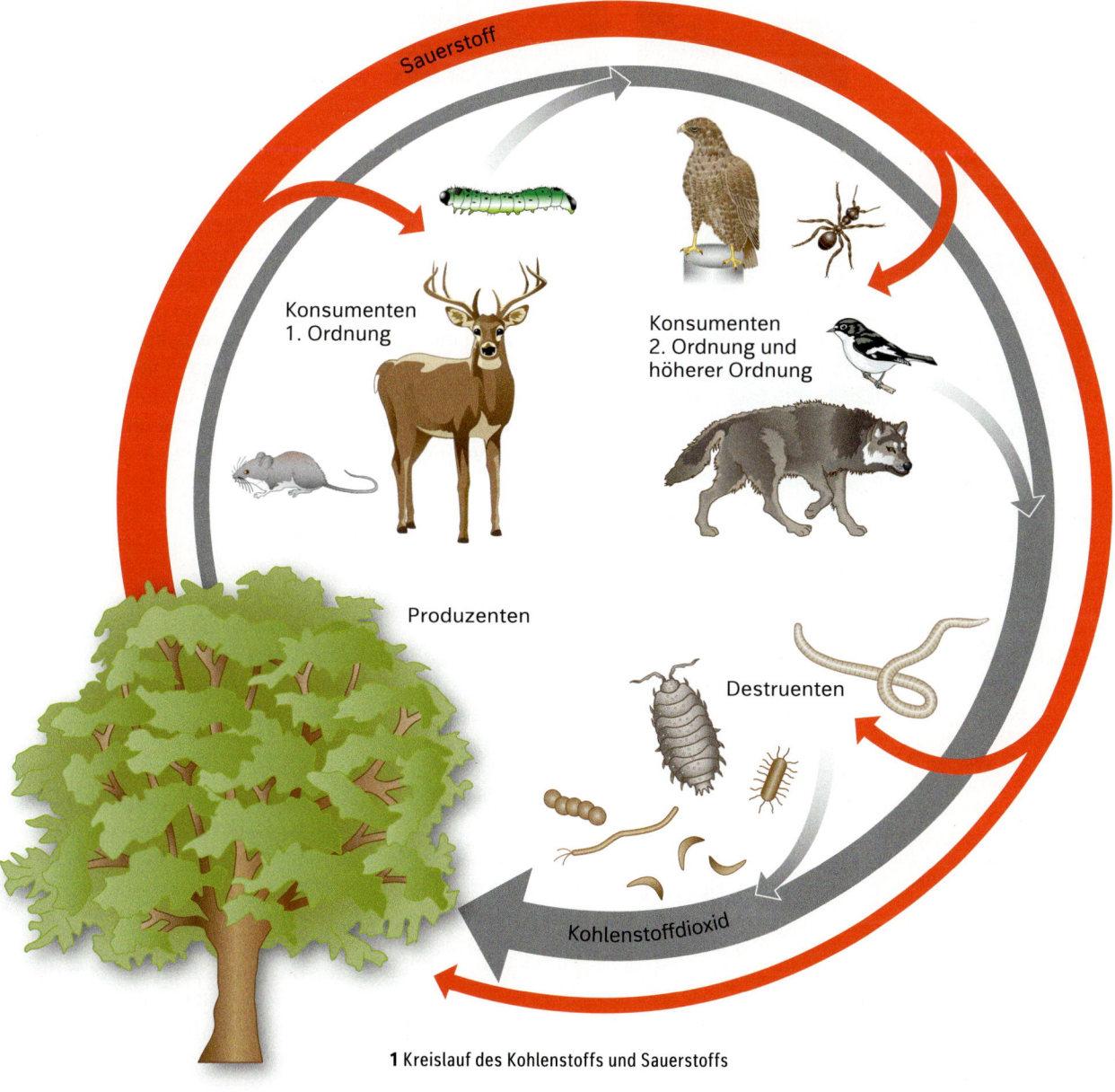

Sauerstoff

Konsumenten 1. Ordnung

Konsumenten 2. Ordnung und höherer Ordnung

Produzenten

Destruenten

Kohlenstoffdioxid

1 Kreislauf des Kohlenstoffs und Sauerstoffs

Alle Lebewesen benötigen Energie

1. ≡ Ⓐ
Erkläre, woher Pflanzen ihre Energie erhalten und wofür sie diese verwenden. Die Abbildungen rechts geben dir Hinweise.

2. ≡ Ⓐ
Erkläre, woher Tiere ihre Energie erhalten und wofür sie diese verwenden. Die Abbildungen zu dieser Aufgabe und der Informationstext auf der rechten Seite geben dir Hinweise.

3. ≡ Ⓥ ⏺
Welcher Stoffwechselvorgang läuft bei der Keimung ab?
a) Formuliere eine Vermutung und überprüfe sie, indem du folgenden Versuch durchführst:
Lasse getrocknete Erbsen oder Bohnen etwa zehn Stunden lang in Wasser quellen. Gib dann die gequollenen Samen in ein Gurkenglas, verschließe es sorgfältig und bewahre es einen Tag auf. Befestige eine Kerze an einem Draht. Öffne dann vorsichtig das Gurkenglas mit den Samen und senke die brennende Kerze hinein. Senke zum Vergleich eine brennende Kerze in ein leeres Gurkenglas.
b) Schreibe ein Versuchsprotokoll.

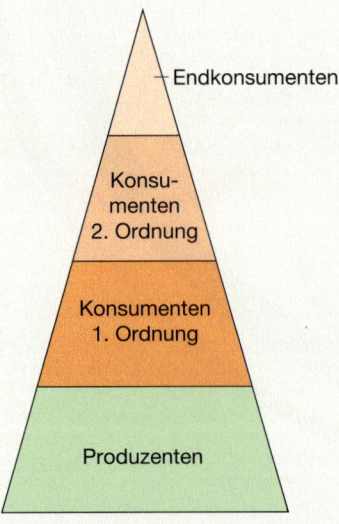

Endkonsumenten

Konsumenten 2. Ordnung

Konsumenten 1. Ordnung

Produzenten

4. ≡ Ⓐ
Nahrungsbeziehungen kann man auch in Form einer Pyramide darstellen. Wähle ein Ökosystem und nenne zu jeder Stufe verschiedene Organismen.

5. ≡ Ⓐ ⏺
Erläutere, welche Aspekte der Nahrungsbeziehungen die Nahrungspyramide besser darstellt als die Nahrungskette.

6. ≡ Ⓐ
Erkläre anhand von Abbildung 1 den Zusammenhang zwischen Fotosynthese und Zellatmung.

7. ≡ Ⓐ
a) Beschreibe den Unterschied zwischen dem Stofffluss und dem Energiefluss in Ökosystemen.
b) Beschreibe den Energiefluss in Ökosystemen mithilfe des Basiskonzepts System. Nimm die Methode "Arbeiten mit Basiskonzepten" zu Hilfe.

Wie Pflanzen Energie gewinnen

Pflanzen nutzen das Sonnenlicht, um in der **Fotosynthese** Traubenzucker herzustellen. Ungefähr die Hälfte davon nutzen die Pflanzen für ihr Wachstum, also den Aufbau von Biomasse. Die andere Hälfte wird von den Pflanzen für ihren Stoffwechsel benötigt. Dafür wird der Traubenzucker in den Pflanzenzellen zu Kohlenstoffdioxid und Wasser umgewandelt. Die im Traubenzucker gespeicherte Energie des Sonnenlichts wird dabei wieder frei und für die Pflanze verfügbar. Man bezeichnet diesen Vorgang als **Zellatmung.**

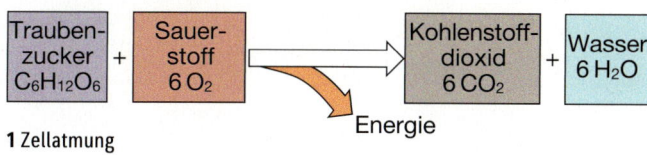

1 Zellatmung

Wie Menschen und Tiere Energie erhalten

Auch Tiere und Menschen gewinnen die Energie für ihre Lebensvorgänge durch die Zellatmung. Im Gegensatz zu Pflanzen können sie den dafür nötigen Traubenzucker sowie den Sauerstoff nicht selbst herstellen. Den Traubenzucker gewinnen sie aus der Nahrung. Den für die Zellatmung benötigten Sauerstoff entnehmen sie der Luft. Das bei der Zellatmung frei werdende Kohlenstoffdioxid verwenden die Pflanzen wieder zur Fotosynthese.

☰ Energie wird weitergegeben

Durch die Fotosynthese ist die Energie der Sonne in der pflanzlichen Biomasse gespeichert. Die gespeicherte Energie wird über die Nahrung in der Nahrungskette weitergegeben.
Pflanzen fressende Tiere benötigen etwa 90 % der aufgenommenen Energie für ihre eigenen Lebensvorgänge, zum Beispiel für die Tätigkeit von Muskeln oder Nerven. Dabei wird Wärme nach außen abgegeben. Nur etwa 10 % der Energie wird chemisch gebunden, also für den Aufbau von Muskeln, Knochen und Fett eingesetzt, und an die Konsumenten 2. Ordnung weitergegeben.
Ähnlich wiederholt es sich auf den weiteren Stufen, sodass schließlich nur noch etwa 0,1 % der von den Pflanzen gespeicherten Sonnenenergie von den Endkonsumenten chemisch gebunden wird. Auf jeder Stufe gehen also etwa 90 % der noch vorhandenen Energie verloren. Die Biomasse und die Anzahl der Individuen nimmt von Stufe zu Stufe ab.
Während sich Stoffe in Kreisläufen bewegen, fließt die Energie im Ökosystem nur in eine Richtung.

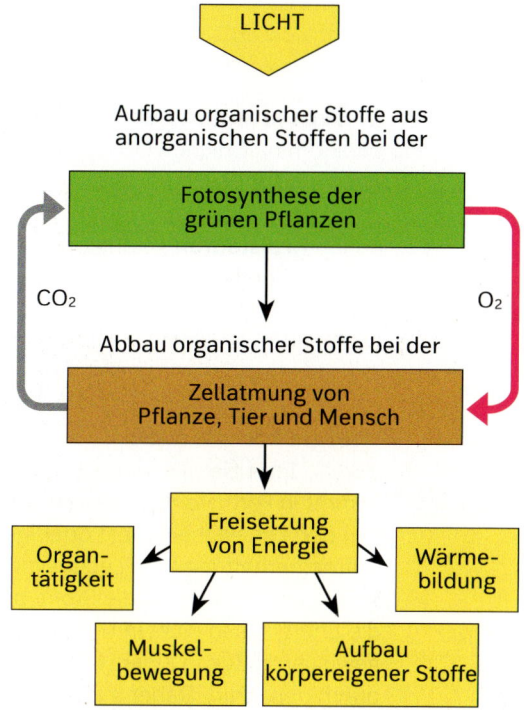

2 Zusammenhang zwischen Fotosynthese und Zellatmung

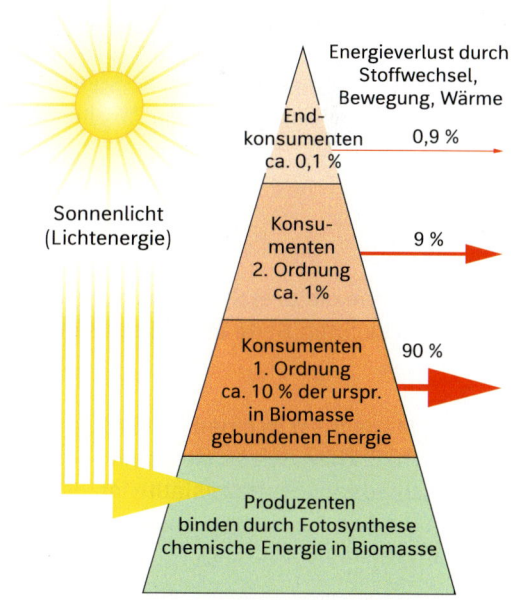

3 Biomassepyramide mit Energiefluss in Ökosystemen

Du kannst den Vorgang der Zellatmung beschreiben und beschreiben, wie Menschen und Tiere Energie erhalten.

Stoffkreisläufe und Energiefluss

In Ökosystemen geht kein Stoff verloren

In einem natürlichen Ökosystem wie dem Wald sind alle Stoffe, die Pflanzen und Tiere zum Leben brauchen, vorhanden. In verschiedenen **Kreisläufen** gelangen sie von den Pflanzen zu den Tieren und schließlich wieder zurück. Kein Stoff geht verloren und muss hinzugefügt werden.

Energie kommt dazu

Nur die **Energie** der Sonne kommt hinzu. Sie kommt in Form von Licht in den Wald und wird von den Lebewesen direkt oder indirekt zur Aufrechterhaltung aller Lebensvorgänge gebraucht. Anders als die Stoffe bewegt sich die Energie also nicht in Kreisläufen, sondern gewissermaßen in einer „Einbahnstraße" durch den Wald. Daher muss ständig neue Energie zugefügt werden. Ohne Licht würde der Wald in kürzester Zeit sterben.

> Du kannst den Kreislauf der Stoffe Kohlenstoff und Sauerstoff und den Mineralstoffkreislauf beschreiben. Du kannst den Weg der Energie in einem Ökosystem beschreiben.

1. Ⓐ

Beschreibe die drei Stoffkreisläufe, die auf der rechten Seite abgebildet sind.

2. Ⓐ

Eine Maus frisst in einem Wald Bucheckern. Erkläre, wieso sie damit Teil verschiedener Stoffkreisläufe ist.
Nenne auch die Namen der beteiligten Stoffkreisläufe.

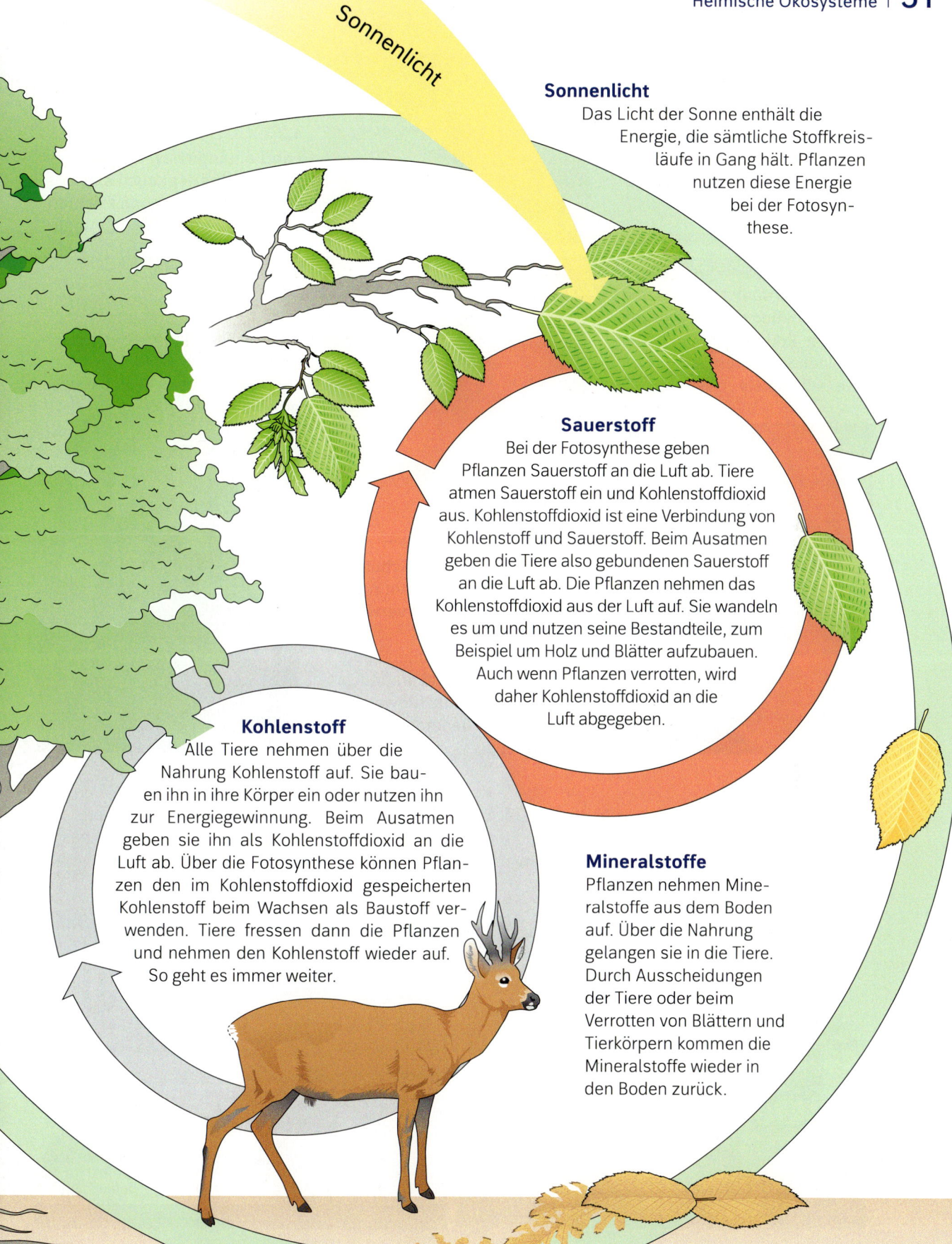

Sonnenlicht

Sonnenlicht
Das Licht der Sonne enthält die Energie, die sämtliche Stoffkreisläufe in Gang hält. Pflanzen nutzen diese Energie bei der Fotosynthese.

Sauerstoff
Bei der Fotosynthese geben Pflanzen Sauerstoff an die Luft ab. Tiere atmen Sauerstoff ein und Kohlenstoffdioxid aus. Kohlenstoffdioxid ist eine Verbindung von Kohlenstoff und Sauerstoff. Beim Ausatmen geben die Tiere also gebundenen Sauerstoff an die Luft ab. Die Pflanzen nehmen das Kohlenstoffdioxid aus der Luft auf. Sie wandeln es um und nutzen seine Bestandteile, zum Beispiel um Holz und Blätter aufzubauen. Auch wenn Pflanzen verrotten, wird daher Kohlenstoffdioxid an die Luft abgegeben.

Kohlenstoff
Alle Tiere nehmen über die Nahrung Kohlenstoff auf. Sie bauen ihn in ihre Körper ein oder nutzen ihn zur Energiegewinnung. Beim Ausatmen geben sie ihn als Kohlenstoffdioxid an die Luft ab. Über die Fotosynthese können Pflanzen den im Kohlenstoffdioxid gespeicherten Kohlenstoff beim Wachsen als Baustoff verwenden. Tiere fressen dann die Pflanzen und nehmen den Kohlenstoff wieder auf. So geht es immer weiter.

Mineralstoffe
Pflanzen nehmen Mineralstoffe aus dem Boden auf. Über die Nahrung gelangen sie in die Tiere. Durch Ausscheidungen der Tiere oder beim Verrotten von Blättern und Tierkörpern kommen die Mineralstoffe wieder in den Boden zurück.

Leistungen des Waldes

1. Q ↖
Was leistet der Wald für uns?
Erstelle zu diesem Thema eine
Mindmap.

2. ≡ A
Dem Wald werden drei Funktionen zugeordnet: Nutzfunktion,
Schutzfunktion und Erholungs-
funktion. Erkläre die Funktionen
mit eigenen Worten und gib
jeweils Beispiele.

3. Q ↖
a) Notiert, was in eurem
Haushalt oder in der Schule
alles aus Holz ist. Nennt nach
Möglichkeit die dafür verwen-
deten Holzarten.
b) Besucht eine Tischlerei oder
einen Baumarkt und erkundigt
euch, welches Holz für welche
Gegenstände benutzt wird und
begründet dies.

4. Q
Führt ein Interview mit einem
Förster. Überlegt euch sinn-
volle Fragen und berücksichtigt
dabei folgende Aspekte: Aufgaben des Försters, Waldnutzung,
Verhalten im Wald.

5. ≡ A
Welche Konflikte können bei unterschiedlicher Waldnutzung
entstehen? Entwickelt Lösungs-
möglichkeiten.

6. ≡ A
a) Beschreibe die Vorgänge, die in der
Abbildung unten links dargestellt sind.
b) Erläutere die Funktionen von Wäldern im
Wasserhaushalt einer Landschaft.

7. ≡ A ↖
Erläutere mithilfe der Abbildung unten
rechts die Bedeutung des Waldes für das
regionale Klima.

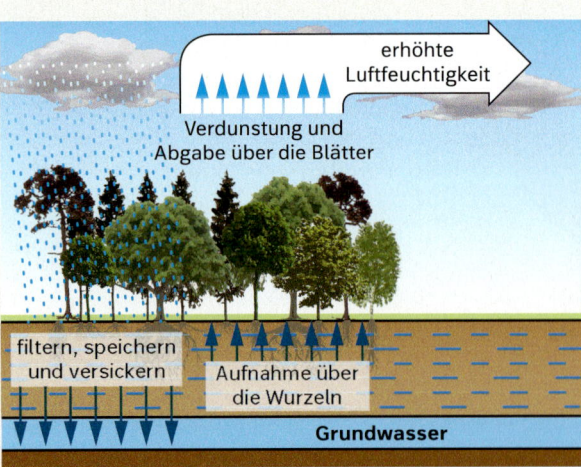

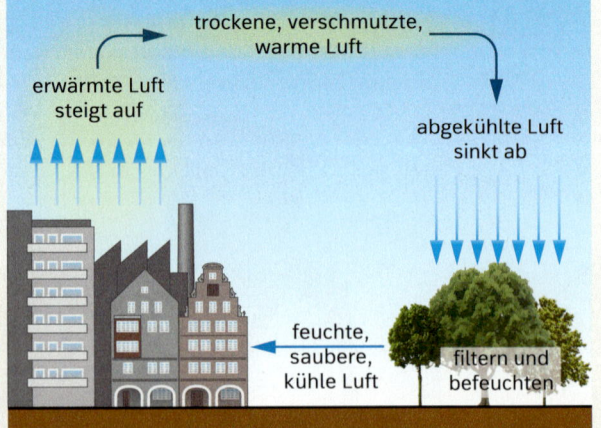

Lebensraum

Der Wald ist ein wichtiger Lebensraum. Zu jeder Jahreszeit bietet er besondere Bedingungen, die von vielen verschiedenen Pflanzen und Tieren genutzt werden können.

Erholung

Für uns Menschen hat der Wald vielfältige Bedeutung, unter anderem hat er für uns einen hohen **Erholungswert**. Beim Wandern im Wald atmet man frische, saubere Luft, man trifft auf Pflanzen und Tiere und freut sich an der Schönheit der Natur.

Holzproduktion

Arbeiter im Wald und Holzstapel am Wegrand zeigen, dass der Wald ein wichtiger **Rohstofflieferant** ist. Für viele Gegenstände des täglichen Lebens wird Holz als Rohstoff benutzt. Aus Holz werden Fußböden, Dachstühle, Bauholz, Möbel, Papier und vieles mehr hergestellt.

Klimaverbesserung

Waldflächen dienen auch der **Klimaregulation** und Klimaverbesserung einer Landschaft. Über den Städten steigt warme, schadstoffbelastete Luft auf. In zunehmender Höhe kühlt die Luft allmählich ab. Sie strömt seitlich in das Umland und sinkt dann aufgrund ihrer geringeren Temperatur wieder nach unten. Befindet sich in diesem Bereich ein Waldgebiet, filtern die Blätter der Bäume und Sträucher Staub und Schadstoffe aus der Luft. Die nun kühle, angefeuchtete und gereinigte Luft fließt aus dem Wald und versorgt die Siedlungsbereiche. Der Kreislauf ist geschlossen.

Schutz

In Gebieten, in denen häufig heftiger Wind weht, dient der Wald auch als Windschutz. Es werden sogar Windschutzstreifen aus Bäumen und Sträuchern angelegt, um Ackerflächen und Siedlungen vor dem Wind zu schützen.

Entlang von Eisenbahnlinien, Autobahnen oder stark befahrenen Straßen findet man häufig Bäume und Sträucher, die als Lärmschutz dienen. Außerdem filtern sie hier auch einen Teil der von den Autos abgegebenen Abgase aus der Luft.

Wälder halten mit ihrem Wurzelwerk den Erdboden fest. So verhindern sie **Erosion,** den Abtrag von Boden. Bergwälder haben die Aufgabe, Siedlungen vor Schlamm-, Geröll- oder Schneelawinen zu schützen.

Wasserspeicherung

Besonders wichtig ist die Bedeutung der Wälder für den **Wasserhaushalt** einer Landschaft. Ein Großteil der Niederschläge wird über die Blätter wieder verdunstet. Zudem dient der Waldboden als Wasserspeicher. Durch die Schwammwirkung der Moosschicht und der oberen Humusschichten versickert das Wasser im Wald langsam. Dabei wird es gefiltert. Es sammelt sich in tieferen Bodenschichten und füllt den Grundwasservorrat immer wieder auf. Im Frühjahr speichert der Waldboden viel Schmelzwasser und gibt es nur langsam wieder ab. Auf diese Weise dient der Wald dem Hochwasserschutz.

> Du kannst die Leistungen des Waldes aufzählen und erläutern.

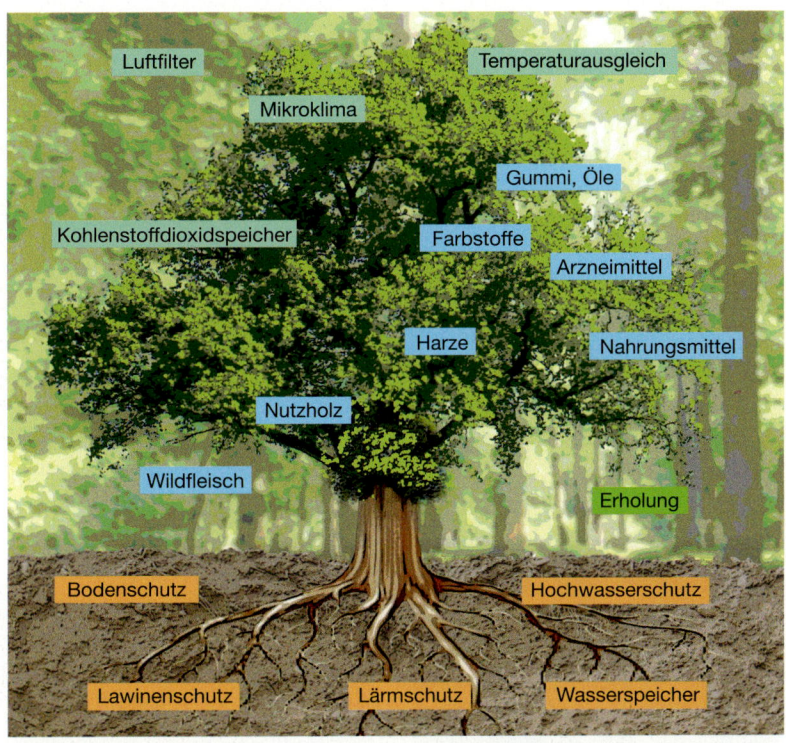

1 Die Leistungen des Waldes auf einen Blick:
■ = Klimaregulation, ■ = Schutzfunktion, ■ = Produkte

Der Wald ist in Gefahr

1. ☰ Ⓐ
Die Abbildungen A – C zeigen Schäden bei der Fichte. Beschreibe und beurteile die erkennbaren Schäden. Nimm dazu die Tabelle der Schadstufen zu Hilfe.

 A
 B
 C

Schadstufe		vorhandene Nadeljahrgänge	Nadelverluste	Aussehen
0: ohne erkennbare Schadensmerkmale	6 – 7	1. Nadeljahrgang	bis 10 %	volle sattgrüne Benadelung, Stamm im Kronenbereich nicht sichtbar
1: schwache Schäden	4 – 5	2.	11 % – 25 %	beginnende Kronenverlichtung, Nadeln teilweise gelb oder braun verfärbt
2: mittlere Schäden	3 – 4	3.	26 % – 60 %	deutliche Verlichtung der gesamten Krone, der Stammverlauf ist deutlich sichtbar
3: starke Schäden	1 – 3	4.	über 60 %	Stamm- und Astverlauf durchgehend sichtbar bis in die Spitzen (skelettartiges Aussehen)
4: abgestorben	0 – 1		bis 100 %	kahle Äste, nur wenige Restnadeln

2. ☰ Ⓥ ⦿
Erkundet einen nahe gelegenen Fichtenwald und beurteilt mithilfe der Tabelle den Zustand der Bäume.

3. ☰ Ⓠ ⦿
Informiere dich über den Zustand des Waldes in deinem Bundesland im Verlauf der letzten Jahre (Stichwort: Waldzustandsbericht).

5. ☰ Ⓐ
a) Nenne die Stoffe, die für das Waldsterben verantwortlich gemacht werden, und die Verursacher für deren Freisetzung.
b) Beschreibe die Auswirkungen der Schadstoffe auf die Bäume.

6. ☰ Ⓠ
Erkläre, warum Bäume, die durch Luftschadstoffe vorgeschädigt sind, leichter von Insekten oder Pilzen befallen werden können. Ziehe einen Vergleich zum menschlichen Körper.

4. ☰ Ⓐ
Beschreibe mithilfe der beiden Abbildungen die Unterschiede zwischen gesunden und kranken Zweigen einer Buche.

A

B

Neuartige Waldschäden

In Deutschland ist nur jeder dritte Baum gesund. Viele Bäume zeigen charakteristische Schadensmerkmale an Nadeln oder Blättern. Neben den sichtbaren Schäden kommt es auch zum Faulen des Baumkernes und zum Absterben der Baumwurzeln. Diese Erscheinungen bezeichnet man als **neuartige Waldschäden.**

Waldschäden hat es auch früher schon gegeben, sie verschwanden aber nach einiger Zeit wieder. Dies ist jetzt anders. Die Hauptursachen für das **„Waldsterben"** sind verschiedene **Luftschadstoffe** aus Kraftwerken, Verkehr, Industrie und Haushalten. Auch die Intensivtierhaltung in der Landwirtschaft gehört über die Gülleausbringung zu den Verursachern. Schwefeldioxid, Stickstoffoxide und weitere Stickstoffverbindungen bilden mit den Niederschlägen oder dem Wasserdampf in der Luft Säuren und weitere aggressive Substanzen.

Diese greifen einerseits die Blätter und Nadeln unmittelbar an, andererseits beeinträchtigen sie den Boden. Im Boden sterben die Feinwurzeln ab, und somit können die Bäume schlechter Wasser aufnehmen. Viele Bodenorganismen sterben und die Humusbildung wird gestört.

Zu den schädigenden Stoffen gehört auch das Gas Ozon. Es entsteht vor allem bei starker Sonneneinstrahlung unter dem Einfluss von Autoabgasen. Geschädigte Bäume sind anfälliger gegenüber Stürmen, Trockenheit, Frost, Krankheiten und Schädlingen wie dem Borkenkäfer.

2 Borkenkäfer:
A Insekt, **B** Fraßspuren

Maßnahmen zum Schutz des Waldes

In einem naturnahen **Mischwald** nehmen die Borkenkäfer nicht überhand. In einer Monokultur wie einem reinen Fichtenforst, der womöglich durch die Luftschadstoffe geschädigt ist, können sie sich stark vermehren und viele Bäume befallen. Bei einem Massenbefall sterben die Bäume schließlich ab. Ein wichtiger Beitrag, um die Ursachen für Waldschäden zu begrenzen, ist die **Reduzierung der Luftschadstoffe.** Der Ausstoß von Schwefeldioxid konnte in den letzten Jahren bereits deutlich durch wirkungsvolle Filter in Kraftwerken und Industrieanlagen gesenkt werden. Die Stickstoffoxid- und Ozonwerte sind jedoch immer noch zu hoch.

Weniger Autofahren und der Kauf von Kraftfahrzeugen mit einem geringeren Treibstoffverbrauch senken den Schadstoffausstoß und können so auch dem Wald helfen. Auch in Industrie, Haushalten und Landwirtschaft sind weitere Maßnahmen notwendig, um die Konzentrationen an schädlichen Stoffen in der Atmosphäre zu verringern.

Um geschädigte Wälder vor einem Massenbefall durch Schadinsekten wie den Borkenkäfer zu bewahren, müssen deren natürliche Fressfeinde wie Spechte und Fledermäuse geschützt werden. Sie sind wichtige Elemente des **biologischen Pflanzenschutzes.**

Schadstoffe

Mit Schadstoffen belasteter Niederschlag (Saurer Regen)

Schädigung der Blattoberflächen

Erhöhung der Wasserabgabe

Schädigung der Spaltöffnung

Wassermangel

Schädigung des Stoffwechsels

Verminderung der Fotosyntheseleistung

Störung der Wasser- und Mineralstoffaufnahme

Versauerung des Bodens

Zerstörung der Feinwurzeln

Verunreinigung des Grundwassers

1 Auswirkungen der Luftverschmutzung auf Bäume

> Du kannst die Merkmale von geschädigten Bäumen beschreiben, Ursachen der Schädigung erläutern und mögliche Gegenmaßnahmen nennen.

Nachhaltige Forstwirtschaft

1. ≣ Ⓐ
Erläutere den Begriff Nachhaltigkeit am Beispiel der Forstwirtschaft.

1 Natürliche Waldverjüngung in einem Laubwald

Urwälder und Wirtschaftswälder

Bei einer Wanderung durch Wälder fallen oft regelmäßig angeordnete Bäume der gleichen Art auf. Es sind **Monokulturen.** Diese Wälder sind **Wirtschaftswälder.** Die ursprünglich vom Menschen unberührten **Urwälder** gibt es in Deutschland nicht mehr.

Das Konzept der Nachhaltigkeit

Durch unkontrollierte Holzentnahme und Beweidung wurden die einst natürlich gewachsenen Wälder stark verändert. Vor etwa 250 Jahren stand die Bevölkerung daher knapp vor einer Holznot. Aus dieser Notsituation heraus entstand Anfang des 18. Jahrhunderts das Konzept der Nachhaltigkeit, um dauerhaft Holzlieferungen sicherzustellen. Dazu durfte dem Wald nicht mehr Holz entnommen werden als nachwuchs. Auch großflächige Kahlschläge wurden vermieden. Heute entnimmt man dem Wald nicht mehr als zwei Drittel des nutzbaren Holzzuwachses.
Unter **Nachhaltigkeit** versteht man mittlerweile, mit allen natürlichen Vorräten der Welt so verantwortungsbewusst umzugehen, dass sie nachfolgenden Generationen in gleicher Qualität und Menge zur Verfügung stehen.

Forstwirtschaft heute

In Berlin und Brandenburg sind 37 % der Landesfläche bewaldet. Die Wälder werden nach folgenden Grundsätzen nachhaltig bewirtschaftet:
Es wird mit standortgerechten, an Boden und Klima gut angepassten Baumarten gearbeitet. **Mischwälder** aus solchen Bäumen sind stabil gegen Umwelteinflüsse und bieten vielen Tier- und Pflanzenarten Lebensraum. Auf den Einsatz von chemischen Pflanzenschutz- und Düngemitteln wird im Waldschutz weitgehend verzichtet.
Es gibt keine Kahlschläge, stattdessen werden die Bäume einzeln gefällt, wenn sie eine bestimmte Dicke erreicht haben. Insgesamt wird der Wald dadurch älter. Bei der Holzernte werden bodenschonende Techniken angewendet. Alt- und Totholz verbleibt im Wald und dient Tieren als Nahrung und Lebensraum.
Zu große Wildbestände werden verringert, um das natürliche Aufwachsen von jungen Bäumen zu ermöglichen. Diese natürliche Waldverjüngung aus Samen hat Vorrang vor Pflanzungen.

Holz aus nachhaltiger Waldwirtschaft

Wer bewusst Holz oder Holzprodukte aus nachhaltiger Waldwirtschaft kaufen möchte, kann sich an Holzlabeln wie dem FSC-Label orientieren. Durch die Kennzeichnung mit diesem Label wird bestätigt, dass Standards der nachhaltigen Forstwirtschaft eingehalten werden.

Du kannst die Maßnahmen der nachhaltigen Forstwirtschaft beschreiben und ihre Ziele erläutern.

2 Holzvollernter: Die breiten Reifen verhindern das Verdichten des Waldbodens.

Expertendiskussion

Soll ein naturnahes Waldgebiet in der Nähe einer Stadt als Naturschutzgebiet ausgewiesen werden?
Einige sind dafür, andere dagegen. In einer **Expertendiskussion** bringen die verschiedenen Interessengruppen ihre Argumente vor, ehe es zur Entscheidung kommt.

Eine Expertendiskussion zu diesem oder einem anderen Thema könnt ihr in einem **Rollenspiel** darstellen.

Jogger | Umwelt-Politikerin | Sägewerker | Jägerin

Jogger
- Bewegung an frischer Luft ...
- Erholung ...
- mit meiner Familie ...
- Wege erhalten ...

So könnt ihr vorgehen:
- Ein Problem wird formuliert.
- Ihr legt Interessengruppen fest und teilt euch in der Klasse entsprechend auf.
- Ihr bereitet in Gruppen Argumente für eure Position vor. Untermauert diese mit Sachinformationen. Notiert Wichtiges auf Karteikarten.
- Bestimmt aus jeder Gruppe eine Sprecherin oder Sprecher, der euch in der Expertendiskussion vertritt.
- Bestimmt einen Diskussionsleiter, der auf die Einhaltung der Gesprächsregeln achtet.
- Die Experten versuchen nun, in der Diskussion ihre Argumente möglichst gut vorzubringen und auch die Argumente anderer zu entkräften. Vielleicht lassen sich auch Kompromisse erarbeiten.

Alle anderen Schülerinnen und Schüler verfolgen das Gespräch. Sie entscheiden am Ende über die Lösung des Problems. Außerdem geben sie den Experten Rückmeldung über ihre Diskussionsfähigkeiten.

Sägewerker
- Holzeinschlag ...
- schneller Nachwuchs ...
- gerade Stämme ...
- Erntemaschinen ...
- Holz ist Rohstoff für ...
- Preise ...

Jägerin
- Ruhezonen für ...
- kein Jagdverbot ...
- Wegenetz ausdünnen ...

Diskussionsleiter

Bär

Umweltpolitikerin
- seltene Pflanzen und Tiere wie ...
- ökologische Waldbewirtschaftung ...
- Jagdverbot ...
- Wegenetz ...

METHODE

Der See – ein Ökosystem

1.
Beschreibe die verschiedenen Pflanzen-zonen eines Sees.

2.
Vergleiche die abgebildeten Seen. Gehe dabei auf die bestimmenden abiotischen Faktoren und die Uferzonen ein.

3.
Sammle Informationen und Abbildungen zu einem dir bekannten See. Konzentriere dich auf die Nutzung und dort lebende Pflanzen und Tiere.

4.
Der Froschlöffel ist eine Pflanze, die im Röhricht wächst. Sie gedeiht aber auch an Land oder als Unter-wasserpflanze.
a) Vergleiche und beschreibe den Bau der Pflanze an den verschiedenen Standorten.
b) Erkläre diese Veränderungen als Angepasstheiten.

5.
Plant einen Unterrichtsgang zu einem See oder Teich. Stellt eure Vorbereitungen, Untersuchungen und Beobachtungen sowie die Auswertung eurer Ergebnisse in einer Sachmappe zusammen.
a) Fotografiert und beschreibt den Ufer-bewuchs. Welche Pflanzen und Pflanzen-zonen könnt ihr erkennen?
b) Welche Tiere könnt ihr beobachten? Wählt Tiere eures Sees aus und stellt sie in Steckbriefen vor.

6.
Die Abbildungen unten zeigen typische Pflanzen und Tiere eines Sees.
a) Ordne den abgebildeten Lebewesen die Namen zu.
b) Ordne die Lebewesen in Gruppen ein. Begründe deine Zuordnung.

Algen · Blässhuhn · Kaulquappe · Libellenlarve · Rotauge · Ruderwanze · Stechmückenlarve · Teichrose · tierisches Plankton · Wasserschnecke

Vom Land zum offenen Wasser

Ein naturbelassener See hat an der vom Wind geschützten Seite meist eine dicht bewachsene Uferzone. Auch im Wasser wachsen zahlreiche Pflanzen. Im Dickicht der Pflanzen leben viele Tiere. Gehst du über einen Steg vom Land zum offenen Wasser, erkennst du, dass sich der Pflanzenbewuchs des Uferbereichs auf einer Strecke von wenigen Metern rasch ändert. Die Höhe der Pflanzen nimmt scheinbar ab. Zuletzt ragen nur noch schwimmende Blätter und Blüten über die Wasseroberfläche. Weiter draußen sind die Pflanzen dann ganz untergetaucht.

Pflanzenzonen eines Sees

Im Uferbereich, der **Erlenzone,** wachsen Erlen und Weiden zusammen mit Binsen und Seggen. Die Pflanzen dieser Zone vertragen ständig hohes Grundwasser oder zeitweise Überflutung.

Etwas weiter am Uferrand, wo immer Wasser steht, beginnt das **Röhricht.** Hier gedeihen unter anderem Schilf und Rohrkolben. Sie kommen bis zu einer Wassertiefe von 1,5 m vor.

An das Röhricht schließt sich die **Schwimmblattzone** an. Zu den Schwimmblattpflanzen zählen gelb blühende Teichrosen und weiß blühende Seerosen sowie der rosa blühende Wasserknöterich.

Je tiefer das Wasser wird, umso mehr werden die Schwimmblattpflanzen von Wasserpflanzen abgelöst, die ganz untergetaucht leben. In dieser **Tauchblattzone** finden wir Pflanzen wie Laichkräuter und Tausendblatt. Stängel und Blätter dieser Pflanzen werden vom Wasser gestützt und benötigen daher kein Festigungsgewebe. Die Blätter sind oft sehr klein oder geschlitzt.

In der **Tiefalgenzone** wachsen in klaren Seen blütenlose Armleuchteralgen, die auf dem Seeboden große Unterwasserwiesen bilden. Andere Algen schwimmen in allen Zonen des Sees frei im Wasser. Diese mikroskopisch kleinen Lebewesen werden als **pflanzliches Plankton** bezeichnet. Sie bestehen meist nur aus einer oder wenigen Zellen. Je nach Trübung des Wassers können ab 5 m bis 10 m Tiefe gar keine Pflanzen mehr wachsen, weil das Sonnenlicht nicht mehr zur Fotosynthese ausreicht.

Tiere eines Sees

In und an einem naturbelassenen See leben viele Tiere. Im Uferbereich lassen sich Wasserinsekten, Würmer und Schnecken beobachten. Frösche und Teichmolche kommen auch in größeren Wassertiefen vor. Im freien Wasser leben Fische wie Rotauge und Hecht. Auch viele Vogelarten wie Stockenten, Blässhuhn und Haubentaucher suchen am und im See nach Nahrung und ziehen hier ihre Jungen auf.

> Du kannst die Pflanzenzonen eines Sees beschreiben und einige Tiere nennen, die dort vorkommen.

0 m
1 m
2 m
3 m
4 m

1 Weide
2 Erle
3 Segge
4 Blutweiderich

5 Wasserschwertlilie
6 Pfeilkraut
7 Froschlöffel
8 Rohrkolben
9 Schilf
10 Binse
11 Teichsimse

12 Wasserknöterich
13 Seerose
14 Teichrose

15 Wasserpest
16 Tausendblatt
17 Krauses Laichkraut
18 Hornblatt

19 Armleuchteralgen
20 Algen

Erlenzone   Röhricht   Schwimmblattzone   Tauchblattzone   Tiefalgenzone

1 Pflanzenzonen eines natürlichen Sees

Tiere im und am See

1. ☰ Ⓐ
Beschreibe, wie sich die abgebildeten Tiere ernähren.

2. ☰ Ⓐ
Zwei der abgebildeten Tierarten gehören zu den Wirbeltieren.
a) Nenne die beiden Tierarten.
b) Gib an, zu welcher Wirbeltierklasse die Arten jeweils gehören. Begründe deine Zuordnung.

3. ☰ Ⓠ
a) Informiere dich und erkläre, warum ein Wasserläufer auf der Wasseroberfläche laufen kann und nicht untergeht.
b) Entwickle dazu einen Modellversuch und erkläre ihn.

Wasserläufer
Merkmale: grauer, schlanker Körper · wird bis 10 mm lang · 1 Paar Fühler · 1 Paar kurze Vorderbeine · 2 Paar sehr lange, dünne Hinterbeine
Lebensweise: läuft ruckartig mit den fein behaarten Beinen auf der Wasseroberfläche · Insekten und andere Nahrung werden mit den Vorderbeinen festgehalten und ausgesaugt

Teichhuhn
Merkmale: etwa entengroß · schwarz-braunes Gefieder · rote Stirnplatte · roter Schnabel mit gelbem Rand
Lebensweise: läuft geschickt über Blätter von Schwimmpflanzen · frisst Wasserinsekten, Schnecken oder Laich · Nest zwischen dichten Pflanzen in Ufernähe

Gemeine Teichmuschel
Merkmale: Schale breit bis eiförmig · dünnrandig · gelblich bis dunkelbraun · etwa 8 cm bis 10 cm lang
Lebensweise: Bodentier · verankert sich mit Fuß im weichen Boden · kann sich langsam fortbewegen · wühlt den Bodengrund auf und filtert Nahrung heraus · filtert pro Tag etwa 40 l Wasser

Gelbrandkäfer
Merkmale: Körperlänge 27 mm bis 35 mm · Körper breit oval geformt · Halsschild und Deckflügel sind beim Männchen schwarzgrün und mit gelbem Rand, beim Weibchen grünbraun · Körperunterseite gelbbraun
Lebensweise: sehr guter Schwimmer und Flieger · fliegt meist nachts, um neue Lebensräume aufzusuchen · ernährt sich von im Wasser lebenden Tieren wie Insektenlarven, Kaulquappen und schwachen oder kranken kleinen Fischen

Rotauge
Merkmale: Körperlänge 25 cm bis 50 cm · Körper mit grünlicher Ober- und weißer Bauchseite · Augen und Flossen rötlich · auffallendes Kennzeichen: leuchtend rote Iris
Lebensweise: lebt in Schwärmen · ernährt sich von Kleintieren wie Plankton, Würmern, Insektenlarven, Insekten, kleinen Schnecken und Muscheln, frisst auch Wasserpflanzen · wenig anfällig für Gewässerverschmutzung · stark anpassungsfähige Art, die in kleinen Seen, Fließgewässern und Kanälen lebt

Atmen – mit allen Tricks

1.
a) Vergleiche die Atmung von Rückenschwimmer, Wasserskorpion und Kleinlibellenlarve.
b) Beschreibe, wie die abgebildeten Tiere so lange unter Wasser bleiben können.

Larven der Kleinlibellen

Die Larven der Kleinlibellen tauchen zum Atmen nicht auf. Sie atmen mithilfe der blattförmigen Tracheenverzweigungen am Hinterende und mit dem Enddarm. Dieser ist an der Innenseite mit zahlreichen dünnwandigen Hautchen, den Tracheenkiemen, ausgekleidet. Sie entziehen dem Atemwasser den Sauerstoff.

Rückenschwimmer

Um einen Vorrat an Atemluft aufzunehmen, streckt der Rückenschwimmer das Ende seines Hinterleibes aus dem Wasser und nimmt zwischen die Härchen an der Bauchseite silbrig schimmernde Luftbläschen auf. Durch dieses Luftpolster entsteht ein Auftrieb. Dieser führt dazu, dass die Bauchseite ständig nach oben zeigt.

Wasserspinne

Zum Luftholen streckt die Wasserspinne ihre Hinterbeine und einen Teil ihres Hinterleibes aus dem Wasser und taucht ruckartig wieder unter. Dabei nimmt sie eine Luftblase mit, die sich zwischen den Haaren und Beinen verfangen hat. Die Luftblase streift sie in ihrem in der Uferzone unter Wasser gesponnenen Netz ab. In diesem Luftspeicher spielt sich der Großteil des Lebens der Spinne ab.

Wasserskorpion

Wasserskorpione haben am Hinterleib zwei lange Fortsätze, die eine Rinne besitzen. Beim Atmen legen die Insekten diese Fortsätze zu einer geschlossenen Röhre zusammen, strecken sie aus dem Wasser und holen dadurch Luft. Weil sie schlechte Schwimmer sind, halten sie ihr Atemrohr stets in Reichweite der Wasseroberfläche.

2.
Ordne die Körpermerkmale und die Art der Versorgung mit Sauerstoff von drei der vorgestellten Tiere den entsprechenden technischen Erfindungen zu. Begründe.

Aus dem Wasser in die Luft

1 Große Königslibelle

1. ≣ Ⓐ
Beschreibe, wie sich die Lebensweise einer Libelle von der ihrer Larve unterscheidet.

2. ≣ Ⓐ ⟡
Vergleiche die Entwicklung von Libelle und Stechmücke. Nimm die Abbildungen 2 und 3 zu Hilfe.

3. ≣ Ⓐ
Erkläre, warum wir von Mücken gestochen werden.

4. ≣ Ⓠ
In Seengebieten können sich Mücken zur Plage entwickeln. Darum setzen Gemeinden biologische Mittel zur Mückenbekämpfung ein. Recherchiere und berichte.

Libellen sind Flugkünstler

An schönen Sommertagen jagen Libellen über den Schilfgürteln und Wasseroberflächen von Seen und Teichen. Sie sind hervorragende Flieger und können blitzschnelle Flugbewegungen und Richtungsänderungen durchführen und im Zickzack- oder Rückwärtsflug manövrieren. Ihre Beute fangen sie in der Luft. Beobachtet man Libellen bei ihren Flugkünsten, kann man sich kaum vorstellen, dass sie bereits mehrere Jahre in ganz anderer Form im Wasser gelebt haben.

Entwicklung von Libellen

Etwa im Juni beginnt die Paarungszeit. Die Geschlechtspartner bilden bei der Paarung ein Paarungsrad. Dabei hält das Männchen das Weibchen am Kopf fest. Das Weibchen biegt sein Hinterleibsende nach vorn an das Begattungsorgan des Männchens. Die befruchteten Eier werden ins Wasser abgelegt.

Aus den Eiern schlüpfen zunächst flügellose Larven. Sie leben bis zu drei Jahre im Wasser. Während ihrer Larvenzeit wachsen sie und streifen die zu eng gewordenen Körperhüllen aus Chitin mehrmals ab.

2 Entwicklung einer Großlibelle

Am Ende der Larvenzeit klettern die Larven an einem Pflanzenstängel aus dem Wasser und schlüpfen als ausgewachsene Libelle aus ihrer Larvenhaut. Ihr Körper ist noch weich und nicht voll ausgefärbt. Das Vollinsekt lebt nur einen Sommer.

Libellen durchlaufen während ihrer Entwicklungszeit kein Puppenstadium. Eine solche Entwicklung wird **unvollständige Verwandlung** (Metamorphose) genannt.

Entwicklung von Stechmücken

Stechmücken entwickeln sich in stehenden Gewässern wie Seen und Teichen und sogar in Regentonnen und Pfützen. Nach der Befruchtung durch das Männchen legt das Weibchen auf der Wasseroberfläche bis zu 300 Eier ab. Diese verklebt es zu einem Eischiffchen, das wie ein Floß auf dem Wasser schwimmt.

Larven- und Puppenzeit von Stechmücken

Nach etwa acht Tagen schlüpfen Larven aus den Eiern. Sie hängen kopfabwärts an der Wasseroberfläche. Dabei atmen sie durch eine Atemröhre, die sie wie einen Schnorchel aus dem Wasser halten. Bei Störungen durch Erschütterungen oder Schatten verschwinden sie blitzschnell in tieferes Wasser.

Beim Wachsen häuten sich die Larven mehrmals, bis sie etwa 1 cm groß sind. Nach Ende der Larvenzeit verpuppen sie sich. In der Puppenhülle wandeln sich während einer Ruhezeit die Organe der Larve in die eines vollständig entwickelten Insekts um. Die Puppenhülle reißt nach etwa drei Tagen auf, und eine junge Mücke zwängt sich heraus.

Die Entwicklung der Stechmücke vom Ei über die Larve und Puppe zum fertigen Insekt wird als **vollständige Verwandlung** (Metamorphose) bezeichnet. Sie dauert etwa sechs Wochen.

Nur die Weibchen stechen

Die eigentliche Nahrung der Stechmücken besteht aus Fruchtsaft und Nektar, die kaum Eiweiß enthalten. Ohne die Aufnahme von Eiweiß können Stechmückenweibchen aber keine Eier bilden. Sie müssen daher Blut saugen, um Eier zu bilden und sich fortpflanzen zu können. Deshalb eignen sich nur die Mundwerkzeuge der Weibchen zum Stechen, nicht aber die der Männchen.

> Du kannst die Entwicklungen von Libellen und Stechmücken vergleichen. Du kannst den Unterschied zwischen einer vollständigen und einer unvollständigen Verwandlung beschreiben.

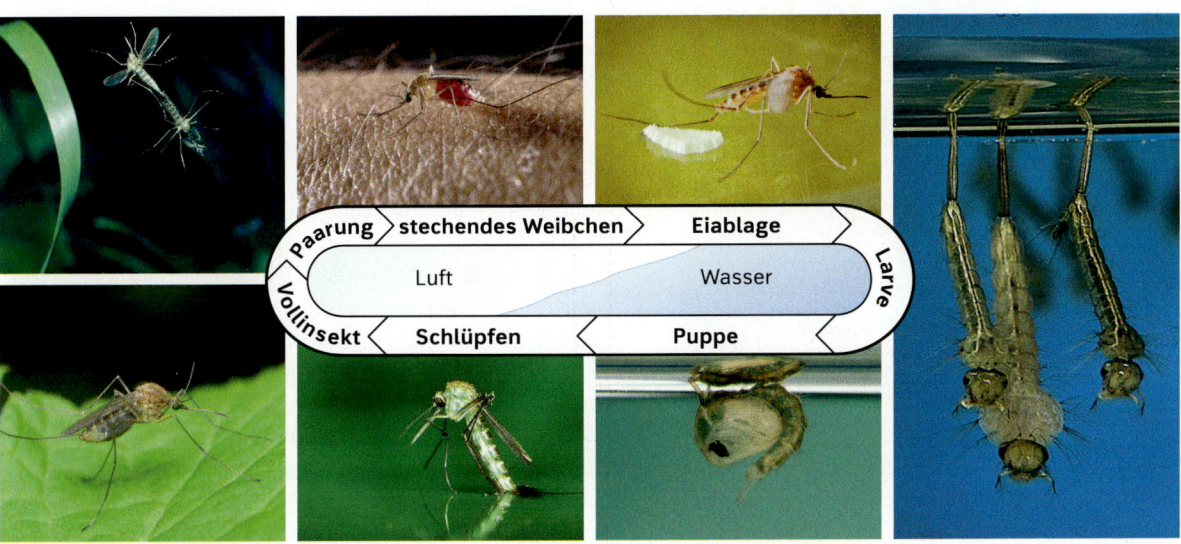

Paarung › stechendes Weibchen › Eiablage
Luft — Wasser
Vollinsekt ‹ Schlüpfen ‹ Puppe
Larve

3 Entwicklung einer Stechmücke

Nahrungsbeziehungen im See

1. ☰ Ⓐ
Erläutere die Nahrungskette aus Abbildung 1. Benutze dazu die Begriffe „Produzenten" und „Konsumenten".

2. ☰ Ⓐ
Stelle einige Vertreter der Lebewesen vor, die am Anfang einer Nahrungskette in einem See stehen.

3. ☰ Ⓐ
Nenne einige Lebewesen, die in einem See zu den Destruenten gehören. Erläutere ihre Aufgaben.

4. ☰ Ⓐ
a) Zeichne die Abbildung vereinfacht ab und ergänze die fehlenden Begriffe.
b) Erläutere die in der Grafik dargestellten Zusammenhänge.

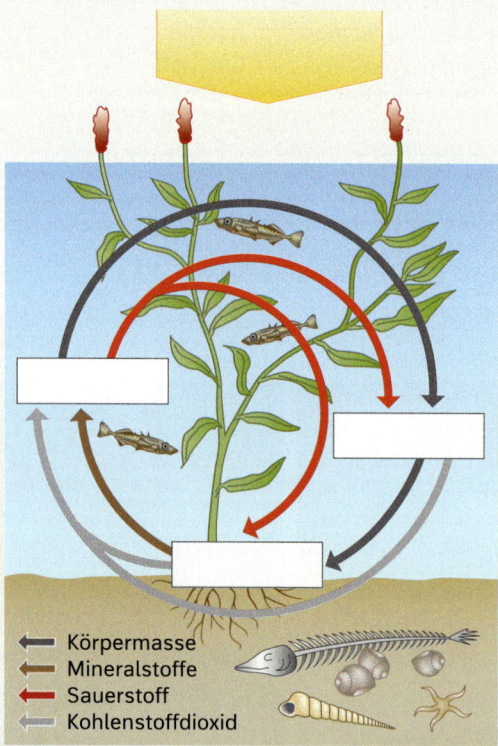

← Körpermasse
← Mineralstoffe
← Sauerstoff
← Kohlenstoffdioxid

5. ☰ Ⓐ ◑
Stell dir vor, alle Fische in einem See wären verschwunden. Beschreibe, welche Auswirkungen dies auf die anderen Lebewesen im See hätte.

Nahrungsketten

Im Wasser eines Sees schweben winzige Algen, das pflanzliche Plankton. Sie sind die wichtigste Grundlage für die Ernährung aller tierischen Lebewesen im Wasser. Denn grüne Pflanzen, zu denen Algen und Wasserpflanzen gehören, betreiben Fotosynthese. Sie können mithilfe des Sonnenlichts aus Wasser und Kohlenstoffdioxid Nährstoffe herstellen. Sie gehören zu den **Produzenten.**

Von ihnen ernähren sich alle Pflanzenfresser wie beispielsweise der Wasserfloh. Er ist ein **Konsument erster Ordnung.**

Aber auch Wasserflöhe können gefressen werden, zum Beispiel von Libellenlarven. Eine Libellenlarve ist dann ein **Konsument zweiter Ordnung.**

Viele Fische ernähren sich von im Wasser lebenden Kleintieren, so auch das Rotauge. Es ist ein **Konsument dritter Ordnung.** Rotaugen wiederum sind eine Beute für größere Raubfische wie den Hecht oder Wasservögel wie den Haubentaucher. Diese werden dann als **Konsumenten vierter Ordnung** bezeichnet. Sie haben keine natürlichen Feinde und stehen deshalb als **Endkonsumenten** am Ende der **Nahrungskette.**

Nahrungsnetze

In einem See gibt es viele verschiedene Nahrungsketten. Ein Fisch wie das Rotauge lebt nicht nur von Libellenlarven, sondern frisst auch noch Wasserflöhe, Mückenlarven und andere Kleinlebewesen. Andererseits ist das Rotauge nicht nur ein Beutetier des Hechtes, sondern es wird auch vom Haubentaucher gefressen. Meistens ernährt sich ein Tier also von unterschiedlichen Pflanzen oder fängt verschiedene Beutetiere. Es hat auch mehrere Fressfeinde. Dieses Fressen und Gefressenwerden lässt sich als **Nahrungsnetz** darstellen, weil verschiedene Nahrungsketten darin wie die Fäden eines Netzes verknüpft sind. Räuber und Beute hängen voneinander ab. Die Zahl der Tiere ändert sich ständig, ohne dass eine Art ausstirbt. Je größer die Artenvielfalt in einem Ökosystem, desto stabiler ist es.

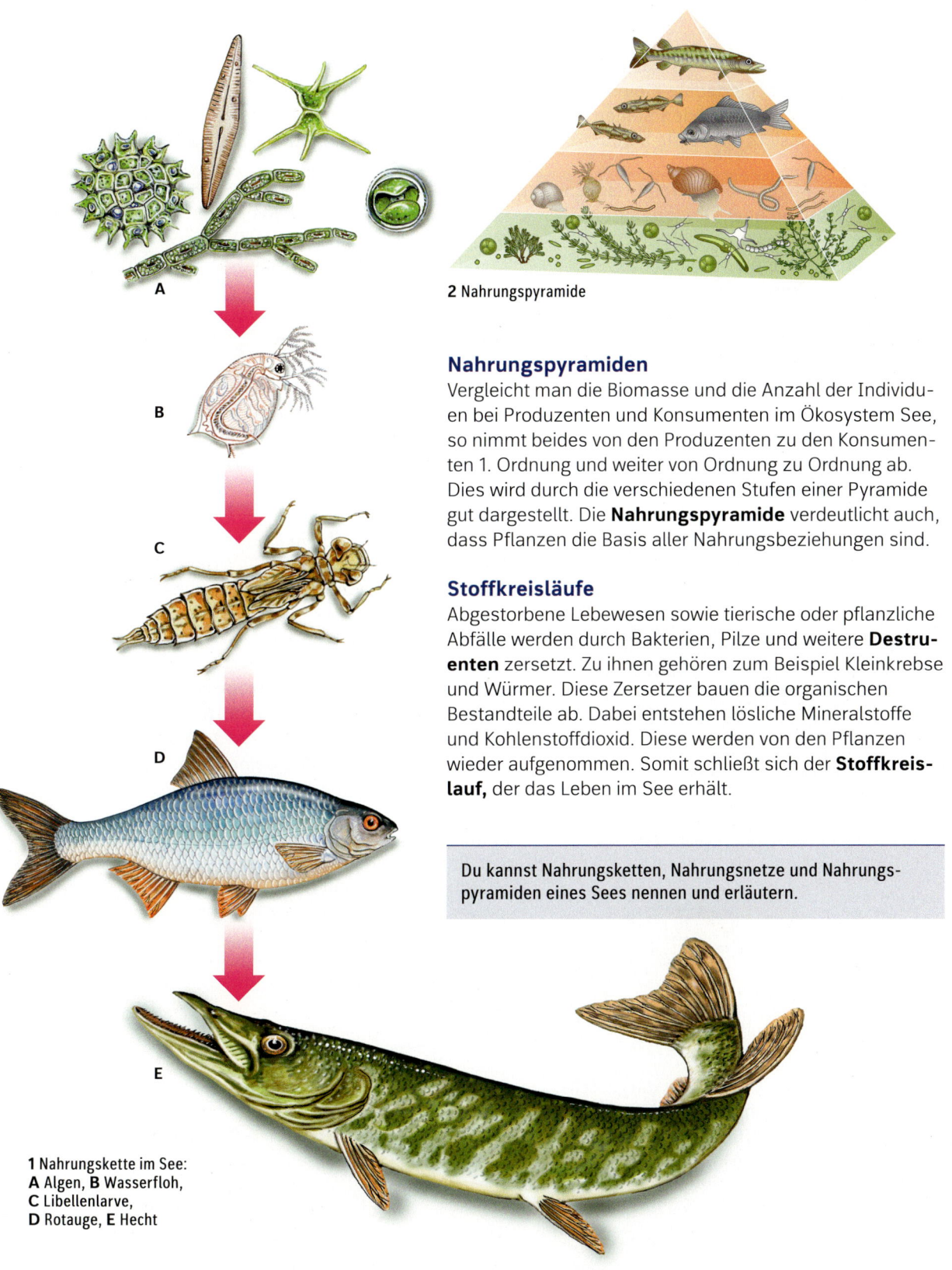

2 Nahrungspyramide

Nahrungspyramiden

Vergleicht man die Biomasse und die Anzahl der Individuen bei Produzenten und Konsumenten im Ökosystem See, so nimmt beides von den Produzenten zu den Konsumenten 1. Ordnung und weiter von Ordnung zu Ordnung ab. Dies wird durch die verschiedenen Stufen einer Pyramide gut dargestellt. Die **Nahrungspyramide** verdeutlicht auch, dass Pflanzen die Basis aller Nahrungsbeziehungen sind.

Stoffkreisläufe

Abgestorbene Lebewesen sowie tierische oder pflanzliche Abfälle werden durch Bakterien, Pilze und weitere **Destruenten** zersetzt. Zu ihnen gehören zum Beispiel Kleinkrebse und Würmer. Diese Zersetzer bauen die organischen Bestandteile ab. Dabei entstehen lösliche Mineralstoffe und Kohlenstoffdioxid. Diese werden von den Pflanzen wieder aufgenommen. Somit schließt sich der **Stoffkreislauf,** der das Leben im See erhält.

> Du kannst Nahrungsketten, Nahrungsnetze und Nahrungspyramiden eines Sees nennen und erläutern.

1 Nahrungskette im See:
A Algen, **B** Wasserfloh,
C Libellenlarve,
D Rotauge, **E** Hecht

Einzeller

1. (V) (↖)

In einem Wassertropfen kannst du unter dem Mikroskop verschiedenste Kleinstlebewesen entdecken. An folgenden Stellen lässt sich mit Aussicht auf Erfolg Material entnehmen:

- Gartenteich: Abgeschabtes von Pflanzenstängeln, Steinen oder vermodernden Blättern
- Aquarium: Bodensatz
- Blumenvase: Tropfen aus älterem Wasser
- Heuaufguss: Wenig Heu in einem großen Glas mit Teichwasser auffüllen und ein bis zwei Wochen stehen lassen, dann einen Tropfen aus der Kahmhaut mikroskopieren.

a) Gib die Probe direkt auf einen Objektträger, decke den Tropfen mit einem Deckgläschen ab. Mikroskopiere die empfindlichen Lebewesen sofort.

b) Vergleiche die Lebewesen unter folgenden Gesichtspunkten:

- Farbe: Welche Rückschlüsse kannst du auf die Ernährungsweise ziehen?
- Beweglichkeit: Beschreibe Bewegungsweisen.
- Größe: Schätze die Zellgröße mithilfe von Millimeterfolie oder durch Größenvergleiche.
- Form, Zahl und Anordnung der Zellen: Zeichne typische Formen.
- Verhalten: Beschreibe Reaktionen auf Reize wie beim Anstoßen an Hindernisse.

2 Heuaufguss

c) Bestimme einige der Lebewesen. Benutze dazu die Pinnwand „Leben im Wassertropfen" oder ein Bestimmungsbuch.

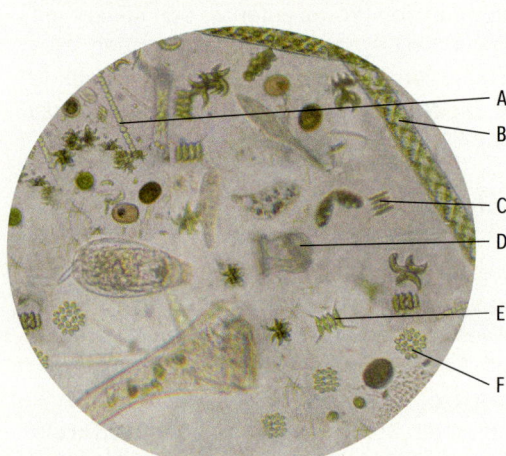

1 Kleinstlebewesen in einem Teich

A
B
C
D
E
F

2. (V)

Fotografiere einige der mikroskopierten Lebewesen, zum Beispiel mithilfe einer auf das Mikroskop aufgesetzten Digitalkamera. Du kannst auch kurze Filmsequenzen aufnehmen und deiner Klasse vorführen.

3. (A)

Das Mikrofoto links zeigt Kleinstlebewesen in einem Teich. Bestimme mithilfe der Pinnwand „Leben im Wassertropfen" die mit Buchstaben gekennzeichneten Lebewesen.

4. (≡) (A)

Beschreibe den hier dargestellten Vorgang der Fortpflanzung des Pantoffeltierchens möglichst genau.

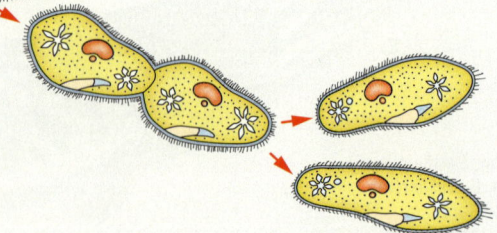

3 Vermehrung durch Zellteilung beim Pantoffeltierchen

Vielfältiges Leben im Wassertropfen

In einem sommerlichen Teich finden sich zwischen den Wasserpflanzen oder auch frei im Wasser schwebend viele **Algen.** Du erkennst sie an der oft grünen Farbe. Der grüne Farbstoff Chlorophyll weist darauf hin, dass diese Lebewesen Fotosynthese betreiben. Aber nicht alles, was grün ist, ist eine Pflanze. So findet man zum Beispiel kleine, blaugrüne Kügelchen oder Fäden. Das sind oft **Blaugrüne Bakterien.** Sie betreiben ebenfalls Fotosynthese.

Viele Tiere fallen durch ihre Bewegungen auf. Rädertiere und Fadenwürmer beispielsweise gehören mit 0,1 mm bis 1 mm Länge noch zu den „Großen" unter dem Mikroskop.

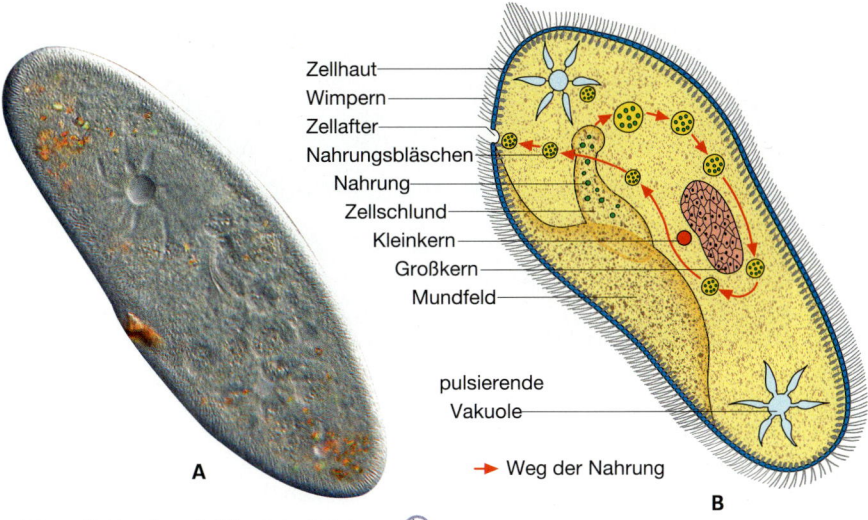

4 Pantoffeltierchen: **A** Mikrofoto, **B** Schema

Einzellige Organismen

Zahlreich sind aber auch die **tierischen Einzeller** wie die verschiedensten Wimpertierchen, die mithilfe ihrer sichtbar schlagenden Wimpern meist schnell umherschwimmen.
Bakterien sind ebenfalls einzellige Lebewesen, aber sie sind sehr viel kleiner und einfacher gebaut als die tierischen Einzeller. Sie sind im Schulmikroskop gerade noch als kleine, manchmal sich bewegende Punkte, Stäbchen oder Spiralen zu erkennen.

Das Pantoffeltierchen

Eines der größten Wimpertierchen ist mit bis zu 0,3 mm Länge das **Pantoffeltierchen**, dessen Gestalt an einen Pantoffel erinnert. Diese Einzeller finden sich häufig in fauligem Wasser wie in der Kahmhaut von Heuaufgüssen.

Bewegung

Pantoffeltierchen können sich ebenso schnell vorwärts wie rückwärts bewegen. Angetrieben werden sie durch ihre Wimpern – dünne Plasmafäden, die die ganze Zelloberfläche bedecken und aufeinander abgestimmt rhythmisch schlagen. Stößt das Pantoffeltierchen auf ein Hindernis, ändert es die Schlagrichtung der Wimpern und schwimmt rückwärts.

Reaktion auf Reize

Pantoffeltierchen haben keine Sinnesorgane, reagieren aber auf mechanische und chemische Reize sowie auf Temperaturreize.

Stoffwechsel

Pantoffeltierchen ernähren sich von Bakterien und kleinen Einzellern, die sie in das dicht mit Wimpern besetzte Mundfeld strudeln. Am Zellschlund werden die Nahrungsteilchen in Bläschen eingeschlossen und ins Zellinnere aufgenommen.

Die Nahrungsbläschen wandern durch den Körper und die Nahrung wird dabei verdaut. Unverdaute Reste werden am Zellafter wieder ausgeschieden. Eindringendes Wasser wird mithilfe pulsierender Vakuolen aus der Zelle gepumpt.

Fortpflanzung, Wachstum und Entwicklung

Pantoffeltierchen vermehren sich überwiegend ungeschlechtlich durch Zellteilung. Zuerst teilen sich die beiden Zellkerne, danach schnürt sich das Zellplasma quer durch.
Die beiden Tochtertiere wachsen wieder heran.

Du kannst verschiedene Einzeller unterscheiden.
Du kannst am Beispiel des Pantoffeltierchens erklären, wie Einzeller sich fortbewegen, sich in ihrer Umwelt orientieren und wie sie sich ernähren und fortpflanzen.

Leben im Wassertropfen

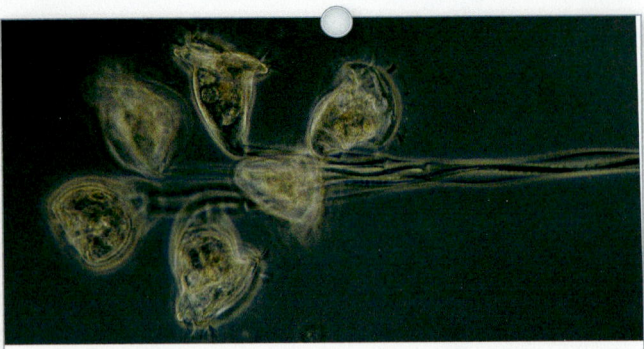

Glockentierchen
Einordnung und Körperbau: Wimpertierchen · verwandt mit den Pantoffeltierchen
Fortbewegung: mit beweglichen Stielen an Pflanzen und Steinen sitzend

1. ≣ Ⓐ ⬈
a) Stelle die Fortbewegung einer Amöbe und ihre Nahrungsaufnahme in einer einfachen Skizzenfolge dar.
b) Mit etwa sechzehn aufeinander folgenden Skizzen kannst du die Vorgänge wie in einem Film in Form eines Daumenkinos „lebendig" werden lassen.

Rädertier
Körperbau: mehrzelliges Tier aus etwa 100 Zellen · bis 0,5 mm groß · viele verschiedene Arten
Fortbewegung: mit beweglichem Fuß
Ernährung: Bakterien und Einzeller · zwei Wimperkränze strudeln Nahrung in den Mund, diese sehen wie sich drehende Rädchen aus

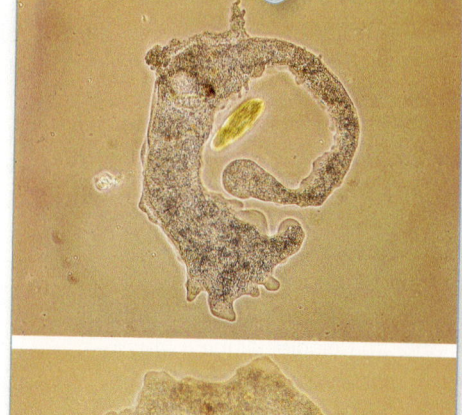

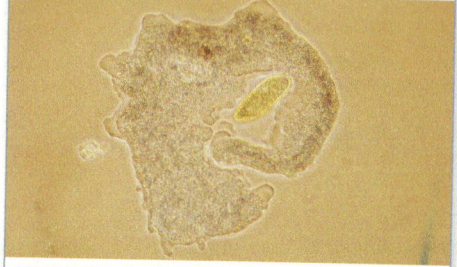

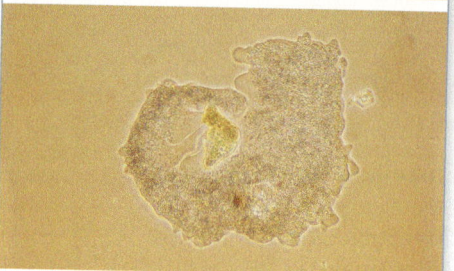

Amöben
Einordnung und Körperbau: über 1 mm groß · tierische Einzeller · wechselnde Gestalt, daher auch „Wechseltierchen" genannt
Fortbewegung: mit Scheinfüßchen an Pflanzen und Untergrund kriechend · Oberfläche wird ausgestülpt, Zellplasma fließt hinein, Scheinfüßchen wird größer, restliches Plasma wird von hinten nachgezogen
Ernährung: Bakterien und Einzeller · Nahrung wird durch Scheinfüßchen umflossen, in Nahrungsbläschen aufgenommen und verdaut

Bakterien

Einordnung und Körperbau: Einzeller · 0,001 mm bis 0,01 mm · einzeln oder in Gruppen

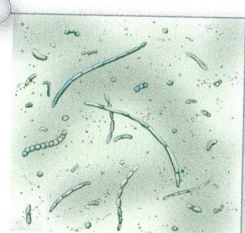

Fortbewegung: beweglich oder unbeweglich

Ernährung: bauen abgestorbene Tier- und Pflanzenreste ab · dienen selbst als Nahrung vieler Lebewesen

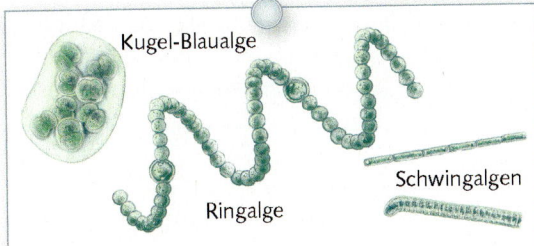

Kugel-Blaualge

Schwingalgen

Ringalge

Blaugrüne Bakterien

Einordnung und Körperbau: Einzeller · einzeln oder Fäden oder Gruppen bildend

Ernährung: durch Fotosynthese mithilfe des grünen Farbstoffs Chlorophyll · früher als „Blaualgen" bezeichnet · im Sommer Massenvermehrung · „Algenblüten"

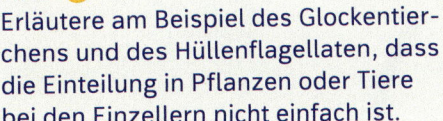

2. ☰ Ⓐ
Erläutere am Beispiel des Glockentierchens und des Hüllenflagellaten, dass die Einteilung in Pflanzen oder Tiere bei den Einzellern nicht einfach ist.

3. ☰ Ⓐ
Die Algen im Plankton müssen in den oberen Wasserschichten schweben, um für die Fotosynthese genügend Licht zu erhalten. Beschreibe Schwebeeinrichtungen der abgebildeten Algen.

Hüllenflagellat

Der Hüllenflagellat kann mithilfe der Geißeln und des Augenflecks auf Lichtreize reagieren.

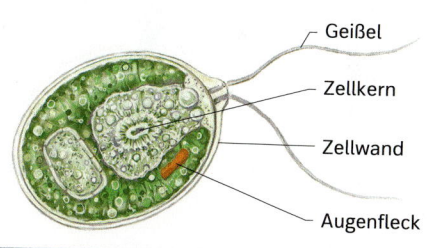

Geißel

Zellkern

Zellwand

Augenfleck

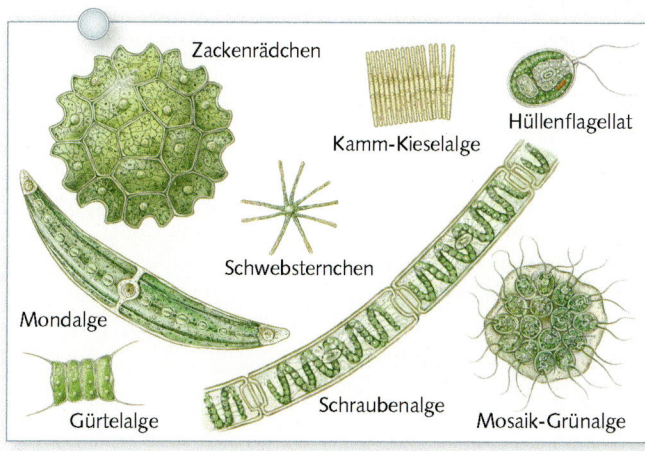

Zackenrädchen

Kamm-Kieselalge

Hüllenflagellat

Schwebsternchen

Mondalge

Gürtelalge

Schraubenalge

Mosaik-Grünalge

Algen

Einordnung und Körperbau: einfache Pflanzen · viele Arten · Einzeller · Mehrzeller · Gruppen oder Fäden bildend

Fortbewegung: unbeweglich oder durch Geißeln beweglich

Ernährung: Fotosynthese · Chloroplasten oft mit ungewöhnlichen Formen: becher- oder schraubenförmig

Basiskonzepte S. 83

Erstellen von Folien

Bei einer Präsentation stellen eine oder mehrere Personen ausgewählte Inhalte eines Themas vor. Die Darstellung wird lebendig, wenn die Aussagen mit Texten, Bildern oder Symbolen unterstützt werden. Zum Präsentieren eignen sich Folien, die ihr mit einem Tageslichtprojektor abbilden könnt. Solche Folien lassen sich einfach selbst zeichnen und auch während der Präsentation leicht ergänzen. Ihr könnt die Folien auch mit einem Textverarbeitungsprogramm am Computer erstellen.

TIPPS ZUR PRÄSENTATION MIT FOLIEN
Nutzt nur wenige Folien.

Gebt den Zuhörern Zeit zum Lesen und Verstehen der Folien.

Farben können Wichtiges hervorheben.

METHODE

Überschrift
Verwendet eine große Schrift (zum Beispiel 30 pt am Computer).

Schaubilder
Schaubilder vereinfachen komplizierte Zusammenhänge. Größen- oder Mengenangaben lassen sich in Balken- oder Kreisdiagrammen übersichtlich darstellen.

Stoffkreislauf im See

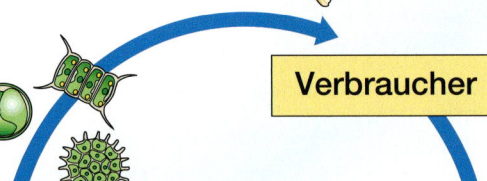

Verbraucher

Erzeuger

Zersetzer

- Erzeuger: Algen, Wasserpflanzen
- Verbraucher: Tiere
- Zersetzer: Tiere, Bakterien

Bilder
Sucht wenige Bilder sorgfältig aus. Sie müssen gut erkennbar sein. Bilder können auch eingescannt werden.

Symbole
Pfeile oder Aufzählungspunkte verdeutlichen Zusammenhänge oder heben wichtige Aussagen hervor.

Texte
Achtet darauf, kurze Sätze oder einzelne Wörter zu benutzen. Auf einer Folie sollten nur wichtige Aussagen oder Stichworte stehen. Verwendet nur wenige Schriftarten und Hervorhebungen. Schreibt groß und deutlich (zum Beispiel 16 pt am Computer).

Präsentieren mit dem Computer

Präsentieren könnt ihr auch mit dem PC. Dazu benötigt ihr ein Präsentationsprogramm und ein Projektionsgerät, den **Beamer.** Mit einem Präsentationsprogramm werden Folien so ähnlich erstellt wie mit einem Textverarbeitungsprogramm. Es gelten dieselben Gestaltungskriterien wie bei der Herstellung von Folien für den Tageslichtprojektor, zum Beispiel für Schriftgröße oder Farben. Der Unterschied ist, dass sich einzelne Elemente einer Folie in der von euch gewünschten Reihenfolge einblenden lassen.

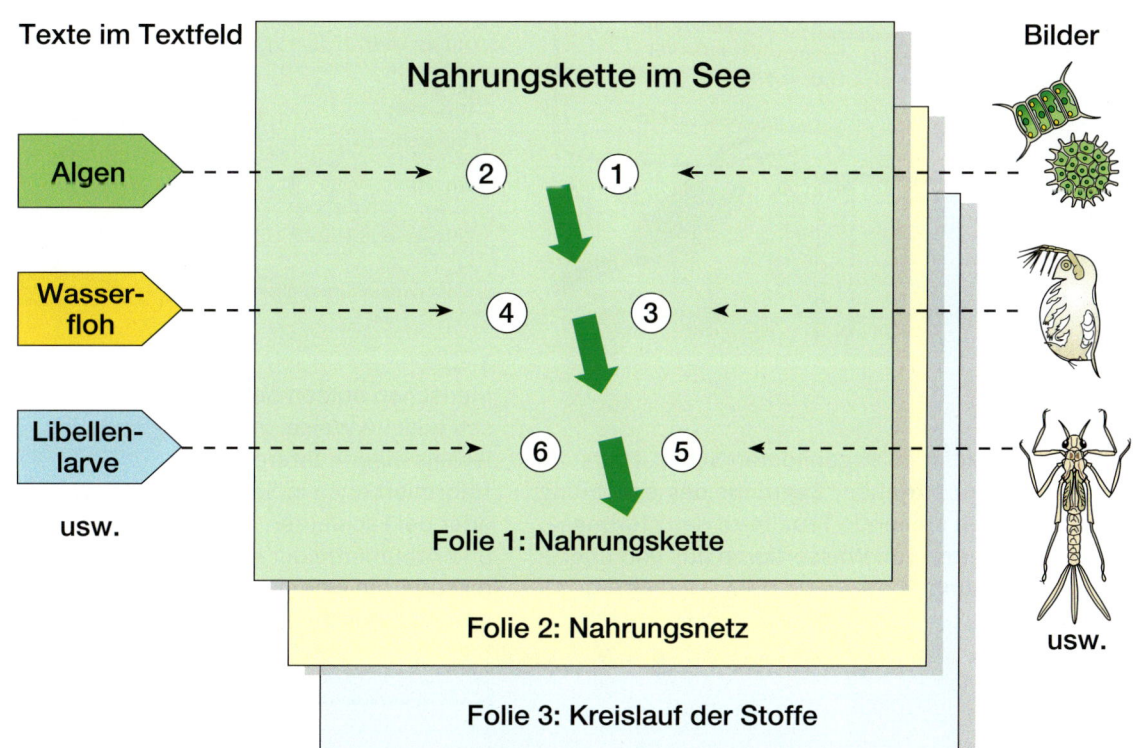

METHODE

Vielfältige Möglichkeiten

Die Text- und Bildelemente der Folie erscheinen passend zu den Inhalten des Vortrags, wenn ihr „klickt". Zusätzlich lassen sich die Übergänge zwischen den einzelnen Folien gestalten. So könnt ihr zum Bespiel eine Folie über den rechten Bildrand verschwinden lassen, während gleichzeitig die nächste von links hereingeschoben wird. Präsentationsprogramme bieten auch die Möglichkeit, Filmausschnitte und Soundeffekte einzubinden. Die Anwendung solcher Effekte bezeichnet man auch als **Animation.** Animationen sollten sparsam verwendet werden.

TIPPS ZUR PRÄSENTATION MIT DEM PC

Eine Gliederung zu eurem Vortrag ist sehr hilfreich.

Nutzt ein einheitliches Layout und die gleiche Struktur für alle Folien.

Wählt nur eine Übergangsmethode für die Folien aus.

Wenn der Mensch eingreift

Liebe Wassersportfreunde!

Das Befahren des Sees mit Booten bis 1 m Breite und 6 m Länge ist erlaubt vom:

16. Juli bis 30. September von 8 bis 19 Uhr und vom
1. Oktober bis 31. Januar von 8 bis 16 Uhr

Vom 1. Februar bis zum 15. Juli darf das Gewässer nicht befahren werden. Das Ein- und Aussteigen ist nur an den gekennzeichneten Stellen zulässig. Motorboote sind gänzlich verboten. Ein Verstoß stellt eine Ordnungswidrigkeit dar.

Der Oberstadtdirektor

1. ≣ Ⓐ

a) Lies den Text auf dem abgebildeten Schild. Hältst du die Hinweise für übertrieben? Begründe deine Meinung.
b) Werte die unten stehende Tabelle zu den störungsempfindlichen Zeiten von Wassertieren aus und überprüfe deine Meinung.

J	F	M	A	M	J	J	A	S	O	N	D
				Brasse							
	Hecht										
			Rotfeder								
			Blesshuhn								
			Krickente								
				Wasser-frosch							
			Kammolch								

2. ≣ Ⓐ ⓥ

a) Nenne mithilfe der Abbildung mögliche Ursachen für die Eutrophierung eines Sees.
b) Erläutere die Folgen der Eutrophierung für das Ökosystem See.
c) An stark belasteten Seen wird manchmal Luft mittels Schläuchen in den See gepumpt und dort über Düsen verteilt. Erkläre den Sinn dieser Maßnahme.

Eintrag über Luft und Niederschläge
Eintrag über mangelhaft geklärte Abwässer
Eintrag durch die Landwirtschaft
Gülle
Mineraldünger
Entwässerungsrohr
Sickerwasser mit Mineralstoffen

3. ≣ Ⓠ

Menschen nutzen Seen auf ganz unterschiedliche Weise und verfolgen dabei jeweils eigene Interessen.
Informiert euch in Sachbüchern, im Internet oder bei Fachleuten über die Interessen und Argumente der jeweiligen Position und diskutiert in einer Expertendiskussion die unterschiedlichen Interessenlagen.

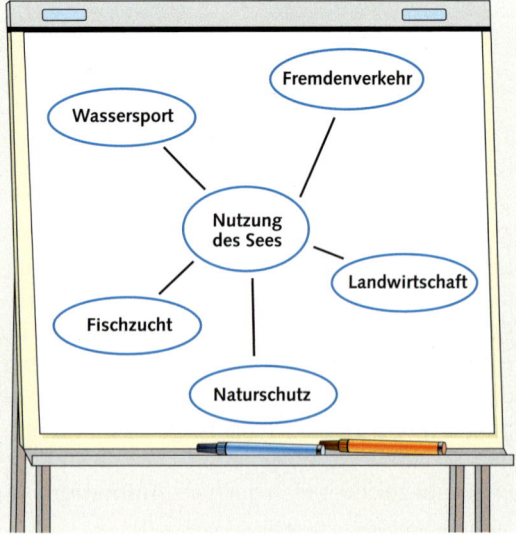

Fremdenverkehr
Wassersport
Nutzung des Sees
Landwirtschaft
Fischzucht
Naturschutz

1 Freizeitaktivitäten am See

Freizeitaktivitäten belasten den See

Seen sind beliebte Freizeitgebiete für Aktivitäten wie Segeln, Surfen und Baden. Die Uferbereiche werden unter anderem zum Wandern und Grillen genutzt. Diese Aktivitäten beeinflussen das empfindliche Ökosystem See. Viele Tierarten brauchen **Rückzugsräume** und **Ruhezeiten,** in denen sie vor Störungen sicher sind. Werden sie zum Beispiel bei der Jungenaufzucht aufgescheucht, verlassen viele von ihnen den Lebensraum.

Menschliche Eingriffe beeinflussen auch die Pflanzenzonen eines Sees: Durch Bootsanleger und Badestellen wird das **Röhricht** zurückgedrängt. Damit verschwindet die Lebensgrundlage vieler Tierarten. Der Verlust des Schilfgürtels ist auch deswegen nachteilig, weil Schilf zur Reinigung des Wassers beiträgt. Durch neu angelegte Campingplätze, Wanderwege und Strandbäder schwindet auch die Erlenzone. Allmählich verliert das Ufer so seinen natürlichen Schutzsaum und ist damit dem Wind und Wellenschlag ausgesetzt. Dadurch wird fruchtbarer Boden weggespült.

Weitere Belastungen für das Ökosystem See sind achtlos zurückgelassener Müll und das Füttern von Wasservögeln. Nicht gefressenes Futter sinkt auf den Grund des Sees und verfault dort. Zusätzlich wird das Wasser durch Kot belastet.

Belastungen durch Landwirtschaft und Abwässer

Äcker und Weiden werden mit **Mineralstoffen** wie Phosphat und Nitrat sowie mit Gülle gedüngt. Besonders bei intensiver Landwirtschaft gelangt ein Teil dieses Düngers mit dem Regen in die Bäche und Flüsse und anschließend in die Seen.

Auf diese Weise kommt es zu einem Überangebot an Mineralstoffen. Diese **Eutrophierung** eines Sees führt zu einer massenhaften Algenvermehrung. Man spricht von einer **Algenblüte.** Das Wasser ist nun grün und trüb. Die Oberfläche des Sees ist dann häufig von einem Schleim aus blaugrünen Bakterien überzogen.

2 Belastung eines Sees und seine Folgen:
A Gülleausbringung, **B** Algenblüte

Das trübe Wasser lässt nur wenig Licht hindurch, sodass viele Pflanzen absterben und zu Boden sinken. Hier werden sie von Destruenten zunächst mithilfe von Sauerstoff abgebaut. Durch das Überangebot an abgestorbenem Pflanzenmaterial wird dann aber der gesamte Sauerstoff am Grund des Sees verbraucht. Dieser Sauerstoffmangel kann alle Bereiche des Sees erfassen. Man spricht dann vom **„Umkippen"** des Sees.
Die verbliebenen Pflanzenreste bilden einen schwarzen, übelriechenden Faulschlamm. In ihm leben Bakterien, die giftige Faulgase bilden. Der See wird so zu einem lebensfeindlichen Ort.

Du kannst die Auswirkungen starker Nutzung auf das Ökosystem See benennen und den Vorgang der Eutrophierung erläutern.

Die Gewässergüte lässt sich bestimmen

3. V
Bevor ihr die Güte eines Gewässers bestimmt, solltet ihr euch von diesem einen ersten Überblick verschaffen. Hierzu gehört nicht nur die Beschaffenheit der Uferzonen und die Vielfalt der Pflanzen, sondern auch die Lage und die Umgebung des Gewässers. Zur Bestandsaufnahme gehören auch Wetterbedingungen, Farbe und Trübung des Wassers, Schaumbildung und Geruchsintensität.
Fertigt dazu ein Protokoll an.

1. A
Nenne Gründe, warum die Güte eines Gewässers manchmal bestimmt wird.

2. A
Gib verschiedene Methoden zur Bestimmung der Gewässergüte an..

4. A
Vergleiche die Aussagekraft einer chemischen und einer biologischen Untersuchung zur Gewässergüte.

Lebensraum Wasser
Wasser ist der Lebensraum vieler verschiedener Pflanzen- und Tierarten. Welche Pflanzen und Tiere in einem Gewässer vorkommen, hängt von der **Gewässergüte** ab.

Gewässergüte
Um die Güte eines Gewässers zu beurteilen, lassen sich verschiedene Untersuchungen durchführen. Hierzu gehören die Bestimmung **abiotischer Faktoren** wie Wassertemperatur, Säuregrad (pH-Wert), Sauerstoff- und Mineralstoffgehalt. Bei der Untersuchung **biotischer Faktoren** gibt das Vorkommen bestimmter pflanzlicher und tierischer Lebewesen Hinweise auf die jeweilige Gewässergüte.

Optische Einschätzung der Gewässergüte
Zur optischen Einschätzung der Gewässergüte wird das Gewässer auf **Trübung** und **Sichttiefe** untersucht. Grünalgen und Trübstoffe im Wasser behindern den Lichteinfall. So kann bereits dicht unter der Wasseroberfläche keine Fotosynthese mehr stattfinden. Damit sinkt der für Lebewesen nötige Sauerstoffgehalt des Wassers.
Wenn sich am Gewässergrund Pflanzenreste zersetzen, können Faulgase entstehen. Sie steigen auf und bilden Blasen an der Wasseroberfläche.

Beispiele	pH-Wert Bezeichnung	Wirkung auf Lebewesen
Batteriesäure	0 sauer	
	1	
Essigsäure	2	• tödlich für alle Tiere bis auf einige Planktonarten
	3	• tödlich für Aal und Bachsaibling
Orangensaft	4	• tödlich für Flussbarsch und Hecht • Fortpflanzung für kaum eine Fischart möglich
reiner Regen	5	• Forelle und Lachs schlüpfen nicht
	6	
menschlicher Urin	7 neutral	
Seewasser	8	
	9	
	10	
Ammoniak	11	
	12	
	13	
Natronlauge	14 alkalisch	

1 Wirkung des pH-Werts auf Lebewesen in Gewässern

Chemische Bestimmung der Wassergüte

Genauer lässt sich die Gewässergüte chemisch beurteilen. Dazu werden unter anderem der Gehalt an Sauerstoff, der Säuregrad (pH-Wert) und der Gehalt von vorhandenen gelösten Mineralstoffen wie Nitraten und Phosphaten überprüft. Nitrate und Phosphate sind Mineralstoffe, die als Dünger in Gewässer gelangen können.

Der pH-Wert gibt an, ob ein Wasser sauer, neutral oder alkalisch ist. Je weiter der Wert von pH 7 abweicht, desto weniger Tierarten kommen im Gewässer vor. Die Werte können allerdings sehr schnell und stark schwanken, zum Beispiel nach Regenfällen.
Die chemische Bestimmung der Gewässergüte ist daher eher als eine Momentaufnahme anzusehen. Die gefundenen Werte sagen nur etwas über den Zustand eines Gewässers in dem Moment aus, in dem das Gewässer untersucht wurde.

Biologische Bestimmung der Gewässergüte

Häufig ist auch eine biologische Bestimmung der Gewässergüte sinnvoll. Manche Lebewesen benötigen sehr sauberes Wasser. Andere können auch in verunreinigtem Wasser leben. Lebewesen, die nur bei einer gewissen Wassergüte vorkommen, werden **Zeigerorganismen** genannt.

Wenn Tiere längere Zeit in verunreinigtem Wasser leben müssen oder wenn die Verunreinigungen kurzfristig sehr stark sind, beginnt der Rückgang empfindlicher Arten. Sie können sogar völlig verschwinden. So lässt sich an den im Gewässer vorkommenden Arten und ihrer Häufigkeit die langfristige Gewässergüte ablesen.

Gewässergüteklassen

Mithilfe der chemischen und biologischen Bestimmung der Gewässergüte kann man zwischen vier **Gewässergüteklassen** mit Zwischenstufen unterscheiden. Die Gewässergüteklasse I steht für unbelastetes bis sehr gering belastetes Wasser. Die Güteklassen II bis IV weisen auf zunehmende Verschmutzung hin.

> Du kannst die Gewässergüteklassen nennen.
> Du kannst optische, chemische und biologische Methoden zu ihrer Bestimmung unterscheiden.

Güte-klasse	Zustand	Sicht-tiefe (cm)	Wasser-tempera-tur (°C)	Sauer-stoff ($\frac{mg}{l}$)	pH-Wert	Nitrat ($\frac{mg}{l}$)
I	**unbelastet:** klar, kaum Lebewesen, da wenig Mineralstoffe, Trinkwasserqualität	> 200	10 – 12	> 8	7,0	0 – 1
I – II	**gering belastet:** klar, Mineralsalze, Uferbewuchs, Wasserpflanzen und Tiere, Badeseen	150 – 200	12 – 14	7 – 8	7,5 6,0	1 – 1,5
II	**mäßig belastet:** leichte Trübung durch Algen und pflanzliche Überreste	100 – 150	14 – 16	6 – 7	8,0 5,5	1,5 – 2,5
II – III	**kritisch belastet:** trüb durch Algen und Bakterien, am Boden Faulschlamm	70 – 100	16 – 18	5 – 6	8,5 5,0	2,5 – 5
III	**stark verschmutzt:** stark getrübt durch Bakterien, Fäulnisvorgänge, kaum Fische	40 – 70	18 – 22	3 – 5	9,0 5,5	5 – 30
III – IV	**sehr stark verschmutzt:** sehr starke Trübung verursacht durch Abwässer, Fäulnis	20 – 40	22 – 24	2 – 3	9,5 5,0	30 – 50
IV	**übermäßig verschmutzt:** übel riechend, außer Fäulnisbakterien keine Lebewesen	< 20	> 24	< 2	10 < 5	> 100

1 Messwerte zur Bestimmung der Gewässergüte. < kleiner als, > größer als

Gewässergüte eines Sees

LERNEN IM TEAM

Hinweise für die Teamarbeit

Die interessantesten Erkenntnisse über ein stehendes Gewässer wie einen Teich oder See erhaltet ihr, wenn ihr es selber erkundet. Auf diesen Seiten findet ihr Vorschläge für Untersuchungen, die von mehreren Teams an unterschiedlichen Stellen des Gewässers durchgeführt werden können.

- Erkundet die Lage und Umgebung des Gewässers.
- Sucht geeignete Positionen, an denen ihr die Untersuchungen durchführen könnt.
- Führt die Messungen und andere Untersuchungen durch und haltet euer Vorgehen und die Messwerte in Protokollen fest.
- Vergleicht eure Messergebnisse mit den Werten in der Tabelle in Abbildung 1 auf Seite 91.
- Wenn ihr alle Ergebnisse zusammengetragen habt, könnt ihr die Gewässergüte bestimmen.
- Präsentiert die Ergebnisse eurer Gewässeruntersuchung in geeigneter Form.

ALLE TEAMS
Messen der Sichttiefe

- Baut ein Gerät zur Messung der Sichttiefe eines Gewässers (Abbildung).
- Markiert die Schnur im Abstand von je 50 cm mit Knoten oder farbigen Fäden.
- Senkt die Scheibe bis auf den Grund oder so tief, bis ihr sie nicht mehr erkennen könnt.
- Messt die Sichttiefe an verschiedenen Stellen des Gewässers.

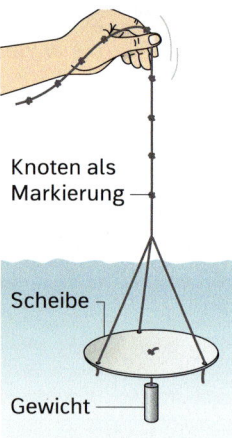

Knoten als Markierung

Scheibe

Gewicht

ALLE TEAMS
Bestimmung der Wassertemperatur

- Baut ein Gerät zur Messung der Wassertemperatur (Abbildung).
- Markiert die Schnur im Abstand von 10 cm mit Knoten oder farbigen Fäden.
- Beschwert das Thermometer mit einem Gewicht.
- Senkt das Thermometer auf die gewünschte Tiefe ab. So könnt ihr die Wassertemperatur auch in unterschiedlichen Wassertiefen messen.
- Wartet einige Minuten.
- Zieht dann das Thermometer rasch hoch und lest sofort die Temperatur ab.
- Messt auch die Lufttemperatur.

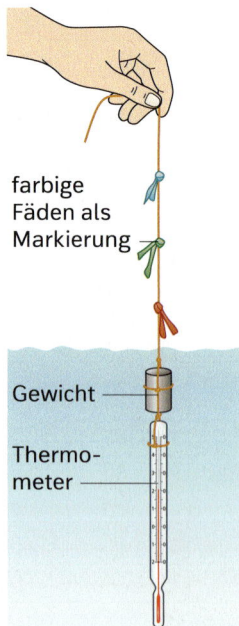

farbige Fäden als Markierung

Gewicht

Thermometer

TIPP
Vor der Untersuchung eines Teiches oder Sees müsst ihr zunächst die Erlaubnis des Eigentümers einholen.

ACHTUNG
Bringt Tiere, die ihr dem Gewässer entnommen habt, nach der Untersuchung unversehrt in den Teich oder See zurück.

ALLE TEAMS

Biologische Untersuchung

- Beobachtet Tiere wie Vögel, Amphibien, Fische oder Insektenarten. Macht Fotos und Notizen.
- Besorgt euch Wasserproben. Streicht dazu mit dem Planktonnetz durch das Wasser. Nehmt auch den Belag von Wasserpflanzen und Schlammproben.
- Untersucht die Proben in der Schule.
- Zum Betrachten und Bestimmen der Mikroorganismen benötigt ihr Lupen, Binokulare oder Mikroskope. Wie ihr vorgeht, könnt ihr auf der Seite „Methode: Arbeiten mit dem Mikroskop" nachlesen.
- Bestimmt die im Tropfen befindlichen Organismen. Die Tabelle auf Seite 58 hilft euch, Zeigerorganismen für bestimmte Gewässergüteklassen zu erkennen.
- Zur weiteren Bestimmung bittet eure Lehrerin oder euren Lehrer um Unterstützung.

ALLE TEAMS

Chemische Bestimmung der Gewässergüte

Bestimmung des Säuregrads (pH-Wert)

- Universal-pH-Indikatorpapier ist dafür geeignet.
- Nehmt eine Wasserprobe.
- Taucht einen Teststreifen in die Wasserprobe.
- Vergleicht die Färbung des Teststreifens mit der Farbskala auf der Packung und lest den pH-Wert ab.

Bestimmung des Sauerstoffgehalts

- Ihr benötigt dazu ein Sauerstoffmessgerät und ein Becherglas.
- Verwendet das Gerät nach Gebrauchsanweisung.

Bestimmung des Nitratgehalts

- Nitratteststäbchen sind dafür geeignet.
- Nehmt eine Wasserprobe.
- Taucht ein Teststäbchen in die Wasserprobe.
- Vergleicht die Färbung des Teststreifens mit der Farbskala auf der Packung und lest den Nitrat-Wert ab.

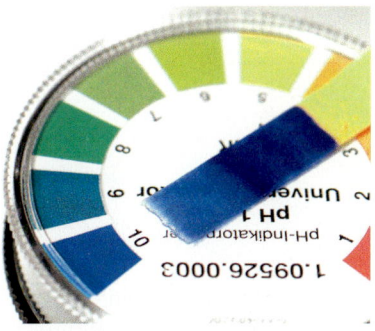

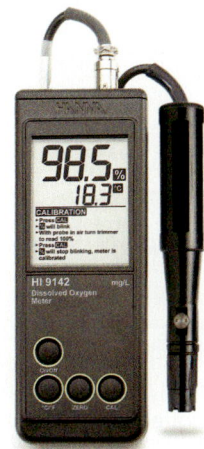

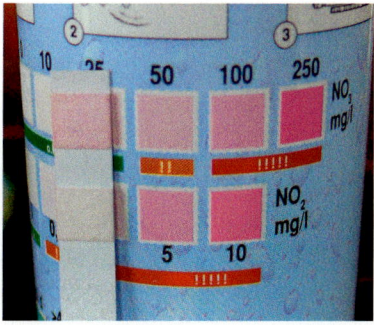

Gewässergüteklassen und typische Zeigerorganismen

Güteklasse 1

sauberes, mineralsalzarmes Wasser mit hohem Sauerstoffgehalt (etwa 10 $\frac{mg}{l}$) · zahlreiche Arten von Algen in geringer Anzahl · wenig Kleintiere

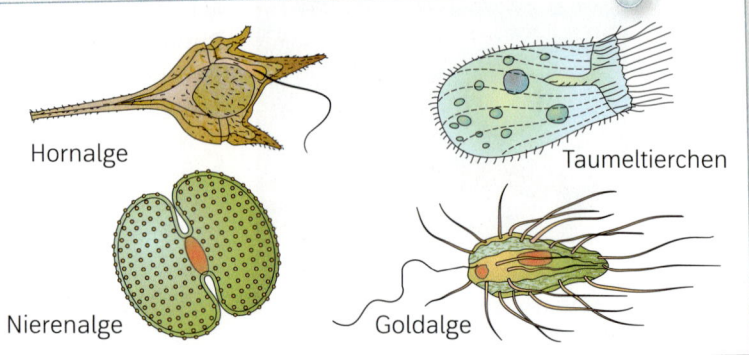

Hornalge
Taumeltierchen
Nierenalge
Goldalge

Güteklasse 2

mäßig verunreinigtes Wasser · Sauerstoffversorgung gut (etwa 6 $\frac{mg}{l}$) · sehr große Artenvielfalt und große Dichte von Algen, Wimperntierchen und Rädertieren · reicher Pflanzenwuchs · Wasserpflanzenbestände bedecken größere Flächen

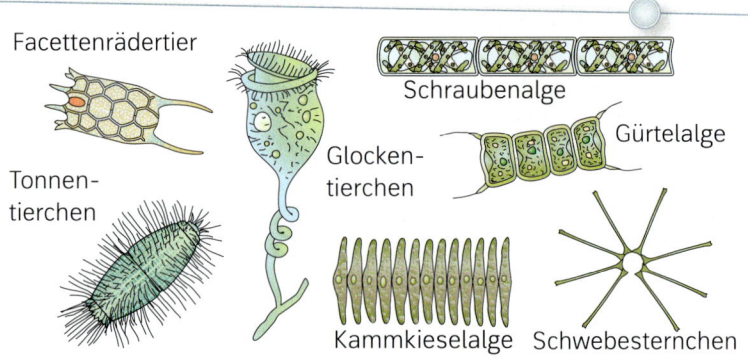

Facettenrädertier
Schraubenalge
Gürtelalge
Tonnentierchen
Glockentierchen
Kammkieselalge
Schwebesternchen

Güteklasse 3

stark verschmutztes Wasser mit meist niedrigem Sauerstoffgehalt (etwa 4 $\frac{mg}{l}$) · Faulschlammablagerungen · viele Abwasserbakterien und Wimperntierchen

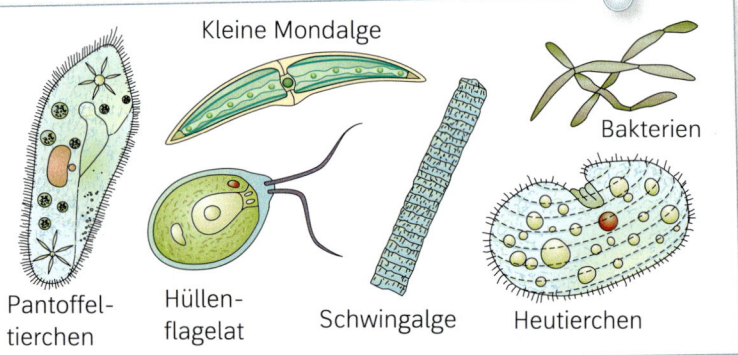

Kleine Mondalge
Bakterien
Pantoffeltierchen
Hüllenflagelat
Schwingalge
Heutierchen

Güteklasse 4

übermäßig verschmutztes Wasser · Sauerstoff über lange Zeit in sehr niedrigen Konzentrationen (etwa 0 $\frac{mg}{l}$ bis 2 $\frac{mg}{l}$) · Fäulnisprozesse herrschen vor · Besiedelung durch Fäulnis- und Schwefelbakterien · Geißeltierchen und Wimperntierchen

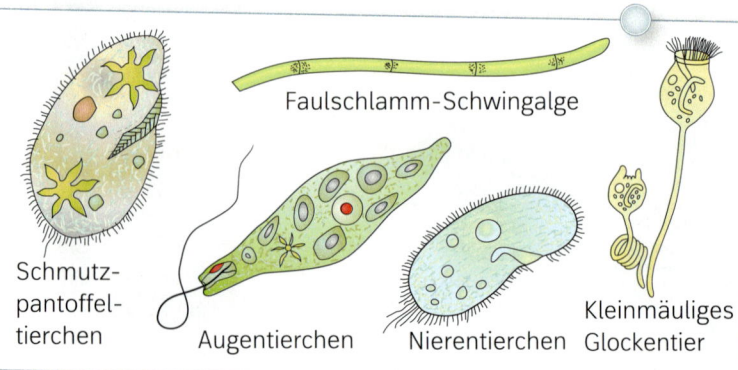

Faulschlamm-Schwingalge
Schmutzpantoffeltierchen
Augentierchen
Nierentierchen
Kleinmäuliges Glockentier

◐ Eine Mindmap erstellen

Wozu dient eine Mindmap?

Ihr sollt zu einem Thema, zum Beispiel
Ökosystem See, einen kurzen Vortrag halten.
Ihr habt viele Informationen zu diesem Thema
gesammelt. Diese müsst ihr zunächst auf-
schreiben und ordnen. Dazu könnt ihr eine Art
„Gedankenlandkarte", eine **Mindmap,** erstellen.
Ihr könnt die Mindmap zum Beispiel zur
Weiterarbeit am Thema oder als Stichwort-
zettel verwenden.

Eine Mindmap hilft euch also dabei,
* Informationen und Ideen zu Notizen zu machen,
* Ideen, Informationen und Gedanken zu
  ordnen,
* Inhalte eines Textes besser zu behalten,
* etwas vorzutragen,
* einen Text zu formulieren.

So entsteht eine Mindmap

1. Sammelt Stichworte zu einem Thema und notiert sie
   unsortiert, wie sie euch einfallen.
2. Legt ein DIN-A4- oder ein DIN-A3-Blatt quer.
3. Schreibt das Thema in die Mitte des Blattes und kreist
   es farbig ein.
4. Zeichnet nun vom Thema ausgehend „Äste" in verschiedenen Farben für mögliche Gliederungspunkte. Gebt
   jedem Ast einen treffenden Namen.
5. An jeden „Ast" könnt ihr jetzt noch weitere „Zweige"
   zeichnen.
6. Schreibt an jeden „Zweig" weitere Ideen, die euch zu
   den Begriffen an den Ästen einfallen.
7. Alle Begriffe können mit Bildern oder Symbolen ergänzt
   werden. Das hilft, sich später wieder an die eigenen
   Ideen oder Gedanken zu erinnern.

Eine Mindmap kann jederzeit erweitert werden.

Erstellen mehrere Schülerinnen und Schüler jeweils eine
Mindmap, können diese ganz unterschiedlich aussehen.

1. ☰ Ⓐ
Übertrage die unten abgebildete Mindmap zum
Thema Ökosystem See auf ein DIN-A3-Blatt und
ergänze sie.

METHODE

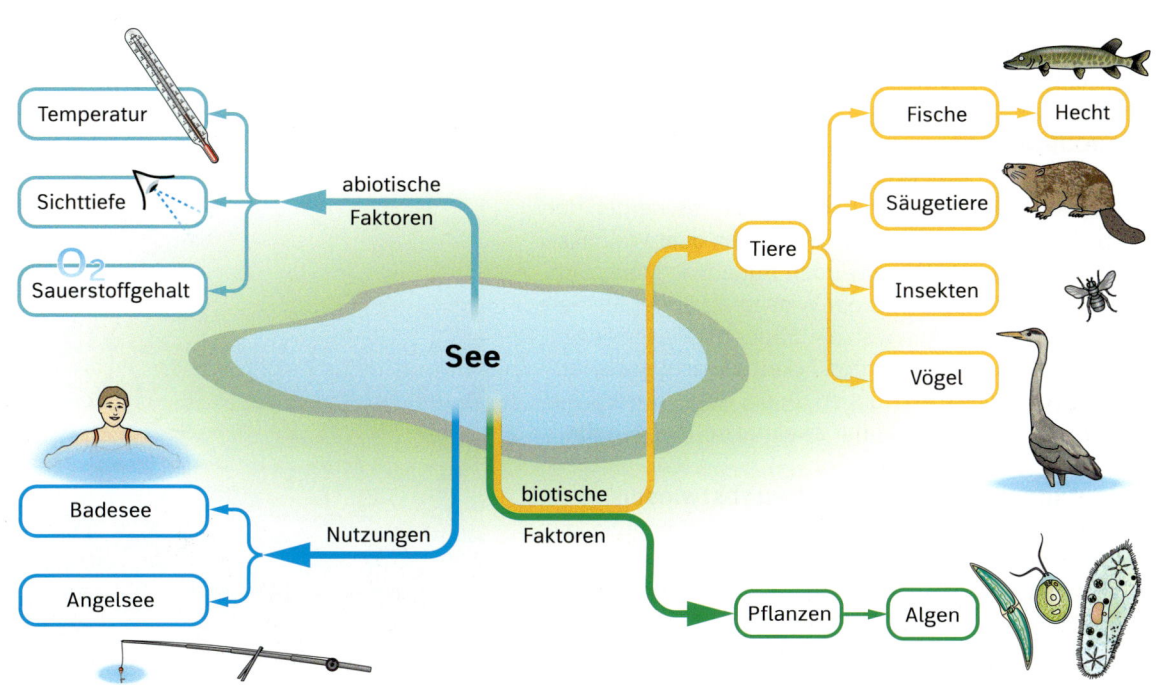

Kleine Ökosysteme

1 Tiere in kleinen Ökosystemen: **A** Siebenschläfer, **B** Buntspecht
C Apollofalter, **D** Kreuzotter

1. Ⓐ
a) Ordne jede der abgebildeten Tierarten einem der auf dieser Seite beschriebenen Ökosysteme zu.
b) Begründe deine Zuordnung.

2. ≡ Ⓐ
Bearbeitet diese Aufgabe als Gruppenpuzzle. Nehmt die entsprechende Methodenseite im Buch zuhilfe.
a) Beschreibt eines der Ökosysteme.
b) Stellt dar, warum das Ökosystem bedroht ist.
c) Nennt Maßnahmen, die dazu beitragen, das Ökosystem zu erhalten.

3. ≡ Ⓐ
Bewerte die Bedeutung von kleinen Ökosystemen.

Biodiversität in kleinen Ökosystemen

In Baden-Württemberg gibt es viele unterschiedliche Landschaften mit speziellen Lebensräumen. Manche wie Streuobstwiesen, Weinberge oder Wachholderheiden entstanden durch die menschliche Nutzung. Andere Lebensräume wie Hochmoore sind weitgehend natürliche Lebensräume. In allen diesen Lebensräumen leben viele bedrohte Tier- und Pflanzenarten. Solche speziellen Lebensräume sind daher besonders wichtig für die Erhaltung der biologischen Vielfalt, der **Biodiversität.**

Streuobstwiesen

Wiesen, auf denen viele Obstbäume „verstreut" wachsen, sind **Streuobstwiesen.** Im Laufe des Jahres werden dort beispielsweise Äpfel, Kirschen, Pflaumen oder Walnüsse geerntet. Streuobstwiesen wurden früher von Menschen angelegt, weil sie das Gras der Wiesen als Futter für Tiere nutzen und Obst ernten wollten. Streuobstwiesen liegen meist in Gegenden, die für den Ackerbau nicht geeignet sind, beispielsweise an Hängen. In der Regel werden die Wiesen nicht gedüngt und nur zweimal im Jahr gemäht.

Bedeutung und Schutz der Streuobstwiesen

Die Nährstoffknappheit durch die fehlende Düngung bewirkt, dass keine Pflanzenart zu häufig auftritt. Die vielen unterschiedlichen Pflanzenarten locken wiederum viele Tiere wie Insekten, Amphibien, Reptilien, Vögel und Säugetiere wie den Siebenschläfer an. Der Siebenschläfer frisst Früchte und nutzt Baumhöhlen als Versteck.

Streuobstwiesen sind durch die veränderte Nutzung bedroht. In Ballungsräumen werden sie häufig in Gartengrundstücke mit Rasen umgewandelt. In ländlichen Räumen wird die Nutzung häufig aufgegeben, weil sich der Anbau von Obstbäumen auf Streuobstwiesen im Vergleich zu Obstbaum-Monokulturen nicht mehr lohnt. In den letzten Jahren bemühen sich Naturschützer, Landwirte, Gemeinden und Keltereien wieder stärker um den Schutz der Streuobstwiesen. Außerdem wird ihr Wert als Naherholungsgebiet erkannt.

2 Streuobstwiesen

Hochmoore

Moorlandschaften lassen sich an den mit Wasser gefüllten Senken und trockenen, höher gelegenen Stellen erkennen. Dort wachsen Torfmoose, Gräser und Heidekräuter. **Hochmoore** brauchen Böden mit wenig Mineralstoffen und über das Jahr verteilt genügend Regen. Sie kommen hauptsächlich im Allgäu und im Schwarzwald vor.

Wie entsteht ein Hochmoor?

Nach dem Schmelzen der Eismassen der letzten Eiszeit vor etwa 10 000 Jahren sammelte sich Wasser in flachen Senken. Seen entstanden. Nach und nach siedelten sich dort feuchtigkeitsliebende Pflanzen wie das Torfmoos an. Abgestorbene Pflanzen wurden nur langsam abgebaut. So begannen die Seen vom Rand zur Mitte zu verlanden. Torfmoose saugten das mineralstoffarme Regenwasser wie ein Schwamm auf. Während die oberen Teile dieser Pflanzen wuchsen, starben die unteren aufgrund von Licht- und Luftmangel ab. So bildete sich Torf und das Moor wuchs langsam in die Höhe. Es enstand ein Hochmoor.

Bedeutung und Schutz der Moore

In Moorgebieten leben viele spezialisierte Pflanzenarten wie der fleischfressende Rundblättrige Sonnentau. Auch seltene Tierarten wie die Kreuzotter gibt es dort. Die Schlange frisst Kleintiere wie Frösche und bevorzugt kühle, feuchte Lebensräume mit sonnigen Plätzen und guten Versteckmöglichkeiten.

Moorlandschaften sind durch Entwässerungsmaßnahmen beispielsweise für die Landwirtschaft gefährdet. Durch die Düngung von Grünflächen gelangen Mineralstoffe in die Moorgebiete. Dadurch wird der Lebensraum für die spezialisierten Tier- und Pflanzenarten zerstört.

4 Wachholderheide

Wachholderheiden

Wachholderheiden sind nach dem dort häufig vorkommenden Wachholder benannt. Die Pflanze wächst gut auf felsigem, kalkhaltigem, mineralstoffarmem Boden. Wachholderheiden gibt es hauptsächlich auf der Schwäbischen Alb an Berghängen. Viele hundert Jahre lang wurden hier Schafe auf die Weide getrieben. Sie fraßen die Triebe von Bäumen ab. Deshalb wuchsen dort keine Bäume mehr. Gräser, Kräuter, Moose und Flechten entwickelten sich gut. Der Wachholder konnte sich stark verbreiten, weil er stachlig ist und Schafe ihn nicht fressen.

Bedeutung und Schutz der Heiden

Auf Wachholderheiden leben zahlreiche seltene lichtliebende Pflanzenarten wie Enziane und Orchideen. Auch seltene Vogel- und Insektenarten wie der Apollofalter kommen vor. Seine Raupen bevorzugen den Weißen Mauerpfeffer als Nahrungspflanze, der auf trockenen, heißen Felsen wächst. Da nur noch wenige Schäfer mit ihren Herden über die Alb wandern, erobert der Wald die Wachholderheide Stück für Stück zurück. Große Flächen wurden in andere Nutzungsformen wie Siedlungen, Wiesen oder Ackerland umgewandelt. Zu den Schutzmaßnahmen gehört die Unterstützung von Schäfern. Durch aufwändige Pflegemaßnahmen und Freischneiden der Flächen mit Motorsägen können Wachholderheiden erhalten bleiben.

3 Hochmoor

> Du kannst Beispiele für kleine Ökosysteme in Baden-Württemberg beschreiben. Du kannst ihre Bedeutung bewerten.

Naturdenkmale in Baden-Württemberg

Was sind Naturdenkmale?
Naturdenkmale sind geschützte Landschaftselemente. Es können sowohl Bäume oder Felsen, aber auch kleine Flächen sein. Naturdenkmale stehen unter Naturschutz, weil sie entweder sehr selten oder besonders schön sind.

1. A
Erkläre, was Naturdenkmale sind.

2. A
Beschreibe Besonderheiten der dargestellten Beispiele.

3. Q
Markiere in einer Landkarte die Orte der Naturdenkmale.

4. Q
Recherchiere Naturdenkmale aus deiner Region und stelle eines vor.

Blautopf – Blaubeuren
Der Blautopf in Blaubeuren ist eine der wasserreichsten Karstquellen in Deutschland. Im Blautopf tritt das Wasser wieder an die Oberfläche, das über ein Einzugsgebiet von 160 km² versickert ist. Die Quelle erstrahlt je nach Lichteinfall in auffallend blauer Farbe. Aus dem 21 m tiefen, trichterförmigen Quelltopf entspringt die Blau, ein Fluss. Unter dem Blautopf wird das größte Karsthöhlensystem der Schwäbischen Alb vermutet.

Großvatertanne in Freudenstadt
Die Großvatertanne steht im Stadtwald von Freudenstadt. Auf Brusthöhe hat sie einen Umfang von etwa 5,50 m. Der 250 bis 300 Jahre alte Baumriese ist ungefähr 45 m hoch. Die Großvatertanne ist mit ihrem Holzvolumen die stärkste Weißtanne in Baden-Württemberg.

Isteiner Klotz
Der Isteiner Klotz ist das Wahrzeichen des Markgräflerlandes im Süden von Baden-Württemberg. Sein Kalkgestein wurde vor langer Zeit im Jura von Korallen im Meer gebildet. Im Laufe der Erdgeschichte wurde es angehoben. Der Rhein formte später die heutige Felsformation.
Der Isteiner Klotz besitzt zahlreiche Nischen, Grotten und Höhlen. Außerdem heizt er sich im Vergleich zu seiner Umgebung stärker auf. So bietet er seltenen Pflanzen und Tieren einen Lebensraum.

Geschützte Gebiete in Baden-Württemberg

Ein **Naturpark** ist ein geschützter Landschaftsraum, der durch langfristiges Einwirken, Nutzen und Bewirtschaften durch den Menschen entstanden ist. Diese Kulturlandschaft soll in ihrer heutigen Form bewahrt und gleichzeitig touristisch vermarktet werden. Ein **Nationalpark** ist dagegen ein ausgedehntes Schutzgebiet, das weitgehend seiner natürlichen Entwicklung überlassen wird. **Biosphärengebiete** sind Modellregionen, in denen sich Wirtschaft, Besiedlung und Tourismus gemeinsam mit Natur und Umwelt fortentwickeln können.

1. Ⓐ
Erkläre den Unterschied zwischen einem Nationalpark und einem Biosphärengebiet.

2. Ⓠ
a) Recherchiere, wo die sieben Naturparke in Baden-Württemberg liegen und zeichne sie in einer Karte ein.
b) Stelle einen Naturpark mit seinen Besonderheiten vor.

3. Ⓠ
Ein besonderes Projekt des Biosphärengebiets Schwäbische Alb ist die Kultivierung der Alblinsen. Recherchiere und stelle das Projekt in einer geeigneten Form vor.

Biosphärengebiet Schwäbische Alb

Das Biosphärengebiet Schwäbische Alb wurde 2008 vom Land Baden-Württemberg eingerichtet und 2009 von der UNESCO als Biosphärenreservat anerkannt.
Besondere Merkmale sind die steilen Abhänge am Albtrauf, die Streuobstwiesen im mittleren Albvorland und die abwechslungsreichen, traditionellen Kulturlandschaften auf der Alb. Auf dem ehemaligen Truppenübungsplatz Münsingen befindet sich das Hauptinformationszentrum. Viele Projekte des Biosphärengebiets setzen sich für den Erhalt alter Sorten, für regionale Wertschöpfung und für die Vermarktung heimischer Produkte ein. Auch sanfter Tourismus wird gefördert.

Nationalpark Schwarzwald

Der Nationalpark Schwarzwald gliedert sich in zwei Gebiete, einen nördlichen Teil rund um den Hohen Ochsenkopf und einen südlichen Teil am Ruhestein. Dort liegt auch das Nationalparkzentrum Ruhestein. Der Nationalpark zeichnet sich durch idyllische Täler, dunkle Wälder, Seen, Moore, schroffe Felswände und baumfreie Bergrücken, die Grinden, aus. Er bietet Lebensraum für seltene Pflanzen und Tiere wie zum Beispiel das Auerhuhn oder den Wanderfalken.
Im 2014 gegründeten Nationalpark sind heute noch viele Spuren des menschlichen Wirtschaftens im Wald zu sehen. Er ist ein „Entwicklungspark", das heißt, der Mensch gibt noch kleine Hilfestellungen. Ziel ist es aber, die Fläche Schritt für Schritt wieder ganz der Natur zu überlassen.

Lebensbedingungen in der Stadt

1. Manche Menschen leben gerne in der Stadt, andere können sich ein Leben dort nicht vorstellen. Sammelt Argumente für beide Positionen und listet sie auf.

2. Heute wird viel getan, um das Leben von Menschen in dicht bebauten Städten zu verbessern. Sammelt Beispiele für solche Entwicklungen. Denkt dabei an die Verbesserung des Klimas, den Anbau von Pflanzen, die Fortbewegung der Menschen, den Bau von Wohnflächen oder an die Kommunikationsmöglichkeiten.

3. Beschreibe Unterschiede zwischen dem Stadtklima und dem Klima des Umlands. Berücksichtige die Temperaturen in den unterschiedlichen Jahreszeiten, die Luftströmungen und die Sonneneinstrahlung.

4. Verfasse einen kurzen Sachtext über die Auswirkungen versiegelter Flächen auf den Wasserhaushalt der Städte. Nimm Abbildung 2 zu Hilfe.

5. Beschreibe mithilfe von Abbildung 1, wie sich das Leben in einer Stadt auf das Klima und die Luft dort auswirkt.

6. Die Feinstaubbelastung in Städten ist ein Problem.
a) Erklärt im Zusammenhang mit Feinstaub die Abbildung mit den Verkehrsschildern.
b) Befragt Mitglieder des Stadtrates, mit welchen Maßnahmen versucht wird, die Belastung in eurer Stadt zu reduzieren.

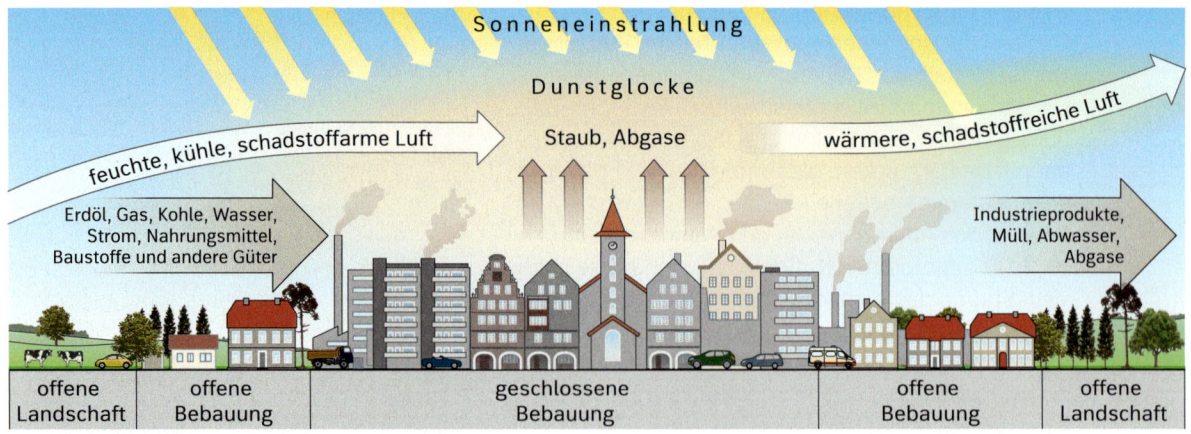

Sonneneinstrahlung

Dunstglocke

feuchte, kühle, schadstoffarme Luft

Staub, Abgase

wärmere, schadstoffreiche Luft

Erdöl, Gas, Kohle, Wasser, Strom, Nahrungsmittel, Baustoffe und andere Güter

Industrieprodukte, Müll, Abwasser, Abgase

| offene Landschaft | offene Bebauung | geschlossene Bebauung | offene Bebauung | offene Landschaft |

1 Klima in der Stadt

Städte – künstliche Ökosysteme

Millionen von Menschen leben in Städten oder fahren als Pendler jeden Tag dorthin. Sie finden dort auf engem Raum Wohnungen und Ausbildungs- oder Arbeitsplätze. Andere fahren in die Stadt, um einzukaufen oder um sich dort mit Freunden zu treffen. Vieles muss aus dem Umland herbeigeschafft werden, weil es in der Stadt nicht vorhanden ist. Dazu gehören Wasser, Lebensmittel, Gebrauchsgüter, Energie oder Baumaterialien. Täglich fallen große Mengen an Abfallstoffen wie Abwasser, Schutt und Müll an, die außerhalb der Stadt aufbereitet werden müssen. Durch den Transport entstehen Abgase und Feinstaub, die eine große gesundheitliche Belastung für die Bewohner darstellen. Menschen, Tiere und Pflanzen müssen mit Störungen durch Lärm, Verkehr und Beleuchtung leben. Städte sind also **künstliche Ökosysteme,** deren Lebensbedingungen massiv von Menschen beeinflusst sind.

Klima

Das Klima in Städten unterscheidet sich von dem des Umlands. Die dichte Bebauung mit Gebäuden und Verkehrswegen hat Auswirkungen auf Klima, Boden, Luft und Wasser und somit auf die Lebensbedingungen für Menschen, Tiere und Pflanzen. Städte sind **„Wärmeinseln".** Der Boden ist mit Gebäuden, Straßen und Wegen bedeckt. Er wird so versiegelt. Versiegelte Flächen heizen sich durch Sonneneinstrahlung stärker auf als bewachsene Flächen. Nachts wird die Wärme langsam wieder an die Umgebung abgegeben. Deshalb kühlen Städte in heißen, windstillen Sommernächten kaum ab. Außerdem fehlt in Innenstädten frische, kühle Luft, die durch Bodenfeuchte und die Verdunstung von Wasser aus Pflanzen entsteht. Im Winter liegen die Temperaturen wegen der vielen Heizungen und Abwärme aus Gebäuden oder Kraftfahrzeugen meist einige Grad Celsius über denen des Umlands.

Luft

Auch die Luftströme unterscheiden sich von denen im Umland. Die erwärmten Luftmassen über dem Stadtzentrum steigen auf. Dadurch wird kühle Luft vom Stadtrand angesaugt. Diese Luftströmungen nehmen auf ihrem Weg Staub und Abgase auf. So kann über der Stadt eine Dunstglocke entstehen, die die Wärmeabstrahlung aus dem Stadtkern behindert.

Wasser

Große Flächen in Städten sind verdichtet oder versiegelt. Niederschlägen können im Boden nicht versickern, sondern müssen schnell über die Kanalisation abgeführt werden. Dies führt zu einem Absinken des Grundwasserspiegels. Die Pflanzen erreichen mit ihren Wurzeln das Grundwasser nicht mehr und müssen künstlich bewässert werden.

> Du kannst die Lebensbedingungen für Menschen, Tiere und Pflanzen in der Stadt beschreiben.

3 Versiegelte Flächen in der Innenstadt

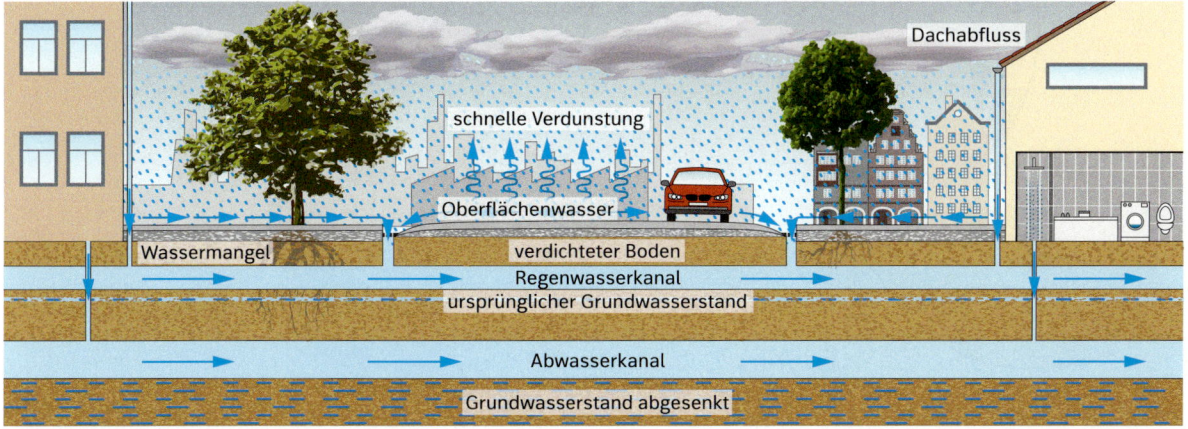

2 Wasserhaushalt der Innenstadt: Schema

Wege der Konsumgüter

1. ☰ 🅐
a) Nenne Produkte des täglichen Bedarfs (Konsumgüter).
b) Beschreibe, wie sie zu den Endverbrauchern in der Stadt gelangen.

2. ☰ 🅐 🔘
a) Beschreibe die Wege der Konsumgüter im künstlichen Ökosystem Stadt mithilfe der Abbildung 1 auf dieser Seite. Verfasse dazu einen kurzen Sachtext.
b) Vergleiche diese Wege mit einem Stoffkreislauf in einem natürlichen Ökosystem.

3. ☰ 🅐
a) Gib an, was das Diagramm in Abbildung 2 darstellt.
b) Formuliere grundlegende Sachverhalte, die sich aus dem Diagramm ablesen lassen.
c) Erstelle ein Kreisdiagramm, indem du die einzelnen Teilwerte in Prozentanteilen bezogen auf die Gesamtabfallmenge darstellst.

4. 🅠 🔘
Täglich fallen in Städten riesige Mengen von Abfällen an.
a) Informiert euch über die Abfallwirtschaft in eurer Stadt und berichtet.
b) Macht eine Exkursion zu einer Kläranlage oder einer Müllverbrennungsanlage. Informiert euch über deren Funktionsweise und gestaltet Plakate.

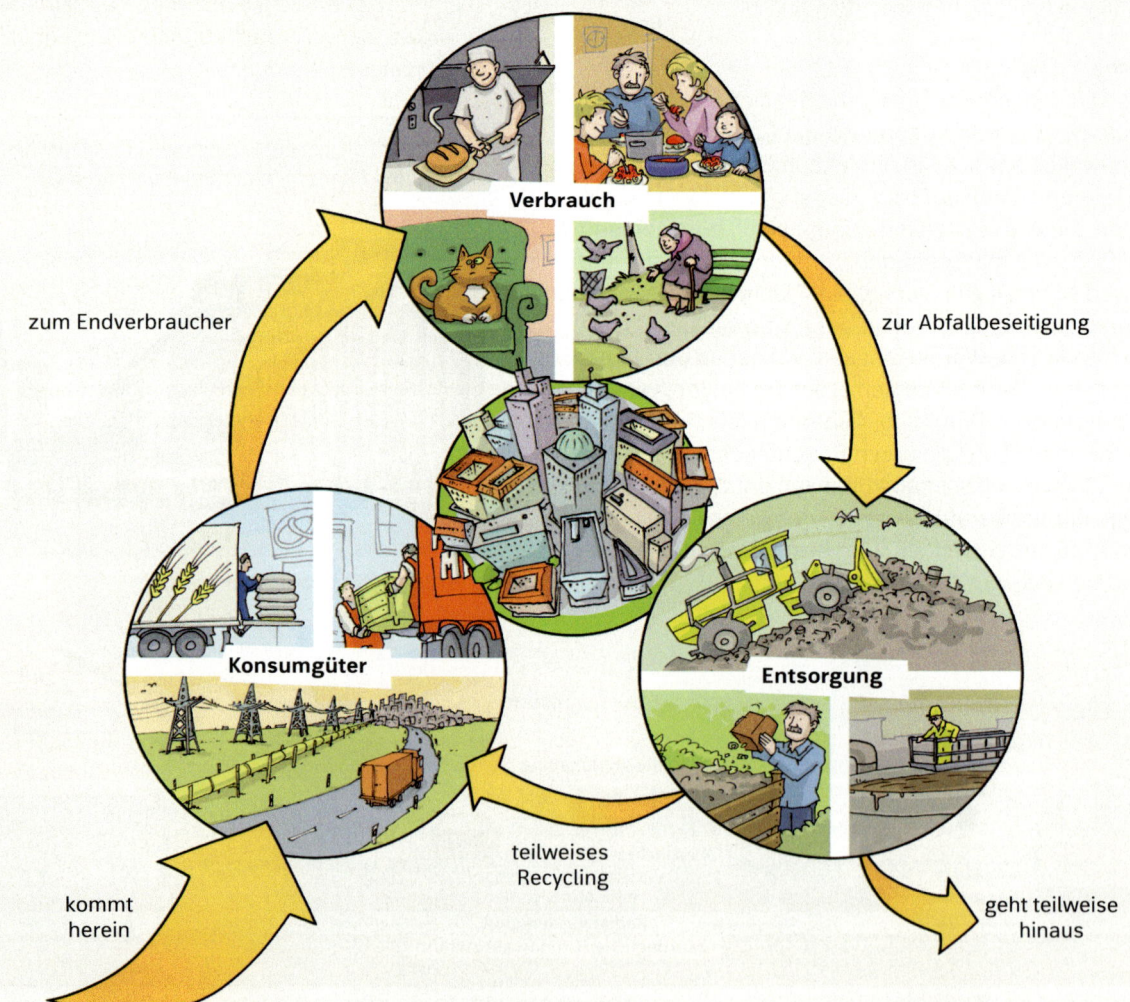

zum Endverbraucher

Verbrauch

zur Abfallbeseitigung

Konsumgüter

Entsorgung

teilweises Recycling

kommt herein

geht teilweise hinaus

1 Wege der Konsumgüter in Städten

Stoffkreisläufe in natürlichen Ökosystemen

In natürlichen Ökosystemen wie einem See oder einem Wald sind alle Stoffe, die Pflanzen und Tiere zum Leben brauchen, vorhanden. Kohlenstoff, Sauerstoff und Stickstoff befinden sich in Kreisläufen und gelangen von den Pflanzen zu den Tieren und wieder zurück. Energie wird über die Sonne ständig neu zugeführt. Pflanzen als Produzenten von Biomasse bilden die Grundlage für die Konsumenten. Durch die Tätigkeit der Destruenten wird der „biologische Abfall" soweit abgebaut, dass nur noch Wasser, Kohlenstoffdioxid und Mineralstoffe übrig bleiben. Diese Produkte stehen dann den Pflanzen zur Produktion von Biomasse wieder zur Verfügung. Die Stoffkreisläufe sind geschlossen, und es entsteht kein „Restmüll".

Ungleichgewicht im Ökosystem Stadt

Ganz anders sind die Verhältnisse im künstlichen Ökosystem Stadt. Es gibt auch dort Grünanlagen, Baumgruppen und Gewässer mit Pflanzen als Produzenten. Allerdings ist die Anzahl der Produzenten im Vergleich zur Anzahl der Konsumenten wie Menschen, Haus- und Wildtieren sehr klein.

Die Produzenten reichen nicht aus, um alle Konsumenten mit lebensnotwendigen Stoffen zu versorgen. Städte sind deshalb „Inseln", die von Produzenten versorgt werden, die weit entfernt sind. Meist sind dies umliegende Wälder, Wiesen und Felder, auf denen Landwirtschaft betrieben wird. Die landwirtschaftlichen Produkte werden oft auch außerhalb der Stadt zu weiteren Produkten wie Brot, Butter oder Wurst verarbeitet.

Alle Konsumgüter wie Lebensmittel, Gebrauchsgegenstände, Trinkwasser und Energie müssen von außerhalb in die Stadt transportiert werden. Beim Transport und der Nutzung dieser Güter entsteht Abfall, der nicht wie in einem natürlichen Ökosystem von Destruenten in seine Grundbestandteile „recycelt" werden kann.

Durchschnittlich entsorgte jeder Einwohner Deutschlands **453 Kilogramm** Abfall im Jahr 2013.

Davon waren:

getrennt gesammelte Wertstoffe

72 kg Papier

162 kg Hausmüll

32 kg Verpackungen

24 kg Glas

19 kg Sonstige

29 kg Sperrmüll

112 kg organische Abfälle*

2 kg sonstige Abfälle

*Abfälle aus der Biotonne, Garten- und Parkabfälle

2 Was landet in Deutschland alles im Müll?

Das Abfallproblem

Im Durchschnitt produziert jeder Einwohner Deutschlands seit vielen Jahren etwa 450 kg Haushaltsabfälle pro Jahr. Jeder Bürger ist verpflichtet, Abfälle soweit wie möglich zu vermeiden. Abfallvermeidung und eine gewissenhafte Mülltrennung, zum Beispiel in Restmüll, Altpapier, Bioabfälle, Altglas und Kunststoffe sowie Schadstoffe, sind wichtige Beiträge jedes Einzelnen zu einer sauberen Umwelt. Abfallbeseitigung und Wiederaufbereitung eines Teiles des Abfalls bereiten jedoch hohe Kosten.

Sparsamer Umgang mit Energie

Auch mit Energie sollte sparsam umgegangen werden. Dazu gehört beispielsweise, häufiger auf das Auto zu verzichten, auf Busse und Bahnen umzusteigen, mit dem Rad zu fahren oder zu Fuß zu gehen.

Recyceln statt wegwerfen

Zunehmend gibt es Einrichtungen, die die Weiternutzung von Gebrauchsgütern wie Elektrogeräten, Möbeln oder Textilien organisieren. Oft können diese auch ausgeliehen oder geteilt werden. Das trägt zur Abfallvermeidung und zum Schutz der Umwelt bei.

Du kannst die Wege der Konsumgüter in und aus der Stadt beschreiben. Du kannst das Ökosystem Stadt mit einem natürlichen Ökosystem vergleichen und Unterschiede nennen.

Pflanzen in der Stadt

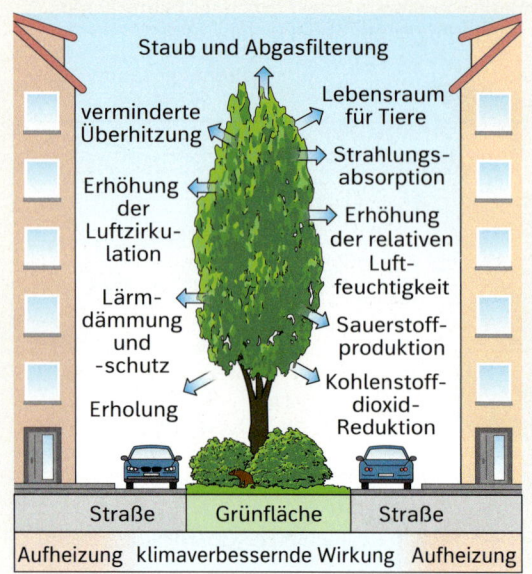

Staub und Abgasfilterung

verminderte Überhitzung

Lebensraum für Tiere

Erhöhung der Luftzirkulation

Strahlungsabsorption

Lärmdämmung und -schutz

Erhöhung der relativen Luftfeuchtigkeit

Erholung

Sauerstoffproduktion

Kohlenstoffdioxid-Reduktion

Straße	Grünfläche	Straße
Aufheizung	klimaverbessernde Wirkung	Aufheizung

1.

Verfasse mithilfe der Grafik oben einen Text über die Funktion von Straßenbäumen im Ökosystem Stadt.

2.

Grüne Pflanzen sorgen in Städten für die Verbesserung der Luft. Stimmt diese Aussage? Erkläre und begründe.

3.

In Städten kommen oft Linden, Rosskastanien und Platanen vor. Hier seht ihr jeweils ein Blatt dieser Bäume.

A　　　　　B　　　　　C

a) Gebt an, welches Blatt zu welchem Baum gehört. Benutzt dazu ein Bestimmungsbuch.
b) Geht in die Stadt und fotografiert die drei Baumarten.
c) Berichtet, wo ihr die Bäume gefunden habt.

4.

Sucht mithilfe eines Stadtplans Grünanlagen der Stadt.
a) Überlegt euch Fragen zur Nutzung der städtischen Grünanlagen. Führt Interviews zu diesem Thema durch.
b) Beschreibt die Ergebnisse der Befragung in einem Text, den ihr einer Lokalzeitung schicken könnt.

1 Pflasterritze: **A** Breitwegerich, **B** Löwenzahn

Kleinlebensräume und grüne Inseln

In Städten gibt es meist mehr unterschiedliche Pflanzenarten als im angrenzenden Umland, denn eine Stadt besteht aus vielen verschiedenen Lebensbereichen. Boden- und Klimaverhältnisse in einem Park sind anders als in einem Garten, einem Wohnviertel oder in einer Fußgängerzone. In jedem Bereich siedeln sich typische Pflanzen und Tiere an.

Pflanzengesellschaften

Die Arten eines Lebensraums bilden eine **Pflanzengesellschaft.** Am Straßenrand kommen beispielsweise Huflattich oder Schafgarbe vor. Sie vertragen verfestigte oder sandige Böden, wenig Wasser und starke Sonneneinstrahlung. Daneben gibt es Pflanzengesellschaften der Pflasterritzen, der Mauern oder des Bahndammes. Auch auf Brachland, das heißt auf ungenutzten, verwilderten Grundstücken, gibt es viele Pflanzenarten wie Weidenröschen oder Birken.

Grünanlagen

Neben den Kleinlebensräumen finden wir in Städten große Grünanlagen. Es gibt Parks mit hohen Bäumen und Sträuchern, Stadtwälder, Friedhöfe und Gartenkolonien. Hier leben viele Vogelarten und Säugetiere. Menschen schätzen Grünanlagen als Orte der Ruhe und Erholung. Diese Bereiche steigern die Wohn- und Lebensqualität.

2 Stadtpark

5. ☰ ⓠ
Beschreibe, was man unter den Begriffen „Urban Gardening" und „vertikale Landwirtschaft" versteht.

6. ☰ ⓠ
a) Informiere dich über laufende Projekte des „Urban Gardening" und der „vertikalen Landwirtschaft".
b) Beschreibe, welche Motive Stadtbewohner haben, sich am „Urban Gardening" zu beteiligen.
c) Beschreibe, welche Vorteile sich Wissenschaftler von der „vertikalen Landwirtschaft" erhoffen und welche Herausforderungen damit verbunden sind.

7. Ⓥ
Untersucht verschiedene Kleinlebensräume wie Pflasterritzen, Mauerritzen oder Straßenränder auf die dort vorkommenden Pflanzen. Bestimmt sie und gestaltet eine Ausstellung.

8. ☰ ⓠ
Die Robinie gehört zu den sogenannten Neubürgern. Recherchiere, welche Probleme mit der Ansiedlung von Neubürgern verbunden sein können.

3 „Urban gardening"

"Urban Gardening" und „vertikale Landwirtschaft"
Beim **"Urban gardening"** nutzen Bürger öffentliche Grünflächen, um Pflanzen anzubauen. Dies können bunte Blumen oder aber Nutzpflanzen wie Tomaten oder verschiedene Kräuter sein.

Wissenschaftler auf der ganzen Welt beschäftigen sich mit der **"vertikalen Landwirtschaft".** Sie erforschen, wie in städtischen Ballungsräumen, zum Beispiel in Hochhäusern, Pflanzen angebaut werden können, um die Menschen der Zukunft mit frischen Lebensmitteln zu versorgen.

Ökologische Bedeutung
Die Bedeutung von Grünanlagen für Städte ist auch in ökologischer Hinsicht sehr groß. Bäume und Sträucher vermindern mit ihren Blättern den Verkehrslärm. Sie dienen auch als Staubfänger für Feinstäube. Bei der Fotosynthese in den grünen Blättern wird Sauerstoff gebildet. Das Stadtklima wird durch Bäume positiv beeinflusst. Starke Winde werden abgebremst. Baumkronen spenden Schatten und vermindern so die Aufheizung der Umgebung. Pflanzen verdunsten über ihre Blätter an heißen Tagen besonders viel Wasser. Dadurch entsteht ein Abkühlungseffekt. Außerdem bieten sie Tieren vielfältige Lebensräume.

4 Robinie: **A** Baum, **B** Blüte

Pflanzliche Neubürger
Nicht alle Pflanzen, die in unseren Städten wachsen, sind einheimisch. Zu den sogenannten **Neubürgern,** den Neophyten, gehört die Robinie oder Scheinakazie. Dieser Baum, der aus Nordamerika stammt, verträgt das trockene Stadtklima gut und ist unempfindlich gegen Staub und Ruß. Die Blüten liefern reichlich Nektar und werden daher von vielen Insekten aufgesucht.

> Du kannst unterschiedliche Lebensräume in einer Stadt beschreiben und Pflanzenarten nennen, die dort vorkommen. Du kannst die Bedeutung von Grünanlagen in der Stadt bewerten.

Tiere in der Stadt

1. ≣ Ⓐ
a) Nenne Vogelarten, die in Städten vorkommen.
b) Gib an, welche Lebensräume sie zur Nahrungssuche oder als Nistplätze nutzen. Denke auch an Gewässer und Grünanlagen.

2. ≣ Ⓐ 🖱
a) Beobachte und fotografiere Haustauben in der Innenstadt.
b) Erstelle einen Steckbrief.
c) Beschreibe Probleme, die durch zu viele Haustauben entstehen.

3. Ⓠ 🖱
a) Nenne einige Säugetierarten, die wild in der Stadt vorkommen.
b) Berichte, warum sie in die Stadt kommen und wie sie dort überleben können. Recherchiere unter dem Suchbegriff „Tiere in der Stadt".
c) Halte einen Kurzvortrag über eine Art.

kleine Nischenbrüter

Haus-taube **C**

Mauer-segler **D**

Mehl-schwalbe **E**

Turm-falke **B**

Fleder-maus

Dohle

Schleier-eule **A**

4. Ⓠ
In Städten leben auch Tierarten wie der Waschbär, deren ursprüngliche Heimat nicht Deutschland ist.
a) Beschreibe, warum es für Waschbären von Vorteil ist, in der Stadt zu leben.
b) Recherchiere unter dem Suchbegriff „Einwanderer Waschbär", wie der Waschbär nach Deutschland kam.

5. Ⓠ 🖱
a) Liste wirbellose Tierarten auf, die in der Stadt vorkommen und Nahrungsgrundlage für Vögel und Säugetiere sind.
b) Beschreibe ein Beispiel für ein Insekt, das als „Plagegeist" bezeichnet werden könnte. Begründe deine Bewertung.

Vögel nutzen verschiedene Lebensräume

In Städten kommen Vögel besonders häufig vor. Amseln beispielsweise nutzen fast alle Lebensräume in der Stadt. Sie waren ursprünglich scheue Waldvögel. Ähnliches gilt für Haustauben, Haussperlinge und Wasservögel wie Stockenten, Teich- und Blesshühner. Sie finden in der Nähe des Menschen ein reiches Nahrungsangebot und haben kaum natürliche Feinde. Das warme Stadtklima und das künstliche Licht bewirken frühere Brutzeiten als im Umland. So können sich die Vögel stark vermehren.

Gebäude mit Vorsprüngen und Nischen sind Lebensbereiche, die den natürlichen Lebensräumen mancher Tierarten ähneln. Sie werden zum Beispiel von den Felsenbewohnern unter den Vögeln genutzt. Mehlschwalben, Mauersegler, Schleiereulen, Turmfalken und auch Haustauben, die von Felsentauben abstammen, gehören dazu. Stockenten, Schwäne und andere Wasservögel leben auf Teichen und Bächen in Parks.

Alle diese Vögel sind an die Menschen und die Lebensbedingungen in der Stadt angepasst. Deshalb werden sie als **Kulturfolger** bezeichnet.

Säugetiere in der Stadt

Auch viele Säugetierarten finden in Städten ökologische Nischen. Ratten, die anspruchslos und sehr lernfähig sind, leben in Abwasserkanälen und ernähren sich von Abfall.

Steinmarder haben Dachböden als geeignetes Zuhause entdeckt. Sie ernähren sich vorwiegend von Ratten, Mäusen und Vögeln, fressen aber auch Vogeleier und Früchte. Manchmal knabbern sie Bremsschläuche oder Zündkabel von Autos an.

Wildkaninchen finden in den Grünanlagen der Städte einen geeigneten Lebensraum vor. Da sie wenige Feinde haben, vermehren sie sich schnell.

Fledermäuse wie die Langohrfledermaus verstecken sich tagsüber in Kirchtürmen oder anderen offenen Gebäuden, zu denen sie Zugang finden. Nachts jagen sie Insekten.

Igel sind ebenfalls nachtaktiv und finden in den Gärten zwischen den Häusern ideale Lebensbedingungen. Auch Wildschweine kommen zunehmend in Stadtgebieten vor. Die größte Gefahr für die meisten dieser Tierarten ist der Autoverkehr.

Waschbären sind Neubürger

Der Waschbär stammt aus Nordamerika. Er ist ein **Neubürger** in Deutschland. Die Stadt bietet diesem anpassungsfähigen Kleinbären gute Lebensbedingungen. Waschbären leben in verlassenen Gebäuden und ernähren sich von Früchten, Samen und Hausmüll. Sie können aber – ebenso wie Tauben, Ratten oder Mäuse – zu „Plagegeistern" werden, wenn sie sich zu stark vermehren.

Du kannst einige Vogel- und Säugetierarten nennen, die in Städten leben. Du kannst an Beispielen beschreiben, weshalb die Lebensbedingungen in der Stadt für diese Tiere günstig sind.

1 Säugetiere: **A** Ratte, **B** Steinmarder, **C** Langohrfledermaus, **D** Fuchs, **E** Wildschwein, **F** Waschbär

Rasen oder Wiese?

1 Kurzrasen: **A** Hausmeister beim Rasenmähen, **B** Amsel sucht Regenwürmer

1. **A**
a) Betrachte die Abbildungen 1 und 3. Beschreibe den Kurzrasen, die Spielwiese und die Blumenwiese.
b) Vergleiche die dargestellten Lebensräume und erkläre die Unterschiede.

2. **A**
a) Stelle die Vor- und Nachteile von Rasen und Wiese aus der Sicht eines Biologen und eines Sportlers in zwei Tabellen zusammen. Du kannst nach der Methode „Bewerten nach Kriterien" vorgehen.
b) Erläutere deine Meinung im Hinblick auf die Gestaltung eines Schulgeländes.

3. **V**
a) Bildet Teams und unterzieht einige Grünflächen in eurer Umgebung einer genaueren ökologischen Untersuchung.
b) Überlegt euch, welche Fragen ihr im Rahmen der Untersuchung klären wollt. Zum Beispiel: Welche Tier- und Pflanzenarten kommen vor? Wie verbreitet sind einzelne Arten? Wie hoch steht das Gras?
c) Plant die Untersuchung: Welche Ausrüstung wird benötigt? Wie oft sollte untersucht werden – einmal oder über einen bestimmten Zeitraum hinweg? Wie können die Beobachtungen möglichst genau und doch ohne viel Aufwand dokumentiert werden?
d) Führt die Untersuchungen durch und dokumentiert eure Beobachtungen und Ergebnisse.
e) Bereitet einen kurzen Vortrag vor und präsentiert eure Untersuchungsergebnisse der Klasse.

Eine hitzige Debatte

An der Schule sind heftige Diskussionen entbrannt: Das Schulgelände und vor allem die Grünanlagen sollen neu gestaltet werden. Rasen oder Wiese? Das ist die Frage. Hausmeister Huber würde am liebsten überall nur Kurzrasen haben. Um den muss er sich nur wenig kümmern: „Regelmäßig mit dem Rasentrecker mähen, einmal im Jahr düngen – das war's!", meint er. Die Blumenwiese, die vor allem die Biologielehrkräfte und Teile der Schülerinnen und Schüler bevorzugen, erscheint ihm viel zu ungepflegt, kompliziert und unpraktisch. Er fragt: „Wo sollen die Kinder dann Fußball spielen?"

2 Grünes Schulgelände

Eine Frage des Standpunktes

Der Mensch entscheidet darüber, wie Grünflächen aussehen. Vielerorts wird im Rahmen der ökologischen Stadtplanung über verschiedene Konzepte diskutiert. Auch unter Nachbarn oder Kleingärtnern wird diskutiert, wie ein Garten zu pflegen ist. Was aber sind die Kriterien, nach denen dabei entschieden werden kann?

Ökologisch betrachtet

Aus der Sicht von Biologen bietet eine nur selten gemähte Blumenwiese Lebensraum für viele teilweise bedrohte Pflanzen- und Tierarten. Ein Kurzrasen hingegen ist höchstens für Amseln interessant, die dort Regenwürmer und Insektenlarven aus dem Boden ziehen. Lebensräume, die eine breite Artenvielfalt ermöglichen, sind aus ökologischer Sicht sehr wertvoll.

Vor- und Nachteile für den Menschen

Im Sommer sorgt die Wasserverdunstung einer Wiese für deutliche Abkühlung. Die Temperatur über einer Wiese liegt um einige Grad niedriger als über Rasenflächen. Auch gefällt es vielen Menschen, Tiere zu beobachten oder sich Blumensträuße zu pflücken. Andererseits finden viele eine Blumenwiese „unordentlich". Sie sehen Tiere als „Ungeziefer" an, haben Angst vor Spinnen oder Zecken. Eine Rasenfläche eignet sich dagegen besser zum Spielen.

Ein Kompromiss

An der Schule werden nun manche Bereiche regelmäßig gemäht, andere nur zweimal im Jahr. Jeder kann jetzt selbst entscheiden, ob er in den Pausen auf dem Rasen spielen oder am Rand der Blumenwiese Insekten und andere Tiere beobachten will.

> Du kannst eine Rasenfläche mit einer Blumenwiese vergleichen und Unterschiede erklären.

3 Alternativen: **A** Spielwiese,
B Blumenwiese mit Rotklee-Bläuling, Hummel, Wühlmaus

Wiesenpflanzen

Wiesen-Margerite
Blütezeit: Mai bis Oktober
Vorkommen: trockene Wiesen · Wegränder · Abhänge
Besonderheiten: Zeigerpflanze für mineralstoffarme Böden

Wiesen-Kerbel
Blütezeit: April bis August
Vorkommen: mäßig feuchte Wiesen · Weg- und Heckenränder
Besonderheiten: Zeigerpflanze für mineralstoffreiche Böden, die mit Jauche gedüngt wurden

Wiesen-Salbei
Blütezeit: Mai bis August
Vorkommen: sonnige Wiesen und Wegränder · mineralstoffarme bis mineralstoffreiche Böden
Besonderheiten: Zeigerpflanze für trockene Böden

Zeigerpflanzen
Es gibt Pflanzen, die stark abhängig von einem abiotischen Umweltfaktor sind (zum Beispiel von Licht, Feuchtigkeit, Mineralstoffgehalt oder pH-Wert). Sie kommen nur dort vor, wo dieser Faktor gegeben ist. Solche Pflanzenarten werden als **Zeigerpflanzen** bezeichnet.

1. ☰ Ⓐ
Erkläre, was Zeigerpflanzen sind.

2. ☰ Ⓐ
Vergleiche die Ansprüche der Wiesen-Margerite und des Wiesen-Kerbels an ihre Lebensräume.

3. ☰ Ⓐ
Erläutere mithilfe des Pinnzettels unten, wie Glatthafer, Löwenzahn und Wiesen-Salbei auf einer Wiese überleben.

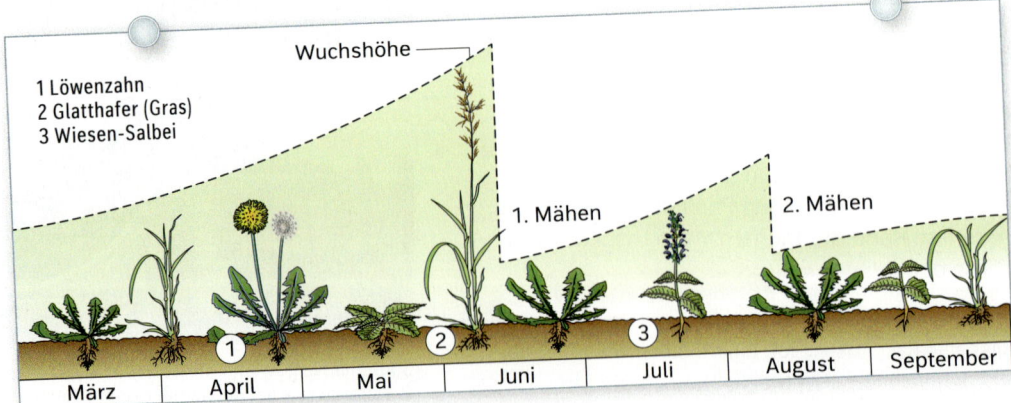

1 Löwenzahn
2 Glatthafer (Gras)
3 Wiesen-Salbei

Wuchshöhe

1. Mähen

2. Mähen

März · April · Mai · Juni · Juli · August · September

Häufig vorkommende Wildgräser

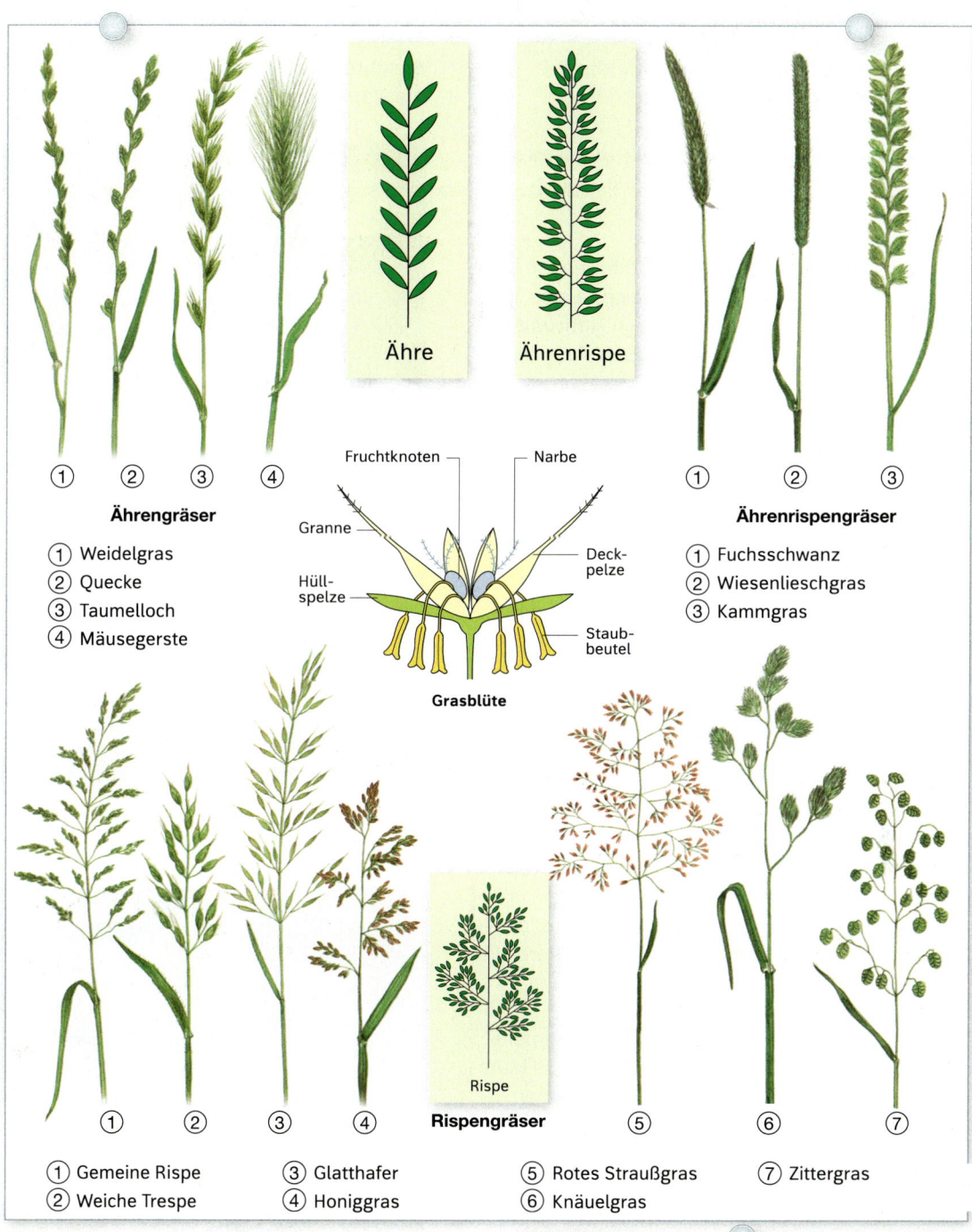

Ähre

Ährenrispe

Fruchtknoten — Narbe

Granne —

Hüll-spelze —

— Deck-pelze

— Staub-beutel

Grasblüte

Rispe

Ährengräser

① Weidelgras
② Quecke
③ Taumelloch
④ Mäusegerste

Ährenrispengräser

① Fuchsschwanz
② Wiesenlieschgras
③ Kammgras

Rispengräser

① Gemeine Rispe
② Weiche Trespe
③ Glatthafer
④ Honiggras
⑤ Rotes Straußgras
⑥ Knäuelgras
⑦ Zittergras

PINNWAND

1. 🅰 Beschreibe den Aufbau einer Grasblüte.

2. 🅰 Beschreibe den unterschiedlichen Aufbau der Blütenstände „Ähre" und „Rispe".

3. 🆀 ◖ Vergleiche eine Gras- mit einer Kirsch-blüte. Erläutere anhand einiger auf-fälliger Unterschiede, wie diese Blüten jeweils bestäubt werden.

Nahrungsbeziehungen in der Stadt

1. ≡ Ⓐ
a) Beschreibe die Nahrungskette in Abbildung 1. Benutze dazu die Begriffe „Produzenten" und „Konsumenten".
b) Erkläre, warum am Anfang einer Nahrungskette immer grüne Pflanzen oder Pflanzenteile stehen.

2. ≡ Ⓐ
a) Suche zwei Nahrungsketten aus Abbildung 2 heraus, die miteinander verknüpft sind, und zeichne sie.
b) Erläutere an deinem Beispiel, wie sich Nahrungsketten zu einem Nahrungsnetz verknüpfen lassen.

3. ≡ Ⓐ
Stelle dir vor, alle Mäuse in einer Stadt wären verschwunden. Beschreibe, welche Auswirkungen dies auf die anderen Lebewesen in der Stadt hätte.

4. ≡ Ⓐ ☝
Beschreibe den Einfluss des Menschen auf die Nahrungsbeziehungen in der Stadt.

5. ≡ Ⓐ
Bewerte die Rolle des Menschen in den Nahrungsbeziehungen einer Stadt.

Nahrungsketten

Pflanzen nutzen bei der Fotosynthese die Energie der Sonne, um energiereiche Nährstoffe wie Kohlenhydrate, Fette oder Eiweiße zu produzieren. Diese Nährstoffe werden zum Beispiel in Samen oder Früchten gespeichert. Daher werden Pflanzen **Produzenten** genannt. Sie bilden so die Lebensgrundlage für alle Tiere und Menschen. Früchte wie Brombeeren werden von vielen Tieren, zum Beispiel von Mäusen, gern gefressen. Mäuse dienen wiederum anderen Tieren wie dem Rotfuchs als Nahrung. Solche Beziehungen lassen sich als **Nahrungsketten** dargestellen.
Alle Tiere heißen Verbraucher oder **Konsumenten,** da sie Pflanzen oder andere Tiere fressen. Bestimmte Tiere wie der Rotfuchs, der am Ende der Nahrungskette steht, werden als **Endkonsumenten** bezeichnet.
Ein Teil der Pflanzen wird nicht gefressen. Pflanzenteile sterben ab und fallen zu Boden. Dieses organische Material wird ebenso wie tote Tiere von Bodenorganismen abgebaut. Diese Lebewesen heißen Zersetzer oder **Destruenten.**

Nahrungsnetz

Neben Brombeeren gehören noch andere Beeren, Früchte oder Nüsse zur Nahrung von Mäusen. Mäuse dienen nicht nur Rotfüchsen als Nahrung. Sie werden auch von Turmfalken oder von Steinmardern gejagt. Deshalb haben die meisten Tiere verschiedene Nahrungsquellen, aber auch verschiedene Fressfeinde. Dieses Fressen und Gefressenwerden lässt sich als **Nahrungsnetz** darstellen, in dem verschiedene Nahrungsketten miteinander verbunden sind.

1 Nahrungskette: → wird gefressen von

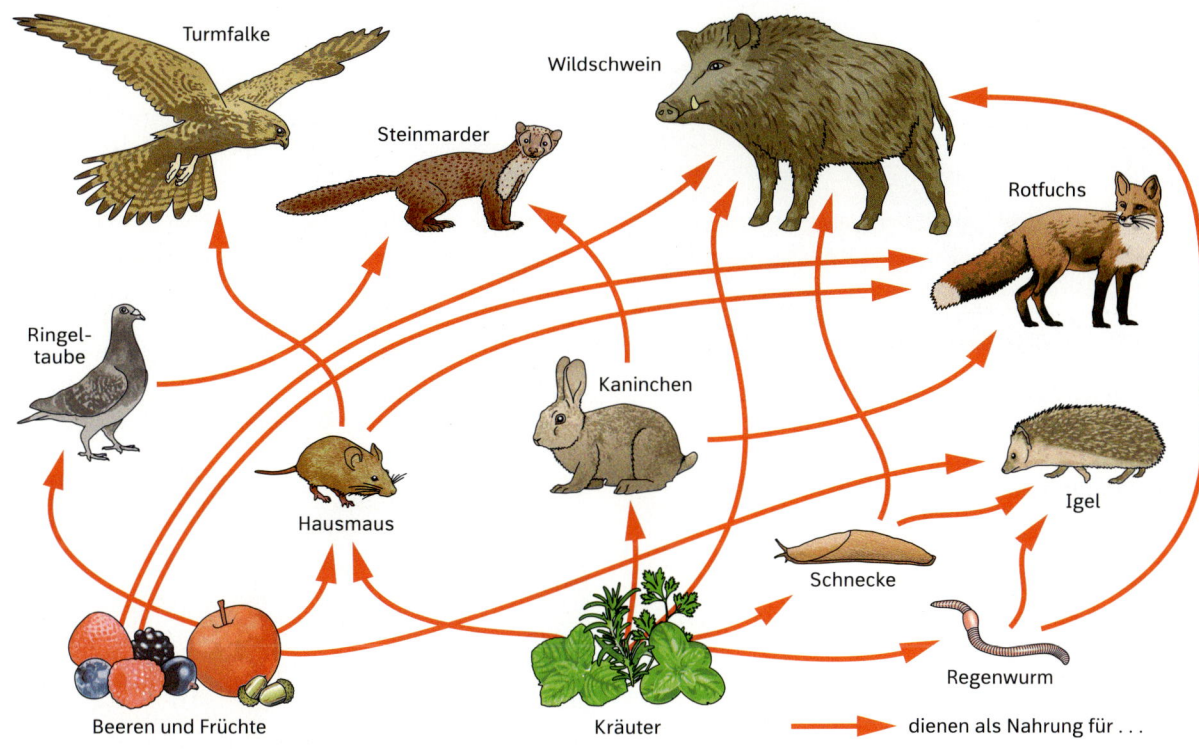

2 Naturnahes Nahrungsnetz

Turmfalke

Wildschwein

Steinmarder

Rotfuchs

Ringel-
taube

Kaninchen

Igel

Hausmaus

Schnecke

Beeren und Früchte

Kräuter

Regenwurm

dienen als Nahrung für . . .

Räuber-Beute-Beziehungen

Die Zahl der Tiere in einem Nahrungsnetz ändert sich
ständig, ohne dass eine Art ausstirbt. Wenn beispielsweise
Mäuse von vielen Jägern gejagt werden, geht ihre Anzahl
zurück. Durch das geringere Angebot an Mäusen sinkt
dann wiederum die Zahl der Jäger. Daraufhin steigt die
Zahl der Mäuse wieder an. Man nennt diese gegenseitige
Abhängigkeit **Räuber-Beute-Beziehung.**

Menschen beeinflussen die Nahrungsbeziehungen

In der Stadt sind die natürlichen Räuber-Beute-Beziehungen durch Menschen beeinflusst. Es gibt viele Lebensräume wie Gärten, Parks oder Stadtwälder mit günstigen
Lebensbedingungen für Tiere. Unter ihnen befinden sich
viele **Allesfresser.** Das sind Tiere, die sich sowohl von
Pflanzen als auch von Tieren ernähren können. Sie finden
in der Stadt Versteckmöglichkeiten und reichlich Nahrung
in Mülltonnen, Abfallkörben oder direkt auf dem Boden
durch weggeworfene Speisereste und Lebensmittel.
Dieses Nahrungsangebot ist jederzeit verfügbar. Die
natürlichen Räuber-Beute-Beziehungen werden dadurch
gestört und die Tiere können sich stark vermehren. So
werden beispielsweise Haustauben oder Wanderratten oft
zum Problem. Menschen sollten deshalb Tiere in der Stadt
nicht füttern und Abfälle nicht auf den Boden oder in offene
Abfallkörbe werfen.

Speisereste
in Abfallkörben,
Mülltonnen,
auf dem Boden

Igel

Rot-
fuchs

Wasch-
bär

Haus-
taube

Stein-
marder

Wild-
schwein

Wander-
ratte

3 Einfluss des Menschen auf die Tiere in der Stadt

Du kannst die Begriffe Produzenten, Konsumenten und Destruenten erläutern. Du kannst verschiedene Nahrungsketten in der Stadt nennen
und sie zu einem Nahrungsnetz verknüpfen.
Du kannst die Rolle der Menschen in den
Nahrungsbeziehungen einer Stadt bewerten.

Neubürger oder Neobiota

Als **Neobiota** oder **Neubürger** werden Tier- und Pflanzenarten bezeichnet, die sich in Gebieten verbreiten, in denen sie vorher nicht heimisch waren. Hier haben sie meist keine natürlichen Feinde. Wenn sich die Neubürger zu stark vermehren, machen sie den heimischen Arten Konkurrenz. Neubürger verdrängen so heimische Tier- und Pflanzenarten aus ihren ursprünglichen Lebensräumen.

Rotwangen-Schmuckschildkröte
Herkunft: südliche USA (Mississippi) · als Haustier importiert · bei uns ausgesetzt
Vorkommen: ruhige, warme, verkrautete Gewässer mit sonnigen Bereichen
Merkmale: Weibchen bis zu 30 cm lang · Männchen kleiner · dunkelgrüner, flacher Rückenpanzer · orange bis rote Färbung am Kopf
Besonderheiten: frisst als Allesfresser heimische Wasserinsekten und Amphibienlarven · verdrängt die heimische Europäische Sumpfschildkröte

Feuerlibelle
Herkunft: Südeuropa, Vorderasien, Nordafrika · Einwanderung aufgrund der Klimaerwärmung
Vorkommen: Sand- und Kiesgrubengewässer, klare Seen mit Ufervegetation, Tümpel
Merkmale: Männchen auffallend rot · Weibchen bräunlich · Körper bis 5 cm lang · Flügelspannweite bis 7 cm
Besonderheiten: verteidigt aggressiv ihr Territorium und verdrängt dadurch heimische Arten

Riesenbärenklau (Herkulesstaude)
Herkunft: Kaukasus · als Zierpflanze eingeführt
Vorkommen: Wald, Gräben, Uferbereiche, Flussniederungen
Merkmale: bis zu 3 m hoch · große weiße Doldenblüte
Besonderheiten: Bei Berührung kann sich die Haut unter Sonnenlichteinwirkung stark entzünden und jucken. Die Entzündungen heilen nur langsam ab und können Narben hinterlassen.

1. **Ⓐ**
a) Nenne Beispiele für Neubürger in heimischen Ökosystemen.
b) Stelle dar, wie die Pflanzen und Tiere in ihren neuen Lebensraum gekommen sind.
c) Bewerte, ob Neubürger eine Bereicherung oder eine Bedrohung für heimische Ökosysteme darstellen.

2. **Ⓞ**
a) Recherchiere im Internet nach weiteren pflanzlichen und tierischen Neubürgern.
b) Stelle ein weiteres Beispiel vor und halte einen kurzen Vortrag.

Berufe in Natur und Umwelt

Berufe in Natur und Umwelt beschäftigen sich mit Naturschutz, Naturpflege und der Nutzung der Natur. Typisch für diese Berufe ist, dass die Natur den Takt vorgibt. Es wird oft im Freien gearbeitet, auch bei jedem Wetter. Voraussetzungen für diese Berufe sind Interesse und Freude an der Natur und eine gute Gesundheit.

Floristin – Florist

Floristinnen und Floristen pflegen und versorgen die Pflanzen im Laden, binden nach eigenen Ideen oder Kundenwünschen Sträuße oder Kränze, fertigen Gestecke an und dekorieren Schaufenster und Geschäfte. Floristinnen und Floristen beraten ihre Kunden bei der Auswahl von Pflanzen und geben Hinweise zur Pflege. Auch das Ermitteln des Warenbedarfs und das Einholen von Angeboten sowie die Bedienung der Kasse gehören zu ihren Aufgabenbereichen. Die Ausbildung dauert drei Jahre.

Forstwirtin – Forstwirt

Die Aufgabe von Forstwirtinnen und Forstwirten ist es, den Waldbestand zu erhalten und zu pflegen. Sie fällen für die Holzernte Bäume, transportieren sie ab und lagern das Holz. Sie legen Waldwege an und bessern sie aus, bedienen forstwirtschaftliche Maschinen und bearbeiten den Boden. Sie kümmern sich um neue Bäume und forsten Flächen wieder auf. Die Ausbildung dauert drei Jahre.

1. Ⓐ
Beschreibe grundlegende Voraussetzungen, die Jugendliche mitbringen müssen, die Berufe im Bereich Natur und Umwelt erlernen möchten.

2. Ⓠ
Informiere dich mithilfe von „planet-beruf.de" über weitere Berufe im Bereich Natur und Umwelt. Stelle einen Beruf vor, der dich interessieren könnte.

Landwirtin – Landwirt

Landwirtinnen und Landwirte erzeugen und verkaufen landwirtschaftliche Produkte. Sie bedienen, überwachen und warten Maschinen, Geräte und landwirtschaftliche Nutzfahrzeuge. Abhängig von der Jahreszeit bearbeiten sie den Boden, wählen Saatgut aus, düngen, schützen und pflegen die Pflanzen. Landwirtinnen und Landwirte füttern, tränken und pflegen die Nutztiere und reinigen die Ställe. Daneben erledigen sie die Buchführung oder Kostenkalkulation. Die Ausbildung dauert drei Jahre.

PINNWAND

Arbeiten mit Basiskonzepten

Wozu dienen Basiskonzepte?

Naturwissenschaftlerinnen und Naturwissenschaftler stellen viele Fragen an die Natur. Beim Beantworten der Fragen helfen bestimmte Blickwinkel – sogenannte **Basiskonzepte.** Indem ihr Neues gezielt unter diesen Blickwinkeln betrachtet, erkennt ihr Ähnlichkeiten oder auch Besonderheiten. Ihr versteht Zusammenhänge leichter und könnt Gelerntes besser behalten.

Auf dieser Seite werden euch drei Basiskonzepte vorgestellt. Die typischen Fragestellungen zu jedem Basiskonzept könnt ihr auf viele andere Beispiele in der Natur übertragen.

Struktur und Funktion

Rotbuchen wachsen an feuchten, nicht zu kalten Standorten. Die Laubblätter der Rotbuche haben eine große Oberfläche, mit der sie Sonnenlicht gut für die Fotosynthese nutzen können. Über die große Oberfläche verdunsten die Bäume viel Wasser.

Basiskonzept Struktur und Funktion

Baumerkmale der Lebewesen oder ihrer Bestandteile stehen in engem Zusammenhang zu einer entsprechenden Funktion. Oft zeigt sich hier eine Angepasstheit, die sich während der Evolution der Lebewesen entwickelt hat.

1. ≡ Ⓐ
Waldkiefern wachsen im Gegensatz zu Rotbuchen an trockenen Standorten. Beschreibe eine Struktur wie die Nadeln der Waldkiefer und nenne eine zugehörige Funktion.

2. ≡ Ⓐ
Beschreibe, wie die Samen einer Waldkiefer in ihrer Struktur an ihre Funktion angepasst sind.

Auf Feldern, Wiesen und in Parkanlagen gibt es viele Feldmäuse. Sie können sich bei milder Witterung das ganze Jahr über vermehren. Jedes Weibchen bringt dann sechs Mal im Jahr etwa sechs Junge zur Welt. Diese haben nach zwei Monaten selbst wieder Nachwuchs.

Basiskonzept Entwicklung

Alles in der Natur verändert sich ständig. Lebewesen pflanzen sich fort. Sie wachsen und entwickeln sich im Lauf ihres Lebens. Über viele Generationen verändern sich Arten. Auch Lebensräume entwickeln sich, wenn sie sich mit der Zeit, zum Beispiel durch Eingriffe des Menschen, verändern.

System

Entwicklung

In einem See, im Wald oder in der Stadt leben viele verschiedene Organismen, die voneinander abhängig sind. Sie bilden Nahrungsketten. Viele Nahrungsketten sind zu einem Nahrungsnetz verknüpft.

Basiskonzept System
Systeme bestehen aus verschiedenen Teilen, die zusammen eine funktionierende Einheit mit besonderen Eigenschaften bilden. Dabei tauschen die Teile Stoffe, Informationen und Energie aus. Zellen, Gewebe, Organe, Organsysteme, Organismen und Ökosysteme sind Systeme auf verschiedenen Ebenen.

3. Ⓐ
Beschreibe am Beispiel von Feldmäusen und ihren Fressfeinden, wie sich die Zahl der Jäger entwickelt, wenn es viele Beutetiere gibt.

4. Ⓐ
Innerhalb eines Nahrungsnetzes beeinflussen sich Jäger und Gejagte gegenseitig. Beschreibe, wie sich die Räuber-Beute-Beziehung in gegenseitiger Abhängigkeit entwickelt.

5. Ⓐ
a) Beschreibe eine Nahrungskette im Wald, im See oder in der Stadt, die mindestens aus drei Organismen besteht.
b) Gib an, welche Lebewesen immer am Anfang von Nahrungsketten stehen.

Waldkauz
Waldmaus
Fichtensamen

6. Ⓐ
a) Stelle dar, welche Funktion die Produzenten in einem Nahrungsnetz haben.
b) Beschreibe die Rolle des Menschen in einem Nahrungsnetz am Beispiel Stadt, See oder Wald.

METHODE

Heimische Ökosysteme

Ökosystem
Ein Ökosystem ist eine Einheit, in der Lebensraum (Biotop) und Lebensgemeinschaft (Biozönose) in Wechselbeziehung zueinander stehen. Die abiotischen Faktoren wie die Temperatur, die Niederschläge, die Lichtmenge und die Wind- und Bodenverhältnisse bestimmen die Lebensbedingungen in einem Lebensraum.

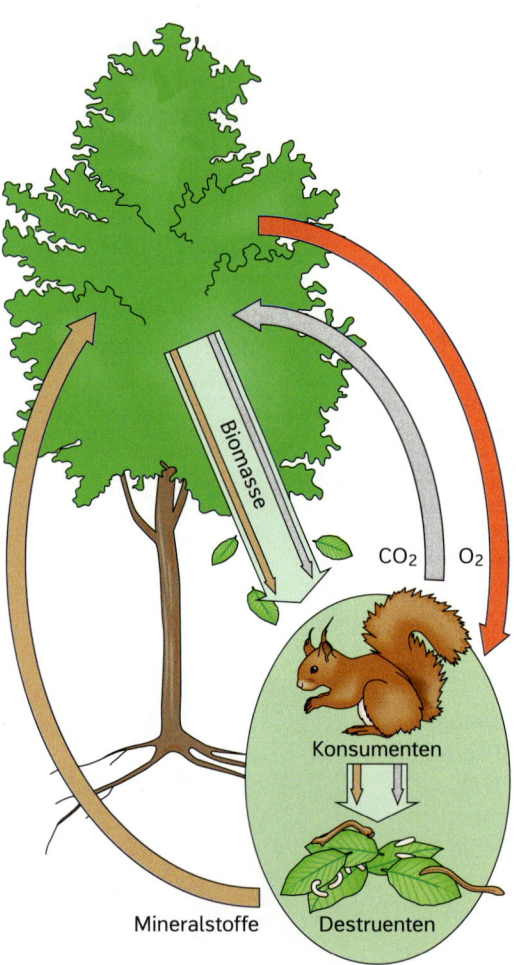

Biomasse

CO_2 O_2

Konsumenten

Mineralstoffe Destruenten

Nahrungsbeziehungen
Pflanzen (Produzenten) betreiben Fotosynthese und produzieren mithilfe der Energie der Sonne Traubenzucker. Einen Teil der im Traubenzucker gespeicherten Energie nutzen sie für ihre eigenen Lebensvorgänge. Aus dem anderen Teil wird energiereiche Biomasse aufgebaut. Die darin enthaltenen Nährstoffe und die gespeicherte Energie werden über Nahrungsketten an Menschen und Tiere (Konsumenten) weitergegeben. Mehrere Nahrungsketten bilden ein Nahrungsnetz. Nahrungsbeziehungen lassen sich auch in Nahrungspyramiden darstellen.

Stoffkreisläufe und Energiefluss
Pflanzen, Tiere und Zersetzer (Destruenten) bewirken Stoffkreisläufe. In einem intakten Ökosystem bleiben die Stoffe weitgehend erhalten. Kohlenstoff, Sauerstoff und Stickstoff bewegen sich in Kreisläufen. Energie muss in Ökosystemen ständig über die Sonne neu zugeführt werden. Die verfügbare Energie nimmt ebenso wie die Gesamtbiomasse der Lebewesen in Nahrungspyramiden von Stufe zu Stufe ab.

Natürliche und künstliche Ökosysteme
Es gibt natürliche Ökosysteme wie Seen oder Wälder und künstliche Ökosysteme wie Städte, die sehr stark durch die Menschen geprägt sind. Dies gilt auch für die Nahrungsbeziehungen und die Stoffkreisläufe. Alle lebenswichtigen Stoffe für die Menschen wie Nahrungsmittel oder Wasser müssen in die Stadt hineingebracht werden. Abfallstoffe müssen herausgebracht werden.

System

Struktur und Funktion

Entwick-lung

System
1. ☰ Ⓐ
a) In Ökosystemen wird die Energie von Konsument zu Konsument weitergegeben. Aber nur ein geringer Teil der Energie, die die Pflanzen in ihrer Biomasse speichern, erreicht die Endkonsumenten. Erkläre, warum das so ist.
b) Erkläre, warum eine überwiegend auf Fleisch gestützte Lebensweise die Umwelt stärker belastet als ein vegetarischer Lebensstil. → S. 28 - 29

Struktur und Funktion
2. ☰ Ⓐ
Manche Grünalgen haben Schwebefortsätze, die das Hinabsinken auf den Seeboden verhindern. Erkläre den Zusammenhang zwischen diesem Bau und der Lebensweise der Algen. → S. 49

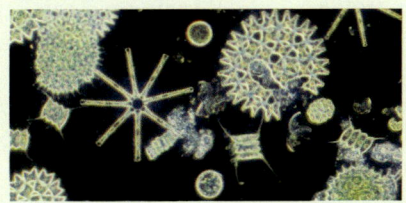

Entwicklung
3. ☰ Ⓐ
Beschreibe, wie sich die Jahresringe eines Baumstamms entwickeln.
→ S. 17

System
4. ☰ Ⓐ
In Ökosystemen bestehen Nahrungsbeziehungen zwischen Pflanzen und Tieren. Viele Nahrungsketten sind dabei zu einem Nahrungsnetz verknüpft.
a) Zeige am Beispiel des Ökosystems See, wie Nahrungsketten zu einem Nahrungsnetz verknüpft sind.
b) Beschreibe, was passieren würde, wenn einzelne Bestandteile des Nahrungsnetzes nicht mehr vorhanden wären. → S. 44 - 45

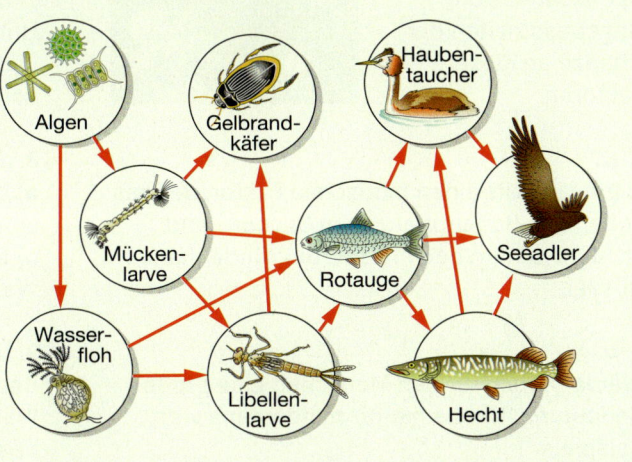

Heimische Ökosysteme

Ökosysteme Wald, See und Stadt

Kannst du schon …

… anhand von Beispielen biotische und abiotische Umweltfaktoren unterscheiden? (S. 8 – 9)

… die Begriffe Biotop, Biozönose und Ökosystem definieren? (S. 8 – 9)

… die Angepasstheit von Lebewesen an abiotische Faktoren beschreiben? (S. 10 – 11, 16)

… die Leistungen des Waldes erläutern? (S. 32 – 33)

Kannst du schon …

… Messungen durchführen, die Messwerte darstellen und auswerten? (S. 12 – 13)

… die Pflanzenzonen eines natürlichen Sees benennen und je eine typische Pflanzenart zuordnen? (S. 39)

… Einflüsse des Menschen auf das Ökosystem Wald oder See beschreiben? (S. 34 – 35, 52 – 53)

… begründen, warum Städte als künstliche Ökosysteme bezeichnet werden? (S. 65)

Zeig, was du kannst!

1.

a) Ordne die aufgeführten Beispiele nach abiotischen und biotischen Faktoren:
Sand, Wildschwein, Hagebutte, Igel, Schatten, Kleiner Fuchs, Hitze, Amsel, Humus, Klatschmohn, Bodenfeuchtigkeit, Regenwurm.
b) Beschreibe am Beispiel des Regenwurms, wie Lebewesen von biotischen und abiotischen Faktoren abhängig sind.

2.

Erläutere am Beispiel Wald oder See die Begriffe Biotop, Biozönose und Ökosystem.

3.

a) Nenne die abiotischen Faktoren, die auf den Wasserhahnenfuß wirken.
b) Beschreibe die Angepasstheiten der Pflanze an diese Faktoren.

4.

Nenne jeweils einen biotischen Faktor, der das Leben von Bodenpflanzen in Buchen- und Fichtenwäldern beeinflusst. Begründe deine Ausage.

5.

Wälder haben für den Menschen eine große Bedeutung. Nenne hierfür mindestens vier Beispiele.

6.

Bei einer Waldexkursion wurden an einem Sommertag folgende Messwerte aufgenommen.

Messpunkte in m	0	5	10	15	20
Lichtstärke in Lux	52 000	36 000	8 500	560	720
Temperatur in °C	32	28	24	24	25
Feuchtigkeit in %	25	40	75	77	75

a) Stelle die Messwerte in einem Diagramm dar.
b) Beschreibe jeweils in einem Satz, wie sich die Lichtstärke, die Temperatur und die Luftfeuchtigkeit beim Übergang von der Wiese in den Wald verändern.
c) Erkläre die Versuchsergebnisse.

7.

Unterteile das Seeufer vom Land zum Wasser in unterschiedliche Zonen und nenne für jede Zone eine typische Pflanzenart.

8.

a) Beschreibe, an welchen Kennzeichen man eine Schädigung des Waldes erkennt.
b) Erkläre, welche Ursachen zum sogenannten Waldsterben führen.

9.

Begründe, warum Städte im Gegensatz zu Wäldern und Seen als künstliche Ökosysteme bezeichnet werden.

Nahrungsbeziehungen

Kannst du schon …

… Nahrungsketten und Nahrungsnetze in einem Wald oder einem See nennen? (S. 22 – 23, 44 – 45)

… erklären, wie Räuber und Beute sich gegenseitig beeinflussen? (S. 22 – 25)

… erläutern, warum die Nahrungsbeziehungen in der Stadt durch den Menschen beeinflusst werden? (S. 76 – 77)

Zeig, was du kannst!

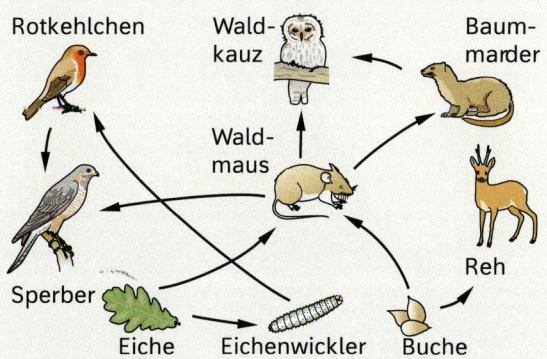

10. **A**

a) Schreibe aus dem Nahrungsnetz oben alle möglichen Nahrungsketten heraus.

b) Kennzeichne in den Nahrungsketten die Produzenten mit P, die Konsumenten mit K1 und K2 sowie die Endkonsumenten mit EK.

11. **A**

Beschreibe am Beispiel von Feldmäusen, wie sich Räuber und Beute gegenseitig beeinflussen.

12. **A**

Erkläre die Begriffe Konkurrenz, Parasitismus und Symbiose an je einem Beispiel.

13. **A**

Erläutere, weshalb die natürlichen Räuber-Beute-Beziehungen in der Stadt durch den Menschen beeinflusst werden.

Stoffkreisläufe und Energiefluss

Kannst du schon …

… den Kohlenstoff- und den Sauerstoffkreislauf anhand von Schemadarstellungen beschreiben? (S. 26 – 27)

… die Rolle von Produzenten, Konsumenten und Destruenten in den Stoffkreisläufen erläutern? (S. 26 – 27)

… den Energiefluss in Ökosystemen beschreiben? (S. 28 – 29)

Zeig, was du kannst!

14. **A**

a) Stelle mithilfe der Abbildung den Kreislauf des Kohlenstoffs und des Sauerstoffs dar.

b) Erläutere die Rolle der Produzenten, Konsumenten und Destruenten in diesen Kreisläufen.

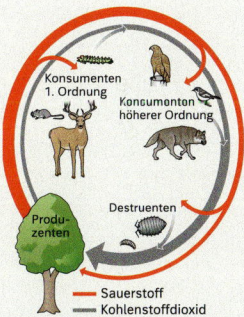

15. **A**

a) Der Weg der Energie in einem Ökosystem wird als „Einbahnstraße" bezeichnet. Erläutere diese Aussage mithilfe der Abbildung.

b) Erkläre, warum Produzenten und Konsumenten in einer Pyramide angeordnet sind.

Wichtige Begriffe

- Ökosystem, Biozönose, Biotop
- abiotische und biotische Umweltfaktoren
- Nahrungskette, Nahrungsnetz
- Produzenten, Konsumenten, Destruenten
- Stoffkreislauf, Energiefluss
- Symbiose, Parasitismus, Konkurrenz, Räuber-Beute-Beziehung

Ökologie – globale Herausforderungen

Wie können wir unseren Boden nachhaltig nutzen?

Was haben unsere Einkäufe mit der Umwelt zu tun?

Welche Folgen hat die Nutzung aller Lebensräume durch die Menschen? Können wir immer so weitermachen?

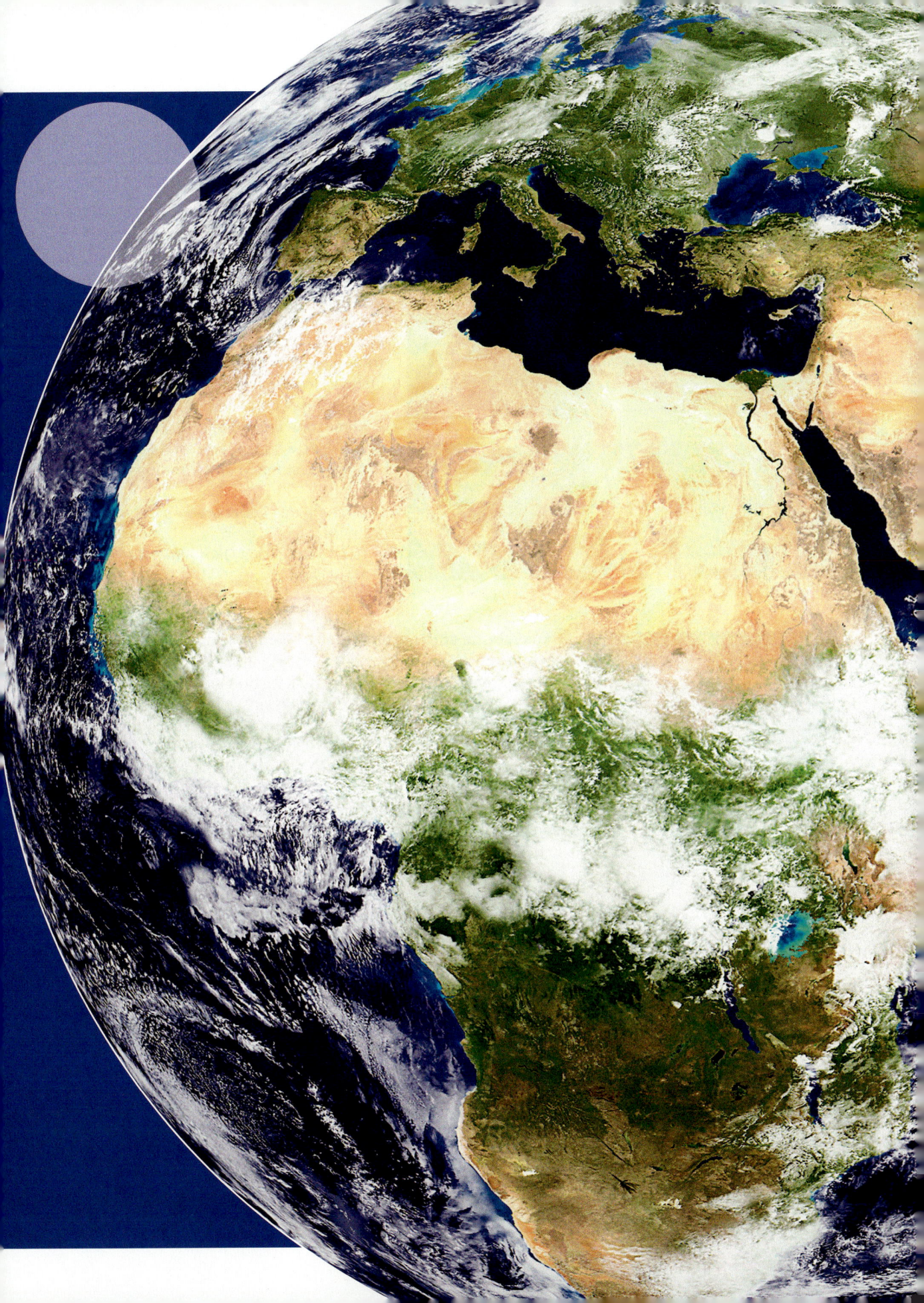

Ökosysteme in Gefahr

1.
a) Stelle die Vor- und die Nachteile eines gut ausgebauten Verkehrsnetzes zusammen.
b) Bewerte mögliche Auswirkungen auf die betroffenen Ökosysteme.

2.
a) Nenne die Hauptursache für die Gefährdung aller Ökosysteme auf der Erde.
b) Zähle weitere Verhaltensweisen von uns Menschen auf, die zur Veränderung von Ökosystemen führen.

3.
Informiere dich über ein Ökosystem und stelle es in einem Kurzvortrag vor. Folgende Tipps können dir bei der Recherche helfen:
- Klimazone und abiotische Faktoren
- Tier- und Pflanzenarten mit speziellen Angepasstheiten und Nahrungsbeziehungen
- Nutzung des Lebensraums früher und heute
- Gefahren für das Ökosystem durch uns Menschen

1 Subtropen: Sahara

2 Polarregion: Arktis

Ökosysteme sind miteinander verbunden

Alle Lebewesen leben in Ökosystemen. Das Ökosystem Laubmischwald beispielsweise gehört zu den Wäldern der gemäßigten Zone – der Klimazone, in der wir in Deutschland leben. Hier gibt es auch noch Nadelwälder, Wiesen oder Seen. Andere Klimazonen sind die Tropen, die Subtropen oder die Polarregionen mit den dort typischen Ökosystemen. Alle Ökosysteme auf der Erde bilden die **Biosphäre.**

Ökosysteme hängen vielfältig zusammen. Sie sind durch Stoffkreisläufe und Energiefluss miteinander verbunden. Wichtige Stoffe sind dabei Wasser, Kohlenstoff, Sauerstoff und Stickstoff. Die Energie kommt von der Sonne.

Wenn Menschen eingreifen

Derzeit wächst die Weltbevölkerung dramatisch. Durch unsere Lebensweise nimmt der Energieverbrauch stark zu. Um ihn zu decken, werden fossile Brennstoffe wie Erdöl, Kohle und Erdgas verbrannt. dabei entsteht viel Kohlenstoffdioxid. Es ist hauptsächlich für die Erwärmung des Klimas verantwortlich.

Als Folge der Erwärmung steigt der Meeresspiegel an. Es kommt häufiger zu Dürren oder Wirbelstürmen. Aber auch durch zunehmende Bebauung, den Abbau von Rohstoffen, durch die Landwirtschaft und hohen Wasserverbrauch werden Ökosysteme verändert. Viele Pflanzen- und Tierarten sterben aus. So gefährden wir Menschen auch unsere eigenen Lebensgrundlagen.

Du kannst beschreiben, durch welche Verhaltensweisen wir Menschen unsere eigenen Lebensgrundlagen gefährden.

Klimawandel und die Folgen

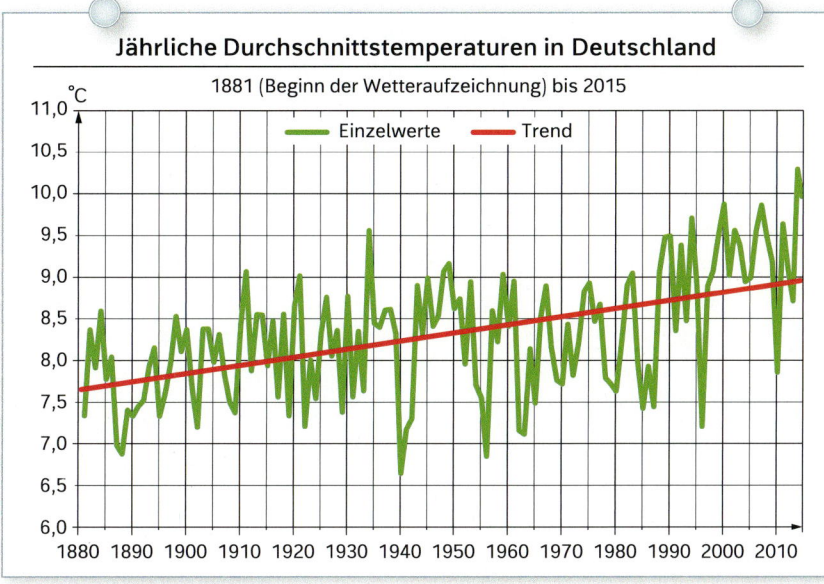

Jährliche Durchschnittstemperaturen in Deutschland
1881 (Beginn der Wetteraufzeichnung) bis 2015

Extreme Wettererscheinungen
Extreme Wettererscheinungen wie Starkregen, Wirbelstürme, Dürren, Hagel oder Hitzewellen haben zugenommen. Dieser Trend wird sich weiter fortsetzen. Ernteausfälle können zu Hunger und hohen Lebensmittelpreisen führen. Der Anbau von Nutzpflanzen wird sich geografisch verschieben. Die Kosten für Sturm- und Flutschäden an den Küsten und an Flüssen steigen. Menschen in betroffenen Regionen wandern in andere Gegenden ab.

1. ≡ Ⓐ
a) Beschreibe den Sachverhalt, der im Diagramm „Jährliche Durchschnittstemperaturen in Deutschland" dargestellt wird.
b) Ziehe Schlussfolgerungen aus den dargestellten Informationen.

2. ≡ Ⓐ
Beschreibe Folgen des Klimawandels in Deutschland mithilfe der Pinnzettel.

Gesundheit
Längere Hitzeperioden belasten das Herz-Kreislauf-System. Aktivitäten während des Tages müssen eingeschränkt werden. Die Allergiesaison wird verlängert. Infektionskrankheiten wie Malaria oder Denguefieber, die durch Stechmücken übertragen werden, können sich ausbreiten.

PINNWAND

Kohlenstoff im globalen Kreislauf

1. ≣ Ⓐ
Beschreibe die Grafik in Abbildung 1 detailliert. Gehe dabei auf Kohlenstoffquellen und -senken, Mengen und Kreisläufe ein. Erkläre den jährlichen Zuwachs von 4 Mrd. t Kohlenstoff in der Atmosphäre.

2. ≣ Ⓐ 🖱
Erkläre, was mit der Aussage „Das Heizen mit Holzpellets ist CO_2-neutral" gemeint ist.

3. ≣ Ⓐ 🖱
Begründe, warum das Fördern und Verbrennen von Erdöl und Erdgas als Störgröße im Kohlenstoffkreislauf bezeichnet werden kann.

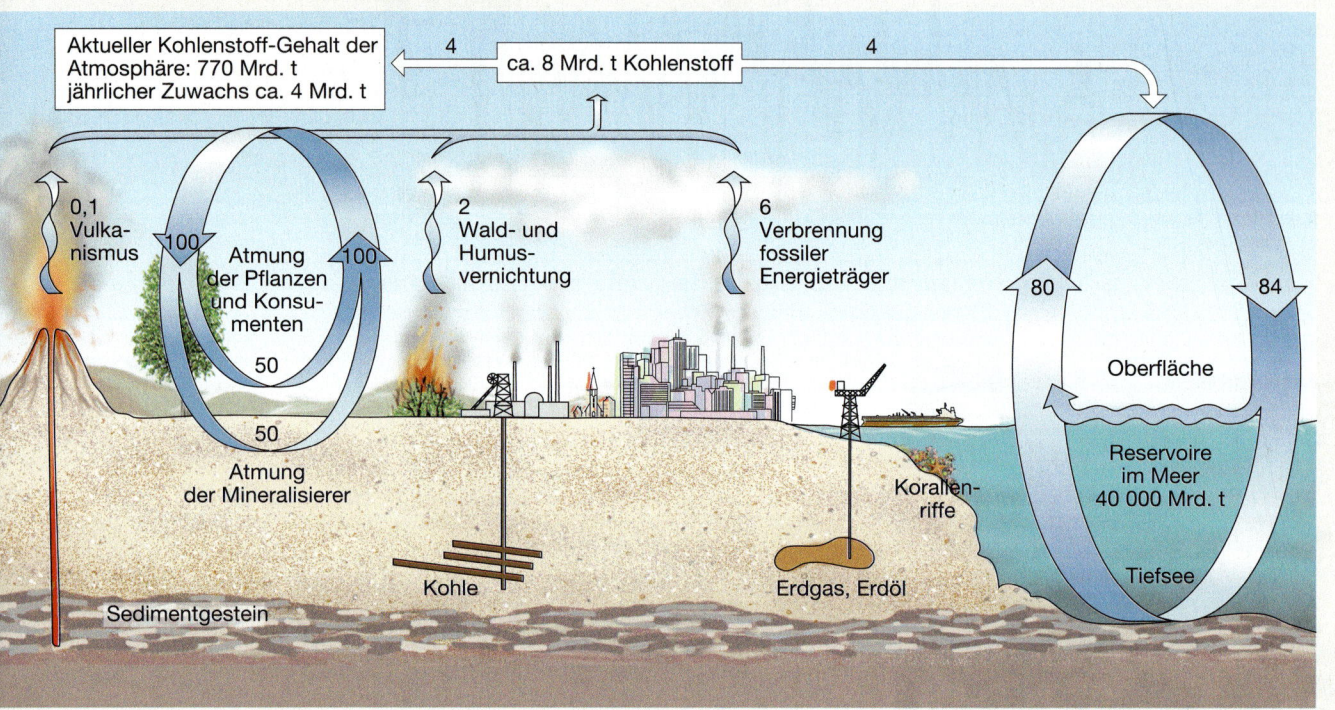

1 Globaler Kohlenstoffkreislauf (in Milliarden Tonnen Kohlenstoff pro Jahr) 🖱

Alles ist voneinander abhängig

In allen Ökosystemen sind die Lebewesen voneinander abhängig. Sie stehen untereinander und mit abiotischen Faktoren in Wechselwirkung. Chemische Elemente wie Kohlenstoff, Sauerstoff und Stickstoff bewegen sich überwiegend in Kreisläufen. Kohlenstoff wird beispielsweise in Form von Kohlenstoffdioxid für die Fotosynthese gebraucht und dabei in Form von Biomasse festgelegt. Bei der Zellatmung von Pflanzen und Tieren und beim Abbau toter Organismen durch Zersetzer wird Kohlenstoff als Kohlenstoffdioxid freigesetzt und kann erneut von den Pflanzen genutzt werden.

Ökosysteme sind aber keine geschlossenen Systeme. Die einzelnen Ökosysteme sind über den Energiefluss und weltweite Stoffkreisläufe miteinander verbunden. Durch Eingriffe des Menschen können sie sich verändern.

Der weltweite Kohlenstoffkreislauf

Einer der zentralen Stoffkreisläufe ist der **Kohlenstoffkreislauf.** Die Menge an Kohlenstoff, die in den Kreisläufen zwischen Fotosynthese und Atmung zirkuliert, bleibt ungefähr gleich. Zusätzliches Kohlenstoffdioxid gelangt aber durch Vulkanausbrüche und Aktivitäten des Menschen in die Luft. Es gibt aber auch Vorgänge, die das Kohlenstoffdioxid der Atmosphäre entziehen und dann speichern.

Basiskonzepte S. 117

Kohlenstoffspeicher

Der Kohlenstoffkreislauf kann von verschiedenen Faktoren beeinflusst werden. Vor etwa 300 Millionen Jahren bildeten sich beispielsweise riesige Erdöl-, Erdgas- und Kohlelager, die wir heute als **fossile Brennstoffe** nutzen. Bei deren Bildung wurden dem globalen Kohlenstoffkreislauf große Mengen an Kohlenstoff entzogen. Auch bei der Entstehung von großen Wäldern wird im Holz und in den Blättern viel Kohlenstoff in Form von Zellulose gespeichert. Der Kohlenstoff wird freigesetzt, wenn Menschen die fossilen Brennstoffe verbrennen und auch, wenn die Wälder sterben und die Biomasse von Destruenten zersetzt wird.

Die Weltmeere sind ebenfalls Kohlenstoffspeicher. Das Kohlenstoffdioxid aus der Luft löst sich im Wasser zu **Kohlensäure,** aus der viele Meereslebewesen wie Korallen wasserunlöslichen **Kalk** herstellen können. Er bildet das Kalkskelett der Korallen und die Schalen und Krusten von vielen anderen Meeresbewohnern. Wenn diese Tiere sterben, wird der Kalk den Bodenschichten zugeführt und dort abgelagert. Viele Gebirge wie zum Beispiel die nördlichen Kalkalpen sind auf diese Weise im Laufe der Erdgeschichte entstanden und bilden heute große Kohlenstofflager.

Wenn Menschen eingreifen

Heute greifen wir Menschen massiv in den Kohlenstoffkreislauf ein, indem wir beispielsweise fossile Brennstoffe fördern und sie zur Energiegewinnung nutzen. Auch durch die Brandrodung großer Waldflächen zur Gewinnung von Weideland gelangt der in Bäumen gespeicherte Kohlenstoff als Kohlenstoffdioxid in die Atmosphäre. Seit dem Beginn der industriellen Revolution Ende des 18. Jahrhunderts ist so die Konzentration von CO_2 in der Atmosphäre um etwa ein Drittel gestiegen. Dieser Prozess beschleunigt sich durch unser Verhalten und trägt über den sogenannten Treibhauseffekt entscheidend zum Klimawandel bei.

Das verstärkte Lösen des Kohlenstoffdioxids in den Meeren führt zu einer allmählichen Versauerung. Der erhöhte Säuregehalt greift die Kalkschalen der Tiere an. Auf Dauer verringert sich dadurch die Artenvielfalt.

Du kannst den globalen Kohlenstoffkreislauf beschreiben und verschiedene Kohlenstoffspeicher nennen. Du kannst erklären, welche Folgen das menschliche Eingreifen in den Kohlenstoffkreislauf hat.

2 Kohlenstoffspeicher: **A** große Waldgebiete, **B** Korallenriffe, **C** Kalkalpen

Kohlenstoff im Kreislauf

1. A
a) Benenne und beschreibe einen Vorgang, durch den Kohlenstoff aus der Luft entnommen wird.
b) Benenne und beschreibe drei Vorgänge, durch die Kohlenstoff in die Luft gelangt.

2. A
Erläutere den Kohlenstoffkreislauf. Nutze den Text und die Abbildungen.

3. A
Erkläre, warum die Verbrennung von Kohle, Öl und Gas ein Problem ist.

Kohlenstoff ist in vielen Stoffen

Wenn Naturwissenschaftler von Kohlenstoff sprechen, meinen sie meist das chemische Element Kohlenstoff. Kohlenstoffatome sind wie Bausteine in vielen Stoffen „verbaut".

Kohlenstoff in Lebewesen

Sowohl Pflanzen als auch Tiere bestehen aus Stoffen, die viel Kohlenstoff enthalten. Man findet ihn zum Beispiel in Holz, in Früchten und Samen, aber auch in Fleisch und Fett. Wenn Tiere fressen, nehmen sie also immer auch viele Kohlenstoffatome auf.

Atmung

Die Kohlenstoffatome aus der Nahrung nutzen Tiere und Menschen zum Aufbau des eigenen Körpers oder zur Energiegewinnung. Der Kohlenstoff aus der Nahrung wird in jeder Zelle des Körpers mit Sauerstoff aus der Luft verbunden. Dabei wird Energie frei. Dies wird Zellatmung genannt. Dabei entsteht Kohlenstoffdioxid. In diesem Gas sind die Kohlenstoffatome enthalten. Es wird von den Tieren und Menschen ausgeatmet und gelangt so in die Atmosphäre. Auch wenn tote Tiere oder Pflanzen zersetzt werden, wird Kohlenstoff als Kohlenstoffdioxid an die Luft abgegeben.

Kohlenstoffdioxid in der Luft

Die Atmosphäre ist ein riesiger Kohlenstoffspeicher: Weltweit enthält sie die unvorstellbare Menge von fast 800 Milliarden Tonnen Kohlenstoff und zwar überwiegend in Form von Kohlenstoffdioxid.

Fotosynthese

Pflanzen nutzen den Kohlenstoff aus dem Kohlenstoffdioxid der Luft zum Aufbau ihrer körpereigenen Stoffe. Dies nennt man Fotosynthese. Pflanzen nehmen dazu gasförmiges Kohlenstoffdioxid aus der Luft auf und wandeln es in feste Stoffe um, zum Beispiel in Holz.

Kreislauf

Durch die Fotosynthese wird der Luft Kohlenstoff entzogen. Durch die Atmung und durch das Zersetzen toter Lebewesen wird Kohlenstoff in die Atmosphäre abgegeben. Kohlenstoffatome wechseln also immer zwischen der Luft, den Pflanzen und den Tieren hin und her. Man spricht daher auch vom **Kohlenstoffkreislauf.**

Wenn der Mensch eingreift

Kohle, Erdöl und Erdgas sind vor langer Zeit aus Lebewesen entstanden. Die Kohlenstoffatome aus diesen Lebewesen sind heute der Hauptbestandteil dieser Brennstoffe. Wenn wir Kohle, Öl oder Gas verbrennen, entsteht dabei viel Kohlenstoffdioxid und sein Gehalt in der Atmosphäre steigt. Dies ist eine Ursache für den Klimawandel.

> Du kannst Vorgänge nennen und beschreiben, die den Kohlenstoffgehalt der Luft verändern. Du kannst den Kohlenstoffkreislauf erläutern.

Das Klima ändert sich weltweit

1. ≡ Ⓐ 🔍

Kohlenstoffdioxid (CO_2) hat einen großen Anteil an der Zunahme des zusätzlichen Treibhauseffektes.

a) Beschreibe den Verlauf der Temperaturkurve.

b) Beschreibe den Verlauf der Kurve des Kohlenstoffdioxidgehalts.

c) Formuliere einen möglichen Zusammenhang.

> **HINWEIS**
> ppm = Konzentrationsangabe „parts per million": Teilchenzahl pro 1 Million Teilchen

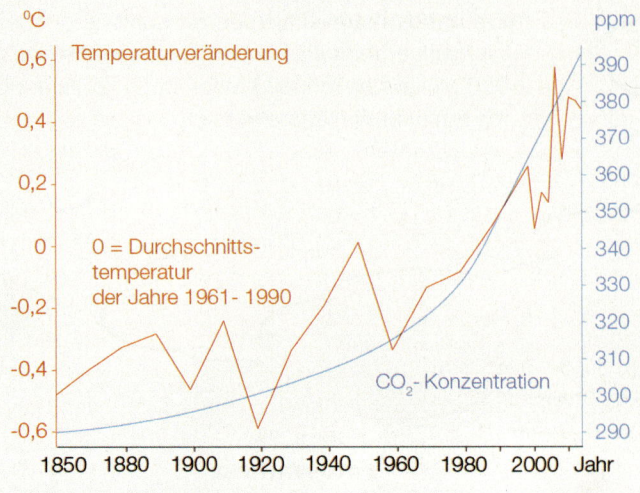

1 Globale Entwicklung von Temperatur und CO_2-Gehalt

(Diagramm: Temperaturveränderung in °C und CO_2-Konzentration in ppm von 1850 bis über 2000; 0 = Durchschnittstemperatur der Jahre 1961–1990)

2. ≡ Ⓠ

Es gibt außer CO_2 weitere klimaschädliche Gase von großer Bedeutung. Informiere dich über diese Gase, ihre Herkunft und ihre Bedeutung für den Treibhauseffekt. Nutze die Abbildung 4.

3. ≡ Ⓠ 🔍

Erläutere mithilfe des Textes und der Abbildung 4 den natürlichen Treibhauseffekt. Nutze dabei die Begriffe Energieerhaltung und Energieumwandlung.

2 Alpengletscher: **A** 1900, **B** 2000

4. ≡ Ⓐ 🔍

Weltweit ist ein Rückgang der Eismassen der Pole und Gebirgsgletscher zu beobachten.

a) Erläutere die Folgen.

b) Ermittle mit einem Atlas die Regionen der Erde, die von einem Meeresspiegelanstieg am stärksten betroffen wären.

5. ≡ Ⓠ

Man kann die CO_2-Produktion verschiedener Aktivitäten bestimmen und daraus eine CO_2-Bilanz errechnen. Jeder Bundesbürger produziert etwa 11 000 kg CO_2 pro Jahr.

a) Vergleiche die CO_2-Bilanz eines Jahres für die Mobilität der beiden folgenden Personen: Herr A fährt im Alltag nur Fahrrad. Im Urlaub macht er eine Flugreise nach Neuseeland. Frau Z fährt jeden Tag 30 km mit dem Auto zur Arbeit. Im Urlaub fährt sie mit der Bahn 350 km zum Wandern in die Eifel.

b) Formuliere ähnliche Aufgaben, die deine Mitschülerinnen und Mitschüler lösen sollen.

… für Strom:	ca. 0,62 kg CO_2 je kWh
… Heizung (Erdöl):	ca. 2,9 kg CO_2 je Liter
… Heizung (Erdgas):	ca. 0,2 kg CO_2 je kWh
… Benzin/Diesel:	ca. 2,8 kg CO_2 je Liter
… Fahrten mit Bahn/Bus	ca. 0,06 kg CO_2 je km pro Person
… Flüge mit dem Flugzeug:	ca. 0,15 kg CO_2 je km pro Person
hinzu kommen gerundete allgemeine Werte:	
… für Lebensmittel	ca. 1650 kg pro Person und Jahr
… sonstige Güter	ca. 2750 kg pro Person und Jahr
… allgemeine Kosten	ca. 1250 kg pro Person und Jahr

3 CO_2-Produktion in Deutschland

Wir leben in einem Treibhaus

Die Erde ist von der **Atmosphäre** umgeben. Sie bildet eine schützende Hülle um die Erde. Ohne sie würde die Energie der Sonnenstrahlung von der Erdoberfläche direkt wieder ins Weltall aufsteigen. Auf der Erde würde eine mittlere Temperatur von etwa – 18 °C herrschen.

Scheint die Sonne, so erwärmen ihre energiereichen Strahlen den Erdboden. Die Energie der Sonnenstrahlen wird dabei in Wärmeenergie umgewandelt. So erwärmt sich die Luft und nur ein kleiner Teil der Wärmestrahlung entweicht ins Weltall. Von den Gasteilchen der Luft wird die Wärmeenergie zurück zur Erdoberfläche gestrahlt. So etwas ist auch von Treibhäusern bekannt, bei denen die Scheiben die Wärme zurückhalten. Daher werden diese Vorgänge als **natürlicher Treibhauseffekt** bezeichnet.

Bei unserer heutigen Atmosphäre liegt die durchschnittliche Temperatur bei etwa 15 °C. Dadurch konnte das vielfältige Tier- und Pflanzenleben auf unserer Erde entstehen.

Unter den Gasen der Atmosphäre, die den Treibhauseffekt hervorrufen, hat Kohlenstoffdioxid (CO_2) mengenmäßig den größten Anteil.

Wir beeinflussen den Treibhauseffekt

Wir Menschen greifen in die Zusammenhänge des natürlichen Treibhauseffektes ein. Wir verändern die Atmosphäre durch das Verbrennen von fossilen Brennstoffen. Dabei setzen wir große Mengen an CO_2 frei. Dies verstärkt den Treibhauseffekt und die Atmosphäre erwärmt sich. Neben Kohlenstoffdioxid gibt es weitere klimawirksame Gase. Die Summe der Klimaveränderungen, die durch menschliche Aktivitäten verursacht werden, bezeichnet man als **zusätzlichen Treibhauseffekt.**

Folgen des Treibhauseffekts

Wissenschaftler nehmen eine zusätzliche Erwärmung der Erde um bis zu 3 °C bis zum Jahre 2100 an. Dies könnte weitreichende Folgen haben. Die Eismassen der Erde drohen abzuschmelzen. Bislang als Eis gebundenes Wasser gelangt dann in die Meere. Nimmt die Temperatur des Meerwassers ebenfalls zu, führt dies zu einer Ausdehnung des Wasserkörpers und damit zu einem weiteren Anstieg des Meeresspiegels. Menschen in den küstennahen Gebieten sind dadurch in ihrer Existenz bedroht.
Die Klimazonen können sich verschieben. In heute trockenen Gebieten breiten sich dann zunehmend Wüsten aus. Unsere gemäßigten Breiten werden wesentlich trockener. Durch stärkere Wetterextreme nehmen Überschwemmungen auf der einen Seite und zunehmende Trockenheit auf der anderen Seite zu. Sie können die Landwirtschaft stark beeinträchtigen, sodass die Ernährung der Menschheit in Gefahr gerät.

> Du kannst den natürlichen und den zusätzlichen Treibhauseffekt erläutern.

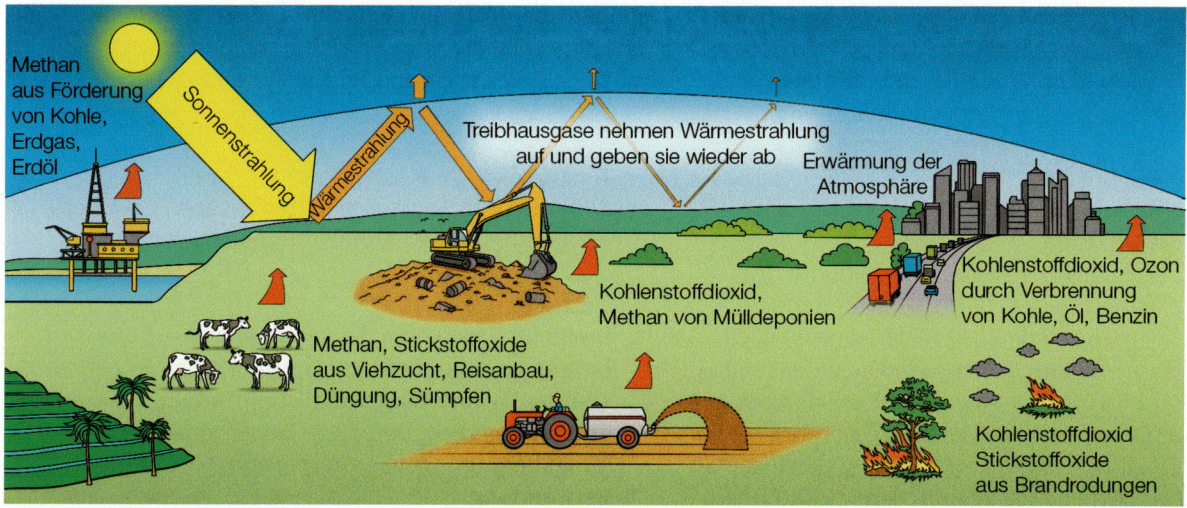

4 Der Treibhauseffekt (Schema)

Basiskonzepte S. 117

Die Entstehung fossiler Brennstoffe

Fossile Brennstoffe

Stein- und Braunkohle, Erdöl und Erdgas sind fossile Brennstoffe, die meist aus größeren Tiefen gefördert werden. Sie enthalten große Mengen Kohlenstoff, der vor Millionen von Jahren durch die Prozesse der Fotosynthese gebunden wurde.

Derzeit werden etwa 80 Prozent des weltweiten Energiebedarfs aus fossilen Energieträgern gedeckt. Durch ihre Verbrennung gelangen große Mengen an Kohlenstoffdioxid in die Erdatmosphäre, was das Klima beeinflusst.

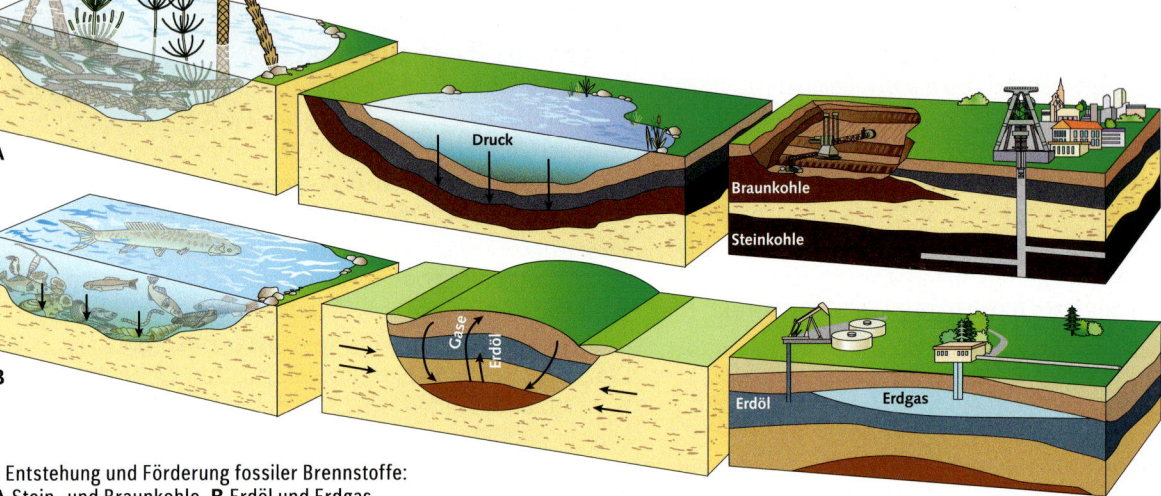

1 Entstehung und Förderung fossiler Brennstoffe:
A Stein- und Braunkohle, **B** Erdöl und Erdgas

Steinkohle

Steinkohle entstand im Erdzeitalter des Karbon vor etwa 330 Millionen Jahren. Üppige Sumpfwälder bedeckten damals die Erde. Abgestorbene Pflanzen wurden durch Schlamm von der Luft abgeschlossen und dabei nicht vollständig zersetzt. Kohlenstoffhaltige Schichten reicherten sich an. Hoher Druck und hohe Temperaturen setzten einen Prozess in Gang, den man **Inkohlung** nennt. Im Laufe vieler Millionen Jahre bildete sich so die Steinkohle.

Braunkohle

Der Entstehungsprozess der Braunkohle begann vor etwa 70 Millionen Jahren im Tertiär. Ausgedehnte Wälder gerieten nach ihrem Absterben und Absinken unter Luftabschluss. Die Inkohlung ist wegen des geringeren Alters nicht so weit fortgeschritten wie bei Steinkohle. Braunkohlenvorkommen lagern in Deutschland relativ dicht unter der Erdoberfläche und werden im Tagebau gewonnen.

Erdöl und Erdgas

Erdöl und Erdgas entstanden in verschiedenen Erdzeitaltern vor 300 bis 50 Millionen Jahren durch die Ablagerung toter Kleinorganismen am Grunde von Gewässern. Die dort herrschende Sauerstoffarmut führte zur Bildung von Faulschlamm. Dieser wurde später mit anderen Ablagerungen überdeckt. Im Laufe langer Zeiten bildeten sich so aus dem kohlenstoffreichen Faulschlamm durch Luftabschluss, Druck und hohe Temperaturen Erdöl und Erdgas.

1. ≡ Ⓐ
Erläutere den Satz: „Die in den fossilen Energieträgern enthaltene Energie stammt von der Sonne".

2. ≡ Ⓞ
Stelle für Steinkohle, Braunkohle sowie Erdöl und Erdgas grundlegende Informationen zu folgenden Themen in einer übersichtlichen Tabelle zusammen: Entstehungszeit, beteiligte Organismen, Entstehungsbedingungen, Lagerstätten, Förderung, Verwendung.

Regenerative Energien

Erneuerbare Energiequellen

Verbrennt man fossile Energieträger wie Kohle, Erdöl oder Erdgas, so werden sie mit der Zeit verbraucht. Dabei werden große Mengen klimaschädliches CO_2 produziert. Regenerative Energien gewinnt man aus sich immer wieder erneuernden Energiequellen. Sie erschöpfen sich durch die Nutzung nicht. Aber auch diese Energieerzeugung hat Umweltauswirkungen.

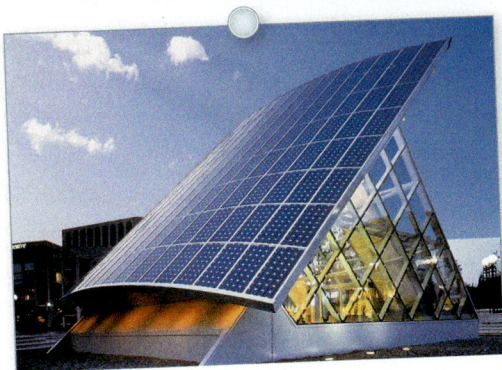

Sonne

In der Solartechnik wird die Energie des Sonnenlichts über Wärmekollektoren zur direkten Erwärmung von Wasser genutzt. In Fotovoltaikanlagen – wie oben abgebildet – wird über Solarzellen Strom erzeugt.

Wasser

Bei der Wasserkraft nutzt man die Bewegungsenergie der Strömung von Wasser, um Generatoren zur Stromerzeugung anzutreiben. Dies kann in Fließgewässern, an Stauseen oder im Meer geschehen.

1. **A**

a) Nenne einen wichtigen Vorteil der regenerativen Energien.
b) Beschreibe für jeden Pinnzettel, wie dieser Vorteil verwirklicht wird.

2.
Sammelt in Gruppenarbeit Informationen zu den verschiedenen regenerativen Energiequellen. Beschreibt die Verfahren. Stellt Vor- und Nachteile gegenüber.

Wind

Windenergieanlagen können in Gebieten mit starkem und konstantem Wind errichtet werden. Ihr Rotor treibt einen Generator an, der die Windenergie in elektrische Energie umwandelt.

Biomasse

Bei der Vergärung von Biomasse entsteht ein brennbares Gas, das Biogas. Als Biomasse können zum Beispiel Pflanzen, Mist und Speisereste eingesetzt werden. Biogas kann zur Strom- und Wärmeerzeugung genutzt werden. Zur Einspeisung ins öffentliche Erdgasnetz muss Biogas aufwendig aufbereitet werden.

Basiskonzepte S. 117

PINNWAND

Belastung der Atmosphäre – Gefahr für uns Menschen

1. A
Erstelle eine Tabelle zu den drei Luftschadstoffen Stickstoffoxide, Feinstaub und bodennahes Ozon mit den Kategorien Herkunft, Gesundheitsbelastungen und mögliche Gegenmaßnahmen.

2. A
Die beiden Seiten einer Medaille: „Ozon nützt – Ozon schadet." Erläutere diese Aussage.

3. Q
Viele Städte richten Umweltzonen ein. Recherchiert, welche Ziele die Einrichtung dieser Zonen hat.
Befragt Autofahrer, ob sie durch die Umweltzonen ihr Fahrverhalten ändern mussten. Beurteilt die Wirksamkeit.

4. Q
Feinstaubbelastungen treten nicht nur im Straßenverkehr auf, sondern auch in Innenräumen. Recherchiere, wie es dazu kommt und entwirf ein Informationsblatt mit Hinweisen zur Verminderung dieser Belastung.

5. Q
Das Ozonloch schließt sich langsam wieder. Informiere dich über das erste Auftreten des Ozonlochs, die ergriffenen Gegenmaßnahmen und die Prognosen für die nächsten Jahre. Beurteile vor diesem Hintergrund Maßnahmen zur Verminderung der Luftbelastung.

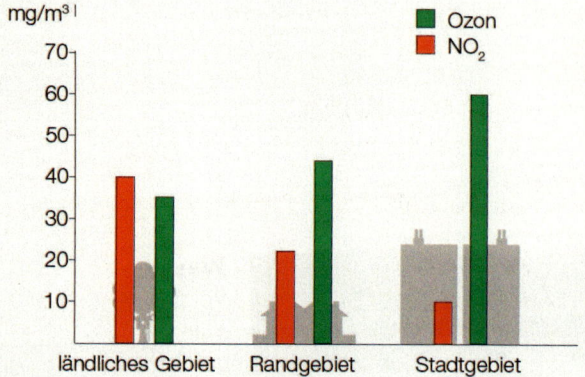

1 Ozon- und Stickoxidbelastung (Jahresmittelwerte)

6. Q
Stickoxide und die Vorläuferstoffe für die Bildung von bodennahem Ozon werden von Kraftfahrzeugen ausgestoßen. Vergleiche die Belastung mit Stickoxiden und Ozon in Ballungsgebieten und Randbereichen im Diagramm oben. Recherchiere hierzu und erläutere den Zusammenhang.

Luftschadstoffe

Die natürliche Atmosphäre unserer Erde hat sich im Verlauf der Erdgeschichte entwickelt. Durch Industrie, Verkehr und Heizungsanlagen belasten wir diese Atmosphäre mit einer Vielzahl von Stoffen, die häufig auch die Gesundheit von Menschen gefährden. Durch Maßnahmen wie den Einbau von Filtern in Industrieanlagen war es in den letzten Jahrzehnten möglich, einige der durch Luftschadstoffe auftretenden Probleme einzudämmen. Aber immer noch gelten die Mengen von Stickstoffoxiden, Feinstaub und bodennahem Ozon als problematisch.

Stickstoffoxide

Unter dem Begriff **Stickstoffoxide** (NO_x) werden verschiedene gasförmige Verbindungen von Stickstoff und Sauerstoff zusammengefasst. Dazu gehören Stickstoffmonooxid (NO) und Stickstoffdioxid (NO_2). Die Hauptquellen sind Verbrennungsmotoren und Feuerungsanlagen.

Direkt sind Stickstoffoxide hauptsächlich für Asthmatiker problematisch und schädigen Pflanzen. Darüber hinaus sind Stickstoffoxide an der Ozonbildung beim Sommersmog beteiligt, wirken als Treibhausgase und tragen zur Feinstaubbelastung bei.

Feinstaub

Feinstaub umfasst flüssige und feste Partikel verschiedener Stoffe mit einem Durchmesser, der kleiner als $\frac{1}{100}$ mm ist. Je nach Größe können die Feinstaubpartikel unterschiedlich weit in den Körper eindringen. Beim Einatmen gelangt der Feinstaub in die Nasenhöhle. Kleinere Partikel gelangen bis in die Bronchien, ultrafeine Partikel mit einem Durchmesser unter 0,1 μm können bis ins Lungengewebe und sogar in den Blutkreislauf eindringen. Die gesundheitlichen Wirkungen sind vielfältig und reichen von Schleimhautreizungen bis zu erhöhter Thrombosegefahr. In Ballungsgebieten ist der Kraftfahrzeugverkehr der Hauptverursacher von Feinstaub, darüber hinaus gibt es aber viele weitere Quellen, zum Beispiel Kraftwerke, Heizungsanlagen und die Metall- und Stahlindustrie.

Ozon und die Ozonschicht

Ozon ist ein blass-blaues Gas mit einem stechenden Geruch. In höheren Konzentrationen ist es giftig, reizt die Schleimhäute und führt zu Atemwegsbeschwerden. Ein Ozonmolekül (O_3) besteht aus drei Sauerstoffatomen. Die Bildung von Ozon erfordert große Mengen an Energie, die durch die **ultraviolette Strahlung (UV)** der Sonne geliefert wird. In 20 km bis 50 km Höhe über der Erdoberfläche bildet sich so die Ozonschicht, die bis zu 90 % der ultravioletten Strahlung aus dem Sonnenlicht herausfiltert und uns damit vor zu hoher UV-Strahlung schützt.

Früher verwendete man **Chlor-Fluor-Kohlenwasserstoffe,** zum Beispiel in Kühlgeräten. Dadurch wurde die Ozonschicht geschädigt. So entstand das **Ozonloch.** Durch das Verbot dieser Stoffe konnte sich die Ozonschicht mittlerweile stabilisieren und regeneriert sich wieder.

Sommersmog

Ozon kann auch in Bodennähe gebildet werden. Voraussetzung dafür ist intensive Sonneneinstrahlung. Dann können Stickoxide und organische Kohlenwasserstoffe, zum Beispiel aus Abgasen, mit Sauerstoff reagieren. Bei diesen komplizierten chemischen Prozessen entsteht Ozon. Die Anreicherung von bodennahem Ozon nennt man **Sommersmog.**

Besonders wenn man bei erhöhter Ozonbelastung Sport treibt, kann es zu entzündlichen Reaktionen der Atemwege und damit zu einer verminderten Lungenfunktion kommen. Bei hohen Werten werden daher Ozonwarnungen ausgesprochen und es wird empfohlen, Anstrengungen im Freien einzuschränken.

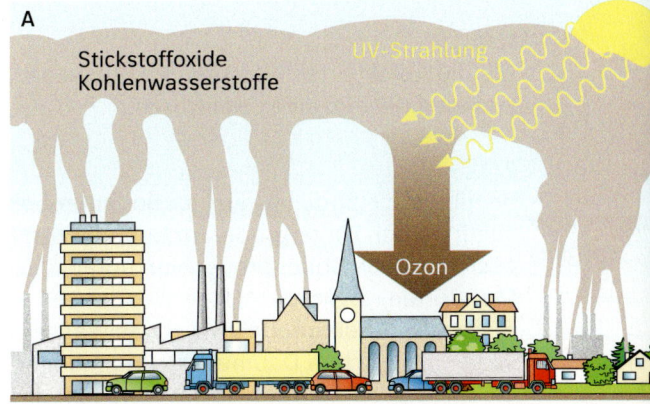

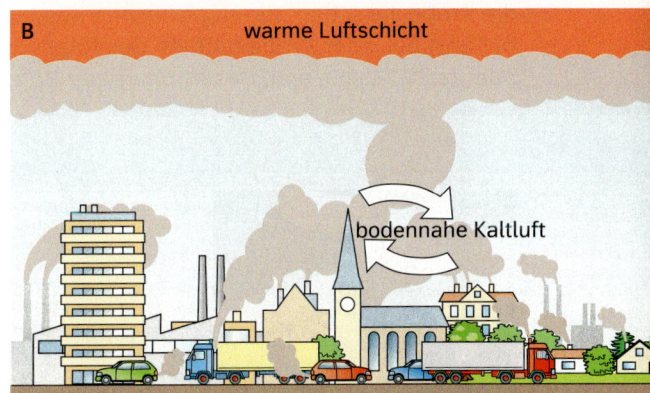

2 Smog: **A** Sommersmog, **B** Wintersmog

Wintersmog

Im Winter kann es bei Windstille passieren, dass sich warme, aufsteigende Luft wie eine Glocke über kältere Luftmassen legt, die sich in Bodennähe befinden. Abgase, Rauch und Staub können nicht aufsteigen, sondern reichern sich in Bodennähe stark an. Sie führen vor allem zu Herz- und Kreislaufbeschwerden sowie Atemwegserkrankungen. In den letzten Jahren hat die Gefahr von **Wintersmog** bei uns abgenommen, weil zunehmend abgasarme Fahrzeuge und abgasverminderte Heizungs- und Industrieanlagen entwickelt wurden. In anderen Ländern ist Smog noch ein großes Problem.

Du kannst verschiedene Luftschadstoffe, ihre Verursacher und die von ihnen ausgehenden Gesundheitsgefahren nennen. Du kannst erklären, wie Sommer- und Wintersmog entstehen.

Der Boden – eine wichtige Lebensgrundlage

1. ≡ Ⓐ
Gib die Abfolge der Schichten im Boden an. Nenne die Funktion der einzelnen Schichten.

2. Ⓥ
Bestimmt die Bodenart einiger Bodenproben mit der sogenannten Fingerprobe. Ihr benötigt hierzu mehrere esslöffelgroße Bodenproben von unterschiedlichen Standorten.
a) Auf jede Bodenprobe wird etwas Wasser getropft und so lange zwischen Daumen und Zeigefinger geknetet, bis diese gut durchfeuchtet ist. Versucht anschließend, die Probe zwischen den Handflächen auszurollen.
b) Führt bei jeder Probe mithilfe des folgenden Bestimmungsschlüssels eine Bestimmung der Bodenart durch.

4. Ⓠ
Bauern pflügen nach der Ernte noch vorhandene Pflanzenrückstände wie Stängel und Wurzeln in die oberste Bodenschicht ein. Recherchiere die Bedeutung dieser Vorgehensweise.

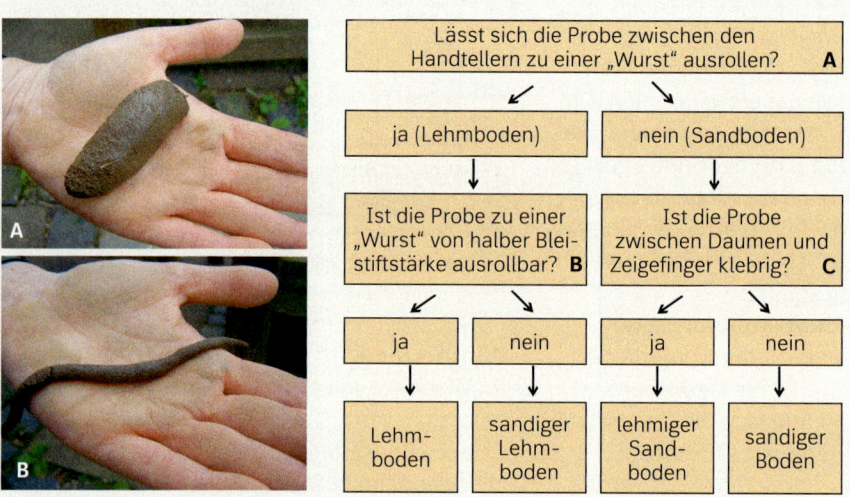

Lässt sich die Probe zwischen den Handtellern zu einer „Wurst" ausrollen? **A**

→ ja (Lehmboden)   → nein (Sandboden)

Ist die Probe zu einer „Wurst" von halber Bleistiftstärke ausrollbar? **B**

Ist die Probe zwischen Daumen und Zeigefinger klebrig? **C**

ja → Lehmboden
nein → sandiger Lehmboden
ja → lehmiger Sandboden
nein → sandiger Boden

3. Ⓥ ⎙
Bestimmt die Bodenbestandteile verschiedener Bodenproben mithilfe der Schlämmprobe.
a) Füllt mehrere Schraubgläser bis zu einem Drittel mit einer Bodenprobe und füllt diese anschließend bis etwa 1 cm unter den Rand mit Wasser auf.
b) Schließt die Gläser und schüttelt diese mehrfach kräftig. Stellt sie dann für mindestens eine halbe Stunde an einen ruhigen Ort und beobachtet, wie viele Schichten sich ablagern. Nehmt ein Lineal und messt an der Wand der Schraubgläser die Dicke der einzelnen Schichten. Notiert die Ergebnisse in einer Tabelle und vergleicht die verschiedenen Bodenproben miteinander.

Bodenbestandteile:
(Korngrößen)

Humus
abgestorbene Pflanzenteile oder Tiere

Ton
(< 0,002 mm)
schwebend im Wasser

Schluff
(0,002 mm – 0,063 mm)

Sand
(0,063 mm – 2 mm)

Kies und Steine
(> 2 mm)

Boden – die dünne Haut der Erdoberfläche

Der Boden ist eine häufig nur einige Zentimeter bis wenige Meter dicke Schicht der äußersten Erdkruste. Er ist eine wichtige Grundlage für das Leben von Pflanzen, Tieren und uns Menschen.

Boden entsteht aus festen Gesteinsschichten im Verlauf von Jahrtausenden. Durch den Einfluss von Wind, Wasser, Frost und Hitze wird das Ausgangsgestein von oben nach unten zersetzt. Dieser Vorgang wird als **Verwitterung** bezeichnet. Die eigentliche Bodenbildung beginnt, wenn das verwitterte Gestein von Lebewesen besiedelt wird.

Zusammensetzung von Böden

Die Eigenschaften eines Bodens werden von den festen Bodenbestandteilen bestimmt. Diese werden nach ihrer Korngröße in **Ton, Schluff** und **Sand** eingeteilt. Durch den Einfluss von Bodenlebewesen bilden sich aus den Bodenteilchen kleine Klümpchen, die Krümel. Zwischen den Krümeln befinden sich Hohlräume, die für die Durchlüftung und Wasserspeicherung des Bodens sorgen. Daher ist gekrümelter Boden für das Pflanzenwachstum und eine kräftige Wurzelentwicklung besonders gut.

Viele Böden sind aus Bodenteilchen unterschiedlicher Korngrößen zusammengesetzt. Lehmboden beispielsweise ist ein Gemisch aus Sand, Schluff und Ton. Sand sorgt für eine gute Durchlüftung und Durchwurzelung, Ton hingegen für eine gute Mineralstoffversorgung. Zusammen mit Schluff wird der richtige Wasserhaushalt garantiert. Aus Lehmböden entstehen oft fruchtbare Ackerböden für die Landwirtschaft.

Aufbau von Böden

Böden sind in Schichten gegliedert. Es wird zwischen der **Bodenauflage** und drei weiteren Schichten unterschieden. Der **Oberboden** ist etwa 10 cm bis 70 cm dick, dunkel gefärbt und enthält viel Humus. Hier befinden sich viele feine Wurzeln und Bodenlebewesen. Ihm folgt der **Unterboden.** Er ist humusarm. Hier sind größere Pflanzen mit ihren Wurzeln verankert. Darunter liegt die **Gesteinsschicht.** Sie besteht aus festem Gestein, aus dem der darüber liegende Boden entstanden ist. Das Ausgangsgestein ist für die Eigenschaften von Böden verantwortlich. Es kann zum Beispiel viel Eisen oder andere Mineralstoffe enthalten.

> Du kannst verschiedene Bodenteilchen nennen und den Aufbau von Böden beschreiben. Du kannst die Bedeutung des Bodens für Pflanzen und Tiere erklären.

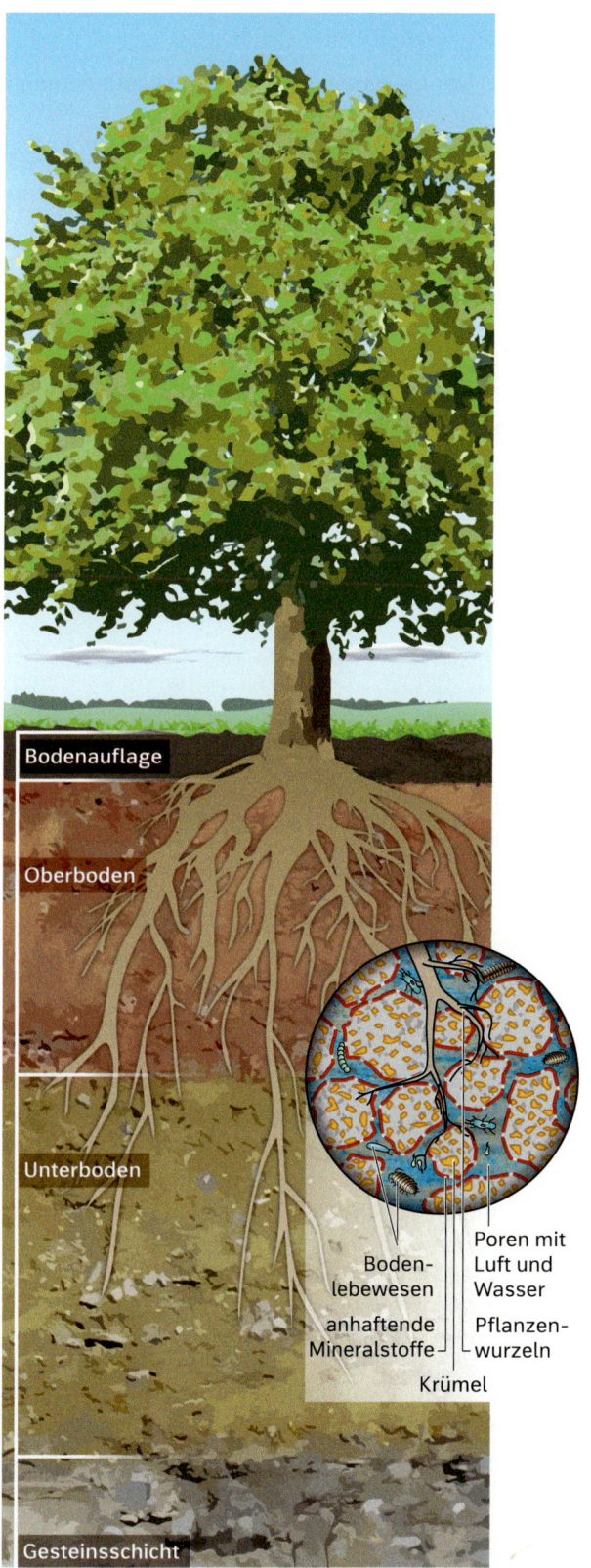

Bodenauflage

Oberboden

Unterboden

Bodenlebewesen

anhaftende Mineralstoffe

Krümel

Poren mit Luft und Wasser

Pflanzenwurzeln

Gesteinsschicht

1 Bodenschichten

Basiskonzepte S. 117

In der Landwirtschaft muss gedüngt werden

1. ☰ Ⓐ
a) Nenne verschiedene Möglichkeiten, einem Boden Mineralstoffe zuzuführen.
b) Begründe, warum in der Landwirtschaft gedüngt werden muss.

2. Ⓐ Ⓚ
Erkläre, warum Kompost als natürlicher Dünger genutzt werden kann.

3. ☰ Ⓐ
Nenne Probleme, die sich als Folge von Überdüngung ergeben können.

4. Ⓥ
In einem Versuch soll geklärt werden, ob Kresse auf verschiedenen Bodenarten unterschiedlich gut wächst.
a) Formuliere hierzu eine Frage und mögliche Hypothesen.
b) Plane den Versuch.
c) Führe den Versuch durch und werte ihn aus.

5. ☰ Ⓐ
Erläutere mithilfe der Abbildung 2 das Modell der Minimumtonne.

6. ☰ Ⓐ
Schreibe mithilfe der Abbildung einen kurzen Zeitungsbericht zum Thema „Nachhaltigkeit in der Landwirtschaft".

Feldfrüchte

Futterpflanzen

Zwischenfrüchte

Pflanzen mit Knöllchenbakterien

Tiere

Verbraucher

Aufbau von Humus

Luftstickstoff, aufgenommen über die Wurzeln

abgestorbene Wurzel- und Pflanzenteile

Mist, Gülle

Kompost

Kreislauf der Mineralstoffe

Werden auf einem Acker oder auf einer Gartenfläche Jahr für Jahr Nutzpflanzen angebaut, nehmen die Erträge immer mehr ab, weil die Pflanzen dem Boden beim Wachsen Mineralstoffe entziehen.

In der Natur werden die Pflanzen oder Pflanzenteile entweder gefressen oder nach ihrem Absterben von **Destruenten** wie Bakterien und Pilzen zersetzt. Dadurch gelangen die Mineralstoffe in den Boden zurück. Sie stehen den neu wachsenden Pflanzen wieder zur Verfügung.

Mit der Ernte werden die in den Pflanzen enthaltenen Mineralstoffe jedoch abtransportiert. Dadurch wird der natürliche Kreislauf unterbrochen. Um weiterhin gute Erträge zu erzielen, müssen dem Boden von außen wieder Mineralstoffe zugeführt werden. Der Boden muss gedüngt werden.

Organische Düngung

Organische Dünger wie **Mist** oder **Gülle** sind eine Möglichkeit, dem Boden wieder Mineralstoffe zuzuführen. Es kann auch **Kompost** ausgebracht werden, also bereits zersetztes organisches Material. Eine weitere Möglichkeit ist die **Gründüngung.** Dabei werden speziell angebaute Pflanzen untergegraben. Die in den Pflanzen gebundenen Mineralstoffe stehen anderen Pflanzen nach der Zersetzung wieder zur Verfügung.

Pflanzen mit Knöllchenbakterien an den Wurzeln sind als Gründünger besonders geeignet. Hierzu gehören Klee oder Lupinen. Sie wandeln Stickstoff aus der Luft so um, dass er von Pflanzen genutzt werden kann.

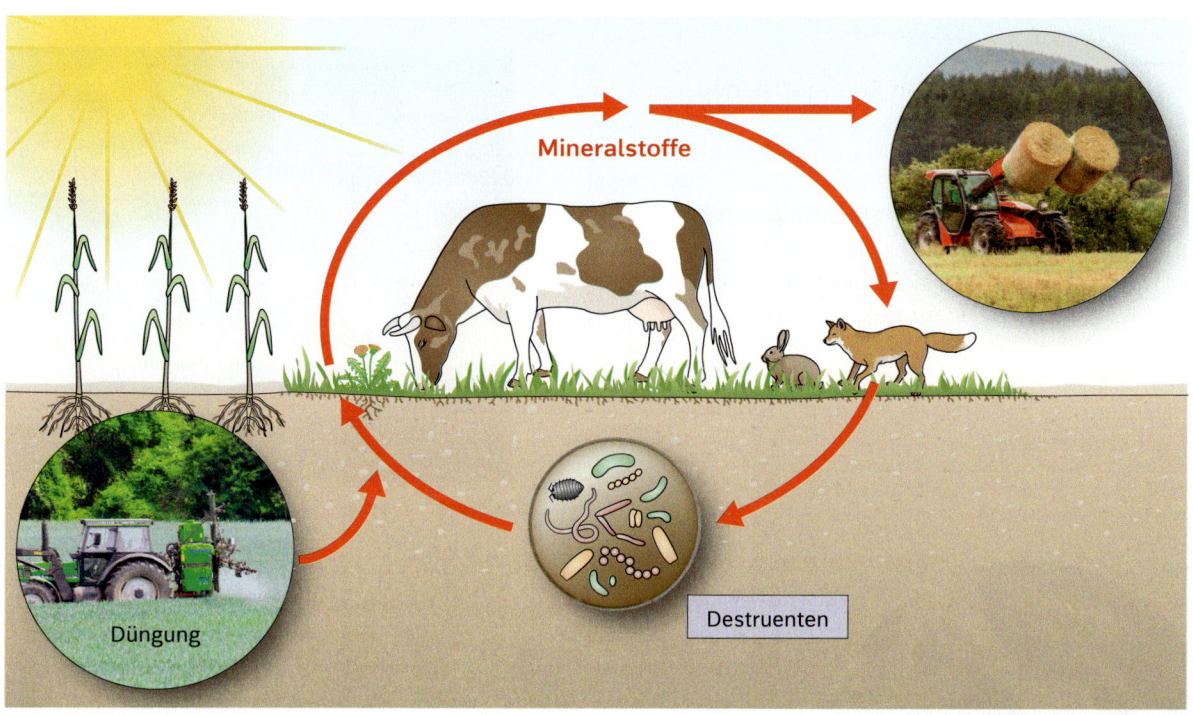

1 Kreislauf der Mineralstoffe

Mineralische Dünger

Anders als organischer Dünger steht **Kunstdünger** immer zur Verfügung. Er kann in großen Mengen günstig hergestellt werden und wirkt schnell. Mineralischer Dünger lässt sich gut dosieren und gezielt einsetzen.

Gesetz des Minimums

Das Wachstum von Pflanzen hängt auch davon ab, ob alle benötigten Mineralstoffe in ausreichender Menge vorhanden sind. Fehlt nur ein Mineralstoff, zeigt die Pflanze Mangelerscheinungen. Dabei wirkt sich jeder Mangel eines bestimmten Mineralstoffs auf die Pflanzen unterschiedlich aus. Eisen ist beispielsweise zur Bildung von Chlorophyll erforderlich. Fehlt es, verfärben sich die Blätter gelb.
Ein Mangel an einem Mineralstoff kann durch einen Überschuss eines anderen Mineralstoffs nicht ausgeglichen werden. Das Wachstum der Pflanzen wird also durch den Mineralstoff begrenzt, der im Minimum vorliegt. Diesen Sachverhalt formulierte JUSTUS LIEBIG um 1885 als **Gesetz des Minimums.** Bei einer nachhaltigen Düngung muss deshalb bedacht werden, welcher Mineralstoff den Pflanzen fehlt. Dies wird in der modernen Landwirtschaft durch Bodenproben festgestellt.

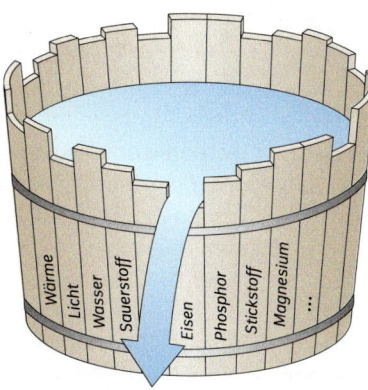

2 Minimumtonne

Überdüngung

Pflanzen können nur eine bestimmte Menge an Mineralstoffen aufnehmen. Zu viel Dünger führt zu **Überdüngung.**

Setzen heftige Regenfälle ein, bevor die Mineralstoffe von den Pflanzen aufgenommen wurden, werden die Mineralstoffe mit dem Regenwasser in Gewässer oder das Grundwasser gespült und gelangen so auch ins Trinkwasser. Dort reichert sich vor allem Nitrat an. Zu viel Nitrat im Trinkwasser ist für den Menschen schädlich.

> Du kannst erklären, warum landwirtschaftlich genutzte Böden gedüngt werden müssen.
> Du kannst erklären, wie es zur Überdüngung kommt.
> Du kannst das Gesetz des Minimums erklären.

Der Stickstoffkreislauf

1. ≣ Ⓐ
Erkläre, wofür Lebewesen Stickstoff benötigen.

2. ≣ Ⓐ
a) Beschreibe mithilfe der Abbildung 3 den Stickstoffkreislauf.
b) Begründe, warum beim Stickstoffkreislauf von einem Kreislauf gesprochen wird.

3. ≣ Ⓐ
Erläutere die Rolle der Destruenten für den Stickstoffkreislauf.

2 Algenblüte in einem See

1 Wurzel mit Wurzelknöllchen

4. ≣ Ⓠ
Erläutere, wie im ökologischen Landbau versucht wird, den natürlichen Stickstoffkreislauf nachzuahmen.

5. ≣ Ⓐ
Erkläre die Bedeutung der Knöllchenbakterien im Stickstoffkreislauf.

6. ≣ Ⓐ
Bei starkem Regen kann aus dem Boden viel Nitrat ausgewaschen werden.
a) Erläutere mögliche Folgen, die sich für die Pflanzen auf einer Wiese oder im Wald daraus ergeben.
b) Erläutere mögliche Folgen für einen See, in den das nitrathaltige Wasser gespült wird.

Stickstoff ist lebenswichtig

Alle Lebewesen benötigen neben Sauerstoff und Kohlenstoff auch Stickstoff. Er wird unter anderem zum Aufbau von Eiweißen gebraucht. Der gasförmige Stickstoff in der Luft (N_2) ist jedoch für die meisten Pflanzen und Tiere nicht direkt verwertbar.

Ein geschlossener Kreislauf

Stickstoffbindende Bakterien, die im Boden leben, sind in der Lage den Stickstoff aus der Luft in Mineralsalze wie **Nitrat** (NO_3^-) oder Ammonium (NH_4^+) umzuwandeln. Die Pflanzen nehmen diese Mineralsalze über die Wurzeln auf. Sie nutzen den Stickstoff zum Wachstum und bauen ihn in Eiweiße ein.

Wenn die Pflanzen von Tieren gefressen werden, gelangt der Stickstoff über die Nahrungskette in die Körper der Tiere. Die Tiere nutzen den Stickstoff für den Aufbau von körpereigenem Eiweiß. Über Kot und Urin scheiden sie einen Teil des Stickstoffs wieder aus. Bakterien im Boden bauen die Harnstoffverbindungen ab, sodass der Stickstoff den Pflanzen wieder zur Verfügung steht.

Auch bei der Verwesung von Pflanzen und Tieren werden die Eiweiße von Bakterien abgebaut. Dadurch gelangt der Stickstoff als Mineralsalz (NO_3^- oder NH_4^+) in den Boden. Auch dieser Stickstoff steht den Pflanzen wieder zur Verfügung. Der **Stickstoffkreislauf** ist somit geschlossen.

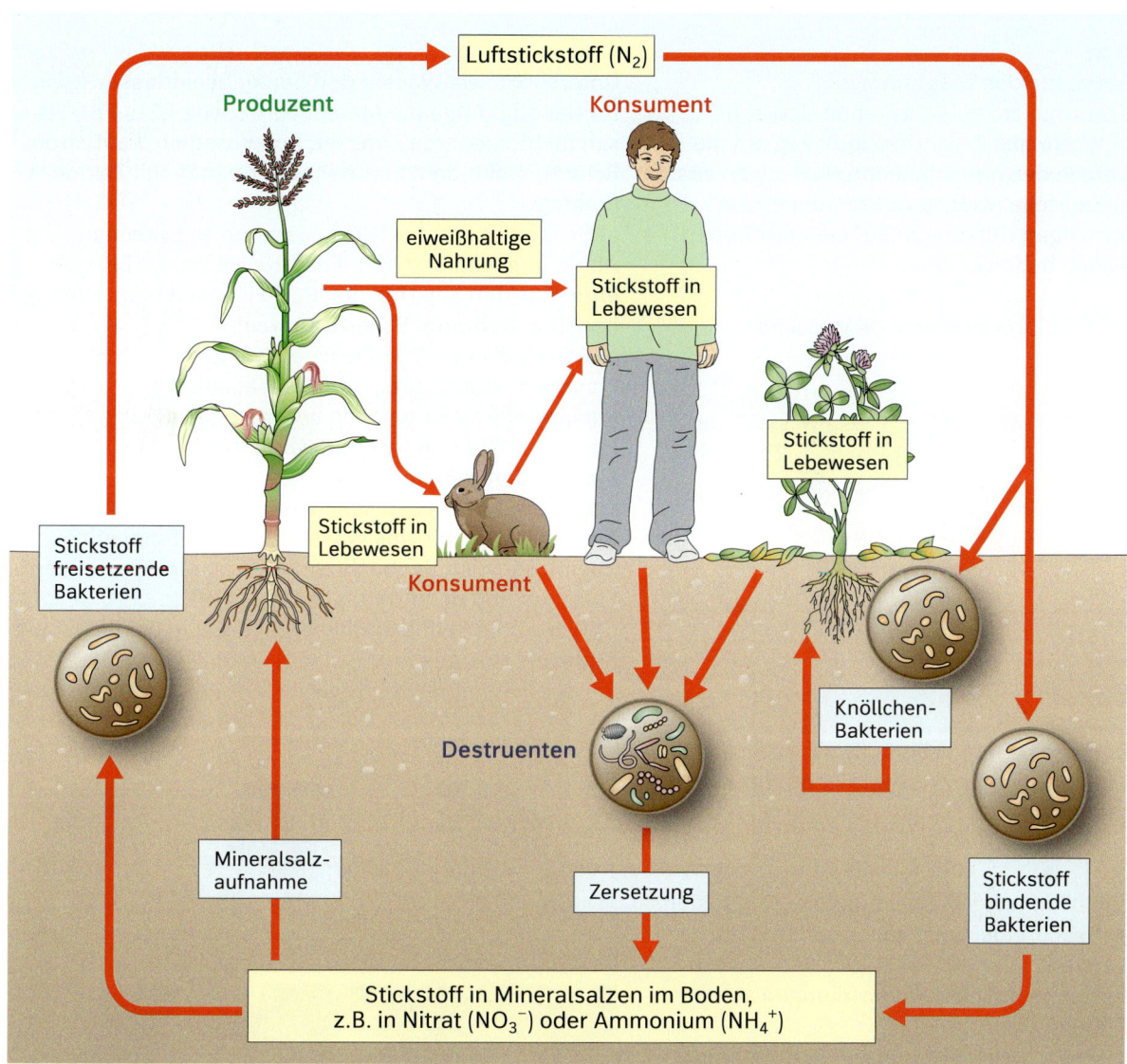

3 Der Stickstoffkreislauf

Der Kreislauf wird unterbrochen

Dem Kreislauf kann Stickstoff aber auch „verloren" gehen. Nitrat, das sich im Boden befindet, kann bei starken Regengüssen ins Grundwasser ausgewaschen werden. Dann steht der darin gebundene Stickstoff den Pflanzen nicht mehr zur Verfügung.

Gelangt mit Nitrat angereichertes Wasser in ein Gewässer, führt es dort zu vermehrtem Algenwachstum. Das Nitrat wirkt dort wie ein Dünger auf die Pflanzen.

In Böden, in denen nicht genügend Sauerstoff vorhanden ist, können bestimmte Bakterien Nitrat wieder in Stickstoff umwandeln, der in die Luft entweicht. Auch dieser Stickstoff steht den Pflanzen erst einmal nicht mehr zur Verfügung.

Die Knöllchenbakterien

Schmetterlingsblütengewächse wie Klee oder Lupinen können den Luftstickstoff nutzen. Sie sind mit Bakterien, die in ihren Wurzeln leben, eine Symbiose eingegangen. Diese Knöllchenbakterien wandeln den Stickstoff aus der Luft in Ammonium (NH_4^+) um, das von den Pflanzen aufgenommen werden kann.

Du kannst den Stickstoffkreislauf beschreiben. Du kannst die Bedeutung der Knöllchenbakterien erklären.

Belastung und Schutz des Bodens

1. ≣ Ⓐ
Betrachte das Diagramm.
a) Formuliere eine passende Überschrift.
b) Werte das Diagramm in Bezug auf die Anteile der verschiedenen Nutzungen aus.
c) Beurteile, welche Auswirkungen die jeweiligen Nutzungen auf die betroffenen Böden haben können.

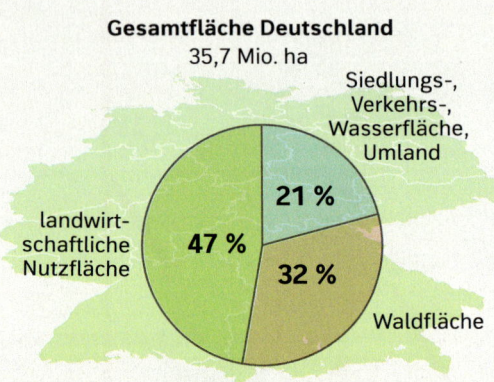

Gesamtfläche Deutschland
35,7 Mio. ha

Siedlungs-, Verkehrs-, Wasserfläche, Umland
21 %

landwirt-schaftliche Nutzfläche
47 %

32 %

Waldfläche

2. ≣ Ⓐ
Beschreibe mögliche Auswirkungen einer intensiven landwirtschaftlichen Nutzung auf die Böden.

3. Ⓠ Ⓚ
Die Bilder zeigen zwei Auslöser für Erosion.
a) Beschreibe, was man unter Erosion versteht.
b) Nenne mögliche Auswirkungen auf die Böden.
c) Recherchiere im Internet Maßnahmen, mit denen Bodenerosion verhindert werden kann.

A

B

4. Ⓥ Ⓚ
Untersucht, wie Wasser den Boden beeinflussen kann. Ihr benötigt folgende Materialien: sechs 1,5-l-PET-Flaschen, Blumenerde, Wasser, Kressesamen, Laubstreu, Schere, Wollfäden, Stoppuhr oder Handy mit Zeitmessfunktion.
a) Schneidet drei 1,5-l-PET-Flaschen entsprechend der Abbildung A zu und füllt diese zur Hälfte mit Blumenerde. Aus den anderen drei PET-Flaschen baut Auffangbehälter. **Achtung:** Scharfe Kanten!
b) Befüllt die drei PET-Flaschen wie folgt:
Flasche 1: Blumenerde und Kressesamen (einige Tage zuvor einsäen und wenig gießen)
Flasche 2: Blumenerde und Laubstreu
Flasche 3: nur Blumenerde
c) Begießt alle drei Flaschen mit je etwa 0,5 l Wasser. Messt die Zeit, bis das Wasser in die Auffanggefäße abgeflossen ist. Beobachtet die Veränderungen in den Flaschen und den Auffangbehältern (B).
d) Wertet die Beobachtungsergebnisse in Bezug auf die Bodenerosion aus.

Blumenerde und Kressesamen

Blumenerde und Laubstreu

Blumenerde

A

B

5. ≣ Ⓐ
Phosphate und Nitrate sind Salze, die vor allem bei intensiver Düngung die Böden stark belasten.
a) Erläutere, warum Bodenuntersuchungen für bedarfsgerechtes Düngen wichtig sind.
b) Nenne Vorteile der richtigen Dosierung von Mineraldünger und Nachteile, die durch falsche Dosierung entstehen.

Boden – eine kostbare Lebensgrundlage

Wir Menschen nutzen den Boden vielfältig. Wir bauen Pflanzen an, die für die Ernährung bedeutsam sind. Große Waldflächen dienen dazu, wichtige Rohstoffe zu gewinnen. Diese Flächen sind aber auch Lebensraum für Pflanzen und Tiere und zugleich Erholungsraum für uns Menschen.

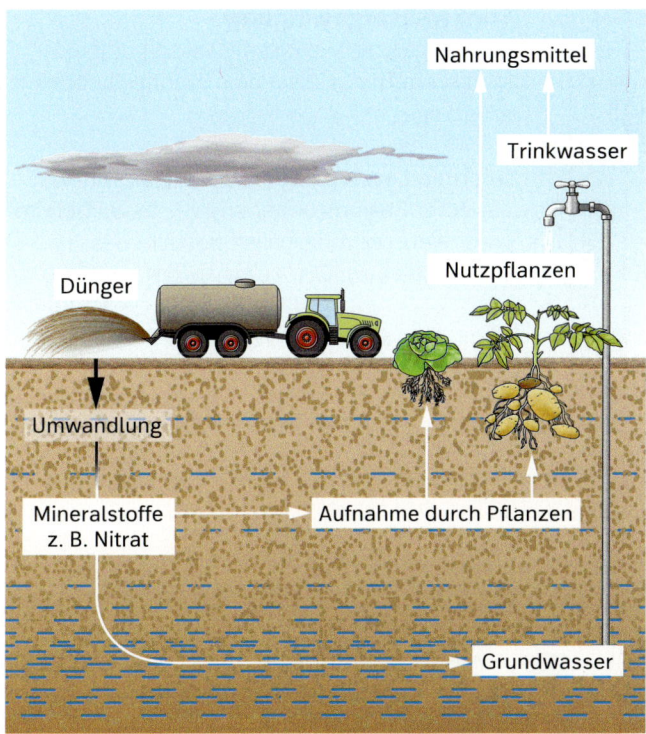

1 Belastung der Böden und des Grundwassers durch Dünger

Probleme der intensiven Landwirtschaft

Die intensive Landwirtschaft hat das Ziel, hohe Ernteerträge zu erreichen, um möglichst viele Nahrungsmittel zu günstigen Preisen anbieten zu können. Dazu werden große Mengen Mineraldünger und Pflanzenschutzmittel eingesetzt. Dies kann zu Umweltproblemen führen. Nicht von den Pflanzen aufgenommener Dünger sickert tiefer in den Boden und gefährdet das Grundwasser und somit die Nutzung als Trinkwasser.

Das Abtragen des Bodens durch Wind und Wasser wird **Erosion** genannt. Dies passiert, wenn die Äcker abgeerntet und nicht bepflanzt sind. Außerdem werden die Böden durch den Einsatz schwerer Maschinen zusammengepresst. Folglich gibt es weniger Wasser und Luft in den Böden. Dadurch erschweren sich die Lebensbedingungen für viele Bodenlebewesen. Auch viele Pflanzen können mit ihren Wurzeln nicht mehr in den Boden eindringen.

Ökologische Landwirtschaft

Ziel der ökologischen Landwirtschaft ist es, die natürliche Bodenfruchtbarkeit durch schonende Bewirtschaftung der Flächen dauerhaft zu erhalten. Mineraldünger und chemische Pflanzenschutzmittel werden nicht eingesetzt. Die Bekämpfung von Pflanzenschädlingen erfolgt zum Beispiel über den Einsatz ihrer natürlichen Feinde.

Auch eine abwechslungsreiche Fruchtfolge ist wichtig. Verschiedene Feldfrüchte werden dabei im jährlichen Wechsel nacheinander auf einer Ackerfläche angebaut. Das hat den Vorteil, dass bestimmte im Boden hinterlassene Mineralstoffe von der nächsten Feldfrucht genutzt werden können. Eine abwechslungsreiche Fruchtfolge hilft auch, die Wachstumsbedingungen für Wildkräuter zu verschlechtern. Auch Schädlinge und Krankheiten treten weniger häufig auf.

Eine **artgerechte Tierhaltung** ist in der ökologischen Landwirtschaft ebenfalls von großer Bedeutung. Die Tiere bekommen Futter von betriebseigenen Flächen oder von Biohöfen. Der Mist, den die Tiere produzieren, dient als Dünger für die Felder. So entsteht ein nahezu geschlossener Stoffkreislauf. Pflanzen- und Tierproduktion ergänzen sich und sind aufeinander abgestimmt.

2 Freilandhaltung von Schweinen

Du kannst die Vor- und Nachteile des Einsatzes von Mineraldüngern und Pflanzenschutzmitteln nennen. Du kannst Maßnahmen zum Schutz der Böden beschreiben.

Belastung und Schutz der Wasservorräte

Wasser ist Voraussetzung für jedes Leben. Wir nutzen Wasser auf sehr vielfältige Weise und gefährden dabei die Wasservorräte und empfindliche Ökosysteme.

Bildet Teams, die jeweils eines der folgenden Teilthemen bearbeiten. Visualisiert eure Ergebnisse zum Beispiel in einer Computerpräsentation oder gestaltet als Abschluss des Projekts eine gemeinsame Ausstellung mit Plakaten.

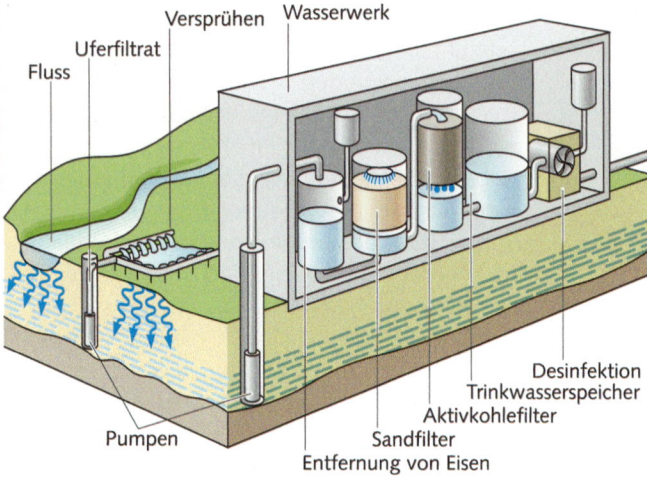

1 Trinkwasseraufbereitung (Übersicht)

TEAM ❶
Trinkwassergewinnung

Auf der ganzen Welt ist die Versorgung mit sauberem Trinkwasser eine wichtige Lebensgrundlage.

Informiert euch darüber, woher das Trinkwasser eurer Region kommt und wie es aufbereitet wird. Wenn es möglich ist, besucht das Wasserwerk vor Ort.

Nicht überall auf der Welt ist die Trinkwasserversorgung so gesichert wie in Deutschland. Beschreibt die Probleme und verschiedenen Lösungsansätze in zwei Ländern mit schwieriger Trinkwasserversorgung.

TEAM ❷
Wasserverbrauch

Vergleicht euren täglichen Wasserverbrauch zu Hause mit dem Durchschnittsverbrauch pro Kopf in Deutschland.

Ihr könnt euren Wasserverbrauch auf zwei Wegen herausfinden:
- Lest die Wasseruhr an zwei aufeinander folgenden Tagen zur selben Zeit ab und errrechne die verbrauchte Wassermenge für 24 Stunden. Die Angabe muss von m^3 auf l umgerechnet werden.
- Entnehmt der Wasserrechnung den Jahresverbrauch für die ganze Familie. Aus dieser Angabe könnt ihr den Verbrauch einer Person pro Tag errechnen.

Informiert euch über den Einsatz von Brauchwasser und diskutiert die Vor- und Nachteile einer gesonderten Brauchwasseranlage.

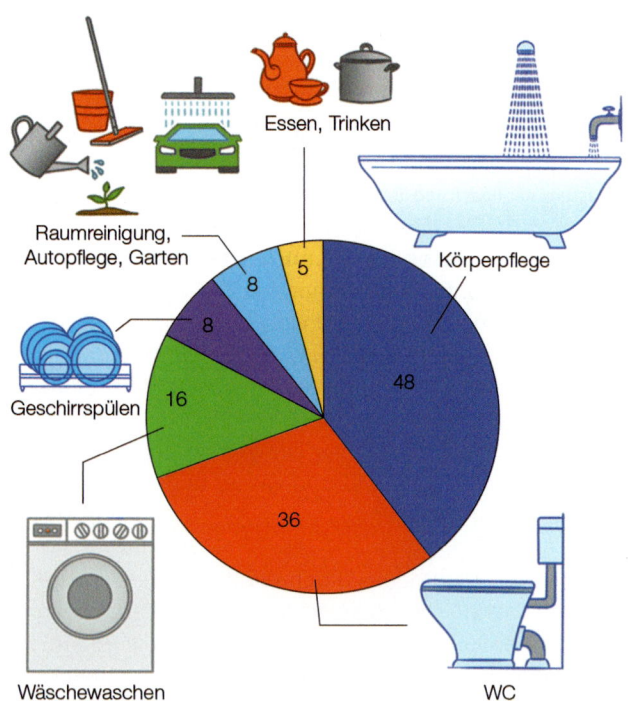

2 Durchschnittlicher täglicher Wasserverbrauch je Einwohner in Deutschland in Litern

3 Kläranlage

TEAM ❸
Säuberung des Wassers

Durch die Nutzung von Wasser durch Haushalte, Industrie und Landwirtschaft werden große Mengen Wasser verschmutzt. Diese müssen wieder gesäubert werden. Das Abwasser wird in Kläranlagen geleitet.

Besucht eine Kläranlage. Dort könnt ihr euch über die anfallenden Schmutzwassermengen, die Funktion einer Kläranlage und auftretende Probleme informieren.

Stellt die Abwasserreinigung für die Präsentation schematisch dar.

ein T-Shirt
4100 l

eine Tasse Kaffee
140 l

ein Hamburger
2400 l

ein Computer
20 000 l

TEAM ❹
Virtuelles Wasser

Für alles, was produziert wird, wird Wasser benötigt. Dieser Wasserverbrauch zum Beispiel für die Bewässerung von Plantagen ist für uns beim Kauf nicht ersichtlich. Daher wird das genutzte Wasser virtuelles Wasser genannt.

Informiert euch über virtuelles Wasser zu verschiedenen Produkten. Stellt dar, für welche Bereiche der Produktion Wasser benötigt wird.

Recherchiert, welche alternativen Produkte es gibt, bei denen der Wasserverbrauch geringer ist.

4 Virtuelles Wasser   **5** Kreisbewässerung in Kalifornien

Tropische Regenwälder

1.
Beschreibe die Umweltbedingungen in einem tropischen Regenwald und die Unterschiede zu den Bedingungen in unseren heimischen Wäldern.

3.
a) Erstelle jeweils einen Steckbrief zu einer Tier- oder Pflanzenart aus jedem der drei großen Regenwaldgebiete der Welt.
b) Stelle eine endemische Art aus einem der kleinen Regenwaldgebiete vor. Erläutere, warum gerade solche Arten besonders bedroht sind.

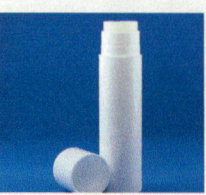

4.
Viele Produkte unseres täglichen Bedarfs haben einen Bezug zum tropischen Regenwald. Erläutere diese Aussage in Bezug auf die abgebildeten Produkte.

2.
Beschreibe die Besiedlung eines Baumstammes im Regenwald. Vergleiche mit einem einheimischen Baum.

5.
Der tropische Regenwald ist stark gefährdet. Sammelt Informationen zu diesem Thema und erstellt Plakate, die folgende Aspekte darstellen:
- Formen der Zerstörung und ihre Auswirkungen
- Gründe, warum wir uns für den Schutz der Regenwälder einsetzen müssen
- konkrete Maßnahmen

Beziehe die Siegel rechts in deine Recherche mit ein.

Leben im tropischen Regenwald

Die klimatischen Bedingungen haben einen entscheidenden Einfluss auf das Vorkommen bestimmter Waldarten. So erstreckt sich der **tropische Regenwald** beiderseits des Äquators. Hier scheint die Sonne mit steilem Einfallswinkel ganzjährig etwa zwölf Stunden am Tag. Es gibt keine ausgeprägten Jahreszeiten. Das ganze Jahr hindurch ist es feuchtwarm und die Niederschlagsmenge beträgt im Durchschnitt mehr als 2000 mm pro Jahr. Das entspricht etwa dem Dreifachen unserer durchschnittlichen Niederschlagsmenge.

Die größten noch unberührten Flächen liegen im Amazonasbecken in Südamerika, in Südostasien und im Kongobecken in Afrika.

Weitere Regenwaldgebiete liegen zerstückelt in Mittel- und Südamerika, in Afrika, Asien und Australien. Alle Regenwaldgebiete zusammen nehmen weniger als 10 % unserer Landflächen ein, beheimaten aber einen Großteil aller Tier- und Pflanzenarten.

Dort leben auch viele Arten, die nur ein kleines Verbreitungsgebiet haben, wie die Berggorillas im östlichen Afrika. Gerade in kleineren Regenwaldgebieten – zum Beispiel auf Madagaskar oder in Australien – leben besonders viele Tier- und Pflanzenarten, die nur in diesem Gebiet auf der Erde vorkommen. Solche Arten nennt man **endemisch**.

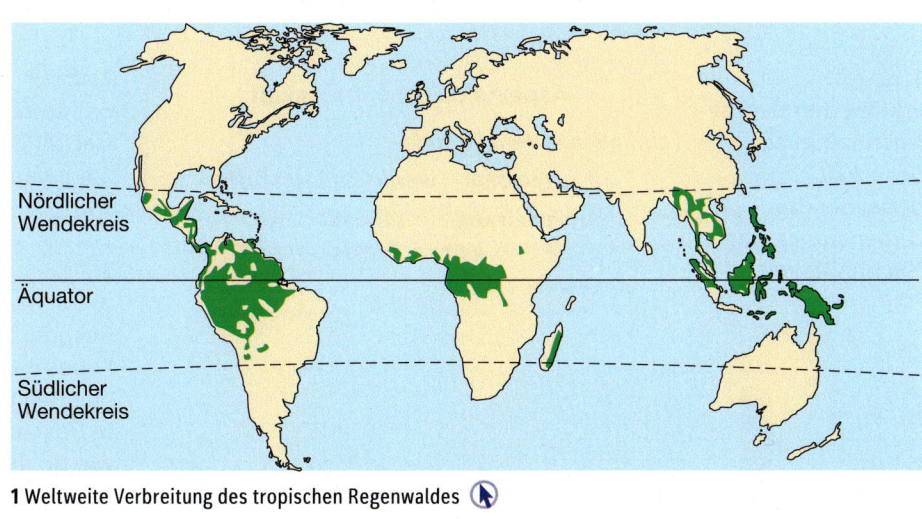

1 Weltweite Verbreitung des tropischen Regenwaldes

Nördlicher Wendekreis

Äquator

Südlicher Wendekreis

Wegen des Lichtmangels am Boden von Regenwäldern leben die meisten Arten in den Kronen der großen Bäume. In den Regenwäldern sind fast alle Mineralstoffe in der lebenden Biomasse gebunden. Es gibt keine ausgeprägte Humusschicht. Daher verschwinden beim Roden des Regenwaldes mit den Pflanzen auch die in ihnen gespeicherten Mineralstoffe.

Regenwälder sind gefährdet

Die Hauptgründe für das großflächige Abholzen von Regenwäldern sind die Gewinnung von Nutzholz und die Vergrößerung landwirtschaftlicher Nutzflächen. So werden beispielsweise Plantagen mit Sojabohnen oder Ölpalmen angelegt oder es entsteht Weideland für Rinder. Häufig ist der Boden aber schon nach ein paar Jahren durch Erosion zerstört und es müssen neue Flächen gewonnen werden. Die erwirtschafteten Produkte wie Fleisch, Früchte, Kautschuk oder Palmöl werden überwiegend in die Industrienationen exportiert. Sie dienen meist nicht der Versorgung der Bevölkerung vor Ort.

Die noch intakten Regenwaldgebiete müssen geschützt werden, da sie Wetter und Klima regulieren, klimaschädliche Treibhausgase wie Kohlenstoffdioxid speichern und unzähligen Tier- und Pflanzenarten Lebensraum bieten. Für einen dauerhaften Schutz reicht es nicht aus, nur begrenzte Gebiete unter Schutz zu stellen. Die Menschen in den betroffenen Gebieten müssen von ihrer intakten Natur leben können. Ein erster Schritt ist der Kauf von Produkten aus fairem Handel.

> Du kannst Regenwaldgebiete nennen und ihre Bedeutung erläutern. Du kannst Gründe für die Gefährdung der Regenwälder und Schutzmöglichkeiten erläutern.

Was bedeutet Nachhaltigkeit?

1. A
Erkläre den Begriff Nachhaltigkeit. Berücksichtige dabei die drei Dimensionen der Nachhaltigkeit.

Aspekte der Nachhaltigkeit -
geringe Verarbeitung -
regional - *wenig Zusatzstoffe -*
Verpackung - *saisonal -*
kurze Transportwege -
ökologischer Anbau

2. A
Erläutere die Aspekte der Nachhaltigkeit im Kasten links am Beispiel Lebensmittel.

3. Q
a) Suche im Internet einen Rechner zum ökologischen Fußabdruck. Bestimme deinen eigenen Fußabdruck.
b) Beschreibe Möglichkeiten, wie du deinen ökologischen Fußabdruck verkleinern kannst.

4. A
a) Beschreibe die Aussagen, die im Diagramm in der Abbildung 1 gemacht werden.
b) Bewerte die ökologischen Fußabdrücke der Länder im Sinne der drei Dimensionen der Nachhaltigkeit.

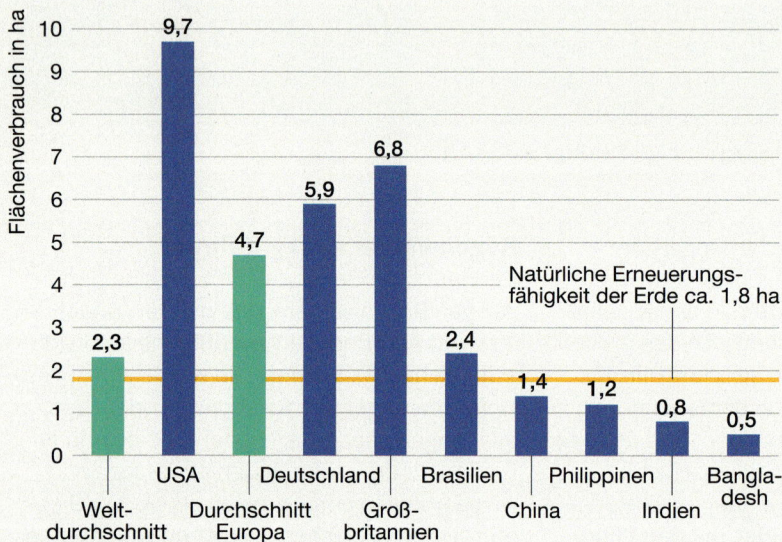

Natürliche Erneuerungsfähigkeit der Erde ca. 1,8 ha

Flächenverbrauch in ha

Weltdurchschnitt: 2,3
USA: 9,7
Durchschnitt Europa: 4,7
Deutschland: 5,9
Großbritannien: 6,8
Brasilien: 2,4
China: 1,4
Philippinen: 1,2
Indien: 0,8
Bangladesh: 0,5

1 Ökologischer Fußabdruck in ausgewählten Ländern

Nachhaltigkeit in drei Dimensionen

Der Begriff der Nachhaltigkeit stammt ursprünglich aus der Forstwirtschaft. Dort bedeutet er, dass einem Wald pro Jahr nicht mehr Holz entnommen wird als nachwächst. Übertragen auf die ganze Erde heißt das, dass wir nicht mehr der natürlichen Lebensgrundlagen verbrauchen, als sich wieder erneuern können. So sind auch die Lebensgrundlagen zukünftiger Generationen gesichert. Dies ist die **ökologische Dimension der Nachhaltigkeit.** Ein Beispiel dafür ist die Umstellung von fossiler Energie auf erneuerbare Energieformen, wie es in Deutschland mit der Energiewende begonnen wird.

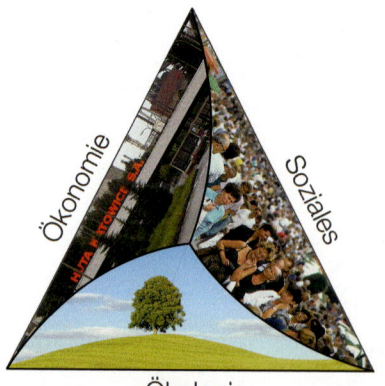

2 Dreieck der Nachhaltigkeit

Ökonomie — Soziales — Ökologie

Es gibt aber auch noch eine ökonomische und soziale Dimension. Zur **ökonomischen Dimension der Nachhaltigkeit** gehört, dass wir nicht mehr ausgeben, als wir erwirtschaften, damit künftige Generationen nicht durch unsere Schulden belastet werden.

Außerdem sollen Staaten das Zusammenleben ihrer Bürger so organisieren, dass sie vor Not und Elend geschützt sind und Konflikte nur mit friedlichen Mitteln ausgetragen werden. So kann verhindert werden, dass Menschen aus blanker Not die Lebensgrundlagen künftiger Generationen vernichten. Dies ist die **soziale Dimension der Nachhaltigkeit.**

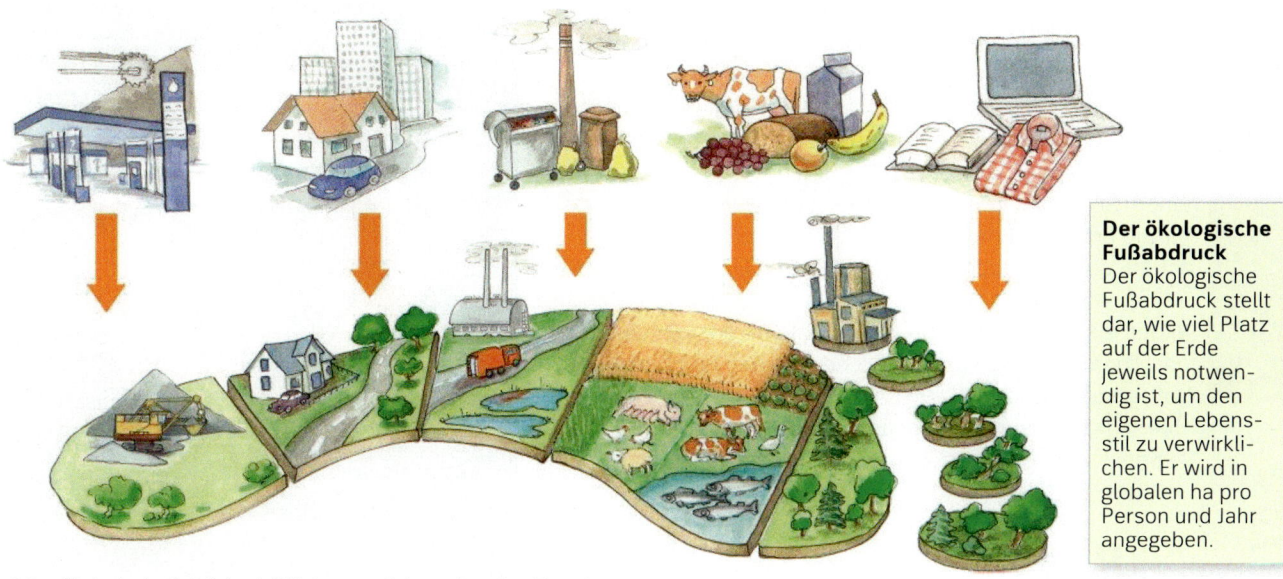

3 Der ökologische Fußabdruck (Flächen von links nach rechts: Energie, Wohnen und Mobilität, Müllentsorgung, Nahrungsmittel, Gebrauchsgüter)

Der ökologische Fußabdruck

Der ökologische Fußabdruck stellt dar, wie viel Platz auf der Erde jeweils notwendig ist, um den eigenen Lebensstil zu verwirklichen. Er wird in globalen ha pro Person und Jahr angegeben.

Diese drei Dimensionen kommen im Dreieck der Nachhaltigkeit zum Ausdruck. Es zeigt, dass Umweltprobleme und wirtschaftliche und soziale Fragen nicht voneinander getrennt betrachtet werden können. So haben alle Menschen auf der Erde das gleiche Recht auf Entwicklung. Kein Land darf dabei auf Kosten der Natur, anderer Länder oder zukünftiger Generationen leben. Leider entspricht dies in vielen Fällen nicht der Wirklichkeit. Gerade wir in den Industrieländern verbrauchen viel mehr Ressourcen, als sich wieder erneuern können. Um dies zu ändern, spielt auch das Verhalten jedes Einzelnen eine Rolle.

Ökobilanzen

Als Grundlage für umweltbewusste Entscheidungen kann für einzelne Produkte eine Ökobilanz erstellt werden. Ökobilanzen stellen alle Umweltbelastungen zusammen, die durch Produkte von der Produktion bis zur Entsorgung entstehen.

Der ökologische Fußabdruck

Der ökologische Fußabdruck bezieht sich nicht wie Ökobilanzen auf ein einzelnes Produkt, sondern soll Auskunft über die Umweltverträglichkeit des gesamten Lebensstils einer Person geben.

Als Vergleichsgröße wurde die Fläche gewählt, die notwendig ist, um diesen Lebensstil dauerhaft zu ermöglichen. Alle Flächen, die zur Produktion von Kleidung und Nahrung, zur Bereitstellung von Energie, aber auch zur Entsorgung des anfallenden Mülls oder zum Speichern des freigesetzten Kohlenstoffdioxids benötigt werden, bilden den **ökologischen Fußabdruck.**

Dieser ökologische Fußabdruck bietet eine anschauliche Größe, den eigenen Lebensstil ökologisch zu bewerten, aber auch ganze Länder in Bezug auf Ökologie zu vergleichen.

Aber auch der ökologische Fußabdruck kann kein vollständiges Bild aller Umweltauswirkungen bieten. Er deckt nicht alle Aspekte der Nachhaltigkeit ab. Außerdem werden durch die Festlegung auf eine Flächenberechnung biologische Faktoren wie Wasserverbrauch und Artenvielfalt nicht erfasst.

Obwohl Modellrechnungen wie der ökologische Fußabdruck und Ökobilanzen nicht perfekt sind, bieten sie doch eine Möglichkeit, den eigenen Lebensstil im Hinblick auf Nachhaltigkeit einzuordnen.

Du kannst den Begriff der Nachhaltigkeit erklären. Du kannst erklären, was man unter einem ökologischem Fußabdruck versteht und wie er durch eigenes Verhalten beeinflusst wird.

Basiskonzepte S. 117

Global denken – lokal handeln

Globale Stoffkreisläufe sind untereinander verbunden. Durch wirtschaftliche Beziehungen, Import und Export, stehen fast alle Länder der Erde miteinander im Austausch. Schadstoffe bewegen sich durch Luft und Wasser und finden sich so auch weit entfernt von ihrem Entstehungsort wieder. Vieles, was wir tun, hat Auswirkungen an einem anderen Ort der Erde. Dies legt die Verantwortung für die Erde nicht nur in die Hände von Politik und Wirtschaft, sondern auch in die Hände jedes Einzelnen.

Bildet Teams und erarbeitet die Probleme der verschiedenen Themengebiete und mögliche Alternativen. Diskutiert Vor- und Nachteile.
Überlegt euch eine interessante Präsentations- oder Aktionsform, mit der ihr eure Ergebnisse in der Schule vorstellen könnt.

TEAM ❶
Ernährung
Nahrungsmittel sind für uns unverzichtbar. Aber der Verbrauch verschiedener Lebensmittel hat unterschiedlich starke Umweltauswirkungen.

Mögliche Aspekte für eure Arbeit:
- Anbau
- Wasserverbrauch
- Transportwege
- Verarbeitung
- Tierhaltung

TEAM ❷
Kleidung
Viele Textilien, die wir in Deutschland kaufen können, werden nicht in Deutschland hergestellt. Die Produktionsbedingungen in den Herstellungsländern unterscheiden sich stark.

Mögliche Aspekte für eure Arbeit:
- Arbeitsschutz
- Arbeitszeiten
- Umweltschutzvorschriften
- Bezahlung für Angestellte
- Einsatz von Chemikalien
- Warenkennzeichnung mit Siegeln

TEAM ❸
Mobilität

In unserem Alltag müssen wir viele Wege zurücklegen. Die Entscheidung, auf welche Weise wir dies tun, ist von vielen Faktoren wie der Länge des Weges oder dem Wetter abhängig.

Mögliche Aspekte für eure Arbeit:
- Gesundheit
- Treibstoffe
- Luftbelastung
- Platzbedarf und Versiegelung von Flächen
- Geschwindigkeit
- Bequemlichkeit

TEAM ❹
Kunststoffe

Kunststoffe sind vielseitige Werkstoffe und daher in unserem Alltag ständig präsent. Umweltschutzorganisationen betrachten die Nutzung von Kunststoffen allerdings kritisch.

Mögliche Aspekte für eure Arbeit:
- Rohstoffe
- Herstellung
- Farben
- Entsorgung
- Recycling

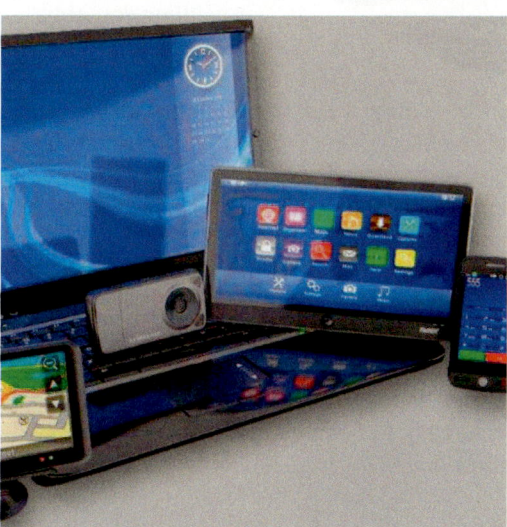

TEAM ❺
Elektronik

Elektronik ist in unserer Gesellschaft allgegenwärtig: Smartphones, Tablets, Computer. Mit der großen Anzahl der Geräte nimmt auch die Umweltbelastung zu.

Mögliche Aspekte für eure Arbeit:
- Rohstoffe
- Herstellung
- Stromverbrauch
- Entsorgung
- Recycling
- Nutzungsdauer

Ökologie – globale Herausforderungen

Verantwortung für die Biosphäre

Die Biosphäre umfasst alle Ökosysteme auf der Erde. Sie hängen weltweit zusammen und beeinflussen sich gegenseitig. Veränderungen in der Atmosphäre, im Boden oder im Wasser wirken sich oft in mehreren Ökosystemen aus. Der Mensch beeinflusst die Ökosysteme. Durch die Klimaerwärmung, die Bodennutzung oder den Wasserverbrauch gefährdet er Lebensräume und die darin lebenden Arten. Auf diese Weise gefährden wir Menschen unsere eigenen Lebensgrundlagen.

Treibhauseffekt

Kohlenstoffdioxid entsteht bei Verbrennungsprozessen und ist Teil der Erdatmosphäre. Die Atmosphäre sorgt für den natürlichen Treibhauseffekt, ohne den ein Leben auf der Erde nicht möglich wäre. Durch die Verbrennung fossiler Brennstoffe oder großer Waldflächen gelangt der dort gespeicherte Kohlenstoff in Form von Kohlenstoffdioxid in die Atmosphäre. Der Anteil des Kohlenstoffdioxids in der Atmosphäre nimmt dadurch zu und führt zu einem zusätzlichen Treibhauseffekt und einem Anstieg der Durchschnittstemperaturen.

Kohlenstoff im globalen Kreislauf

Chemische Elemente wie Kohlenstoff, Sauerstoff oder Stickstoff bewegen sich in Kreisläufen. In Erdgas-, Erdöl- und Kohlevorräten sind riesige Mengen Kohlenstoff gespeichert. Er wurde bei der Fotosynthese von Pflanzen vor etwa 300 Millionen Jahren gebunden. Ohne Eingriffe des Menschen würde die Menge an Kohlenstoff, die zwischen Fotosynthese und Atmung zirkuliert, etwa gleichbleiben. Durch die Verbrennung fossiler Rohstoffe greifen wir Menschen in den Kohlenstoffkreislauf ein. Der gespeicherte Kohlenstoff gelangt in Form von Kohlenstoffdioxid in die Atmosphäre. Seit der industriellen Revolution Ende des 18. Jahrhunderts ist die Konzentration von Kohlenstoffdioxid um etwa 30 % gestiegen.

Nachhaltigkeit

Ökologisches und nachhaltiges Handeln wie die Vermeidung von Abgasen ist wichtig für den Erhalt der Ökosysteme. Der Begriff Nachhaltigkeit bedeutet, dass wir nicht mehr der natürlichen Lebensgrundlagen verbrauchen als sich wieder erneuern können. Außer dieser ökologischen Dimension gehören auch die ökonomische und die soziale Dimension zur Nachhaltigkeit. Bei all unseren Handlungen müssen wir also auf die Verträglichkeit für die Umwelt und auf die soziale Ausgewogenheit achten. Außerdem dürfen wir nicht mehr Geld ausgeben, als wir erwirtschaften, damit künftige Generationen nicht durch unsere Schulden belastet werden.

System

Struktur und Funktion

Entwicklung

System
1. ≡ **Ⓐ**
Einer der zentralen Stoffkreisläufe in Ökosystemen ist der Kohlenstoffkreislauf.
a) Beschreibe den Kohlenstoffkreislauf.
b) Begründe, warum das Verbrennen von fossilen Brennstoffen, zum Beispiel in Kohlekraftwerken, in diesen Kreislauf eingreift.

→ S. 90 – 93

Entwicklung
2. ≡ **Ⓐ**
Der Meeresspiegel steigt.
a) Erkläre, wie es zu dieser Entwicklung kommt.
b) Beschreibe die Folgen.

→ S. 89, 94 - 95

System
3. ≡ **Ⓐ**
Regenerative Energie wird aus sich immer wieder erneuernden Energiequellen gewonnen.
a) Nenne verschiedene regenerative Energiequellen.
b) Gib an, wofür sie hauptsächlich genutzt werden.

→ S. 97

BASISKONZEPTE

System
4. ≡ **Ⓐ**
Erkläre, wie wir gleichzeitig die Umwelt schützen und die Grundbedürfnisse aller Lebewesen sowie zukünftiger Generationen berücksichtigen können.

→ S. 112 – 113

Struktur und Funktion
5. ≡ **Ⓐ**
a) Nenne Funktionen von Wurzeln für das Leben der Pflanzen.
b) Beschreibe, wie die Wurzeln in ihrer Struktur an diese Funktionen angepasst sind.

→ S. 101

Stoffkreisläufe

Kannst du schon ...

... den globalen Kohlenstoffkreislauf beschreiben? (S. 90 – 93)

... darstellen, wodurch der Mensch in den globalen Kohlenstoffkreislauf eingreift? (S. 90 – 93)

... angeben, wann Kohlenstoff von Pflanzen gespeichert oder abgegeben wird? (S. 90 – 93)

Klimaveränderungen

Kannst du schon ...

... den natürlichen und den zusätzlichen Treibhauseffekt erläutern? (S. 89, 94 – 95)

... darstellen, warum sich seit der industriellen Revolution das Klima weltweit verändert? (S. 89, 94 – 95)

... die Nutzung fossiler Energiequellen bewerten? (S. 90 – 96)

Zeig, was du kannst!

1. 🅐
Beschreibe die Vorgänge 1– 5, die in der Schemazeichnung dargestellt sind.

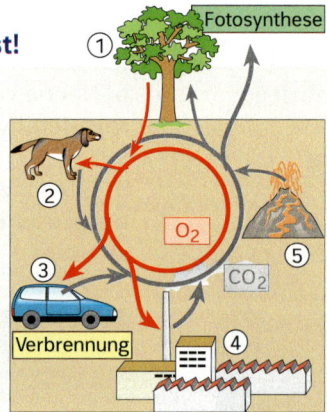

Fotosynthese
① ② ③ ④ ⑤
O_2
CO_2
Verbrennung

2. 🅐
Ordne den drei Abbildungen ①-③ die richtigen Aussagen zu.

① ② ③

a) Aufbau und Zersetzung von Biomasse stehen im Gleichgewicht.
b) Es wird mehr Biomasse aufgebaut als zersetzt.
c) Es wird mehr Biomasse zersetzt als aufgebaut.
d) Es wird mehr CO_2 gebunden als abgegeben.
e) Es wird mehr CO_2 abgegeben als gebunden.
f) Es wird etwa so viel CO_2 gebunden wie abgegeben.
g) Es wird mehr O_2 aufgenommen als gebildet.
h) Es wird etwa so viel O_2 gebildet wie aufgenommen.
i) Es wird mehr O_2 gebildet als aufgenommen.

Zeig, was du kannst!

3. 🅐
a) Erläutere den natürlichen Treibhauseffekt mithilfe der Abbildung.
b) Begründe, weshalb ohne den natürlichen Treibhauseffekt das Leben nicht möglich wäre.

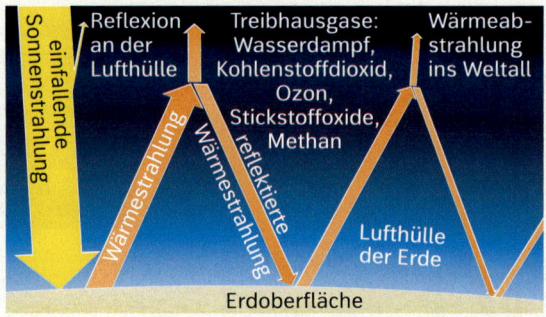

einfallende Sonnenstrahlung
Reflexion an der Lufthülle
Treibhausgase: Wasserdampf, Kohlenstoffdioxid, Ozon, Stickstoffoxide, Methan
Wärmeabstrahlung ins Weltall
Wärmestrahlung
Wärmestrahlung
reflektierte Wärmestrahlung
Lufthülle der Erde
Erdoberfläche

4. 🅐
a) Stelle dar, was man unter dem zusätzlichen Treibhauseffekt versteht.
b) Erläutere, wie sich das veränderte Weltklima auswirkt.

5. 🅐
Es werden Autos gefördert, die anders als mit fossilen Brennstoffen fahren. Bewerte diese Anstrengungen von Technik und Politik.

6. 🅐
Liste Ursachen und Auswirkungen auf von
a) zu viel bodennahem Ozon, **b)** Stickoxiden und
c) Feinstaub.

Nachhaltige Landwirtschaft

Kannst du schon ...

... die Bedeutung des Bodens als Grundlage für unser Leben bewerten? (S. 100 – 101)

... Stoffkreisläufe in der Landwirtschaft beschreiben? (S. 102 – 103)

... Merkmale der ökologischen Landwirtschaft darstellen? (S. 106 – 107)

... Möglichkeiten der Düngung nennen und vergleichen? (S. 102 – 105)

Zeig, was du kannst!

7. ≣ **A**

a) Erkläre, warum Landwirte ihre Äcker düngen.
b) Beschreibe verschiedene Möglichkeiten der Düngung.
c) Beurteile verschiedene Formen der Düngung unter dem Aspekt der Nachhaltigkeit.

8. ≣ **A**

Bewerte die Notwendigkeit einer nachhaltigen Nutzung des Bodens und nenne Beispiele.

9. ≣ **A**

Erläutere die Merkmale der ökologischen Landwirtschaft mithilfe der Abbildung.

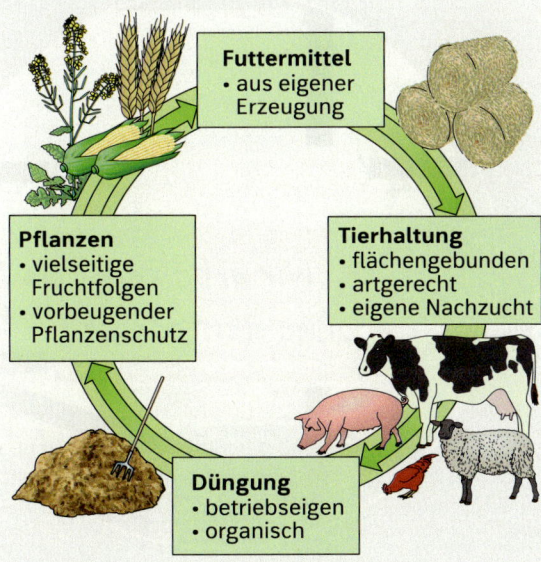

- **Futtermittel**
  - aus eigener Erzeugung
- **Pflanzen**
  - vielseitige Fruchtfolgen
  - vorbeugender Pflanzenschutz
- **Tierhaltung**
  - flächengebunden
  - artgerecht
  - eigene Nachzucht
- **Düngung**
  - betriebseigen
  - organisch

Energiequellen und Nachhaltigkeit

Kannst du schon ...

... beschreiben, was man unter regenerativen Energiequellen versteht und Beispiele dafür nennen? (S. 89)

... mithilfe des „ökologischen Fußabdrucks" einschätzen, wie unser Handeln Einfluss auf die Umwelt nimmt? (S. 112 – 115)

... die drei Dimensionen der Nachhaltigkeit anwenden, um menschliches Handeln zu bewerten? (S. 112 – 115)

Zeig, was du kannst!

10. ≣ **A**

a) Erläutere, was man unter erneuerbaren Energiequellen versteht.
b) Nenne zwei Beispiele für erneuerbare Energien und beschreibe, wofür sie genutzt werden.

11. ≣ **A**

a) Gib an, woher der Begriff „Nachhaltigkeit" stammt und was er ursprünglich bedeutet.
b) Erläutere, was man unter der ökologischen, der ökonomischen und der sozialen Dimension der Nachhaltigkeit heute versteht.

12. ≣ **A**

Stell dir vor, du kaufst Gemüse oder Obst. Erläutere, welche Aspekte der Nachhaltigkeit du dabei beachten kannst.

Wichtige Begriffe

- Biosphäre
- Ökosystem
- globaler Stoffkreislauf
- Treibhauseffekt
- fossile Energieträger
- erneuerbare Energien
- ökologischer Fußabdruck
- Nachhaltigkeit

Gene und Vererbung

Was wird vererbt und was nicht?

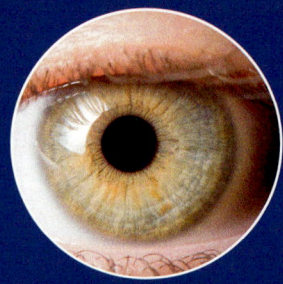

Wie ist eigentlich unsere Erbsubstanz aufgebaut?

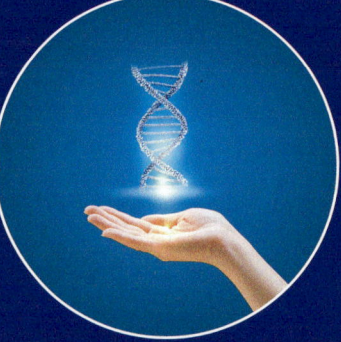

„Ohne Gentechnik"
Was bedeutet das eigentlich?
Warum achten manche Menschen
beim Einkaufen auf diesen Hinweis?

Wir arbeiten ohne Gentechnik!

Ganz der Vater – ganz die Mutter?

Kinder

Paar A

Paar B

1.

a) Die Fotos oben zeigen zwei Elternpaare (A und B), die jeweils zwei Kinder haben. Ordne die vier Kinder ihren Eltern zu.
b) Begründe, warum die Eltern ihren Kindern ähneln.
c) Erkläre, weshalb sich Geschwister äußerlich durchaus unterscheiden können, obwohl sie die gleichen Eltern haben.

2.

Erläutere die Aussage der Karikatur unten.

3.

a) Erkläre, was man unter einem Karyogramm versteht.
b) Gib die Chromosomenzahl sowohl von menschlichen Keimzellen als auch von Körperzellen an und vergleiche.
c) Erkläre, warum jede Körperzelle des Menschen einen doppelten oder diploiden Chromosomensatz hat.

4.

Die Tabelle zeigt die Chromosomenzahl verschiedener Lebewesen. Vergleiche diese Zahlen und erläutere, was dir auffällt.

Art	Anzahl der Chromosomen
Mensch	46
Schimpanse	48
Goldhamster	44
Goldfisch	94
Stechmücke	6
Champignon	8
Wurmfarn	164

Beim Blick in ein Familienalbum fallen häufig bemerkenswerte Übereinstimmungen auf. So ähneln Kinder oft in ihrem Gesichtsausdruck oder ihrer Statur den Eltern und Großeltern. Diese Ähnlichkeiten beschränken sich nicht nur auf äußerlich sichtbare Merkmale. Auch bei Verhaltensweisen, Charaktereigenschaften oder ausgeprägten Fähigkeiten kann man häufig Übereinstimmungen feststellen. Wie kommt es zu dieser Familienähnlichkeit?

Unsere Erbanlagen

Voraussetzung für die Entstehung eines Kindes ist die Befruchtung, bei der Ei- und Spermienzelle verschmelzen. Diese Zellen enthalten mütterliche beziehungsweise väterliche **Erbanlagen,** die **Gene.** Bei der Befruchtung kommen also Gene zusammen, die Informationen von Mutter und Vater enthalten und schließlich für die Ausbildung bestimmter Merkmale verantwortlich sind.

Die Gene befinden sich auf **Chromosomen.** Jedes Lebewesen besitzt in seinen Körperzellen eine typische Anzahl von Chromosomen, beim Menschen sind es 46.

Diese Chromosomen sind phasenweise gut sichtbar und lassen sich in einem **Karyogramm,** wie es unten zu sehen ist, geordnet darstellen. Dabei fällt auf, dass es immer zwei Chromosomen gibt, die sich in ihrer äußeren Gestalt wie beispielsweise der Größe, stark ähneln.

Homologe Chromosomen

Diese Chromosomen mit vergleichbarer Gestalt werden **homologe Chromosomen** genannt. Die Gene auf dem einen der homologen Chromosomen stammen dabei von der Mutter, die Gene auf dem anderen vom Vater.

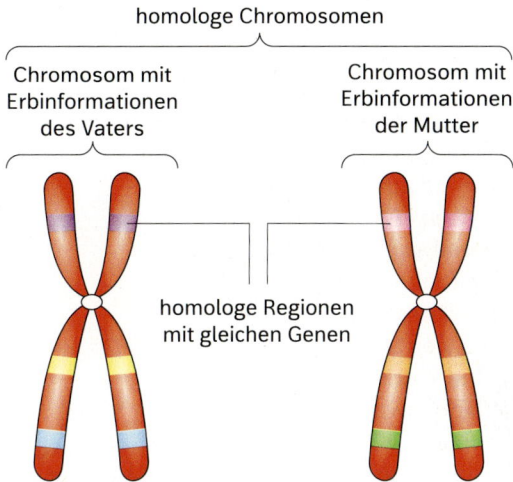

Alle Körperzellen besitzen 46 Chromosomen, von denen je zwei homolog sind. Die Körperzellen haben einen doppelten oder **diploiden Chromosomensatz.**
Mikroskopische Untersuchungen zeigen, dass Ei- und Spermienzellen beim Menschen jeweils nur 23 Chromosomen enthalten. Von jedem homologen Chromosomenpaar gibt es in diesen Zellen nur ein Chromosom. Sie haben einen einfachen oder **haploiden Chromosomensatz.**
Bei der geschlechtlichen Fortpflanzung verschmelzen zwei Keimzellen mit je 23 Chromosomen. Die befruchtete Eizelle und der daraus entstehende Mensch haben demzufolge wieder einen diploiden Chromosomensatz mit 46 Chromosomen.
Zusammen mit den Chromosomen werden die Gene für bestimmte Merkmale von Mutter und Vater an die Kinder weitergegeben. Diese Weitergabe der Gene ist der Grund für die beobachtete Familienähnlichkeit.

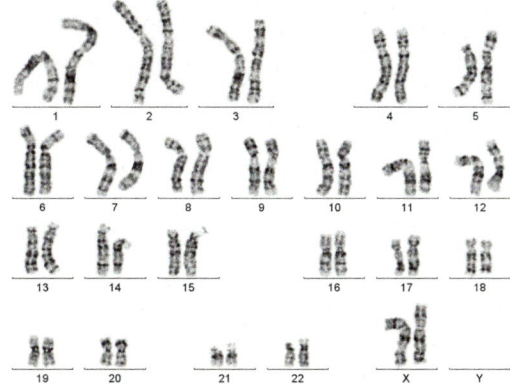

1 Karyogramm mit diploidem Chromosomensatz einer Frau

> Du kannst Familienähnlichkeiten erklären, indem du die Weitergabe der Gene bei der geschlechtlichen Fortpflanzung an die Nachkommen erläutern kannst.

Zellteilung führt zu Vermehrung und Wachstum

1.

In den Wurzelspitzen austreibender Zwiebeln finden viele Mitosen statt. Du kannst selbst Präparate zur mikroskopischen Untersuchung der Mitosestadien anfertigen:

a) Entferne die äußere Schale einer Küchenzwiebel und setze sie auf ein Glas mit Wasser. Die Zwiebel sollte die Wasseroberfläche gerade nicht berühren.

b) Nach zwei bis vier Tagen haben sich kleine Wurzeln gebildet. Schneide etwa 3 mm lange Spitzen ab und gib sie alle zusammen in ein kleines Becherglas. Bedecke sie mit etwas Karmin-Essigsäure. Koche die Wurzelspitzen kurz auf.

c) Bringe drei bis vier Wurzelspitzen mit der Pinzette auf einen Objektträger und lege ein Deckgläschen auf.

Fertige nun ein Quetschpräparat an:
Lege dazu den Objektträger auf den Tisch. Falte ein Stück Filterpapier mehrfach und lege es auf das Deckgläschen. Drücke dann von oben mit dem Daumen kräftig auf das Filterpapier, möglichst ohne seitliches Verrutschen.

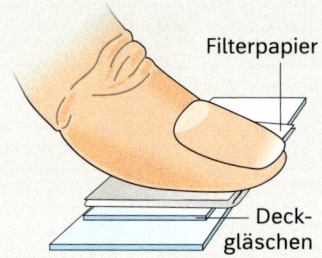

Filterpapier

Deck-gläschen

d) Mikroskopiere die Wurzelspitzen. Suche bei geringer Vergrößerung Zellen in verschiedenen Mitosestadien. Mikroskopiere dann bei starker Vergrößerung (zum Beispiel 500-fach). Fertige Zeichnungen einzelner Mitosestadien an.

2.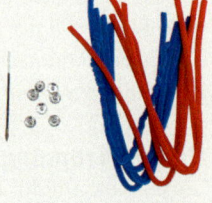

a) Stellt die Phasen der Mitose mithilfe eines Modells aus Pfeifenputzern und Druckknöpfen nach.

b) Präsentiert eure Modelle.

c) Erklärt, was euer Modell gut zeigt.

d) Nennt die Vorgänge der Mitose, die mit diesem Modell nicht so gut oder gar nicht dargestellt werden.

3.

a) Gib die Phasen der Mitose an und erläutere dabei die Veränderungen und die Bewegungen der Chromosomen.

b) Begründe, warum einer Zellteilung eine Mitose vorausgehen muss.

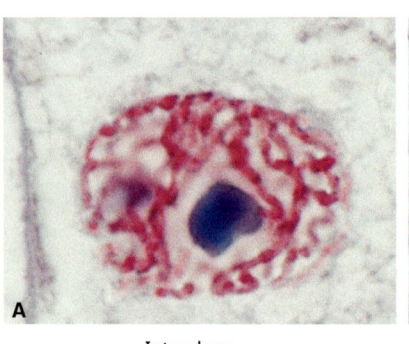

A — Interphase

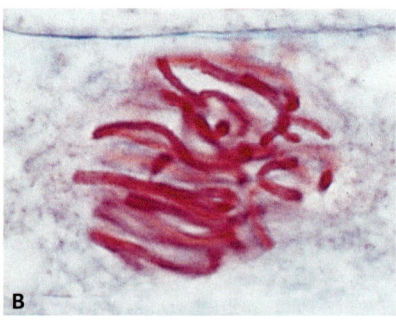

B — Prophase

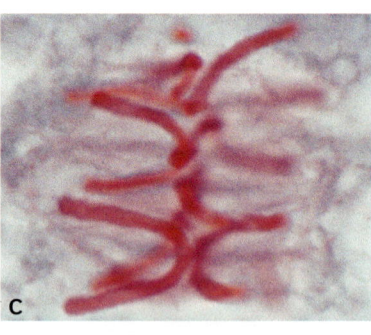

C — Metaphase

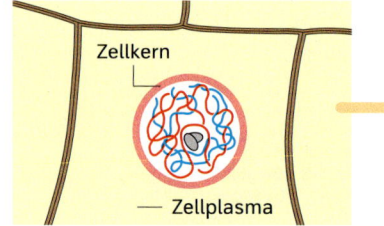

Zellkern

Zellplasma

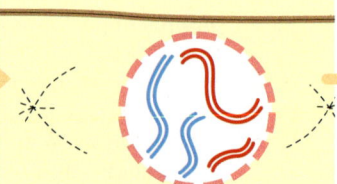

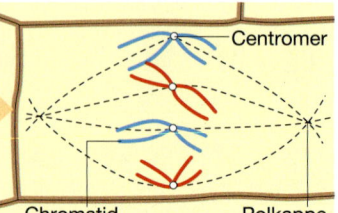

Centromer

Chromatid — Polkappe

1 A–F Mitose und Interphasen

Vermehrung und Wachstum durch Zellteilung

Einzellige Lebewesen vermehren sich durch Zellteilung. Und auch, damit Vielzeller wie Pflanzen und Tiere wachsen können, müssen sich ihre Zellen teilen. Bei jeder Zellteilung findet auch eine **Kernteilung, die Mitose,** statt. Mehrere Phasen lassen sich dabei unterscheiden:

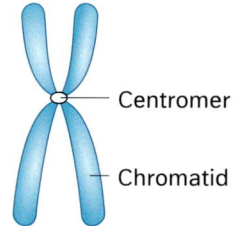

2 Chromosom

Prophase: Die Chromosomen beginnen sich aufzuspiralisieren. Die Kernmembran löst sich auf. Außerdem bildet sich der Spindelapparat. Damit werden die Chromosomen bewegt.

Metaphase: Die Chromosomen sind jetzt dicht gepackt und unter dem Mikroskop deutlich zu sehen. Jedes Chromosom besteht aus zwei Hälften, den beiden Chromatiden. Sie enthalten identische Erbinformationen und hängen an einer Stelle, dem Centromer, zusammen. Der Spindelapparat verbindet sich mit den Centromeren, wodurch die Chromosomen in der Mitte der Zelle angeordnet werden.

Anaphase: Jetzt werden die Chromosomen in ihre Chromatiden getrennt, die vom Spindelapparat zu den beiden Polen der Zelle gezogen werden. Dabei gelangt von jedem Chromosom ein Chromatid in jeweils eine Zellhälfte. Jede neue Zelle erhält also einen kompletten Satz Chromosomen, die jeweils aus einem Chromatid bestehen. Damit hat jede Zelle die vollständige Erbinformation.

Telophase: Die Chromosomen entspiralisieren sich wieder. Der Spindelapparat löst sich auf. Es bilden sich Kernmembranen. Die beiden neuen Zellen werden voneinander getrennt, indem sich Zellmembranen und Zellwände neu bilden.

Der Zellzyklus

In der **Interphase** zwischen zwei Zellteilungen wachsen die Zellen zu ihrer ursprünglichen Größe heran. Die Chromosomen sind entspiralisiert und es findet intensiver Stoffwechsel statt. Durch identische Verdopplung entstehen wieder zwei Chromatiden an jedem Chromosom.

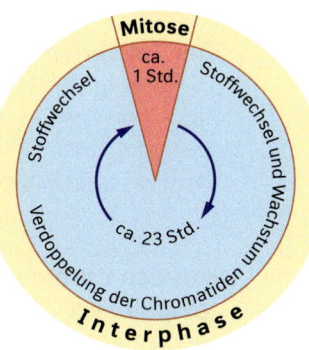

3 Zellzyklus

Der Kreislauf aus Zellteilung und Interphase wiederholt sich in schnell wachsenden Geweben innerhalb eines Tages.

> Du kannst die Phasen der Mitose benennen und beschreiben. Du kannst die Funktionen von Interphase und Mitose im Zellzyklus erklären.

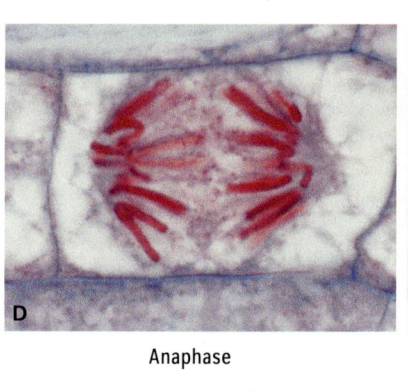

Anaphase

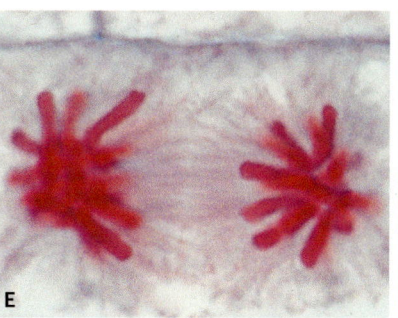

Telophase

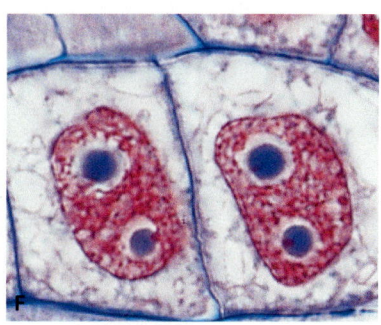

Interphase

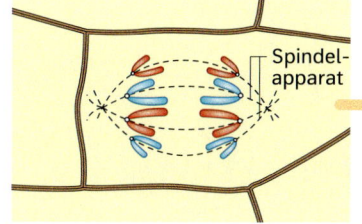

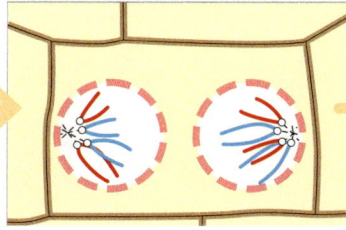

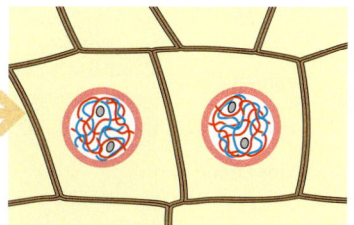

Zellteilung

1. Ⓐ
Finde mithilfe dieser Seite heraus, wie das rechts gezeichnete Gebilde genannt wird und wie die mit A und B beschrifteten Teile heißen.

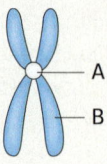

2. Ⓐ
Betrachte die Abbildung 1 unten auf dieser Seite. Zeichne die vier Zellen der unteren Reihe in dein Heft und ergänze eine weitere Zellteilung.

Der Zellkern ist lebenswichtig

Im Zellkern sind lebensnotwendige Informationen gespeichert. Von den Eltern werden sie an die zukünftigen Kinder weitergegeben. Sie werden vererbt. Diese Informationen werden daher **Erbinformationen** genannt.

Auf den Chromosomen sind die Erbinformationen gespeichert

Betrachtet man Zellen im Mikroskop, kann man im Zellkern manchmal Gebilde erkennen, deren Form an den Buchstaben X erinnert. Dies sind die **Chromosomen.** Auf ihnen sind die Erbinformationen gespeichert, so wie Computerdaten auf einem USB-Stick gespeichert sind.

Jedes Chromosom besteht aus zwei Hälften, den **Chromatiden.** Auf beiden Chromatiden sind dieselben Informationen gespeichert. Ein Chromosom enthält also jeweils zwei Kopien derselben Erbinformationen.
Die beiden Chromatiden sind an einer Stelle miteinander verbunden. Diese Stelle wird **Centromer** genannt.

Die Erbinformationen werden verteilt

Zellen vermehren sich durch Teilung. Durch eine Zellteilung entstehen aus einer Zelle zwei neue. Jede Tochterzelle muss alle Erbinformationen erhalten, um überleben zu können. Dazu wird jedes Chromosom in seine beiden Chromatiden geteilt. Je ein Chromatid landet schließlich in jeder der beiden neuen Zellen.

Die Erbinformationen werden kopiert

Direkt nach einer Teilung hat jedes Chromosom also nur ein Chromatid. Bevor sich die Zellen wieder teilen können, verdoppeln sich die Chromatiden. Dabei werden alle Erbinformationen kopiert. Dies passiert in der Zeit zwischen zwei Teilungen. Anschließend hat jedes Chromosom wieder zwei Chromatiden. Erst jetzt können sich die Zellen wieder teilen.

> Du kannst die Verteilung der Erbinformationen bei der Zellteilung beschreiben.

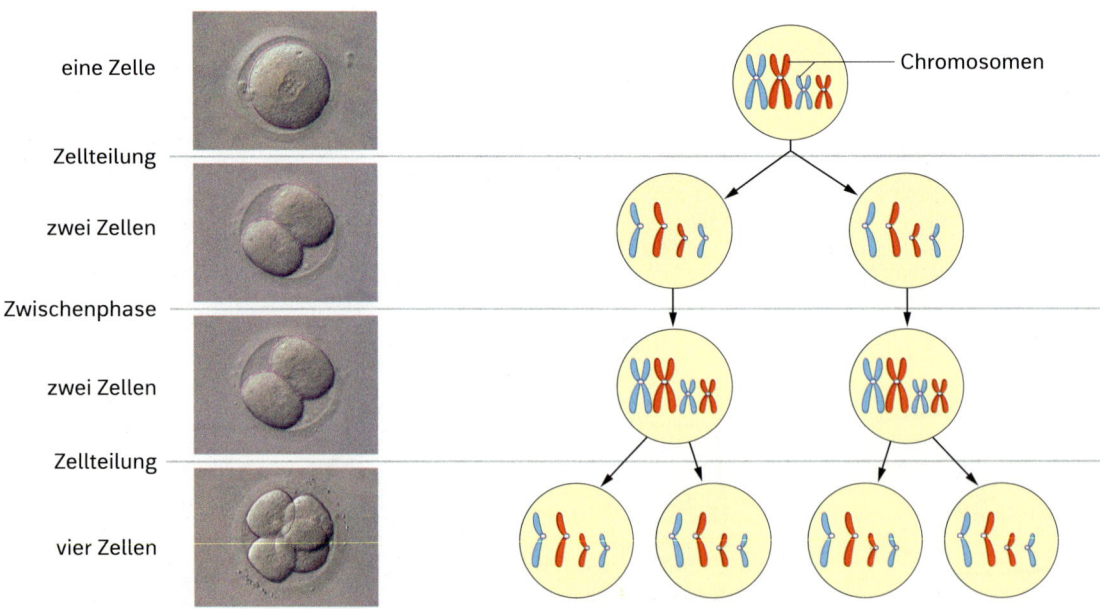

1 Zellteilung: **A** Was man im Mikroskop sieht. **B** Was in den Zellkernen passiert.

Modelle helfen beim Verstehen

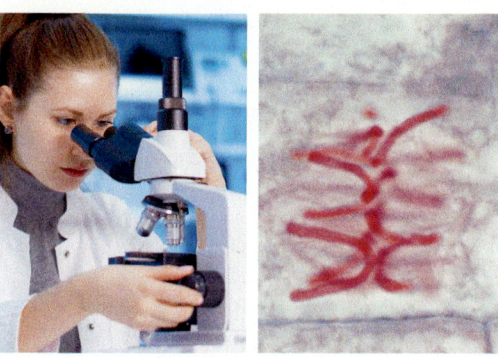

1 Chromosomen unter dem Mikroskop betrachtet

Was ist wirklich?

Was für uns wirklich ist, erfahren wir über unsere Sinnesorgane. Wir sehen, hören oder ertasten die Dinge, die uns umgeben. Besonders schwierig ist es, etwas über ganz kleine Dinge wie Zellen, Chromosomen oder DNA-Moleküle zu erfahren. Aber auch hier sind wir auf unsere Sinnesorgane angewiesen. Oft nehmen wir aber Geräte oder spezielle Testmethoden zu Hilfe.

Eigenschaften von Chromosomen

Im Lichtmikroskop können wir Chromosomen verschiedener Größen und Formen und ihre Verteilung bei der Zellteilung sehen. Das Elektronenmikroskop zeigt einen langen Faden, der mit perlenartigen Gebilden verbunden ist. Chemische Tests weisen nach, dass der Faden aus DNA und die „Perlen" aus Eiweiß bestehen.

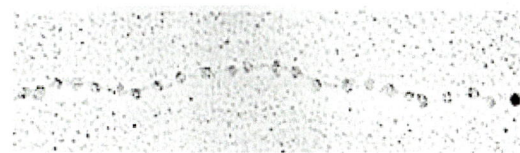

2 DNA-Faden mit Eiweißen im Elektronenmikroskop

Modell und Wirklichkeit

Modelle zeigen einige Eigenschaften der Wirklichkeit gut, andere jedoch nicht oder sogar falsch. Jedes Modell hat seine Vorteile, aber auch seine Grenzen.

 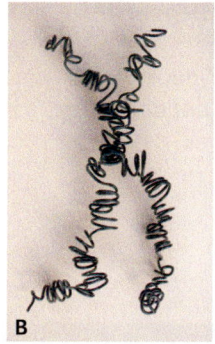 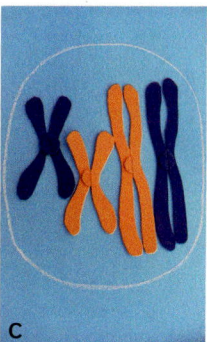

A   B   C

3 Chromosomenmodelle: **A** aus einer Schulsammlung, **B** aus Draht, **C** aus Moosgummi

Chromosomen-Modell	Vorteile/zeigt gut	Grenzen/zeigt nicht
A	räumliche Form	verschiedene Formen, Verteilung, Aufbau aus DNA und Eiweißen, …
B	räumliche Form, aus langem DNA-Faden	verschiedene Formen, Verteilung, Eiweiße, …
C	verschiedene Chromosomenformen, Verteilung bei der Zellteilung	räumliche Form, Aufbau aus DNA und Eiweißen, …

Modellvorstellungen

Modelle helfen uns, auch schwer vorstellbare Dinge wie Chromosomen zu „begreifen". Damit können wir Modellvorstellungen entwickeln, die nützlich sind, zum Beispiel um die Chromosomenverteilung und die Vererbung zu verstehen.

Manchmal führen die Modelle auch zu neuen Forscherfragen, zum Beispiel: „Sind die beiden Chromosomenhälften eigentlich genau gleich aufspiralisiert?"

METHODE

1.  Ⓐ ⓘ
Notiere, was der Draht im Modell aus Abbildung 3B darstellt, und warum er so aufgedreht wurde.

2. Ⓐ
Notiere Vorteile und Grenzen für das Chromosomenmodell aus Pfeifenputzern auf Seite 134.

3. Ⓥ
a) Entwickle ein Modell, das den langen DNA-Faden mit Eiweißen wie in Abbildung 2 gut zeigt.
b) Stellen sich dabei neue Forscherfragen? Notiere sie.

Die Erbinformationen liegen im Zellkern

1. ☰ Ⓐ 🔍
a) Werte die Abbildung rechts aus. Beschreibe schrittweise, wie im abgebildeten Versuch vorgegangen wurde und welche entscheidende Beobachtung gemacht wurde.
b) Ziehe aus dieser Beobachtung Rückschlüsse auf die Rolle des Zellkerns.

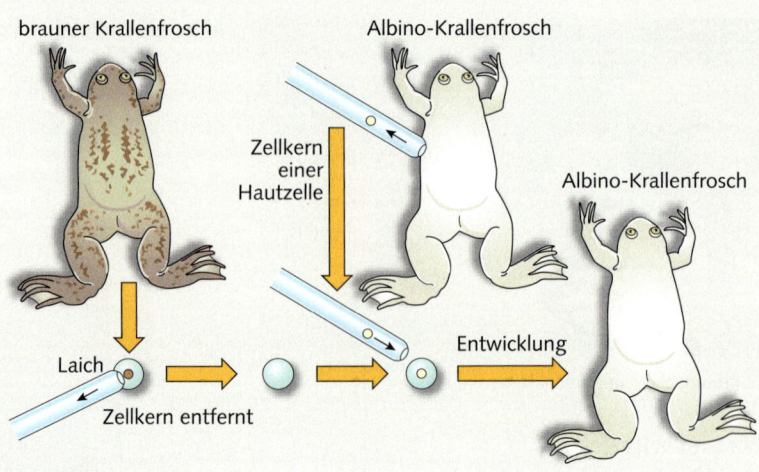

brauner Krallenfrosch · Albino-Krallenfrosch · Zellkern einer Hautzelle · Albino-Krallenfrosch · Laich · Zellkern entfernt · Entwicklung

> **HINWEIS**
> Spiritus ist leicht entzündlich und ätzend. Schutzbrille tragen!

> **HINWEIS**
> Ihr braucht: Mörser und Pistill, 2 Reagenzgläser, Erlenmeyerkolben, Reagenzglasständer, Messer, Trichter, Kaffeefilter (kein Laborfilter), Spiritus, Kochsalz

2. ☰ Ⓥ 🔥 ❗ 👓
a) Führt einen Versuch zur Gewinnung von DNA aus Paprika durch:
- Stellt zunächst etwas Spiritus in den Kühlschrank oder auf Eis. Bereitet dann 20 ml Lösung vor, indem ihr 2 ml Spülmittel und 18 ml Wasser zusammengebt, danach etwa 0,5 g Kochsalz hinzufügt und umrührt.
- Schneidet etwa 1/8 Paprika in kleine Würfel. Gebt sie in den Mörser zusammen mit etwa 10 ml der hergestellten Lösung. Zerreibt nun die Paprikastücke etwa 10 min lang gründlich. Durch das Reiben brechen die Zellen mechanisch auf und das Spülmittel löst die fetthaltigen Zell- und Kernmembranen auf.
- Schneidet aus Kaffeefiltern einen passenden Rundfilter und faltet ihn zum Filtrieren. Filtriert das Material aus dem Mörser in ein Reagenzglas.
- Füllt in ein zweites Reagenzglas etwa 2 cm hoch eiskalten Spiritus. Lasst nun langsam 1 ml bis 2 ml des Filtrats in den Spiritus laufen. Versucht DNA-Fäden mit dem Holzstab hochzuziehen.

b) Beschreibt eure Beobachtungen und erklärt sie im Zusammenhang mit dem Bau der DNA.

3. Ⓥ
Baut Modelle der DNA-Doppelhelix. Präsentiert und erklärt diese anschließend. Geht dabei auf folgende Fragen ein:
a) Wie sind die Zucker-Phosphat-Ketten der Einzelstränge dargestellt? Wie sind die vier Basen im Modell dargestellt?
b) Wie wird die Paarung der zusammenpassenden Basen gezeigt?
c) Lässt sich die Doppelhelixstruktur erkennen?

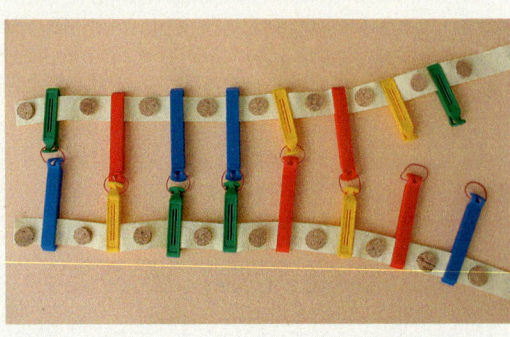

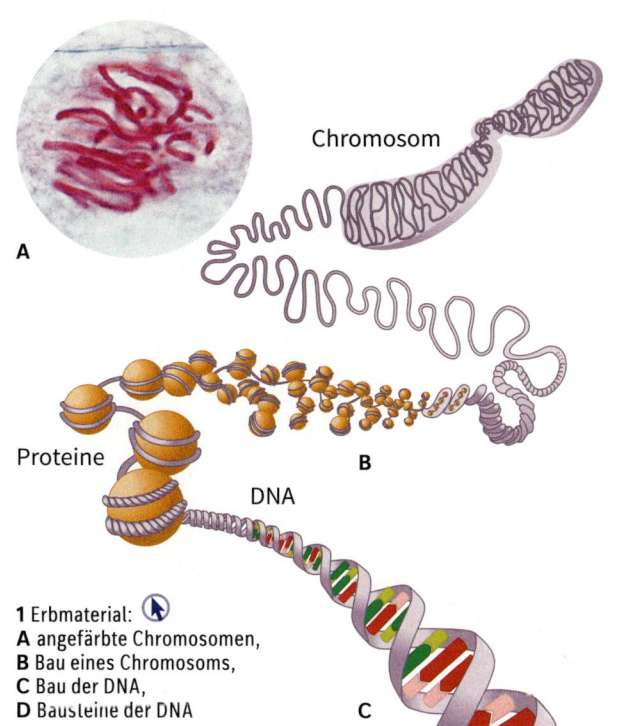

Chromosom

Proteine

B

DNA

1 Erbmaterial:
A angefärbte Chromosomen,
B Bau eines Chromosoms,
C Bau der DNA,
D Bausteine der DNA

C

DNA-
Doppelhelix

Im Zellkern

Zellen, deren Zellkern
entfernt oder zerstört wurde,
gehen meist bald zugrunde.
Auch Versuche mit ausge-
tauschten Zellkernen zeigen,
dass die Informationen, die
das Zellgeschehen steuern,
im Zellkern liegen.

Chromosomen

Werden Zellkerne im Lichtmikroskop mikrosko-
piert, so findet man dort Material, das sich
mithilfe bestimmter Farbstoffe anfärben lässt.
Während dieses Material meist locker verteilt
im Zellkern liegt, bildet es bei einer Zellteilung
dichtere, aufspiralisierte Packungen. In diesem
Zustand sind die **Chromosomen** gut sichtbar.

Vor Zellteilungen verdoppelt sich das Chromo-
somenmaterial. Bei der Zellteilung selbst
werden die Chromosomen in zwei Hälften
gespalten, die dann auf beide Tochterzellen
verteilt werden.
Chromosomen bestehen chemisch aus
Proteinen (Eiweißstoffen) und aus **DNA.**

Die DNA – ein sehr großes Molekül

Zu den Bestandteilen der DNA gehören ein
Zucker, die Desoxyribose, und **Phosphorsäure.**
Auch dazu gehören die vier **Basen** Adenin (A),
Guanin (G), Cytosin (C) und Thymin (T).
Jeweils ein Zucker- und ein Phosphorsäurebau-
stein sowie eine der Basen bilden zusammen ein
sogenanntes **Nukleotid.** Nukleotide sind die
Grundbausteine der DNA. Mehrere Millionen Nukleotide sind zu einem mehrere Zentimeter
langen, dünnen Molekül verbunden. Wie das
aussieht und wie damit Erbinformationen
gespeichert werden können, erklärt das **Doppelhelix-Modell** der DNA.
Die DNA bildet einen wendeltreppenartig gewun-
denen Doppelstrang. Die beiden Stränge werden
jeweils aus abwechselnd aneinandergehängten
Zucker- und Phosphorsäurebausteinen gebildet.
An den Zuckerbausteinen hängt zusätzlich noch
jeweils eine der vier Basen. Immer zwei gegen-
überliegende Basen bilden eine „Treppenstufe".
Dabei liegen sich immer Adenin und Thymin oder
Guanin und Cytosin gegenüber. Es gibt also eine
feste **Basenpaarung.**

> Du kannst den Bau der Chromoso-
> men und der DNA beschreiben.

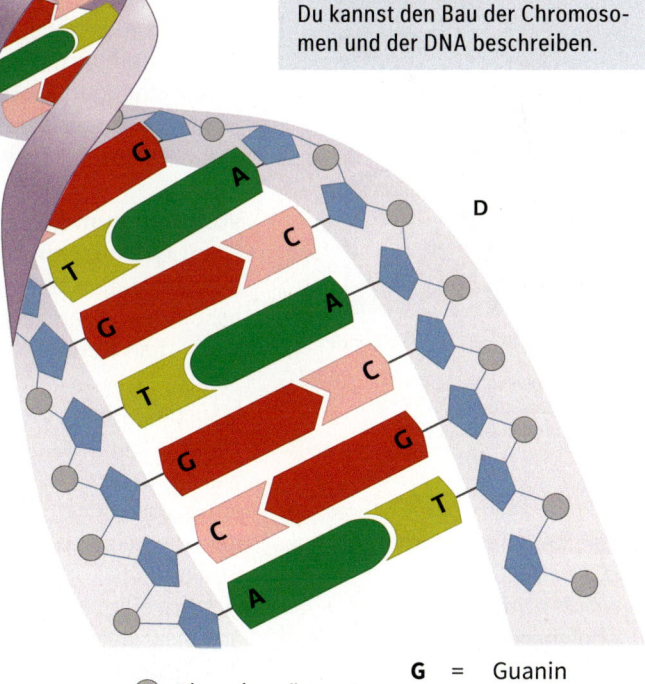

D

Phosphorsäure		
Zucker		

G	=	Guanin
A	=	Adenin
C	=	Cytosin
T	=	Thymin

Die genetische Information der DNA

die Schwungscheibe an den Drehmomentwandler inklusive Kupplungsglocke anflanschen, dann...

Bauanleitung in Fachsprache

passende Bauteile

Fachmann: versteht Information und setzt sie um

funktionierendes Getriebe

1 Informationen umsetzen: Von der Bauanleitung zum funktionierenden Getriebe

Die DNA als Informationsträger

Die DNA lässt sich als Bau- und Betriebsanleitung für die Zelle und letztlich für den Körper auffassen. Die Anleitung ist als stabile DNA-Doppelhelix im Zellkern gespeichert.

Bevor sich Zellen teilen, wird durch eine identische DNA-Verdopplung die Anleitung kopiert und die Information an die Tochterzellen weitergegeben. Nützlich wird die Anleitung aber erst, wenn sie gelesen und umgesetzt wird. Ähnlich wie ein Text mit 26 Buchstaben in einer Fachsprache geschrieben und vom Fachmann gelesen und umgesetzt werden kann, ist die Information auf der DNA in der **Reihenfolge** der vier **Basen** verschlüsselt.
In den Zellen sorgt nun ein chemischer Lese- und Übersetzungsmechanismus dafür, dass anhand der Reihenfolge der Basen die entsprechenden **Proteine** gebildet werden. Dies bezeichnet man als **Proteinbiosynthese.**

Vom Gen zum Merkmal

Einen Abschnitt auf der DNA, der die Information zum Aufbau eines bestimmten Proteins enthält, nennt man **Gen.**

Manche Proteine dienen direkt zum Aufbau des Körpers, andere wirken als Enzyme. Enzyme ermöglichen chemische Reaktionen, die beispielsweise für die Struktur des Kopfhaares verantwortlich sind. Letztlich werden alle Merkmale eines Organismus auf der Grundlage der Gene ausgebildet. Diese Ausbildung wird aber durch Umwelteinflüsse mitgesteuert.

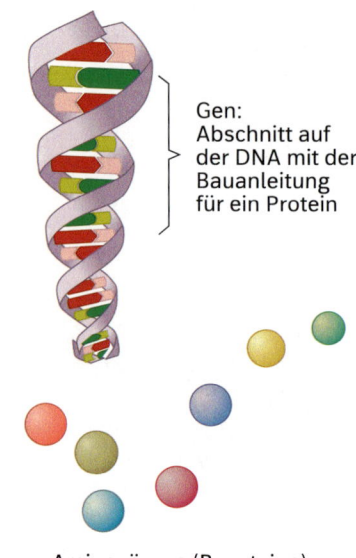

Gen: Abschnitt auf der DNA mit der Bauanleitung für ein Protein

Aminosäuren (Bausteine)

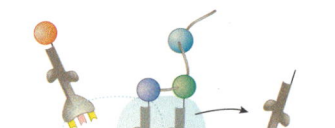

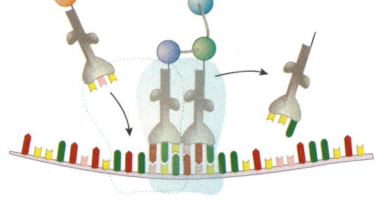

Proteinbiosynthese: chemischer Lese- und Übersetzungsmechanismus

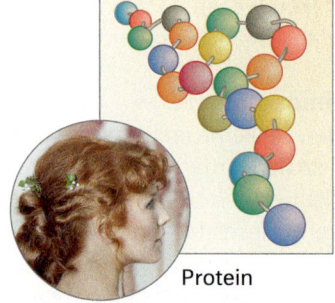

Protein

2 Informationen umsetzen: Vom Gen zum Merkmal (lockiges Haar)

1. ☰ Ⓐ
Vergleiche die Abbildungen 1 und 2 in Bezug auf:
• Art der Informationsspeicherung
• Lesevorgang
• Bauteile
• Produkt

Du kannst erklären, wie Informationen in der DNA gespeichert sind und wie diese in Merkmale umgesetzt werden.

Die Entschlüsselung der DNA – eine Erfolgsgeschichte

Die DNA-Doppelhelix – ein tragfähiges Modell

1951 machten sich FRANCIS CRICK und der junge JAMES WATSON daran, die DNA-Struktur zu entschlüsseln. Die chemischen Bestandteile der DNA waren bereits bekannt. Man konnte sich aber nicht vorstellen, wie das Molekül genau aussieht, das Informationen zum Aufbau eines ganzen Organismus enthält.

Um sich genauere Vorstellungen von der möglichen Molekülstruktur machen zu können, bauten WATSON und CRICK Modelle der DNA-Bausteine und probierten verschiedenste Zusammensetzungen aus.
Dabei nutzten sie die Erkenntnisse von ROSALIND FRANKLIN. Die Forscherin hatte Röntgenstrahlen durch Kristalle isolierter DNA geschickt und aus den Röntgenmustern geschlossen, dass das DNA-Molekül kreis- oder schraubenförmige Strukturen aufweisen muss. Auch Ergebnisse von ERWIN CHARGAFF flossen in die Arbeiten ein: Er hatte festgestellt, dass Adenin immer in der gleichen Menge wie Thymin in der DNA vorkommt und dass dasselbe auch für Guanin und Cytosin gilt. Dies brachte WATSON und CRICK auf die Idee der Basenpaarung.

1953 war es dann so weit: WATSON und CRICK präsentierten ihr Modell der DNA-Doppelhelix. Es erklärt alle bekannten Eigenschaften der DNA und ist bis heute gültig. 1962 erhielten die Forscher den Nobelpreis für ihre Entdeckung.

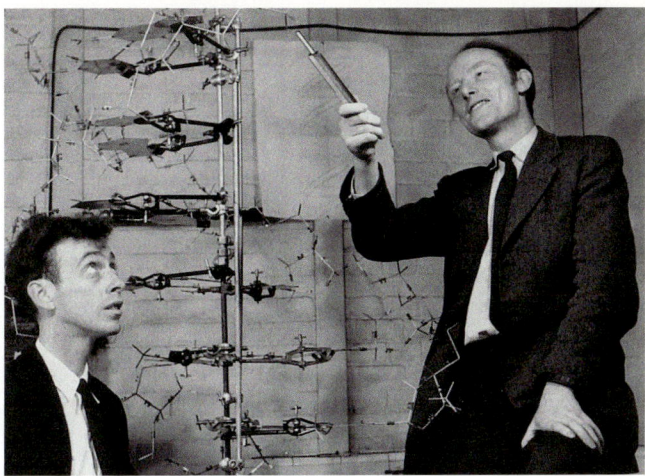

2 JAMES WATSON und FRANCIS CRICK an ihrem Modell der DNA

Das Human-Genom-Projekt

Forschergruppen aus zahlreichen Ländern schlossen sich 1990 – anfangs unter der Leitung von JAMES WATSON – zum Human-Genom-Projekt zusammen. Ziel war es, innerhalb von etwa zwanzig Jahren die Reihenfolge der Basen in der menschlichen DNA zu entschlüsseln. Es kam anders. Rasante Fortschritte in der biochemischen Technik ermöglichten eine ungeahnte Automatisierung der DNA-Analyse. So konnte bereits 2001 die Abfolge der drei Milliarden Basenpaare des Menschen vorgestellt werden.

Nun kennt man zwar die Buchstabenfolge des Lebens und kann auf etwa 25000 menschliche Gene schließen, aber in weiten Bereichen der DNA ist der Sinn der dort gespeicherten Information noch unbekannt. Um sie zu entschlüsseln, arbeiten mehr als 1000 Forschergruppen in der Human-Genom-Organisation (HUGO) heute weltweit zusammen. Die Erkenntnisse über die Funktion von Genen und über ihr Zusammenspiel sind von großer Bedeutung, weil sie auch für die Entwicklung neuer Behandlungsmethoden gegen Krankheiten genutzt werden.

1. ≡ Ⓐ
Erläutere, wie die Vorarbeiten anderer Forscher in die Entwicklung des DNA-Modells von WATSON und CRICK einflossen.

2. ≡ Ⓐ
Begründe mithilfe eines geeigneten Vergleichs, warum die Kenntnis der Basenfolge der DNA noch nicht die dort niedergelegte Information liefert.

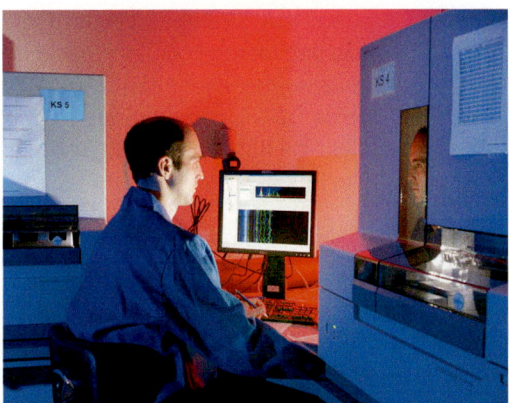

1 Automatisierte DNA-Analyse und Ausgabe der Basenabfolge am Computer

STREIFZUG

Die DNA wird identisch verdoppelt

1. ≣ Ⓥ 🖱
a) Benutzt DNA-Modelle aus der Schulsammlung oder selbst konstruierte Modelle, um daran die Verdopplung der DNA zu zeigen. Geht dabei folgendermaßen vor:
- Öffnet den Doppelstrang in Längsrichtung zu zwei Einzelsträngen, indem ihr die gepaarten Basen an einer Stelle voneinander trennt.
- Ergänzt nun jeden der beiden Einzelstränge durch die passenden Molekülbausteine wieder zu einem Doppelstrang. Achtet auf die korrekte Basenpaarung.

b) Vergleicht die Reihenfolge der Basenpaare und die Verteilung von „altem" und neuem Material der beiden entstandenen Doppelstränge.

2. ≣ Ⓐ 🖱
Erläutere die Bedeutung der DNA-Replikation im Zellzyklus.

3. ≣ Ⓐ 🖱
Beschreibe, welche Auswirkungen der Einbau einer falschen Base in diesem Molekül und nach weiteren Replikationsschritten hat.

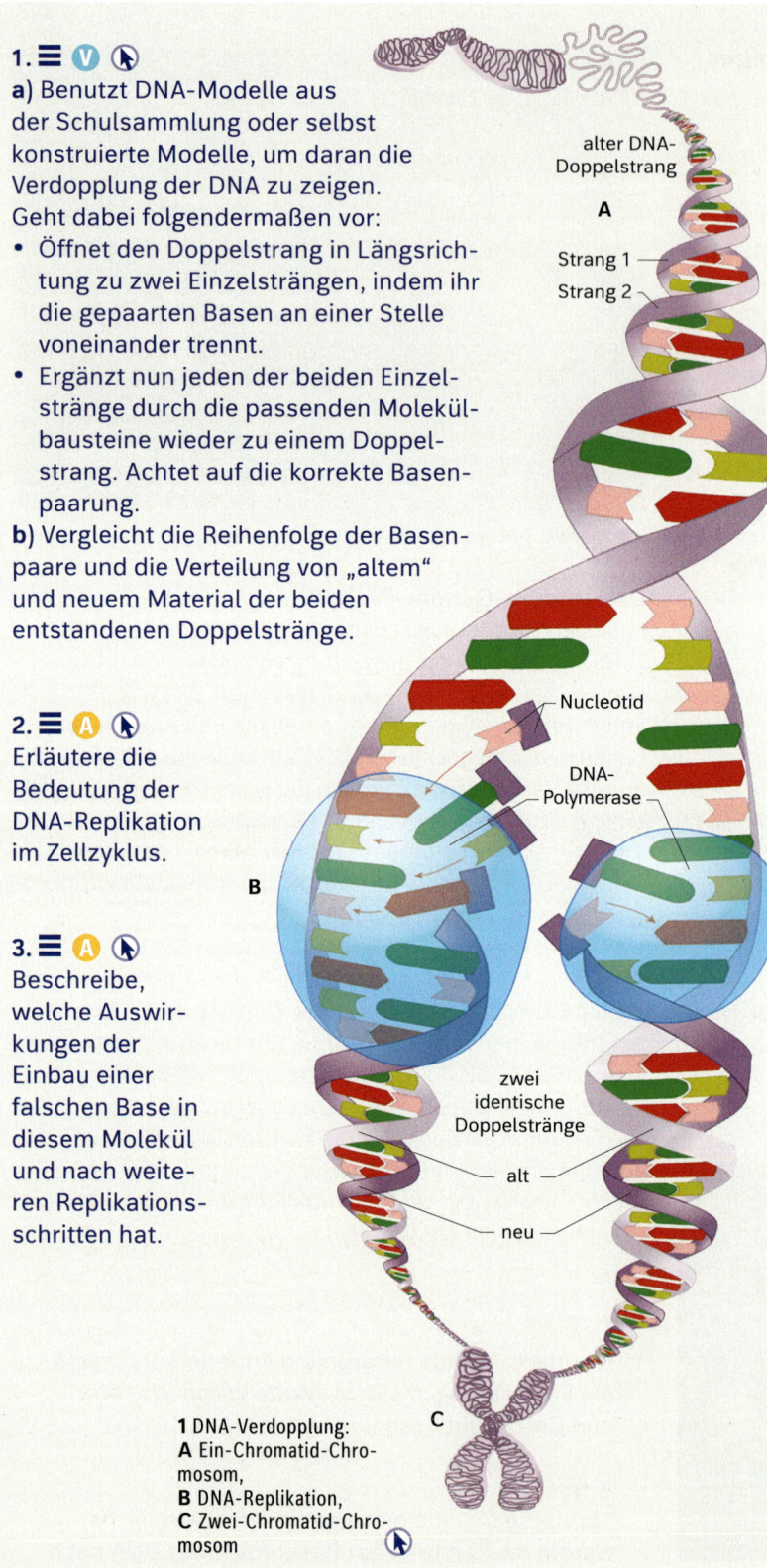

1 DNA-Verdopplung:
A Ein-Chromatid-Chromosom,
B DNA-Replikation,
C Zwei-Chromatid-Chromosom

DNA-Verdopplung und Zellteilung

Bevor sich eine Zelle teilt, wird die DNA verdoppelt. Die gleiche Information liegt nun zweimal vor. Nur so kann bei der Zellteilung jede Tochterzelle die gesamte Erbinformation erhalten. Aus jedem Chromosom mit nur einem Chromatid entsteht dabei ein Chromosom mit zwei Chromatiden, also mit zwei identischen DNA-Fäden. Dieser Vorgang findet in der Interphase zwischen zwei Mitosen statt.

Die Replikation

Bei der identischen DNA-Verdopplung, der **Replikation,** öffnet sich der DNA-Doppelstrang in Längsrichtung wie ein Reißverschluss. Nun lagern sich der Basenpaarung entsprechend passende Nukleotide an die offenen Einzelstränge an und werden miteinander verknüpft. So entstehen wieder zwei komplette Doppelstränge. Diese Vorgänge werden durch verschiedene Enzyme ermöglicht. Ein wichtiges Enzym ist die **DNA-Polymerase,** die den geöffneten Einzelstrang entlang läuft und die neu angelagerten Nukleotide verkettet.

Die gebildeten Doppelstränge bestehen je zur Hälfte aus dem alten DNA-Strang und aus einem neu gebildeten Strang. Durch die festgelegte Basenpaarung haben beide DNA-Doppelstränge dieselbe Basenreihenfolge wie der alte Doppelstrang. Sie enthalten also identische Informationen und geben diese bei der Zellteilung an die Tochterzellen weiter.

Du kannst beschreiben, wie die identische Replikation der DNA abläuft und ihre Funktion im Zellzyklus erläutern.

Eiweißbildung - vom Gen zum Merkmal

im Zellkern:

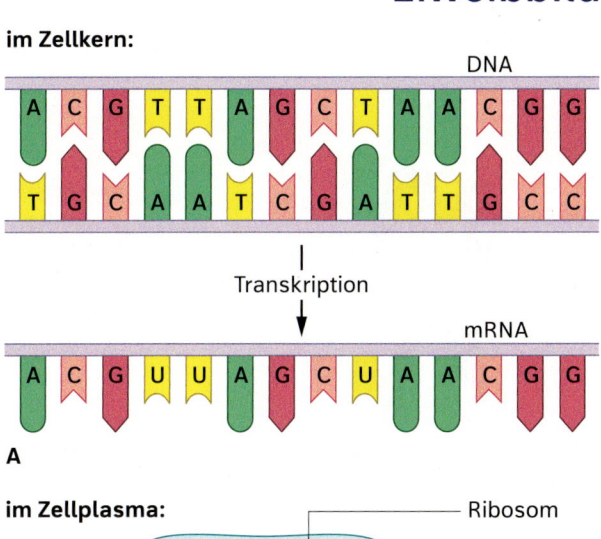

A

im Zellplasma:

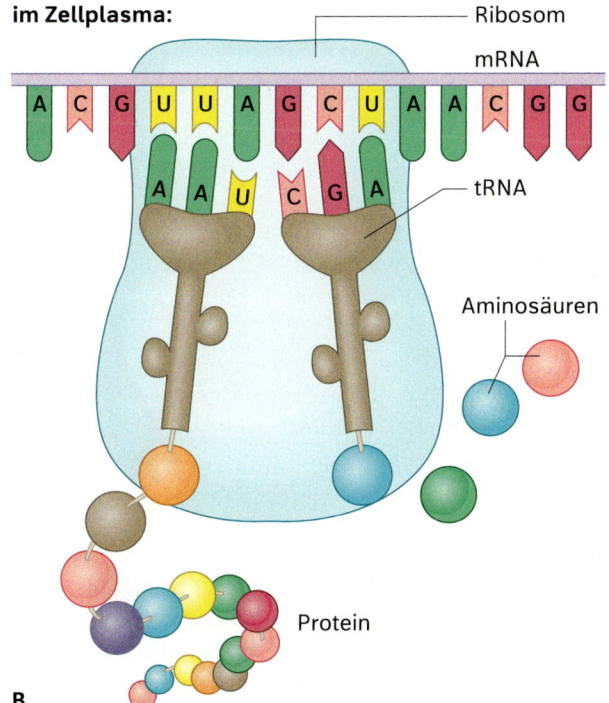

B

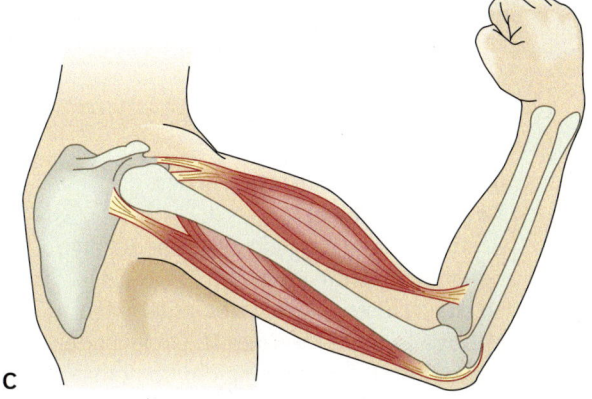

C

1 Eiweißbildung: **A** Transkription,
B Translation, **C** Eiweiß (Protein)

1. ≡ Ⓐ
a) Nenne die beiden Hauptschritte der Eiweißbildung.
b) Erkläre die Bedeutung der Boten-RNA (m-RNA) und der transfer-RNA (tRNA) für die beiden Vorgänge.

2. ≡ Ⓐ
Erkläre, warum ein defektes Gen zu einer Erkrankung wie Muskelschwund führen kann. Bedenke, dass Muskeln aus Eiweißen aufgebaut sind.

Das Gen

Auf der DNA ist die Erbinformation gespeichert. Sie ist in der Reihenfolge der vier Basen „aufgeschrieben". Ein Gen ist ein Abschnitt auf der DNA, der die Information für die Bildung eines bestimmten Eiweiß, auch Protein genannt, enthält.

Das Abschreiben - die Transkription

Von der DNA wird zunächst eine Kopie angefertigt, die einzelsträngige **Boten-RNA.** Die Boten-RNA wird auch **mRNA** (messenger RNA) genannt. Sie bringt die Information aus dem Zellkern in das Zellplasma. Dort findet dann die eigentliche Bildung der Eiweiße statt.

Die Übersetzung - die Translation

An den Ribosomen wird das Eiweiß aus Bausteinen, den 20 verschiedenen Aminosäuren, zusammengebaut. Die richtige Reihenfolge der Aminosäuren im Eiweiß wird dabei durch die Reihenfolge der Basen auf der Boten-RNA bestimmt. Bei der Informationsübersetzung helfen die **tRNA**s (transfer RNA).

Eiweiße bestimmen Merkmale

Jedes Eiweiß hat eine wichtige Funktion. Manche Eiweiße sind Baustoffe, die zum Beispiel beim Aufbau der Haare oder der Muskeln beteiligt sind. Viele andere Eiweiße sind Enzyme, die bestimmte Stoffwechselreaktionen im Körper bewirken. Der Körper ist auf die Bildung dieser Stoffe angewiesen.

Du kannst die Eiweißbildung erklären.

Keimzellbildung und Befruchtung

1. ≡ **V**

a) Baue aus verschiedenfarbigen "Pfeifenputzern" und Druckknöpfen zwei Chromosomenmodelle. Wickle die Pfeifenputzer spiralförmig um eine Kugelschreibermine. Ziehe die Mine heraus und befestige einen spiralisierten Pfeifenputzer an einem Druckknopf. Befestige einen weiteren Pfeifenputzer derselben Farbe am Gegenstück des Druckknopfs, sodass du die beiden zusammendrücken kannst. So erhälst du ein Chromosomenmodell, bestehend aus zwei Chromatiden. Baue in gleicher Weise ein zweites Modell in einer anderen Farbe.
b) Vergleiche die Teile eines Modells mit den Bestandteilen eines Chromosoms.
c) Führt folgende Partnerarbeit durch: Einer liest den Text über die Meiose, während der andere die Vorgänge mithilfe der Chromosomenmodelle nachvollzieht.

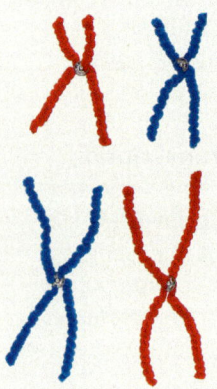

2. ≡ **V** **(cursor)**

Baue wie in den Abbildungen vier Chromosomenmodelle aus zwei unterschiedlichen Farben. Verdeutliche mithilfe der Modelle, wie sich Chromosomen während der Meiose verteilen können und gib die Zahl möglicher Kombinationen an.

3. ≡ **A**

Gib die Zahl möglicher Kombinationen mit drei, vier und 23 Chromosomenpaaren an.

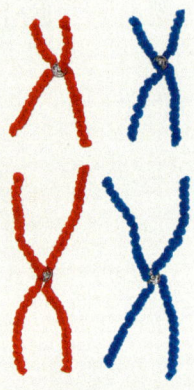

4. ≡ **A**

Erkläre die Bedeutung folgender Begriffe: haploid, diploid, homologe Chromosomen, Keimzellen, Rekombination, Befruchtung.

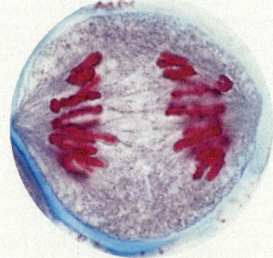

5. ≡ **A**

a) Benenne die in der lichtmikroskopischen Aufnahme gezeigte Phase der Meiose.
b) Erläutere mithilfe der Fachbegriffe, was hier passiert.

Keimzellbildung

Die zur geschlechtlichen Fortpflanzung notwendigen **Keimzellen,** also die Spermien und Eizellen, werden aus spezialisierten Zellen der Eierstöcke und Hoden gebildet. Der diploide Chromosomensatz dieser Zellen muss dabei zum haploiden Satz der Eizellen und Spermien vermindert werden. So wird sichergestellt, dass es von einer Generation zur nächsten nicht zu einer Verdopplung der Chromosomenzahl kommt.

Meiose – Kernteilung bei der Keimzellbildung

Bei der Bildung der Keimzellen findet eine besondere Kernteilung statt, die Meiose. Sie lässt sich in zwei Abschnitte unterteilen: **Meiose I** und die **Meiose II.** Dabei finden in der Meiose I die Trennung der homologen Chromosomen und in der Meiose II die Trennung der Chromatiden statt.

Im Verlauf der Meiose I lagern sich die homologen Chromosomen in der Prophase I paarweise nebeneinander. In den anschließenden Phasen, der Metaphase I und Anaphase I, werden die homologen Chromosomen getrennt und auf die Tochterzellen verteilt. Dabei ist es zufällig, in welche der beiden Zellen das Chromosom mit Genen des Vaters und in welche das mit Genen der Mutter gelangt. Da hierbei die Gene vermischt und neu kombiniert werden, spricht man von **Neu- oder Rekombination.** Am Ende der Telophase I liegen zwei Zellen mit jeweils haploidem Chromosomensatz vor.

Die sich anschließende Meiose II gleicht in ihrem Verlauf einer Mitose. Die Chromatiden der Zwei-Chromatid-Chromosomen werden getrennt, sodass vier haploide Keimzellen entstehen, die jeweils Ein-Chromatid-Chromosomen enthalten. Während beim Mann nach der Meiose vier Spermienzellen vorhanden sind, entstehen bei der Frau nur eine Eizelle und drei Polkörperchen, die später abgebaut werden. Bei der **Befruchtung** verschmilzt ein Spermium mit der Eizelle. Die befruchtete Eizelle ist dann diploid.

Meiose erzeugt Vielfalt
Durch die zufällige Verteilung homologer Chromosomen während der Meiose und das zufällige Zusammentreffen von Ei- und Spermiumzelle bei der Befruchtung werden Gene neu kombiniert. So entsteht auch unter Geschwistern eine große Vielfalt, die als **genetische Variabilität** bezeichnet wird.

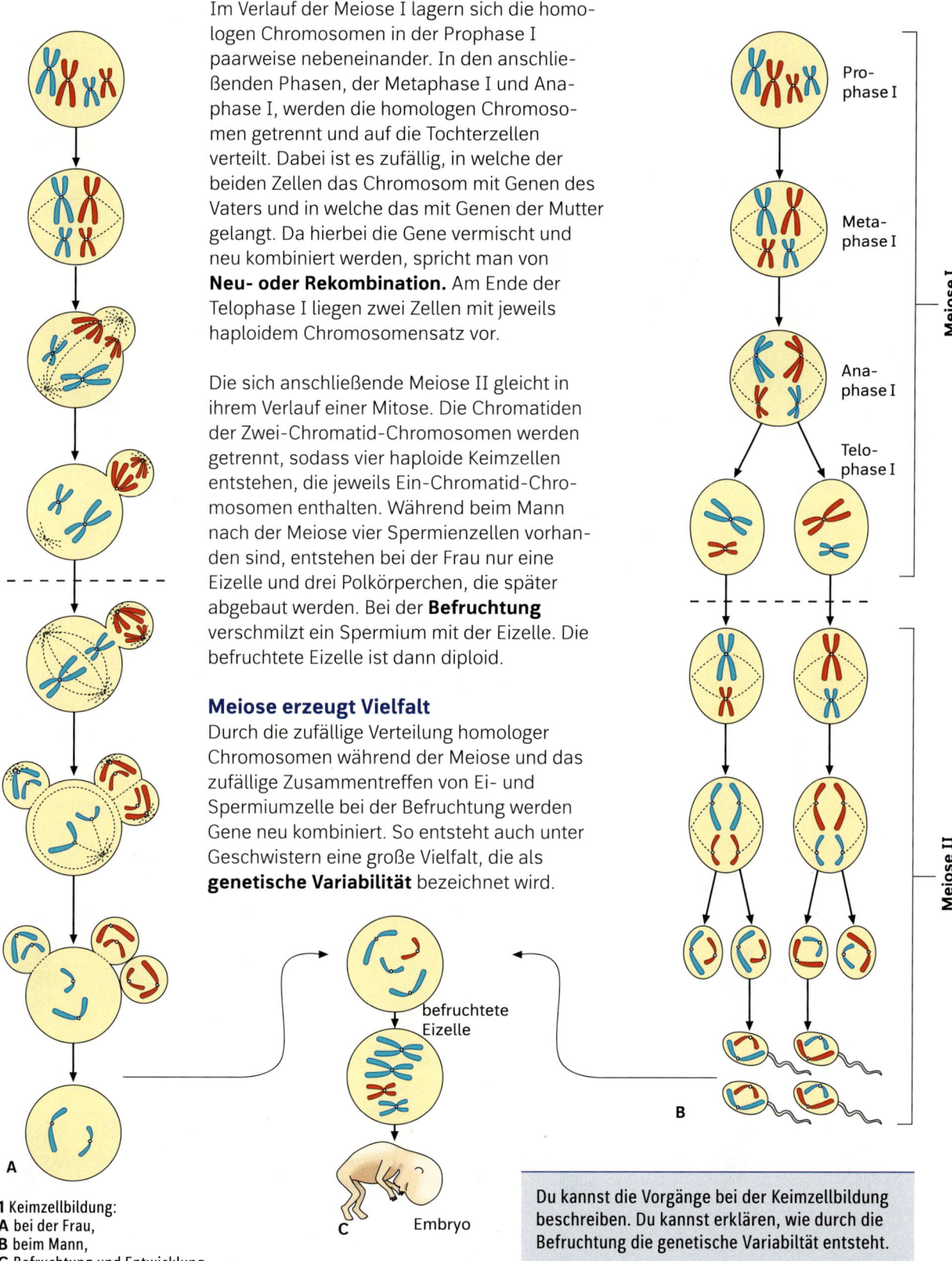

1 Keimzellbildung:
A bei der Frau,
B beim Mann,
C Befruchtung und Entwicklung

Du kannst die Vorgänge bei der Keimzellbildung beschreiben. Du kannst erklären, wie durch die Befruchtung die genetische Variabilität entsteht.

Basiskonzepte S. 171

Ein Mönch entdeckt die Gesetzmäßigkeiten der Vererbung

1 JOHANN GREGOR MENDEL

MENDEL experimentierte

In der Mitte des 19. Jahrhunderts führte der Augustinermönch JOHANN GREGOR MENDEL in seinem Klostergarten Kreuzungsexperimente mit der Gartenerbse durch. Er entdeckte dabei die grundlegenden Prinzipien der Vererbung und stellte allgemein gültige Vererbungsregeln auf, die auch heute noch die Grundlagen der Genetik bilden. Dass MENDEL seine Entdeckungen machen konnte, bevor man die Meiose kannte, lag an seiner Vorgehensweise: MENDEL plante seine Versuche sorgfältig, führte sie exakt durch und deutete die Beobachtungen auf geniale Weise.

Versuchsobjekt Erbse

Die Gartenerbse ist für Kreuzungsversuche besonders geeignet: Sie lässt sich gut anbauen und erzeugt schnell viele Samen als Nachkommen. Sie hat erbliche Merkmale, die stets in zwei klar zu unterscheidenden Merkmalsformen vorkommen. So tritt das Merkmal Blütenfarbe nur als weiße oder purpurfarbene Blüte auf. Es treten keine Mischformen wie rosa Blüten auf. Alle Erbsenblüten enthalten männliche und weibliche Geschlechtsorgane. Gelangt Pollen von Staubblättern auf den Fruchtknoten derselben Blüte, findet Selbstbestäubung statt.

Reinerbige Elterngeneration

MENDEL wählte wiederholt Erbsenpflanzen mit einer bestimmten Merkmalsform aus. Er sorgte dafür, dass diese sich selbst bestäubten. Pflanzen mit

3 Blüte und Früchte mit Samen

anderen Merkmalsformen sortierte er aus. Über viele Generationen durfte nur eine einzige Form auftreten. So erhielt MENDEL Pflanzen, die für diese Merkmalsform reinerbig waren. Für ihn war eine Pflanze reinerbig, wenn ihre Vorfahren seit vielen Generationen nur weiße Blüten hatten. MENDEL fand heraus, dass dann auch ihre Nachkommen nur weiße Blüten hatten.

Blütenfarbe	Blütenstellung	Samenfarbe	Samenform	Hülsenform	Hülsenfarbe	Stiellänge
purpurfarben	achsenständig	gelb	rund	einfach gewölbt	grün	langstielig
weiß	endständig	grün	runzelig	eingeschnürt	gelb	kurzstielig

2 Merkmale und Merkmalsformen, die von MENDEL untersucht wurden.

Kreuzungsexperimente

Mit solchen reinerbigen Pflanzen führte Mendel dann Kreuzungsexperimente durch. So kreuzte er eine Pflanze mit purpurfarbenen Blüten mit einer, die weiße Blüten besaß. Erst entfernte er die Staubgefäße der purpurfarbenen Blüte, um eine Selbstbestäubung zu verhindern. Dann übertrug er mit einem Pinsel Pollen der weißen Blüte auf die Narbe der purpurfarbenen Blüte. Im Fruchtknoten entwickelten sich nach dieser **Fremdbestäubung** dann die Samen, aus denen sich nach dem Aussäen Erbsenpflanzen mit neuen Merkmalsformen bildeten.

Die Samen und die entstehenden neuen Pflanzen sind **mischerbige** Individuen oder **Hybriden.** Sie bildeten die erste Tochtergeneration, die man erste Filialgeneration (F_1-**Generation**) nennt.

Die Pflanzen, die den Pollen lieferten und empfingen, waren die Eltern- oder Parentalgeneration (**P-Generation**). In weiteren Experimenten ließ Mendel die F_1-Generation sich selbst bestäuben und erhielt so die zweite Tochtergeneration (F_2-**Generation**).

Mendels Ergebnisse

Mendel wiederholte seine Versuche viele Male und notierte exakt, welche Merkmalsform wie häufig in jeder Generation auftrat. Über einen Zeitraum von sieben Jahren kultivierte er etwa 28000 Erbsenpflanzen. Aus 355 Fremdbestäubungen mit unterschiedlichen Merkmalen zog er 12980 Pflanzenhybriden. Auf diese Weise erhielt er umfangreiches und gesichertes Zahlenmaterial. Zufällige Ergebnisse einzelner Kreuzungen, etwa infolge einer gestörten Fruchtbarkeit einzelner Pflanzen, konnten so das Gesamtergebnis nicht nachhaltig beeinflussen. Seine Experimente protokollierte er sorgfältig, sodass andere Forscher die Versuche wiederholen und überprüfen konnten.

1865 veröffentlichte Mendel sein Werk: „Versuche über Pflanzenhybriden", in dem er seine Beobachtungen und Deutungen beschrieb. Bei der mathematischen Auswertung seiner Experimente waren ihm bestimmte Gesetzmäßigkeiten aufgefallen, die später als **Mendelsche Erbregeln** bezeichnet wurden.

Mendels Werk wurde zunächst nicht beachtet und geriet in Vergessenheit. Erst um 1900 gelangten verschiedene Forscher unabhängig voneinander zu den gleichen Beobachtungen und Folgerungen. Auch heute noch bilden die Mendelschen Regeln die Grundlagen der Genetik.

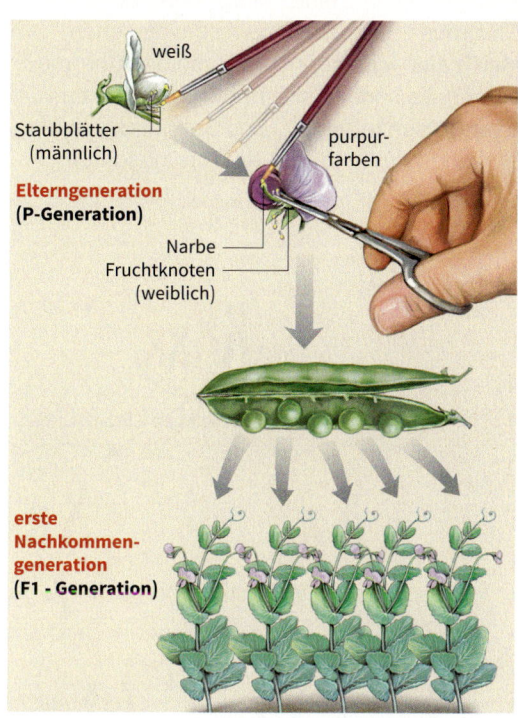

4 Fremdbestäubung bei der Erbse und anschließende Aussaat der Samen

5 Mendels Wirkungsstätte, das Kloster Brünn

1. Erkläre den Unterschied zwischen einem Merkmal und einer Merkmalsform.

2. Erläutere, warum Erbsenpflanzen für Kreuzungsexperimente gut geeignet sind.

3. Erkläre, warum Mendel so viel Mühe auf die Züchtung reinerbiger Elterngenerationen verwandte.

Keimzellbildung und Befruchtung

Jede Körperzelle eines Menschen hat 46 Chromosomen. Jeweils zwei davon sehen gleich aus. Man nennt sie homologe Chromosomen. Es handelt sich um Chromosomenpaare. **Keimzellen** (Ei- und Spermienzellen) enthalten nur halb so viele Chromosomen, nämlich 23. Hier liegt jedes Chromosom nur einmal vor.

Wenn bei der Befruchtung zwei Keimzellen mit je 23 Chromosomen verschmelzen, entsteht ein doppelter Chromosomensatz. Jede Körperzelle des neuen Lebewesens hat wieder 46 Chromosomen.
Die Abbildung zeigt die Bildung der Keimzellen, die **Meiose.** Bei der Meiose wird sichergestellt, dass sich der Chromosomensatz nicht von Generation zu Generation verdoppelt.

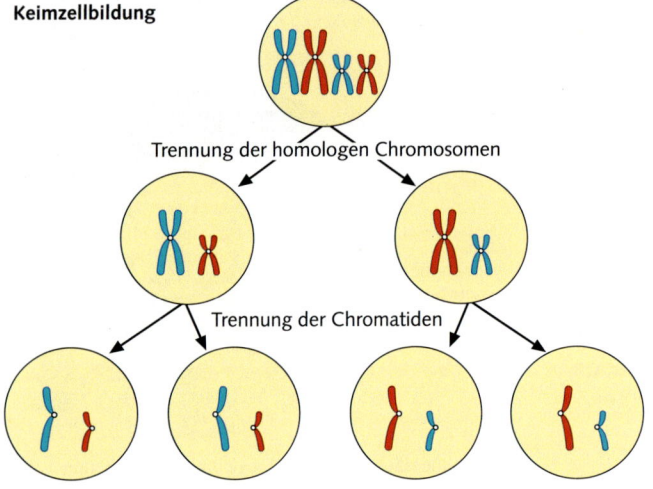

Keimzellbildung

Trennung der homologen Chromosomen

Trennung der Chromatiden

Zelle mit doppeltem Chromosomensatz (hier Zelle mit zwei Chromosomenpaaren)

zwei Tochterzellen mit einfachem Chromosomensatz

Keimzellen mit einfachem Chromosomensatz, Chromosomen bestehend aus je einem Chromatid

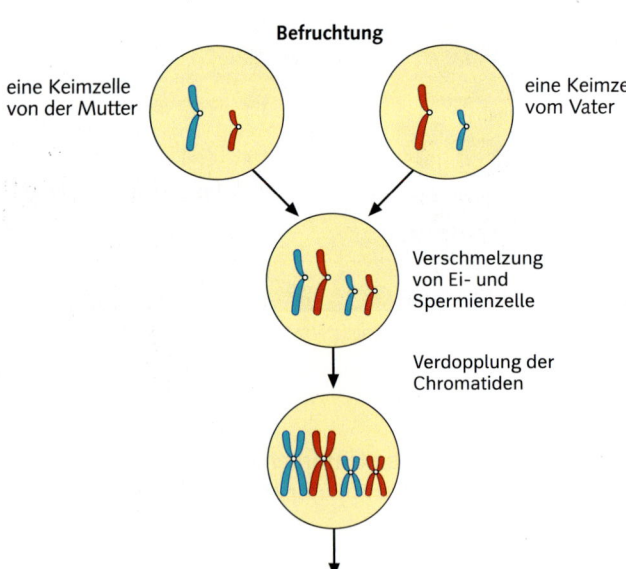

Befruchtung

eine Keimzelle von der Mutter

eine Keimzelle vom Vater

Verschmelzung von Ei- und Spermienzelle

Verdopplung der Chromatiden

Entwicklung zum Embryo

1 Keimzellbildung und Befruchtung

befruchtete Eizelle mit doppeltem Chromosomensatz

Körperzellen mit doppeltem Chromosomensatz

1. ≡ Ⓐ
a) Erkläre, warum sich bei der Bildung von Ei- und Spermienzellen die Chromosomenzahl halbieren muss.
b) Wie viele Keimzellen entstehen aus einer Zelle mit doppeltem Chromosomensatz?

Die 1. und 2. MENDELsche Erbregel

Grundlagen der Vererbung

GREGOR MENDEL entdeckte durch Kreuzungsversuche an Erbsenpflanzen die Grundlagen der Vererbung. Er fand heraus, dass jedem Merkmal zwei Erbanlagen zugrunde liegen. Pflanzen, bei denen diese Erbanlagen für ein Merkmal verschieden sind, nennt man mischerbig. Sind beide Anlagen gleich: reinerbig.

MENDEL verwendete reinerbige Pflanzen für seine Versuche. Er kreuzte sie und untersuchte dann zum Beispiel, wie die Samenfarbe an die Nachkommen weitergegeben wird. Die Samen einer Erbsenpflanze können entweder grün oder gelb sein. Auch die Erbanlagen einer Erbsenpflanze können entweder die Erbinformation "grün" oder "gelb" enthalten. MENDEL kürzte dies ab, indem er zwei Buchstaben aufschrieb: "g" für grün und "G" für gelb.

Kreuzung der Elterngeneration

Reinerbige Elternpflanzen haben entweder die Anlagen gg oder GG für die Samenfarbe. Eine Keimzelle erhält aber nur eine dieser Anlagen, also G oder g. Bei der Befruchtung verschmelzen zwei Keimzellen. Dabei entstehen nur mischerbige Pflanzen, die die Anlagen Gg enthalten. Das Kreuzungsschema in der Abbildung zeigt dies. Die Nachkommen dieser Kreuzung nennt man 1. Tochtergeneration. Wie MENDEL beobachtete, sind deren Samen alle gelb. Er folgerte, dass die Anlage gelb (G) die Anlage grün (g) überdeckt. Er sagte: „Die Anlage für gelbe Samen ist dominant und die für grüne Samen rezessiv."
MENDEL stellte eine erste Regel auf.

1. MENDELsche Erbregel (Uniformitätsregel)

Kreuzt man zwei reinerbige Individuen, die sich in einem Merkmal unterscheiden, so sind die Nachkommen untereinander gleich (uniform).

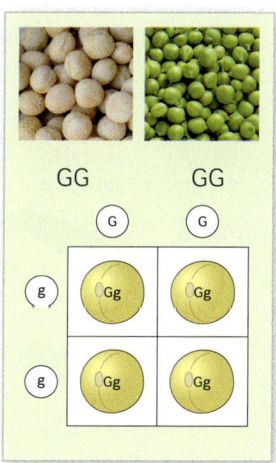

Kreuzung der 1. Tochtergeneration

Jede Pflanze der 1. Tochtergeneration bildet Keimzellen, die entweder die Anlage G oder g enthalten. Die Pflanzen der 2. Tochtergeneration besitzen daher entweder die Anlagen GG, Gg oder gg, wie das Kreuzungsschema zeigt. Es gibt aber nur zwei verschiedene Samenfarben. Da die gelbe Samenfarbe dominant ist, entstehen grüne Samen nur dann, wenn zwei rezessive Anlagen zusammenkommen, also gg. Daher ist das Verhältnis der gelben und grünen Erbsen 3:1.
Aus diesen Überlegungen leitete MENDEL eine zweite Regel ab.

2. MENDELsche Erbregel (Spaltungsregel)

Kreuzt man die Individuen der 1. Tochtergeneration untereinander, so treten in der nächsten Generation beide Merkmalsformen in einem bestimmten Zahlenverhältnis auf.
Bei einem dominant-rezessiven Erbgang ist dieses Zahlenverhältnis 3:1.

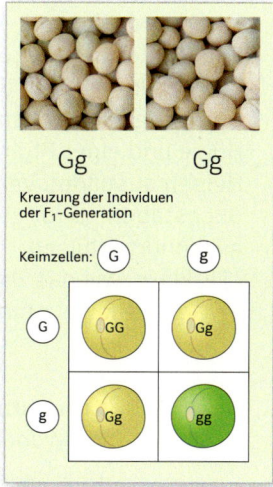

1. ☰ (A)
Erkläre, was die Uniformitätsregel aussagt.

2. ☰ (A)
Erkläre, warum Pflanzen mit gelben Erbsen auch Nachkommen mit grünen Erbsen haben können.

Du kannst die Uniformitäts- und die Spaltungsregel, also die 1. und 2. MENDELsche Erbregel, erläutern.

MENDELsche Erbregeln

1. ☰ Ⓥ
a) Mische gleich viele blaue und rote Karten. Ziehe dann zufällig und blind jeweils zwei Farbkarten und lege diese zu Paaren nebeneinander, bis alle Karten gezogen sind.
b) Gib jeweils die Anzahl der Paare an, die blau/blau, rot/blau oder rot/rot sind.
c) Erkläre, wofür in diesem Modell die Karten und Kartenpaare stehen. Welche MENDELsche Erbregel soll hier veranschaulicht werden?

Gestalt der Hülse	einfach gewölbt	eingeschnürt	P: glatte oder geschnürte Hülsen

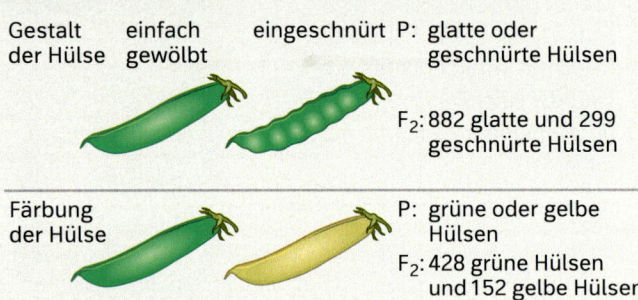

F₂: 882 glatte und 299 geschnürte Hülsen

Färbung der Hülse — P: grüne oder gelbe Hülsen
F₂: 428 grüne Hülsen und 152 gelbe Hülsen

2. ☰ Ⓐ ⟲
a) Ermittle anhand der oben stehenden Kreuzungsergebnisse für jede Merkmalsform, ob sie dominant oder rezessiv vererbt wird.
b) Erstelle ein Kreuzungsschema ähnlich der Abbildung 1 auf der rechten Seite für die Kreuzung einer Erbsenpflanze mit glatter Hülse und einer Pflanze, die geschnürte Hülsen ausbildet. Verwende dabei folgende Buchstaben: G für glatte Hülsen und g für geschnürte Hülsen.
c) Erkläre, wie das Zahlenverhältnis in der F₂-Generation zustande kommt.

3. ☰ Ⓐ
Erkläre die Bedeutung folgender Begriffe: Allel, Genotyp, Phänotyp, reinerbig, mischerbig, dominant, rezessiv.

4. ☰ Ⓐ ⟲
Erläutere mithilfe der Abbildung, wie die Erkenntnisse MENDELS über die Verteilung der Erbanlagen mit heutigen Erkenntnissen zu erklären sind.

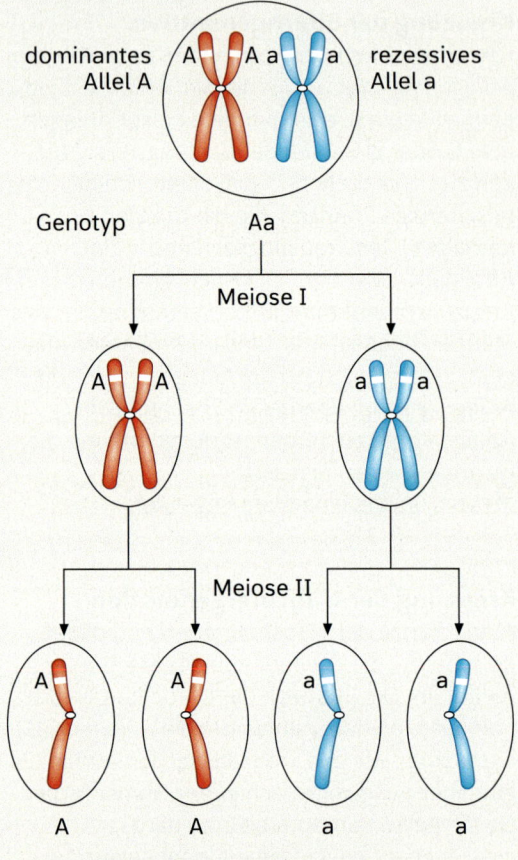

Keimzellen mit dem Allel A bzw. a

Kreuzungsversuche

Die Wunderblume ist eine beliebte Pflanze für Vererbungsversuche. Man kreuzt reinerbige Elternpflanzen (P-Generation) der Wunderblume, die sich nur im Merkmal Blütenfarbe unterscheiden. Werden die rotblühenden mit Pollen einer weißblühenden Sorte bestäubt, so haben die Nachkommen rosa Blüten. Diese Pflanzen haben eine Anlage für „rot" und eine für „weiß". Sie sind mischerbig.

Einen solchen Erbgang, bei dem das Erscheinungsbild zwischen denen der Eltern liegt, bezeichnet man als **intermediären Erbgang.**

Kreuzt man die Mischlinge der 1. Tochtergeneration, auch F₁-Generation genannt, wieder untereinander, so erhält man rotblühende, rosablühende und weißblühende Pflanzen im Verhältnis 1:2:1.

MENDEL experimentierte statt mit Wunderblumen mit reinerbigen Erbsenpflanzen, die sich ebenfalls nur im Merkmal Blütenfarbe (rot und weiß) unterschieden. Auch hier sehen alle Pflanzen der F_1-Generation gleich aus. Sie bilden jedoch rote Blüten. Die rote Anlage überdeckt also die Anlage für weiß, sie ist **dominant.** Die weiße Anlage ist hier **rezessiv.** Daher spricht man von einem dominant-rezessiven Erbgang. Aus solchen Ergebnissen leitet sich eine Regel ab.

> ### 1. MENDELsche Erbregel (Uniformitätsregel)
> Kreuzt man Individuen einer Art, die sich in einem Merkmal reinerbig unterscheiden, sind die Nachkommen in der F_1-Generation untereinander gleich.

MENDEL kreuzte anschließend die Mischlinge der F_1-Generation miteinander. Daraus gingen Pflanzen mit roten und weißen Blüten hervor. Das Zahlenverhältnis betrug im dominant-rezessiven Erbgang ungefähr 3:1. Aus diesen und ähnlichen Versuchen leitete er eine weitere Regel ab.

> ### 2. MENDELsche Erbregel (Spaltungsregel)
> Kreuzt man die Mischlinge der F_1-Generation untereinander, so treten in der F_2-Generation beide Merkmalsformen in einem bestimmten Zahlenverhältnis auf.

Wie lassen sich die MENDELschen Erbregeln erklären?
MENDEL nahm an, dass Pflanzen zwei Anlagen für die Bildung eines Merkmals besitzen. Sie bilden das Erbbild der Eltern, den **Genotyp.** Heute wissen wir, dass es sich hierbei um Gene handelt, die auf homologen Chromosomen liegen. Der Genotyp bestimmt das äußere Erscheinungsbild, den **Phänotyp.**
Das Gen, das für die Blütenfarbe verantwortlich ist, kommt in zwei unterschiedlichen Formen vor, einer für rote Blüten und einer für weiße Blüten. Diese unterschiedlichen Formen eines Gens nennt man **Allele.**
Reinerbige Eltern besitzen zwei gleiche Allele. Diese werden während der Keimzellenbildung in der Meiose getrennt und bei der Befruchtung neu zusammengeführt. So entstehen mischerbige Pflanzen, die ein Allel von einem Elternteil und ein Allel vom anderen Elternteil haben. Dabei überdecken die dominanten Allele die rezessiven Allele.

> Du kannst die 1. und 2. MENDELsche Erbregel nennen und sie unter Berücksichtigung heutiger Erkenntnisse erklären.

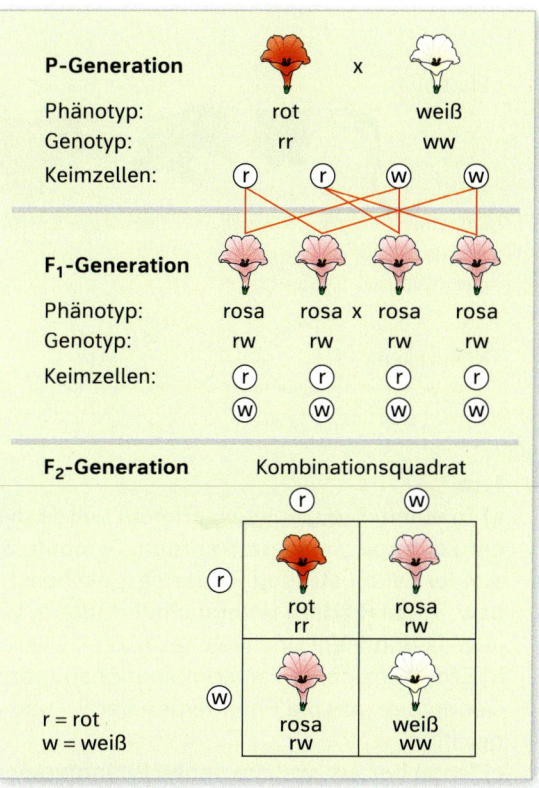

1 Intermediärer Erbgang

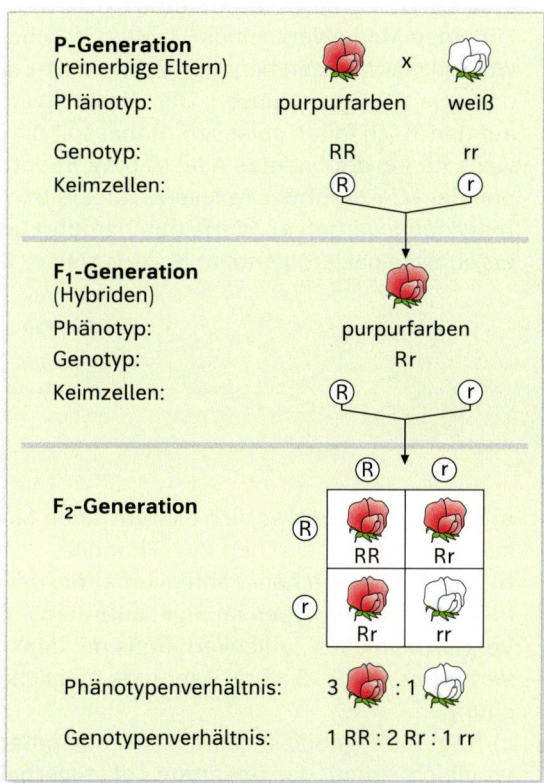

2 Dominant-rezessiver Erbgang

Erbanlagen können neu kombiniert werden

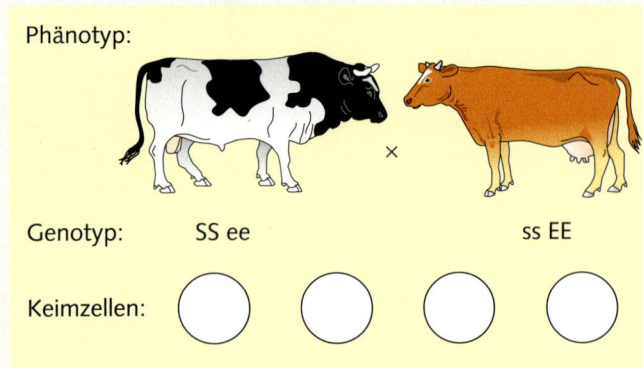

Phänotyp:

×

Genotyp: SS ee ss EE

Keimzellen:

1. ≡ Ⓐ

a) In einem Kreuzungsexperiment wurde die Vererbung der Fellfarbe (schwarz/rotbraun, Symbole S bzw. s) und die der Fellmusterung (einfarbig/gescheckt, Symbole E bzw. e) bei Rindern untersucht. Erläutere, welches Allel jeweils dominant und welches rezessiv vererbt wird.
b) Ermittle mithilfe von Kombinationsquadraten die Genotypen und die Phänotypen der F_1- und der F_2-Generation.
c) Finde heraus, welche neuen Phänotypen entstehen.

2. ≡ Ⓥ

Für einen Modellversuch der 3. MENDELschen Regel werden vier Münzen benötigt, z. B. zwei 1-Euro-Münzen und zwei 50-Cent-Münzen. Die Münzen werden jeweils auf den Tisch fallen gelassen. Dabei soll die Zahl jeweils für ein dominantes Allel (A bzw. B) und das Wappen der Münze für das rezessive Allel (a bzw. b) stehen. Insgesamt werden 48 Würfe durchgeführt und die Ergebnisse nach folgendem Muster notiert. Beispiel:

	Genotyp	Phänotyp
1. Wurf	Aa BB	A B
2. Wurf	aV bb	A b

a) Erläutere, warum es sich hier um einen Modellversuch zur 3. MENDELschen Regel handelt.
b) Ermittle, in welchem Zahlenverhältnis die vier möglichen Phänotypen im Spiel auftreten.
Vergleiche dieses Zahlenverhältnis mit dem erwarteten Verhältnis von 9 : 3 : 3 : 1. Begründe mögliche Abweichungen.
c) Tragt die Ergebnisse der Klasse zusammen und vergleicht erneut das erwartete Zahlenverhältnis mit dem ermittelten Ergebnis.

3. ≡ Ⓐ 🖰

Die Gefiederfärbung von Wellensittichen ergibt sich durch das Zusammenspiel zweier Gene: Ein Gen bestimmt die Färbung der äußeren Teile der Feder, ein zweites die Färbung des Federkerns.
Ist das dominante Allel Y vorhanden, so erzeugt dies eine Gelbfärbung des äußeren Teils der Feder. Das rezessive Allel y erzeugt einen farblosen äußeren Teil. Im Federkern führt das dominante Allel B zur Blaufärbung. Beim rezessiven Allel b bleibt der Federkern weiß. Es entstehen vier unterschiedliche Phänotypen, nämlich grüne, blaue, gelbe und weiße Wellensittiche.
a) Erkläre, wie die grüne Gefiederfärbung beim Wellensittich entsteht.
b) Bestimme den Genotyp und den Phänotyp der F_1- und der F_2-Generation einer Kreuzung zwischen reinerbig grünen (YYBB) und weißen Vögeln (yybb). Erstelle dazu Kombinationsquadrate.

Phänotyp: weiß
Genotyp: yybb

kein gelber Farbstoff   kein blauer Farbstoff

gelb
YYbb

gelber Farbstoff   kein blauer Farbstoff

blau
yyBB

kein gelber Farbstoff   Farbstoffkörnchen

grün
YYBB

gelber Farbstoff   Farbstoffkörnchen

Vererbung zweier Merkmale

MENDEL untersuchte die Vererbung bei Erbsenpflanzen, die sich in zwei Merkmalen unterschieden. Als Merkmale wählte er die Samenfarbe und die Samenform, die jeweils in zwei Merkmalsformen vorkommen. Bei der Farbe sind dies gelbe oder grüne Samen, bei der Form runde oder runzlige Samen.

MENDEL wählte als Elterngeneration reinerbige Erbsenpflanzen mit gelben, runden Samen sowie Pflanzen mit grünen, runzligen Samen. Entsprechend der Uniformitätsregel sahen die Mischlinge der F_1-Generation gleichartig aus. Ihre Samen waren gelb und rund. Diese Merkmalsformen, rund und gelb, mussten also dominant sein.
Als MENDEL die Pflanzen der F_1-Generation untereinander kreuzte, erhielt er in der F_2-Generation 315 gelb-runde, 101 gelb-runzlige, 108 grün-runde und 32 grün-runzlige Samen. Es entstanden also Samen vier verschiedener Phänotypen, die ungefähr im Zahlenverhältnis 9:3:3:1 aufspalteten. Neben den Merkmalskombinationen, die schon in der P- und F_1-Generation zu beobachten waren, traten jetzt aber auch zwei völlig **neue Phänotypen** auf: gelb-runzlige und grün-runde Samen. Offensichtlich konnten die Merkmalsformen unabhängig voneinander neu kombiniert werden. Daraus lässt sich eine weitere Regel ableiten.

> ### 3. MENDELsche Erbregel (Unabhängigkeitsregel)
> Kreuzt man Individuen, die sich in mehreren Merkmalen reinerbig unterscheiden, so werden die einzelnen Merkmalsformen unabhängig voneinander vererbt.

Die **Neukombination** von Merkmalsformen erklärt sich dadurch, dass die Gene beider Merkmale auf unterschiedlichen, nicht homologen Chromosomen liegen. Befinden sich also die Gene für die Samenfarbe und für die Samenform auf verschiedenen Chromosomenpaaren, werden sie im Verlauf der Meiose neu kombiniert. So können aus den F_1-Pflanzen mit dem Genotyp GgRr vier unterschiedliche Keimzellen gebildet werden: GR, gR, Gr und gr. Sie führen nach der Befruchtung zu 16 Genotypen, die die vier Phänotypen gelb-rund, gelb-runzlig, grün-rund und grün-runzlig im Verhältnis 9:3:3:1 hervorbringen.
In der Tier- und Pflanzenzucht spielt die Neukombination eine wichtige Rolle. Je nach Züchtungsziel lassen sich so gewünschte Eigenschaften neu zusammenführen.

Du kannst die 3. MENDELsche Erbregel und ihre Bedeutung für die Tier- und Pflanzenzucht erläutern.

P-Generation
Phänotyp:

Genotyp: GG RR x gg rr

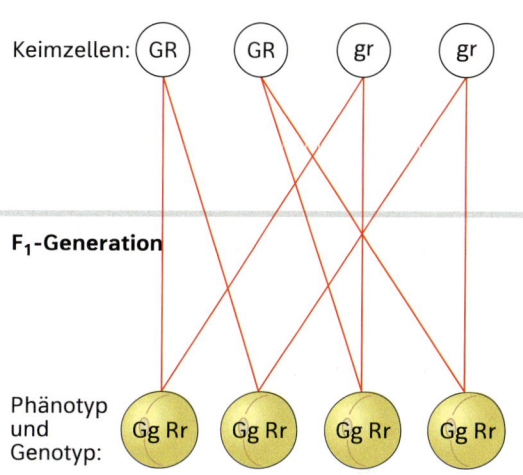

1 Erbgang mit zwei unterschiedlichen Merkmalen
(G = gelb, g = grün, R = rund, r = runzlig)

Basiskonzepte S. 171

Erbregeln gelten auch für den Menschen

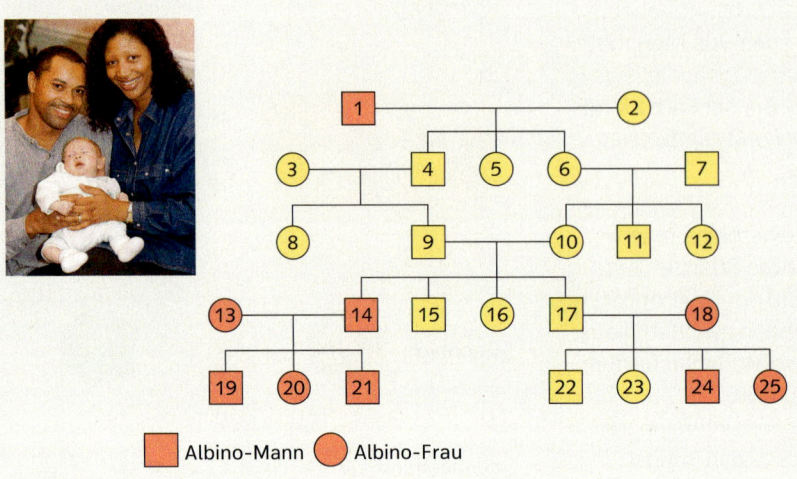

Albino-Mann ■   Albino-Frau ●

1.  Ⓐ 🔾
Beim Albinismus wird aufgrund eines Gendefekts der dunkle Farbstoff Melanin nicht gebildet. Albinos besitzen daher weiße Haare, eine sehr helle Haut und rötliche Augen. Sie sind sehr lichtempfindlich und müssen sich vor UV-Strahlen schützen.
a) Ermittle anhand des Stammbaums, ob Albinismus dominant oder rezessiv vererbt wird.
b) Ordne den Allelen die entsprechenden Groß- bzw. Kleinbuchstaben zu und gib die Genotypen sämtlicher Personen an.

2. ≣ Ⓐ
In einer Familie mit zwei Kindern besitzen die Eltern die Blutgruppe A bzw. B. Gib die möglichen Genotypen der Eltern und die möglichen Genotypen und Phänotypen der Kinder an.

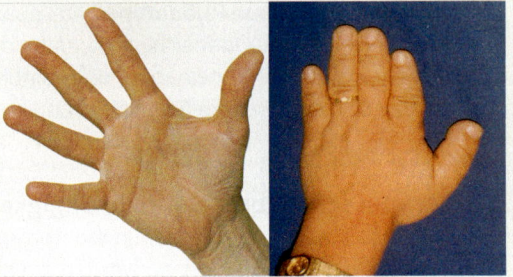

4. ≣ Ⓐ
a) Manche Menschen besitzen erblich bedingt verkürzte Finger. Ermittle anhand des Stammbaumes, ob Kurzfingrigkeit dominant oder rezessiv vererbt wird.
b) Ordne den verschiedenen Allelen entsprechend Groß- bzw. Kleinbuchstaben zu und gib für alle Personen des Stammbaumes die Genotypen an.

3. ≣ Ⓐ 🔾
Auf einer Säuglingsstation wurden vier Kinder mit den Blutgruppen A, B, AB und 0 geboren. Die Blutgruppen der Eltern sind:
Eltern 1: 0/0, Eltern 2: AB/0, Eltern 3: A/B, Eltern 4: B/B.
Gib die möglichen Genotypen aller Personen an und ordne die vier Kinder begründet den jeweiligen Eltern zu.

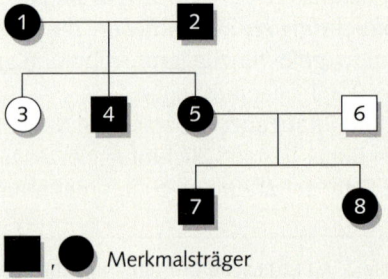

■ , ● Merkmalsträger

Stammbaumanalyse

Die MENDELschen Regeln gelten auch für Menschen. Für Merkmale, die nur von einem Gen bestimmt werden, lässt sich dies mithilfe einer **Stammbaumanalyse** zeigen: Das Auftreten einer Merkmalsform wird über mehrere Generationen hinweg verfolgt. Dann kann man vom Phänotyp zurück auf den Genotyp schließen. Ein Beispiel dafür ist die Form des Haaransatzes. Dieser kann glatt oder dreieckig sein. Der dreieckige Haaransatz wird Witwenspitz genannt. Wie wird das Gen für die Ausprägung des Haaransatzes vererbt?

Durch den Stammbaum bekommt man einen ersten Hinweis auf eine dominante Vererbung, wenn ein Merkmal in jeder Generation auftritt. Man erkennt in dem rechts abgebildeten Stammbaum im unteren Abschnitt, dass die Eltern und deren Tochter A einen Witwenspitz haben, Tochter B jedoch nicht. Nimmt man an, dass das Allel für den Witwenspitz dominant vererbt wird (Symbol W), lassen sich sämtliche Personen des Stammbaumes bestimmten Genotypen zuordnen, ohne dass dabei Widersprüche auftreten. Bei rezessiver Vererbung wäre dies nicht möglich: Die Eltern mit Witwenspitz müssten dann den Genotyp ww besitzen und könnten nur Kinder mit Witwenspitz zeugen. Das Ergebnis der Stammbaumanalyse ist eindeutig: Der Witwenspitz wird dominant vererbt.

Viele Merkmale des Menschen wie die Haut- oder Haarfarbe werden allerdings nicht nur durch ein Gen, sondern durch mehrere Gene bestimmt. In diesen Fällen lassen sich keine einfachen Erbgänge darstellen.

1 Haaransatz: **A** Witwenspitz, **B** kein Witwenspitz

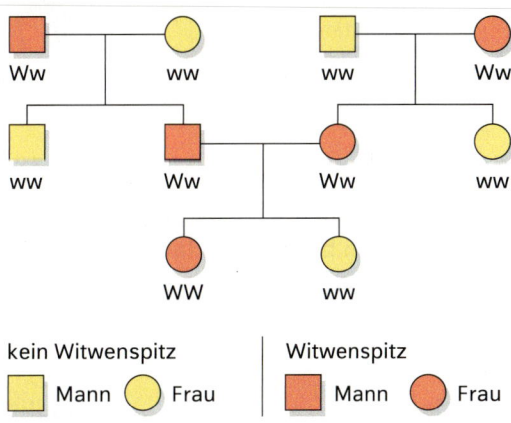

kein Witwenspitz | Witwenspitz

Mann ◻ Frau ◯ | Mann ◼ Frau ⬤

2 Stammbaum zur Vererbung des Witwenspitzes

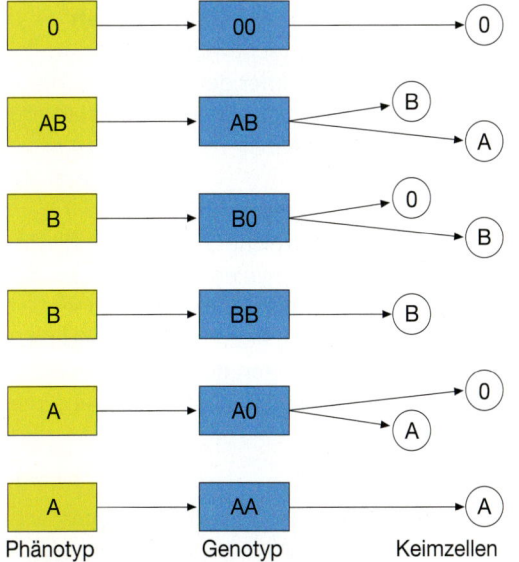

3 Allele bei der Vererbung der Blutgruppen

Phänotyp — Genotyp — Keimzellen

Vererbung der Blutgruppen

Auch die Blutgruppen des Menschen werden vererbt. Man unterscheidet hier vier verschiedene Phänotypen, die Blutgruppen A, AB, B und 0. Die Vererbung ist besonders, da das entsprechende Gen nicht in zwei, sondern in drei verschiedenen Allelen vorliegt, die man als A, B und 0 bezeichnet.

Die Allelkombination AA führt beispielsweise zur Blutgruppe A. Da die Allele A und B dominant über das rezessive Allel 0 sind, ergeben die Kombinationen A0 oder B0 die Blutgruppen A bzw. B.

Bei der Allelkombination AB entsteht die Blutgruppe AB. In diesem Fall wirken beide Allele dominant. Man spricht von **Kodominanz.**

Du kannst einen Stammbaum erläutern und analysieren. Du kannst die Vererbung der Blutgruppen des Menschen erklären.

Mutationen – Veränderungen der DNA

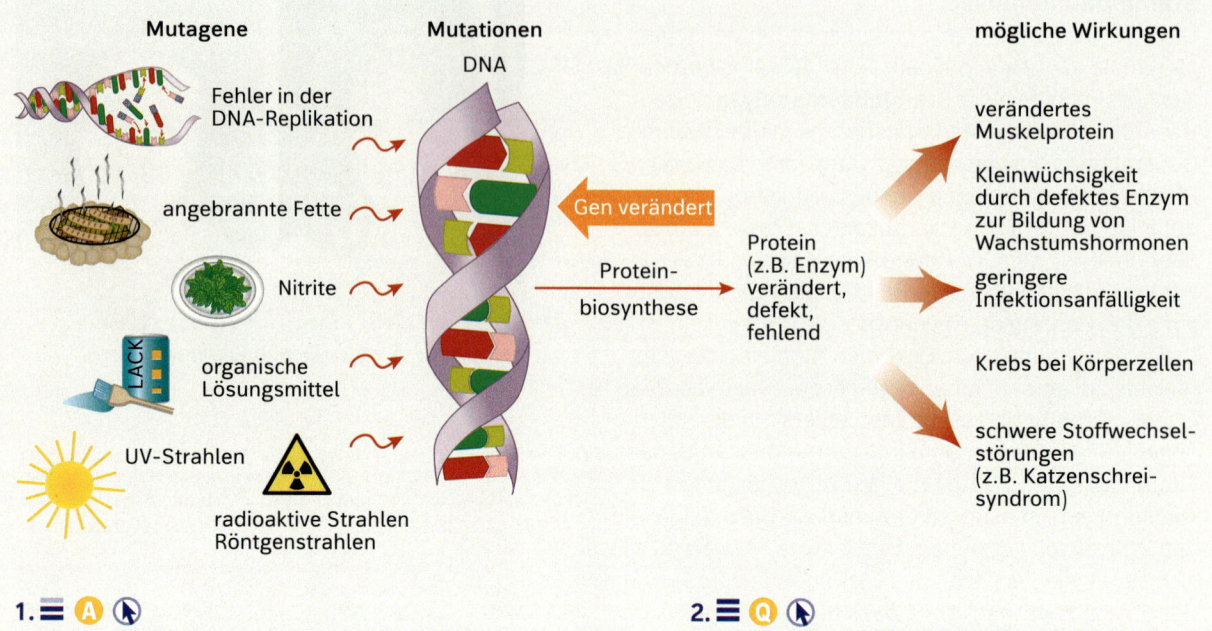

Mutagene

Fehler in der DNA-Replikation

angebrannte Fette

Nitrite

organische Lösungsmittel

UV-Strahlen

radioaktive Strahlen Röntgenstrahlen

Mutationen

DNA

Gen verändert

Protein-biosynthese

Protein (z.B. Enzym) verändert, defekt, fehlend

mögliche Wirkungen

verändertes Muskelprotein

Kleinwüchsigkeit durch defektes Enzym zur Bildung von Wachstumshormonen

geringere Infektionsanfälligkeit

Krebs bei Körperzellen

schwere Stoffwechsel-störungen (z.B. Katzenschrei-syndrom)

1. Mutationen können das Erbgut von Körperzellen oder von Keimzellen betreffen. Erläutere die unterschied-lichen Konsequenzen.

2. Schreibt einen kleinen Praxisratgeber „Mutagene – wie lassen sich unnötige Belastungen vermeiden?".

Mutationen

Ungerichtete Veränderungen des Erbgutes bezeichnet man als Mutationen. Sie kommen natürli-cherweise relativ selten vor. Man unterscheidet drei Typen von Mutationen.

Genmutationen verändern ein einzelnes Gen. Hierbei können in der DNA Basen ausgetauscht werden, verloren gehen oder ergänzt werden. Dies kann sich auf den Organismus auswirken, muss es aber nicht.

Bei **Chromosomenmutationen** sind größere Bereiche eines Chromosoms betroffen. Ganze Stücke mit mehreren Genen können zum Beispiel verloren gehen.

Bei **Genommutationen** wird die Zahl der Chromosomen verän-dert. Diese Mutationen haben meist schwerwiegende Folgen.

Schädlich oder nützlich?

Viele Mutationen zeigen keine Auswirkungen auf den Organis-mus, bleiben also unbemerkt.

Wenn doch Auswirkungen auftreten, führen diese häufig zu schädlichen Effekten. Beim Menschen können Mutationen Erbkrankheiten mit schwerwie-genden Folgen verursachen.

Nur selten findet eine Mutation statt, die für ihren Träger zufällig von Vorteil ist. Aber gerade solche kleinen Veränderungen durch Mutationen bilden eine wesentli-che Grundlage für die Entwicklung der Arten, also für die Evolution und für den Erfolg von **Züchtun-gen** bei Nutzpflanzen und Nutztieren.

Keimzellen oder Körperzellen

Finden Mutationen in **Keimzellen** statt, ist der gesamte Organismus in der nachfolgenden Generation betroffen. Diese Veränderungen können weitervererbt werden. Mutationen in **Körperzellen** werden nicht weitervererbt, können aber dem Körper Proble-me bereiten, beispielsweise Krebs auslösen.

Mutagene

Energiereiche Strahlen, bestimm-te Chemikalien und Einflüsse, die die Häufigkeit von Mutationen erhöhen, nennt man **Mutagene.** Belastungen durch Mutagene sollten möglichst gering gehalten werden.

> Du kannst verschiedene Typen von Mutationen beschreiben und ihre Auswirkungen erläutern.

Schutz vor Mutagenen

Radioaktive Strahlen

Die DNA wird durch radioaktive Strahlen geschädigt. Nach den Atombomben in Hiroshima und Nagasaki und nach dem Reaktorunfall in Tschernobyl wurden viele missgebildete Kinder geboren. Zahlreiche Menschen erkrankten an Leukämie oder anderen Krebsformen.

Nach dem Reaktorunfal 2011 in Fukushima wurde die umliegende Bevölkerung evakuiert. Rettungskräfte konnten nur in Schutzkleidung und für kurze Zeit die verstrahlten Bereiche betreten.

Zum Schutz vor Unfällen mit radioaktiver Verstrahlung werden in Deutschland und manchen anderen Ländern die Kernkraftwerke nach und nach stillgelegt. Die Gefahr, die von radioaktiven Abfällen ausgeht, bleibt noch über Jahrtausende problematisch.

Zigarettenrauch

Wie anderer Rauch enthält auch Zigarettenrauch Teerstoffe. Diese setzen sich in die DNA und

verändern die Basenabfolge. Die veränderten, also mutierten Gene können zu unkontrollierten Zellteilungen führen. Dann entsteht Krebs. Nichtraucher vermeiden dieses Mutagen.

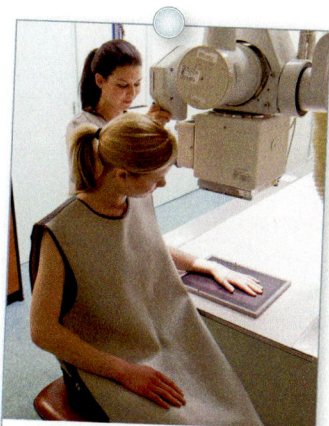

Röntgenstrahlen

Auch Röntgenstrahlen wirken als Mutagene. Sie können die DNA schädigen und dadurch Krebs verursachen. Daher führt man Röntgenuntersuchungen nur durch, wenn sie medizinisch nötig sind, und man verwendet moderne Geräte mit einer geringen Strahlenbelastung. Bleischürzen schirmen außerdem die Strahlung ab.

1. ≡ Ⓐ
Erkläre, warum Rauchen die häufigste Ursache für Lungenkrebs ist.

2. ≡ Ⓐ
a) Erkläre, warum Patienten bei Röntgenuntersuchungen der Hand Bleischürzen um den Oberkörper und um die Hüfte gelegt bekommen.
b) Erkläre, warum die Ärzte oder technischen Assistenten während der Röntgenaufnahme den Raum verlassen.

Vererbung des Geschlechts

1. Ⓐ
Beschreibe die abgebildeten Karyogramme.
Erläutere dabei auch, wie sich das Karyogramm eines Mannes von dem einer Frau
unterscheidet.

> **HINWEIS**
> X- und Y-Chromosomen werden
> wie homologe Chromosomen auf
> die Keimzellen verteilt.

2. Ⓐ
Beschreibe die Vererbung des Geschlechts (Abbildung 3).

3. Ⓐ
a) Erläutere das zu erwartende Verhältnis bei Geburten
von Mädchen und Jungen.
b) Im Jahre 2010 wurden in Deutschland 677 947 Kinder
geboren, von denen 347 237 Jungen und 330 710
Mädchen waren. Beschreibe den Unterschied zum
erwarteten Geschlechterverhältnis und versuche,
diesen zu erklären.

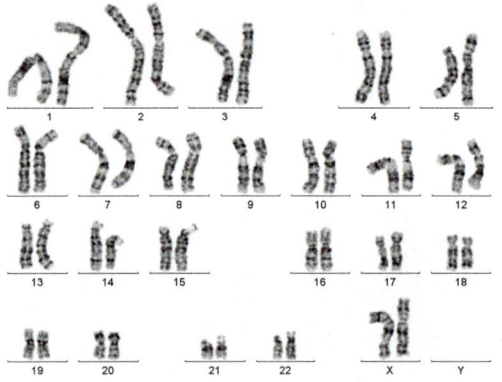

1 Karyogramm einer Frau

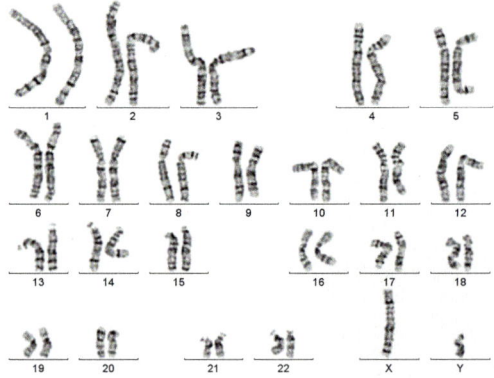

2 Karyogramm eines Mannes

Unterschied zwischen Mann und Frau
Beim Vergleich der Karyogramme von Mann
und Frau erkennt man, dass der Mann ein
ungleiches Chromosomenpaar besitzt mit
einem kleineren, sogenannten Y-Chromosom
und einem größeren Chromosom, dem
X-Chromosom.

Im Gegensatz dazu kommt bei der Frau das X-Chromosom
doppelt vor. Da diese Chromosomen das Geschlecht des
Menschen bestimmen, werden sie als **Geschlechtschromosomen** bezeichnet.

Verteilung der Geschlechtschromosomen
Im Verlauf der Meiose werden beide Geschlechtschromo-
somen und die übrigen 44 Chromosomen getrennt.
Bei der Frau entstehen so Eizellen mit einem X-Chromo-
som und 22 weiteren Chromosomen.
Beim Mann bilden sich Spermien, die neben den 22
Chromosomen entweder ein X-Chromosom oder ein
Y-Chromosom enthalten.
Befruchtet zufällig ein Spermium mit X-Chromosom die
Eizelle, entsteht ein Mädchen. Ein Spermium mit Y-Chro-
mosom führt nach der Befruchtung zu einem Jungen.

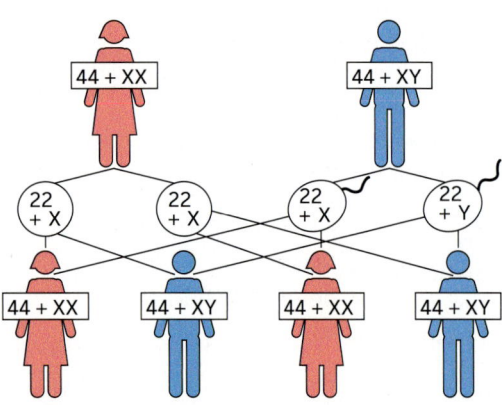

3 Vererbung des Geschlechts

> Du kannst die Unterschiede im Karyogramm von Mann und Frau
> beschreiben und erklären, wie das Geschlecht vererbt wird.

Geschlechtsgebundene Vererbung

1. ≡ **A**
a) Finde heraus, welche Hinweise der Stammbaum für eine rezessive, geschlechtsgebundene Vererbung der Bluterkrankheit liefert.
b) Erkläre den Begriff Überträgerin.
c) Kann es auch bluterkranke Frauen geben? Begründe.
d) Entwickle eine Vermutung, warum die Bluterkrankheit gehäuft in Adelsfamilien auftrat.

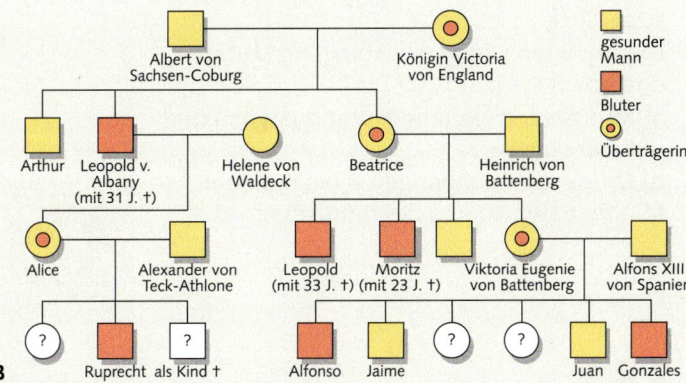

gesunder Mann

Bluter

Überträgerin

B

1 Bluterkrankheit: **A** Königin Victoria von England,
B Stammbaum der Bluterkrankheit im europäischen Adel

Personen im Stammbaum: Albert von Sachsen-Coburg, Königin Victoria von England, Arthur, Leopold v. Albany (mit 31 J. †), Helene von Waldeck, Beatrice, Heinrich von Battenberg, Alice, Alexander von Teck-Athlone, Leopold (mit 33 J. †), Moritz (mit 23 J. †), Viktoria Eugenie von Battenberg, Alfons XIII von Spanien, ? Ruprecht als Kind †, ? Alfonso, Jaime, ? ?, Juan, Gonzales

2. ≡ **Q**
Recherchiere, wie die Bluterkrankheit heute behandelt wird, sodass die Betroffenen ein fast normales Leben führen können, obwohl die Krankheit nicht heilbar ist.

3. ≡ **A**
Die Rot-Grün-Sehschwäche ist erblich. Betroffene erkennen beispielsweise an einer Ampel statt der Farben Rot und Grün nur graue Farbtöne. Erkläre, warum Männer die Rot-Grün-Sehschwäche wesentlich häufiger haben als Frauen.

4. ≡ **Q**
a) Recherchiert im Internet Farbsehtests und überprüft euer Farbsehvermögen.
b) Nennt Berufe, die man mit einer Rot-Grün-Sehschwäche nicht ausüben darf.

Bluterkrankheit

In europäischen Adelshäusern findet man gehäuft eine sonst recht seltene Erbkrankheit, die **Bluterkrankheit.** Bei Betroffenen ist die Blutgerinnung gestört, sodass bereits harmlose Verletzungen lebensbedrohlich sein können. Von der Bluterkrankheit sind im oben abgebildeten Stammbaum ausschließlich Männer betroffen. Dies lässt einen Zusammenhang zwischen der Krankheit und den Geschlechtschromosomen vermuten. Tatsächlich weiß man heute, dass ein Gen auf dem X-Chromosom für die Blutgerinnung verantwortlich ist und dass die Bluterkrankheit rezessiv vererbt wird (Symbol X^a). Männer besitzen nur ein X-Chromosom. Dem wesentlich kleineren Y-Chromosom fehlt das Gen für die Blutgerinnung. Das rezessive Allel a führt folglich bei ihnen stets zur Bluterkrankheit. Bei Männern kann man daher nur zwischen Blutern (Genotyp X^aY) und Gesunden (Genotyp X^AY) unterscheiden. Bei Frauen findet man auch mischerbige Genotypen X^AX^a. Diese Frauen sind gesund, können aber das Allel a auf ihre Kinder übertragen. Man bezeichnet sie daher als **Überträgerinnen.**

Die Bluterkrankheit ist ein Beispiel für einen geschlechtsgebundenen oder **x-chromosomalen** Erbgang. Ebenfalls x-chromosomal wird die Rot-Grün-Sehschwäche vererbt.

> Du kannst Beispiele für geschlechtsgebundene Erbgänge nennen und diese anhand von Stammbäumen erläutern.

Mutationen als Ursache für Krankheiten

1. ☰ Ⓐ ⓑ

Die Abbildung zeigt verschiedene Mutationstypen.

a) Nenne verschiedene Mutationstypen und definiere sie kurz.

b) Ordne die Abbildungen A bis D einem Mutationstyp zu und begründe dies.

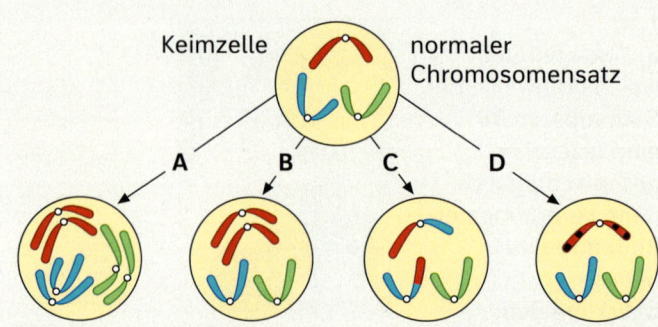

2. ☰ Ⓐ

a) In seltenen Fällen werden in der Meiose die Chromosomen des Paares 21 nicht getrennt. Beschreibe die in der Abbildung gezeigten Vorgänge und erläutere die Konsequenzen dieser Nichttrennung.

b) Zeichne ein vergleichbares Schema, bei dem in der Meiose II die Schwesterchromatiden von Chromosom 21 nicht getrennt werden und erläutere auch hier die Konsequenzen.

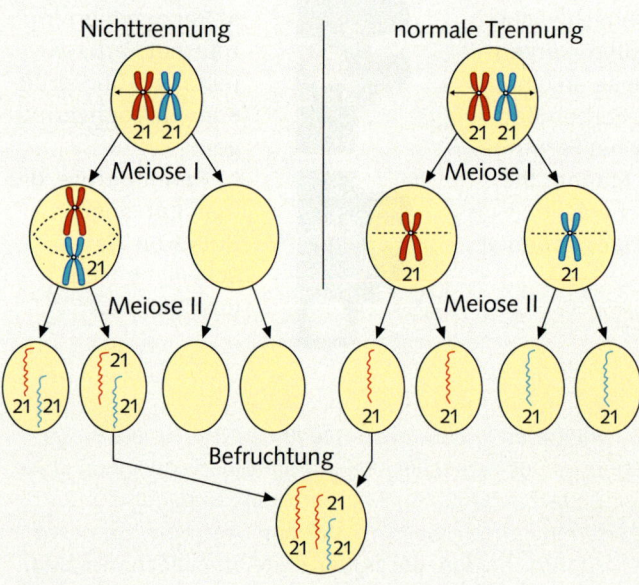

3. ☰ Ⓐ

a) Verdeutliche, wie bei Genmutationen die Erbinformation verändert wird. Streiche dazu beispielsweise aus der Basenabfolge ...GAC GAC GAC... eine Base. Erstelle dann die Tripletts neu.

b) Verfahre ähnlich mit dem Text: WAS HAT DIE DNA MIT MIR VOR?

c) Nenne die Folgen, die das Fehlen einer Base in der DNA haben kann.

4. ☰ Ⓐ

Die Abbildungen A bis D zeigen schematisch mögliche Chromosomenmutationen. Beschreibe die Abbildungen und erläutere, wie sich die Information der DNA dabei ändert.

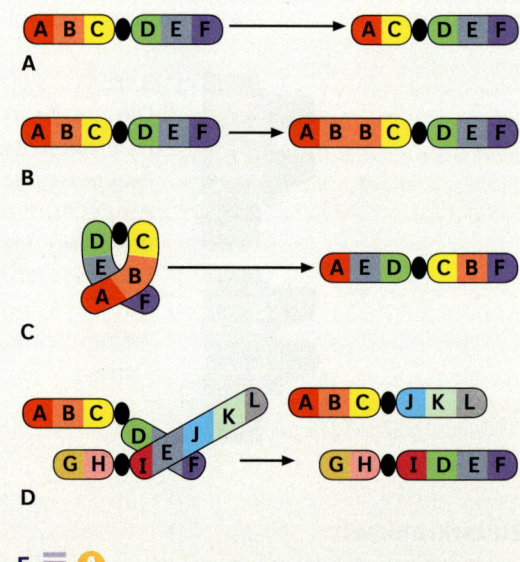

5. ☰ Ⓐ

1990 waren nur 5 Prozent der gebärenden Mütter älter als 35 Jahre, 2005 waren es bereits 16 Prozent. Erläutere mithilfe der Grafik zur Häufigkeit des Down-Syndroms auf der rechten Seite die Problematik, die sich daraus ergibt.

6. ☰ Ⓐ

a) Erkläre, wie es zur Sichelzellanämie kommt, und begründe, warum diese Krankheit gehäuft in Afrika auftritt.

b) Nimm Stellung zu der Aussage: „Mutationen sind stets schädlich."

Trisomie 21 – Folge einer Genommutation

Bei einer Genommutation wird die Zahl der Chromosomen verändert. Die bei Neugeborenen häufigste Chromosomenzahlveränderung ist die Trisomie 21. Das Chromosom 21 liegt dann nicht wie üblich doppelt, sondern dreifach vor. Nach seinem Entdecker wird das Krankheitsbild auch als **Down-Syndrom** bezeichnet.

Äußere Merkmal sind eine geringe Körpergröße, die rundliche Kopfform sowie eine schmale Lidfalte der Augen. Daneben kommt es auch zur Fehlentwicklung innerer Organe. Die geistigen Fähigkeiten sind verringert, die Kinder können aber durch frühe und intensive pädagogische Betreuung gefördert werden. Das Risiko, ein Kind mit Down-Syndrom zu gebären, wächst mit steigendem Alter der Mutter deutlich an.

Katzenschrei-Syndrom – Folge einer Chromosomenmutation

Das **Katzenschrei-Syndrom** ist Folge einer Chromosomenmutation, bei der größere Bereiche eines Chromosoms verändert sind. Ursache ist hier der Verlust mehrerer Gene des Chromosoms 5.

Durch eine Missbildung des Kehlkopfes schreien die betroffenen Säuglinge wie junge Katzen. Weitere Symptome sind Wachstumsstörungen und eine verringerte geistige Entwicklung. Diese Erbkrankheit ist sehr selten und tritt einmal bei etwa 50 000 Geburten auf.

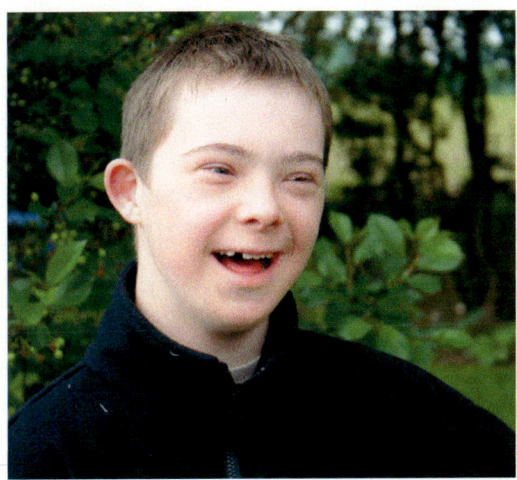

1 Junge mit Down-Syndrom

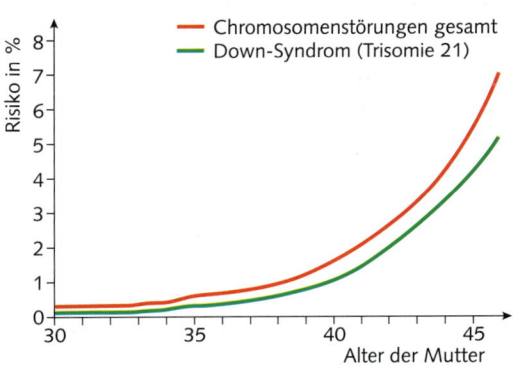

2 Risiko für das DOWN-Syndrom

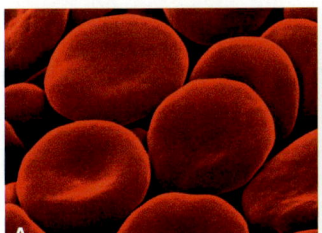 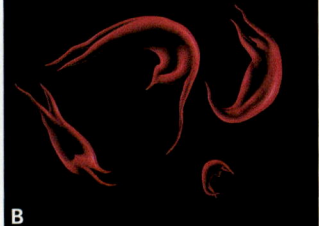

3 Rote Blutkörperchen: **A** normal, **B** bei Sichelzellanämie

Sichelzellanämie – Folge einer Genmutation

Eine besonders in Afrika häufig auftretende Erbkrankheit ist die **Sichelzellanämie.** Erkrankte haben im Blut veränderte, sichelförmige rote Blutkörperchen.

Ursache der Sichelzellanämie ist die Mutation eines Gens, das die Information für die Bildung des roten Blutfarbstoffes Hämoglobin enthält. Hämoglobin ist Bestandteil der roten Blutkörperchen und dort für den Sauerstofftransport verantwortlich. Als Folge der Genmutation werden sichelförmige rote Blutkörperchen gebildet.

Die Schwere der Erkrankung hängt vom Genotyp ab: Bei reinerbigen Merkmalsträgern sind sämtliche rote Blutkörperchen verändert. Dadurch kann weniger Sauerstoff transportiert werden. Betroffene zeigen eine geringere körperliche Leistungsfähigkeit. Da die Zellen zudem häufiger zerbrechen, leiden Erkrankte auch an Blutarmut. Die Lebenserwartung ist deutlich vermindert. Mischerbige zeigen fast keine Symptome, da hier nur wenige der Blutkörperchen deformiert sind. Die Genmutation verleiht jedoch den Betroffenen eine besondere Eigenschaft: Sie sind resistent gegen Malaria, was in vielen Gebieten Afrikas von Vorteil ist.

> Du kannst Beispiele für Krankheiten, die nach Mutationen auftreten, nennen und ihre Ursachen und Folgen erläutern.

Erbgut und Umwelt ergänzen sich

2. ≡ Ⓐ

a) Begründe, warum der Stammbaum der Familie Bach manchmal als Beleg für die Erblichkeit der Musikbegabung angesehen wird.

b) Finde eine weitere mögliche Ursache für das gehäufte Auftreten von Musikern in einer Familie.

c) Nimm Stellung zu der Frage: Ist Musikalität erblich oder erlernt?

1. ≡ Ⓥ

a) Säe in zwei gleiche Schalen auf etwa gleich großen Portionen Watte etwa die gleichen Mengen Kressesamen aus. Verwende dazu Samen aus derselben Samentüte. Begieße sie mit gleichen Wassermengen. Stelle eine Schale in einen dunklen Schrank, die andere an einen hellen Ort. Die Temperaturen sollten in etwa gleich sein. Beide Schalen werden möglichst gleich feucht gehalten und etwa eine Woche stehen gelassen.

b) Notiere nun alle Unterschiede, die du zwischen den Pflanzen der beiden Schalen feststellen kannst. Mache auch eine "Kostprobe".

c) Werte deine Beobachtungen aus.

d) Erkläre, warum Temperatur und Feuchtigkeitsmenge in beiden Versuchsansätzen etwa gleich sein müssen.

e) Übertrage die Ergebnisse des Versuchs auf Lebensbedingungen von Pflanzen in der Natur. Beschreibe, welche Vorteile sich für das Überleben der Keimpflanzen aus den unterschiedlichen Wuchsformen ergeben.

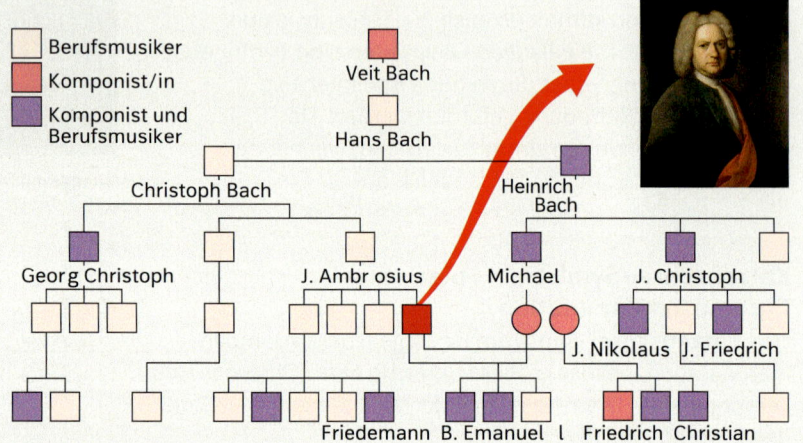

Berufsmusiker
Komponist/in
Komponist und Berufsmusiker

Veit Bach
Hans Bach
Christoph Bach
Heinrich Bach
Georg Christoph
J. Ambrosius
Michael
J. Christoph
J. Nikolaus J. Friedrich
Friedemann B. Emanuel l Friedrich Christian

3. ≡ Ⓐ

Beschreibe die Körpergöße von Menschen zu verschiedenen Zeiten. Stelle Vermutungen auf, um diese Entwicklung zu erklären.

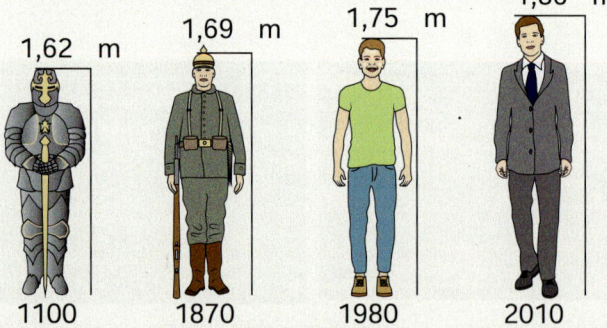

1,62 m — 1100
1,69 m — 1870
1,75 m — 1980
1,86 m — 2010

4. ≡ Ⓐ

CopyCatCC, das erste geklonte Kätzchen und seine genetisch identische Klonmutter: Beschreibe und erkläre das Aussehen der Tiere.

1 Löwenzahn
aus einer Wiese

Modifikationen

Jeder hat schon beobachtet, dass Pflanzen wie der Löwenzahn je nach Standort unterschiedlich wachsen. Unterschiedliche Wasser- und Mineralstoffversorgung, Temperaturunterschiede sowie mehr oder weniger Fußtritte zeigen ihre Wirkung.

Die Veränderung von Merkmalsausprägungen durch Umwelteinflüsse bezeichnet man als **Modifikationen.** Modifikationen werden nicht vererbt und müssen von den Mutationen, den Veränderungen des Erbgutes, unterschieden werden.

2 Löwenzahn aus
einer Pflasterritze

Gene und Umwelt

Es gibt Salatsorten, die schöne, dicke Köpfe bilden, und andere, wie Pflücksalat, die nur kleine Blättchen bilden. Sie unterscheiden sich genetisch. Deshalb lässt sich aus Pflücksalat-Samen auch bei bester Pflege kein Salatkopf ziehen.

Aber auch Kopfsalatpflanzen können sich sehr unterschiedlich entwickeln.

Bekommen junge Pflanzen nicht genug Licht, „vergeilen" sie. Sie bilden kaum Blattgrün, werden lang und bleiben schwach. Unter solchen Bedingungen stecken Pflanzen nicht unnötig Material und Energie in die Synthese von Chlorophyll.

Chlorophyll wird im Dunkeln nämlich nicht gebraucht wird, da ohne Sonnenlicht keine Fotosynthese stattfindet.

Der Lichtmangel schaltet dagegen Gene für ein schnelleres Längenwachstum an. Da in der natürlichen Vegetation Licht meist von oben kommt, hat die Pflanze durch den längeren Stängel bessere Überlebenschancen, denn vielleicht trifft sie so auf mehr Licht.

Allerdings holt die Pflanze den Rückstand gegenüber gut belichteten Pflanzen nicht mehr auf. Aus einmal vergeilten Salatsetzlingen lassen sich auch später keine kräftigen Köpfe ziehen, obwohl sie die genetische Ausstattung dazu hätten.

4 Frühkindliche Förderung

Veranlagung und Entwicklung

Auch Menschen können sich sehr unterschiedlich entwickeln. Die Gene geben eine gewisse Variationsbreite vor. Aber sowohl körperliche Eigenschaften als auch geistige, handwerkliche oder künstlerische Fähigkeiten werden von Umwelteinflüssen beeinflusst:

So kann jemand eine Veranlagung für Diabetes haben, das Auftreten der Krankheit aber durch Ernährung beeinflussen.

Für die Leistung eines Spitzensportlers ist eine genetische Voraussetzung notwendig, aber sie ist nicht ohne hartes Training zu erreichen.

Bei Kindern und Jugendlichen sollten „Begabungen" früh gefördert werden. Aber auch durch intensives Arbeiten lassen sich Leistungen verbessern.

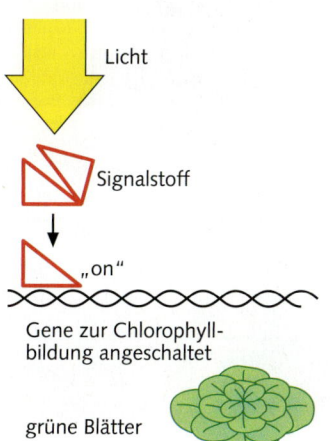

Dunkel

Licht

„off"

Signalstoff

„on"

Gene zur Chlorophyll-
bildung abgeschaltet

Gene zur Chlorophyll-
bildung angeschaltet

helle Blätter

grüne Blätter

3 Genregulation durch Umwelteinflüsse

> Du kannst erklären, wie sich
> genetische Veranlagung und
> Umwelteinflüsse ergänzen.

Genetische Beratung

1. ≣ Ⓐ ⓘ
a) In einer genetischen Beratungsstelle wird das unten abgebildete Karyogramm erstellt. Ermittle das Geschlecht und die hier vorliegende Mutation.
b) Erkläre, wie die Mutation entstanden sein könnte.

2. Ⓠ
Recherchiere im Internet, welche Erbkrankheit in Aufgabe 1 vorliegt und welche typischen Symptome auftreten.

3. ≣ Ⓐ ⓘ
Ein junges Paar mit zwei Kindern sucht eine genetische Beratungsstelle auf. Bei Verwandten des Mannes ist die unheilbare Nervenkrankheit Chorea Huntington aufgetreten. Erste Anzeichen dieser Krankheit treten mit 35 bis 40 Jahren auf. Chorea Huntington nimmt immer einen schweren Verlauf und führt im Durchschnitt 15 Jahre nach den ersten Anzeichen zum Tod. Durch einen Gentest kann die dominant vererbte Krankheit nachgewiesen werden.
a) Erläutere, welche Ängste und Hoffnungen der Mann vor einem möglichen Gentest haben könnte.
b) Angenommen, der Gentest hätte erbracht, dass der Mann mischerbig für Chorea Huntington ist. Wie groß ist dann die Wahrscheinlichkeit, dass auch die Kinder erkranken?

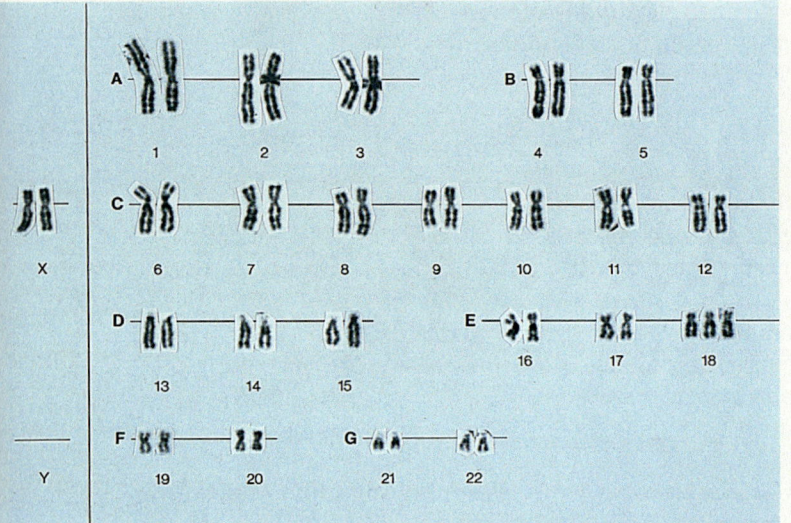

Genetische Beratung

Paare mit Kinderwunsch können eine **genetische Beratungsstelle** aufsuchen, um sich hier über das Risiko einer genetischen Erkrankung des Kindes zu informieren. Dies ist beispielsweise dann sinnvoll, wenn innerhalb der Verwandtschaft eines Partners bestimmte Krankheiten gehäuft auftreten oder wenn gesunde Eltern bereits ein Kind mit einer genetisch bedingten Behinderung haben. Ein höheres Alter des Paares oder schädigende Umwelteinflüsse während einer bestehenden Schwangerschaft sind weitere Gründe für ein Beratungsgespräch.

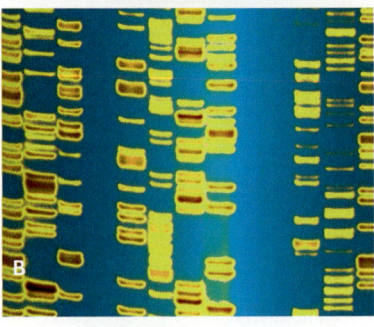

1 Genetische Beratung: **A** Gespräch, **B** Gendiagnose (DNA-Autoradiogramm)

Die Ratsuchenden werden zunächst eingehend über die Krankheit informiert. Dann wird ein Familienstammbaum erstellt. Mithilfe einer **Stammbaumanalyse** kann dann das Wiederholungsrisiko für eine Erbkrankheit berechnet werden. In manchen Fällen lassen sich erblich bedingte Stoffwechselstörungen der künftigen Eltern auch mithilfe **biochemischer Methoden** nachweisen.

Daneben erlauben **Karyogramme** der Eltern Aussagen zu möglichen Chromosomen- oder Genommutationen. Mit **Gendiagnosen** lassen sich einige Gendefekte direkt nachweisen.

Was ist, wenn die Untersuchungsergebnisse problematisch sind?

Das Ergebnis der Untersuchungen kann die Ratsuchenden in bestimmten Fällen vor große Probleme stellen:
Sollen sie sich beispielweise für oder gegen ein Kind aussprechen, wenn die Wahrscheinlichkeit für eine schwere Behinderung bei 25 % liegt? Traut sich das Paar ein Leben mit einem behinderten Kind zu, oder fühlen sie sich dieser Aufgabe nicht gewachsen?

Bei den Antworten auf diese Fragen kann eine genetische Beratung nur Informationen liefern, beispielsweise wie sich eine genetische Erkrankung entwickeln könnte. Sie kann daneben über die Möglichkeiten und Risiken vorgeburtlicher Untersuchungen informieren. Die letztliche Entscheidung muss aber allein von den Ratsuchenden getroffen werden.

> Du kannst Möglichkeiten, aber auch Grenzen einer genetischen Beratung erläutern.

„Erbgesundheitspflege" im Nationalsozialismus

1 Nationalsozialistisches Propagandaplakat

Am 14.7.1933 beschloss die Reichsregierung unter ADOLF HITLER das „Gesetz zur Verhütung erbkranken Nachwuchses". Es zielte darauf ab, durch Unfruchtbarmachung (Sterilisation) erbkranker Menschen der Zunahme „ungünstiger Erbanlagen" entgegenzuwirken.

Als „erbkrank" im Sinne des Gesetzes wurden zum Beispiel angesehen: „Angeborener Schwachsinn, Schizophrenie, manisch-depressives Irresein, erbliche Fallsucht (Epilepsie), erbliche Blind- und Taubheit, schwere körperliche Missbildungen". Nach dem Gesetz konnte die Sterilisation gegen den Willen der Betroffenen durchgeführt werden. Ab 1933 begann man mit der Zwangsverwahrung, Zwangsarbeit und Zwangssterilisation. Allein zwischen 1934 und 1936 wurden rund 167 000 Menschen sterilisiert.

Mit Erlass vom 1.9.1939 ermächtigte HITLER die Ärzte, unheilbar Kranken den „Gnadentod" zu gewähren. Daraufhin wurden mehrere tausend Kranke, davon viele Kinder, in Tötungsanstalten ermordet.

STREIFZUG

1.
a) Beschreibe das abgebildete Plakat.
b) Erläutere, was damit bezweckt werden sollte. Nimm Stellung.

2.
Vergleiche die „Erbgesundheitspflege" im Nationalsozialismus mit der genetischen Beratung heute und beschreibe wichtige Unterschiede.

Gentechnik – Übertragung von Genen

1. ≡ **Q**
Erkundige dich nach Ursachen, Symptomen und Folgen der Erkrankung Diabetes Typ I und II.

2. ≡ **A**
Beschreibe anhand des Textes und der Abbildung 2 die Herstellung eines transgenen Bakteriums, das menschliches Insulin herstellen soll. Nutze dafür die Fachbegriffe Restriktionsenzym, Gen-Taxi, Ligase, Plasmid.

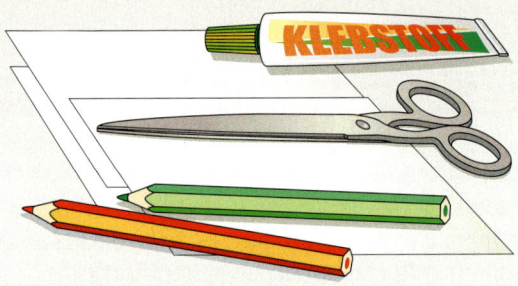

3. ≡ **V** **⟆**
a) Entwickelt in Gruppenarbeit ein Modell, mit dem ihr den Einbau eines Gens in einen Plasmidring vorführen könnt. Überlegt dabei genau, welche Materialien ihr verwenden wollt.
b) Präsentiert euer Modell der Klasse. Erläutert dabei die einzelnen Schritte und verwendet die Fachbegriffe.

4. ≡ **A**
a) Erkläre die Begriffe horizontaler Gentransfer und transgene Bakterien.
b) Erläutere, welche Bedeutung der universelle genetische Code für den horizontalen Gentransfer hat.

5. ≡ **Q**
a) Recherchiert, welche Proteine in der Medizin durch transgene Bakterien hergestellt werden.
b) Recherchiert nach Krankheiten, die mit Medikamenten, die mithilfe transgener Bakterien hergestellt werden, behandelt werden können.

> **TIPP**
> Nutzt zum Beispiel die Kombination „transgene Bakterien" und „Medizin" für die Suchmaschine.

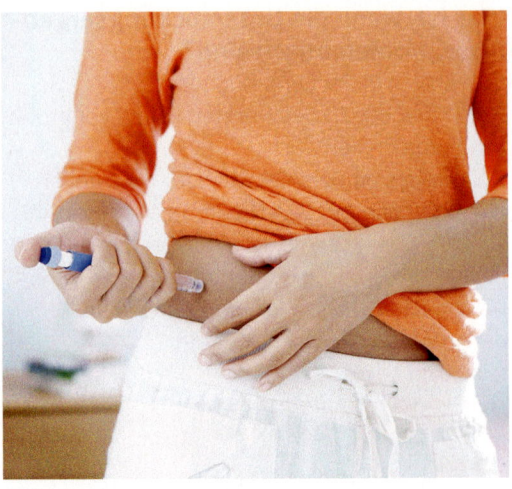

1 Diabetikerin spritzt sich Insulin

Viele Diabetiker benötigen Insulin

Diabetiker verlieren Gewicht, haben dauernd Durst, fühlen sich schlapp und im Urin lässt sich Zucker nachweisen. Ihnen fehlt das Hormon Insulin, welches ihr Körper nicht oder nicht mehr in genügender Menge herstellen kann. Insulin regelt normalerweise die Aufnahme von Traubenzucker in die Körperzellen und ist lebenswichtig. Viele Diabetiker sind daher auf die Zufuhr von Insulin angewiesen. Sie müssen es täglich spritzen. Früher wurde Insulin aus den Bauchspeicheldrüsen von Schweinen gewonnen. Da das so gewonnene Insulin dem menschlichen Insulin aber nicht vollkommen gleicht, gab es manchmal allergische Reaktionen.

Inzwischen kann menschliches Insulin in großen Mengen gentechnisch hergestellt werden. Dazu nutzt man heute Bakterien. Sie bieten viele Vorteile: Sie sind klein, lassen sich leicht manipulieren und vermehren sich schnell. Zwar weisen Bakterienzellen eine Reihe von wichtigen Unterschieden zu menschlichen Zellen auf. Dennoch können Bakterien menschliches Insulin herstellen. Dies ist nur deshalb möglich, weil sich die "Sprache der Gene" in allen Organismen gleicht:
Die Abfolge der Nukleotide A, C, G und T in einem Bakterium hat die gleiche Bedeutung wie bei einem Menschen. Man sagt, der **genetische Code** ist **universell**.

Aus einem Bakterium gewinnt
man das Plasmid

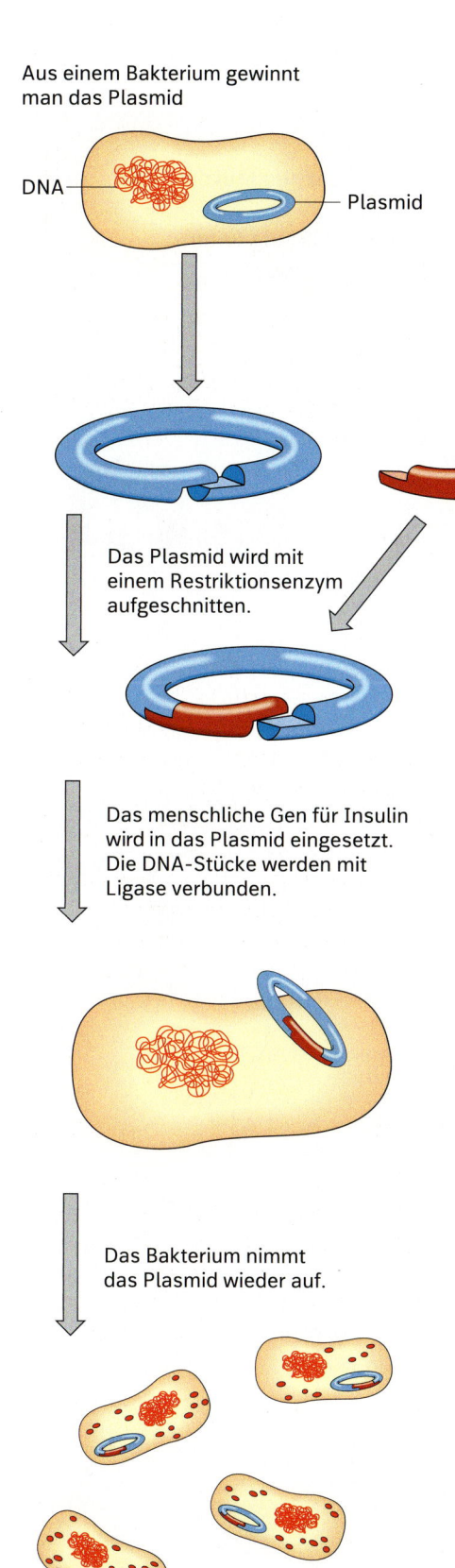

DNA —

Plasmid

Das Plasmid wird mit
einem Restriktionsenzym
aufgeschnitten.

Das menschliche Gen für Insulin
wird in das Plasmid eingesetzt.
Die DNA-Stücke werden mit
Ligase verbunden.

Das Bakterium nimmt
das Plasmid wieder auf.

2 Herstellung transgener Bakte-ri-
en zur Insulinproduktion

Spenderzelle

Aus einer menschlichen
Spenderzelle (Inselzelle aus de
Bauspeicheldrüse) wird mit
einem Restriktionsenzym das
Insulin-Gen herausgeschnitten

DNA-Abschnitt mit Insulin-Gen

Gentechnisch veränderte Bakterien produzieren Insulin

Zur gentechnischen Herstellung von Insulin muss man den
Bakterien das menschliche Gen für Insulin künstlich
einsetzen. Erst dann können sie es herstellen. Dabei nutzt
man die schnelle Vermehrung und den besonderen Aufbau
der Bakterien für die Gentechnik aus.

Viele Bakterien enthalten zusätzlich zu ihrer normalen
Zell-DNA kleinere DNA-Ringe, sogenannte **Plasmide.**
Plasmide können den Bakterien entnommen werden.
Außerhalb des Bakteriums kann man die Plasmide künst-
lich verändern. Dazu schneidet man das Bakterien-Plas-
mid mit einem Restriktionsenzym auf. Das **Restriktions-
enzym** ist ein Enyzm, das DNA an einer bestimmten
Basensequenz aufschneiden kann.

Mit dem gleichen Restriktionsenzym wird das Insulin-Gen
der DNA einer menschlichen Zelle herausgeschnitten und
in das Plasmid eingesetzt. Damit die DNA-Stücke sich
miteinander verbinden, benötigt man das **Enzym Ligase.**
Damit ist das Plasmid ein sogenanntes **Gen-Taxi** geworden.
Die Bakterien können nun das gentechnisch veränderte
Plasmid wieder aufnehmen und werden dann vermehrt.
Das menschliche Insulin wird in großen Mengen in den
gentechnisch veränderten Bakterien produziert. Um es zu
gewinnen, muss man die Bakterien zerstören. Dann wird
es gereinigt und als Medikament zum Spritzen für die
Diabetiker zur Verfügung gestellt.

Solche gentechnisch veränderten Bakterien werden auch
transgene Bakterien genannt. Die Übertragung von
Genen zwischen verschiedenen Arten heißt auch **horizontaler Gentransfer**.

Du kannst erklären, wie Gene mit Gentaxis in Bakterien
eingefügt werden und wie so zum Beispiel menschliches
Insulin von Bakterien hergestellt wird.

Heile Welt durch Gentherapie?

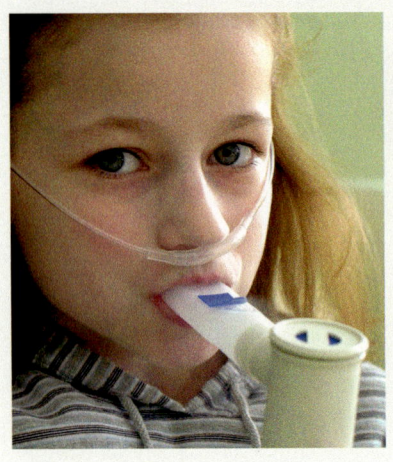

1. ≡ Ⓐ
a) Beschreibe, welche Symptome die Krankheit Mukoviszidose kennzeichnen.
b) Erkläre mithilfe des Textes und der Abbildung unten, wie die einzelnen Symptome der Mukoviszidose bislang behandelt werden.

2. ≡ Ⓐ ⓝ
a) Erkläre, warum in der Gentherapie Viren genutzt werden.
b) Gib die Schritte an, die nötig sind, um die Viren in der Gentherapie als Gen-Taxis einzusetzen.
c) Beschreibe die weiteren Schritte der Gentherapie am Beispiel der Mukoviszidose. Nutze dafür die Abbildung.

3. ≡ Ⓐ ⓝ
Die häufigste Genmutation, die zu Mukoviszidose führt, ist in der Abbildung dargestellt.
a) Beschreibe die Veränderung der DNA.
b) Erkläre den Zusammenhang zwischen Genmutation, entstehendem Protein und der Krankheit Mukoviszidose.

Zäher Schleim verstopft die Atemwege. Die Anfälligkeit für Infektionen ist stark erhöht.

Die Bauchspeicheldrüse wird durch den zähen Schleim in ihrer Funktion beeinträchtigt.

Die Nährstoffaufnahme im Dünndarm ist herabgesetzt.

95 % der Männer mit Mukoviszidose sind nicht zeugungsfähig. Manchmal sind auch Frauen unfruchtbar, wenn der feste Schleim den Zugang zur Gebärmutter verschließt.

Die Schweißdrüsen der Haut sondern einen hohen Anteil an Salz ab.

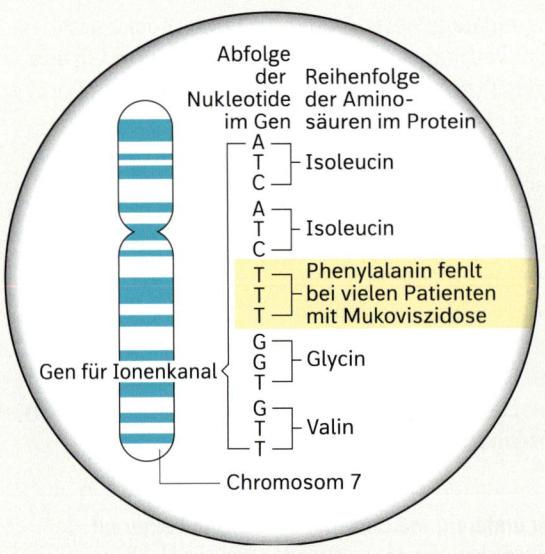

Abfolge der Nukleotide im Gen — Reihenfolge der Aminosäuren im Protein

A
T — Isoleucin
C

A
T — Isoleucin
C

T
T — Phenylalanin fehlt bei vielen Patienten mit Mukoviszidose
T

G
G — Glycin
T

G
T — Valin
T

Gen für Ionenkanal

Chromosom 7

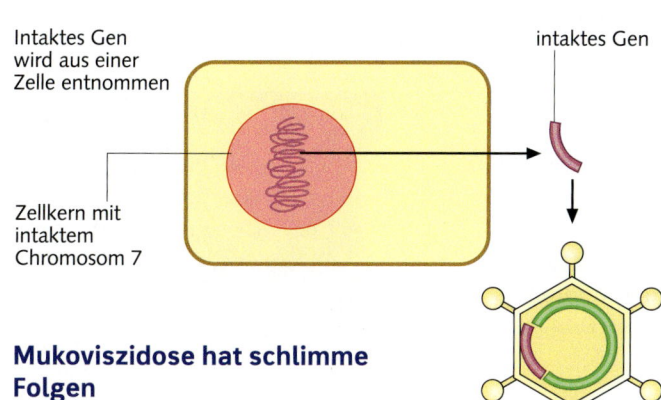

Intaktes Gen wird aus einer Zelle entnommen

Zellkern mit intaktem Chromosom 7

intaktes Gen

Intaktes Gen wird in einen Virus eingebracht

Vermehrung des Virus

Aufbringen der veränderten Viren auf die Schleimhaut

DNA des Virus wird in die Zelle aufge- nommen, die bislang nur ein defektes Protein bilden kann.

Mukoviszidose hat schlimme Folgen

Mukoviszidose ist eine bislang unheilbare Krankheit. Betroffene leiden daran, dass zäher Schleim die Atemwege verstopft. Außer- dem sind auch noch viele andere Organe, wie zum Beispiel die Bauchspeicheldrüse, von dem zähen Schleim betroffen. Men- schen mit Mukoviszidose müssen regelmäßig inhalieren und spezielle Übungen machen, damit die Lunge den zähen Schleim loswerden kann. Es müssen Verdauungsenzyme und Antibioti- ka eingenommen werden. Für viele Betroffene wird irgendwann eine Lungentransplantation notwendig. Trotz aller Therapien verkürzt die Krankheit die Lebens- erwartung doch sehr.

Mukoviszidose ist eine Erbkrankheit

Etwa eines von 2500 Neugebore- nen erkrankt an Mukoviszidose. Die Ursache ist ein Gendefekt auf Chromosom Sieben. Bei gesun- den Menschen enthält dieses Gen die Information für ein Protein, das dafür sorgt, dass fester Schleim flüssiger wird.

Durch die Mutation kann das Protein nicht richtig gebildet werden und der Schleim bleibt zäh. Eine Mutation kann nicht rückgängig gemacht werden, sodass eine Heilung nicht möglich ist. Bislang kann man nur die Sympto- me behandeln. Wollte man Krankheiten wie Mukoviszidose wirklich bekämpfen, müsste man den Defekt direkt im Zellkern beheben. Dies versucht die Gentherapie.

Viren als Taxis für Gene

In der **Gentherapie** soll versucht werden, intakte Gene in die Schleimhautzellen von Menschen mit Mukoviszidose mithilfe von Viren einzuschleusen.

Viren haben die Fähigkeit, ihre Gene in menschliche Zellkerne einzubringen, sich in den Zellen zu vermehren und uns krank zu machen. Für die Gentherapie werden die krankmachenden Gene aus den Viren mithilfe von bestimmten Enzymen herausgeschnitten und an diese Stelle das gewünschte Gen eingesetzt. Im Fall der Mukoviszidose also das Gen von Chromosom Sieben. Die so verände- ten Viren werden vermehrt und mithilfe eines Nasensprays auf die Schleimhäute aufge- bracht. Diese Viren dringen als **Gen-Taxis** in die Schleimhautzellen ein und bringen das intakte Gen mit. In der Zelle kann dann das Protein für die Verflüssigung von Schleim gebildet werden.

Dieses Verfahren birgt in der Anwendung noch viele Probleme, sodass weiter daran ge- forscht wird.

> Du kannst am Beispiel der Mukoviszidose erklären, wie in der Gentherapie versucht wird, intakte Gene in Zellen einzuschleusen.

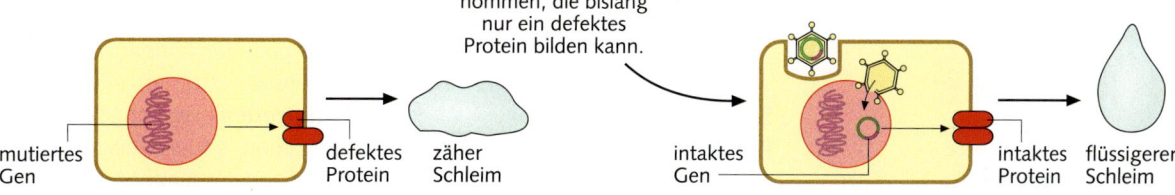

mutiertes Gen — defektes Protein — zäher Schleim

intaktes Gen — intaktes Protein — flüssigerer Schleim

1 Schritte der Gentherapie

Was Stammzellen alles können

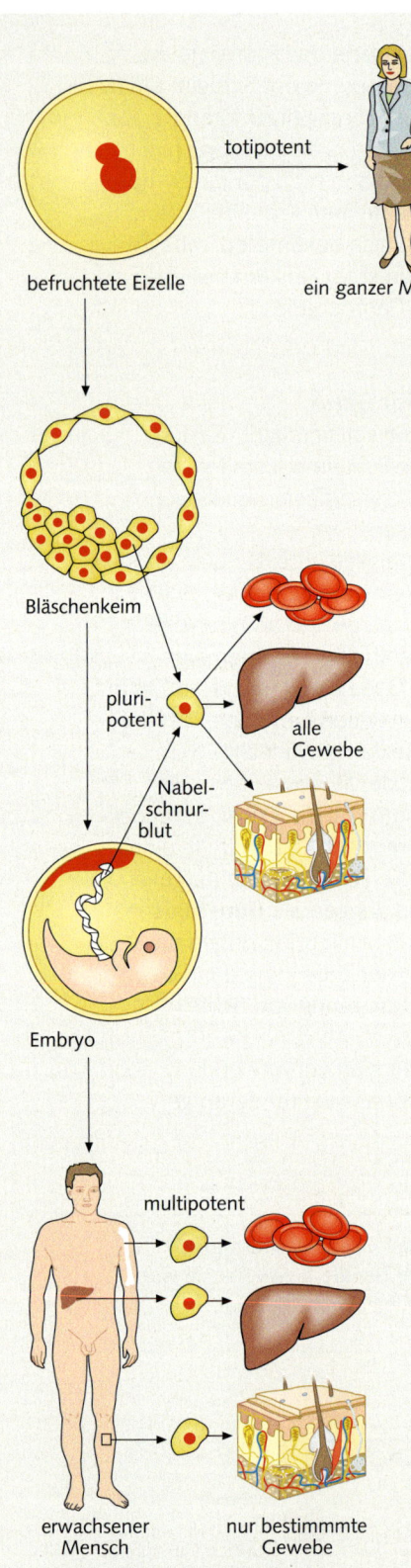

befruchtete Eizelle — totipotent → ein ganzer Mensch

Bläschenkeim

pluri-potent

Nabel-schnur-blut

alle Gewebe

Embryo

multipotent

erwachsener Mensch — nur bestimmte Gewebe

1 Verschiedene Stammzellentypen

1.
Erläutere anhand der Abbildung 1 und des Textes die unterschiedlichen Stammzelltypen: multipotente, pluripotente, totipotente.

2.
a) Recherchiere im Internet nach dem aktuellen Embryonenschutzgesetz. Berichte, welche gesetzlichen Bestimmungen es zur Forschung mit Embryonen gibt.
b) Recherchiere nach den Begriffen Stichtagsregelung und Stammzellforschung.

3.
Bestimmt habt ihr schon gehört, dass zur Stammzellenspende aufgerufen wird, wenn Menschen an Leukämie erkrankt sind.
a) Findet heraus, welche Stammzellen für die Behandlung benötigt werden und was ein möglicher Spender tun muss.
b) Erstellt ein Werbeplakat für Stammzellenspende.

4.
a) Beschreibe das Verfahren des therapeutischen Klonens.
b) Erläutere die Vorteile, die das therapeutische Klonen gegenüber Transplantationen von Geweben oder Organen Verstorbener hat.

5.
Recherchiere, was iPS-Zellen sind. Erläutere die Vorteile.

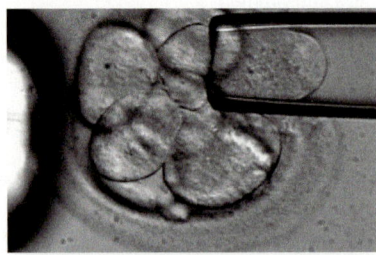

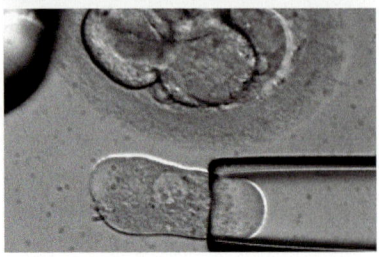

2 Entnahme einer embryonalen Zelle

Differenzierte Zellen

Aus einer einzigen befruchteten Eizelle entsteht durch Zellteilungen zunächst ein kleiner Haufen identischer Zellen. Irgendwann im Laufe der Entwicklung eines Embryos müssen sich seine zunächst identischen Zellen unterschiedlich entwickeln. Dazu werden in den Zellen unterschiedliche Gene aktiviert. Man spricht vom An- und Abschalten von Genen. Zellen, die eine Leberzelle, Hautzelle oder Herzmuskelzelle geworden sind, können sich nicht mehr teilen und nicht mehr zu anderen Zellen werden, sie sind **differenzierte Zellen.**

Stammzellen

Überall im Körper sterben Zellen ab und müssen durch neue ersetzt werden. Daher muss es in allen Geweben Zellen geben, die diese Funktion übernehmen und sich noch teilen können. Solche Zellen heißen Stammzellen.
Stammzellen ersetzen abgestorbene Zellen, bauen Gewebe und den ganzen Körper des Menschen auf.

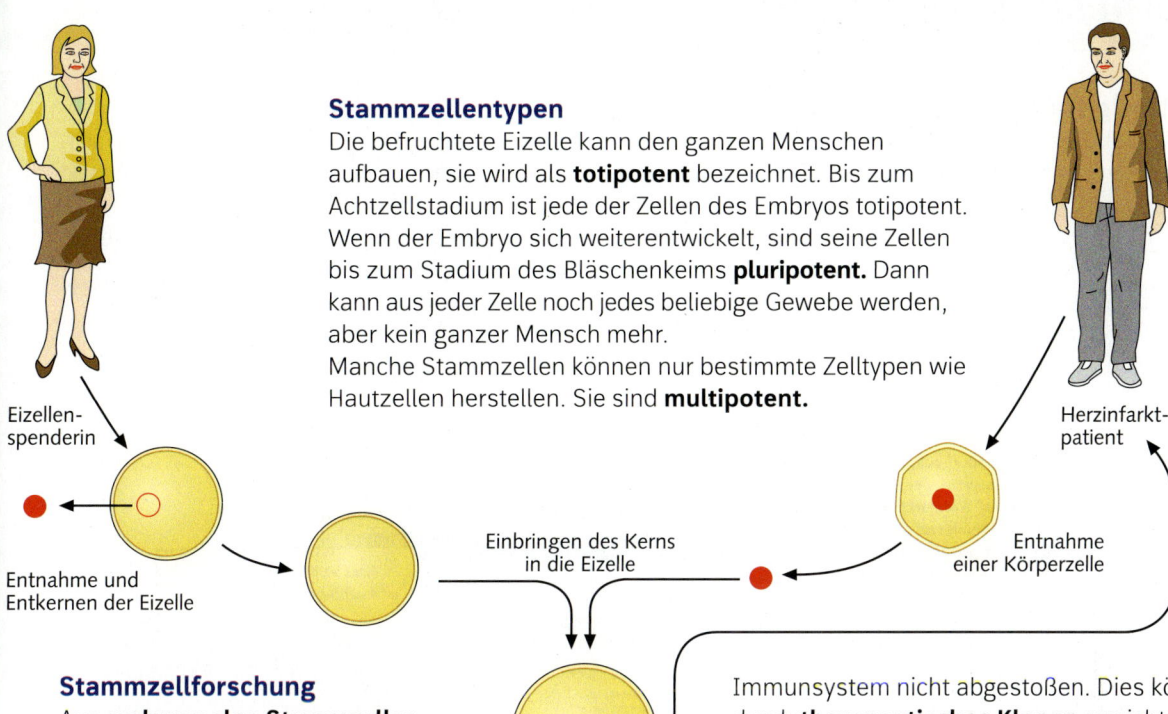

Stammzellentypen

Die befruchtete Eizelle kann den ganzen Menschen aufbauen, sie wird als **totipotent** bezeichnet. Bis zum Achtzellstadium ist jede der Zellen des Embryos totipotent. Wenn der Embryo sich weiterentwickelt, sind seine Zellen bis zum Stadium des Bläschenkeims **pluripotent.** Dann kann aus jeder Zelle noch jedes beliebige Gewebe werden, aber kein ganzer Mensch mehr.
Manche Stammzellen können nur bestimmte Zelltypen wie Hautzellen herstellen. Sie sind **multipotent.**

Eizellen-spenderin

Entnahme und Entkernen der Eizelle

Einbringen des Kerns in die Eizelle

Herzinfarkt-patient

Entnahme einer Körperzelle

Entwicklung zum Bläschenkeim

Entnahme der embryonalen Stammzellen

Herzmuskel-zellen unter Zugabe von Wachstums-hormonen

3 Therapeutisches Klonen

Stammzellforschung

Aus **embryonalen Stammzellen** kann man im Labor jedes beliebige Gewebe züchten. Dies macht vielen kranken Menschen Hoffnung auf Heilung. Erleidet ein Mensch einen Herzinfarkt, wird die Sauerstoffversorgung der Herzmuskelzellen unterbrochen. Dadurch sterben viele von ihnen ab. Der Körper kann das zerstörte Gewebe nicht ersetzen und die Herzfunktion ist dauerhaft eingeschränkt. Vielen Patienten könnte geholfen werden, wenn man die abgestorbenen Zellen durch neue ersetzen könnte. Bei Mäusen ist es bereits gelungen, im Labor aus embryonalen Stamm-zellen Herzmuskelzellen zu züchten. Nach einer Transplanta-tion übernahmen diese Zellen ihre Funktion im Herzen der Maus.

Therapeutisches Klonen

Möglicherweise könnten in Zukunft auch für Menschen neue Herzmuskelzellen im Labor gezüchtet werden. Dabei wäre es möglich, dass sie die gleichen Erbinformationen haben wie der Patient. So werden sie vom

Immunsystem nicht abgestoßen. Dies könnte durch **therapeutisches Klonen** erreicht werden: Dabei wird aus einer Körperzelle des erkrankten Menschen der Zellkern gewonnen. Dieser wird in die entkernte Eizelle einer Frau eingebracht. In dieser Umgebung erlangt der Zellkern einen totipotenten Zustand. Die Eizelle beginnt mit der Embryonalentwicklung. Nach einigen Teilungen können Zellen ent-nommen werden. Diese werden dann zu Herzmuskelzellen weitergezüchtet und dem Herzinfarktpatienten transplantiert. Dort übernehmen sie dann die Funktionen der abgestorbenen Zellen.

Ethische Bedenken

Eine Eizelle mit einem fremden Kern, die die Embryonalentwicklung begonnen hat, könnte sich zu einem ganzen Menschen entwickeln. Daher ist dieses Verfahren ethisch bedenklich. In Deutschland ist therapeutisches Klonen verboten. Mit der Stammzellforschung sind aber viele Hoffnungen auf Heilung verbunden. Daher besteht hier ein **ethisches Dilemma.** Inzwischen wird nach anderen Möglichkeiten mit sogenannten **iPS-Zellen** geforscht, die nicht aus Embryonen gewonnen werden.

Du kannst verschieden Typen von Stammzellen nennen und das Verfahren des therapeutischen Klonens und seine Probleme erläutern.

Informationen im Internet kritisch nutzen

Zuverlässige Informationen sind wichtig

Die Möglichkeiten der Medizin entwickeln sich ständig weiter. So ergeben sich auch für Schwangere ständig neue Untersuchungs- und Behandlungsmöglichkeiten. Wer Kinder bekommen möchte, wird früher oder später mit Fragen und Entscheidungen konfrontiert werden, die sich zum Beispiel darum drehen, welche Untersuchungen und Behandlungen man für sich und sein Kind wünscht. Als Grundlage für diese Entscheidungen sind verlässliche

Informationen wichtig. Diese kann man beispielsweise im Internet finden. Jedoch ist Vorsicht geboten: Mancher Anbieter will nicht wirklich objektiv informieren, sondern den Leser eher in seinem Sinne beeinflussen, etwa um eine Dienstleistung zu verkaufen. Mithilfe der folgenden Fragen kannst du dir einen Eindruck über die Objektivität und Seriösität eines Internetangebotes verschaffen.

COPYRIGHT

Wenn du Texte und Abbildungen einer Internetseite für eigene Aufsätze oder Präsentationen verwendest, musst du immer die Quelle deiner Informationen angeben.

1. 🅠
a) Stellt mithilfe von Webseiten jeweils einige Argumente für und gegen das Ersttrimeser-Screening (FTS) zusammen. Analysiert dazu mehrere Webseiten mithilfe der Fragen aus der Abbildung.
b) Zeigt anhand von Beispielen, wie Anbieter von Webseiten ihre Botschaften an die Leser weitergeben und deren Meinung vielleicht beeinflussen wollen.
c) Präsentiert eure Ergebnisse aus a) und b) vor der Klasse.

Berufe in der Biotechnologie

Umweltschutztechnische Assistentin – umweltschutztechnischer Assistent

Umweltschutztechnische Assistentinnen und Assistenten nehmen Proben aus dem Boden, dem Wasser, der Luft oder aus Abfall. Sie analysieren diese mit biologischen, chemischen und physikalischen Verfahren. Sie werten die Daten EDV-gestützt aus und beurteilen Gefahren für die Umwelt. Neben Sorgfalt und Verantwortungsbewusstsein wird technisches Verständnis, zum Beispiel zur Nutzung und Wartung der Messgeräte, erwartet. Interesse für Naturwissenschaften und Umweltschutz sind Voraussetzung. Nach der zweijährigen Ausbildung können sie in Umweltschutzämtern oder in Betrieben der Wasser- und Abfallwirtschaft sowie in der chemischen Industrie beschäftigt werden.

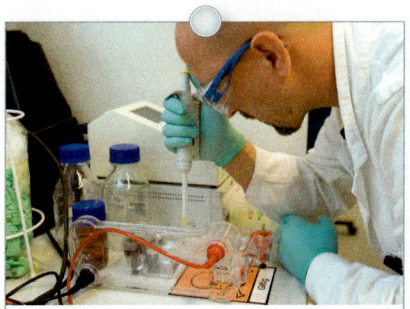

Biologielaborantin – Biologielaborant

In Laboratorien der biologischen oder medizinischen Forschung, im Gesundheitswesen oder bei Lebensmittelherstellern arbeiten Biologielaborantinnen oder -laboranten. Sie untersuchen Tiere, Pflanzen oder Mikroorganismen. Von den Laboranten werden Sorgfalt und Verantwortungsbewusstsein ebenso wie technisches Geschick erwartet. Die duale Ausbildung in einem Betrieb und der Berufsschule dauert dreieinhalb Jahre. Wer dies vorhat, sollte Freude an Naturwissenschaften und Technik haben. Ein sicherer Umgang mit Computern für die elektronische Datenverarbeitung (EDV) wird erwartet.

Landwirtschaftlich-technische Assistentin – landwirtschaftlich-technischer Assistent

Landwirtschaftlich-technische Assistentinnen und Assistenten führen Untersuchungen und Versuche zu biotechnologischen Fragestellungen durch. Das kann den Pflanzenanbau, die Tierhaltung, die Lebensmittelherstellung oder Umweltfragen betreffen. Oft wird im Labor gearbeitet, aber auch im Freien oder im Betrieb. Wichtige Anforderungen für diesen Beruf sind Sorgfalt und Genauigkeit. Für die hygienische Durchführung der Untersuchungen wird Verantwortungsbewusstsein verlangt. Bewerberinnen und Bewerber für die zweijährige Ausbildung sollten sich für Naturwissenschaften interessieren. Englischsprachige Anleitungen sollten sie lesen und verstehen können.

PINNWAND

1. Ⓐ Beschreibe Interessen und Voraussetzungen, die für Berufe in der Biotechnologie mitgebracht werden sollten.

2. Ⓠ Recherchiere zu weiteren Berufen in der Biotechnologie und stelle einen Beruf vor.

TIPP
www.planet-beruf.de

Klassische Züchtungsverfahren

1. ≡ Ⓐ
Nenne und beschreibe zwei Verfahren der Tier- und Pflanzenzüchtung.

2. ≡ Ⓐ
Seit unsere Vorfahren sesshaft wurden, hielten sie Tiere wie Schafe, Ziegen, Hühner oder Schweine.
a) Beschreibe, wie die Tiere genutzt wurden.
b) Gib für jede Tierart Zuchtziele an und begründe deine Auswahl.

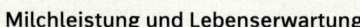

Milchleistung und Lebenserwartung

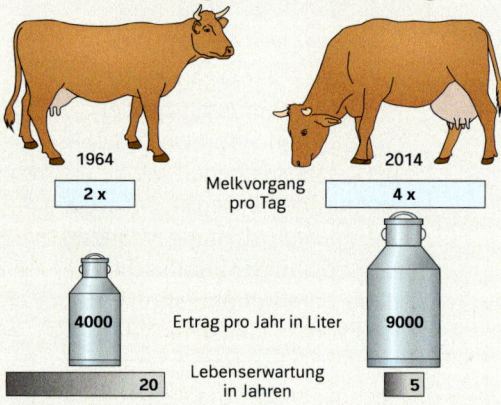

	1964		2014
	2 x	Melkvorgang pro Tag	4 x
	4000	Ertrag pro Jahr in Liter	9000
	20	Lebenserwartung in Jahren	5

3. ≡ Ⓐ
a) Betrachte die Abbildung "Milchleistung und Lebenserwartung" und formuliere, was sie aussagt.
b) Beschreibe, welche Zuchtziele bei Milchkühen in den letzten 50 Jahren verfolgt wurden.
c) Bewerte diese Entwicklung.

4. ≡ Ⓐ
Beschreibe die folgende Abbildung und ordne sie einer Züchtungsform zu.

Merkmale:
A ⬤
B ⬤
C ⬤
D ⬤

5. ≡ Ⓐ
Erkläre anhand des Textes und der Abbildung die Begriffe reinerbige Linien, F_1-Hybride und Heterosiseffekt.

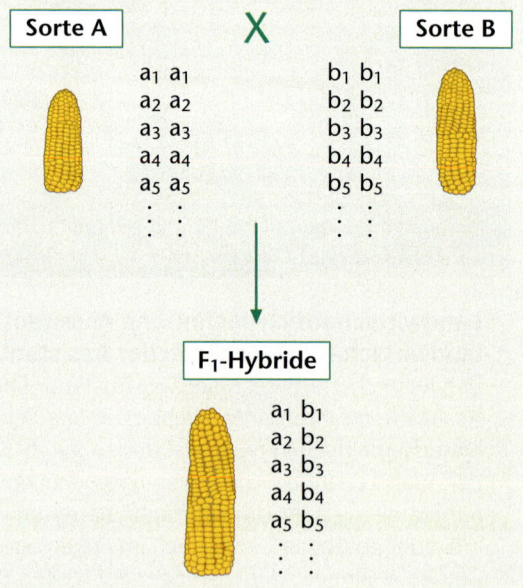

Sorte A	X	Sorte B
$a_1\ a_1$		$b_1\ b_1$
$a_2\ a_2$		$b_2\ b_2$
$a_3\ a_3$		$b_3\ b_3$
$a_4\ a_4$		$b_4\ b_4$
$a_5\ a_5$		$b_5\ b_5$
⋮ ⋮		⋮ ⋮

F_1-Hybride

$a_1\ b_1$
$a_2\ b_2$
$a_3\ b_3$
$a_4\ b_4$
$a_5\ b_5$
⋮ ⋮

6. ≡ Ⓐ
Ein Bauer kann mit den F_1-Hybriden seiner Hühnerzucht nicht weiterzüchten. Erläutere diese Aussage.

Klassische Tier- und Pflanzenzüchtung

Seit vielen tausend Jahren werden Tiere gehalten und Pflanzen angebaut. Schon früh erkannten die Menschen, dass durch eine gezielte Auswahl und Kreuzung von Tieren oder Pflanzen die Erträge gesteigert werden konnten. Dies wird **klassische Züchtung** genannt.

Auslesezüchtung

Zur Weiterzucht wählten die Menschen nun bestimmte Lebewesen aus. Sie erkannten, dass beispielsweise die größten und geschmackvollsten Samen und Früchte nicht alle verzehrt werden durften. Einige mussten für die Aussaat verwendet werden.

Eine solche **Auslesezüchtung** wurde auf viele Tier- und Pflanzenarten angewandt.

Kombinationszüchtung

Nicht immer reicht eine reine Auslese der besten Vertreter einer Art aus, um zum gewünschten Zuchtziel zu gelangen.

1 In der Tierzucht (**A**) und Pflanzenzucht (**B**) spielt der Ertrag eine wichtige Rolle.

Die Auslesezüchtung wurde aus diesem Grund um die **Kombinationszüchtung** erweitert. Hier werden Tiere oder Pflanzen mit unterschiedlichen vorteilhaften Eigenschaften gekreuzt. Bei den Nachkommen sollen diese Eigenschaften gemeinsam vorkommen. Beispielsweise kreuzt man Rinder mit unterschiedlichen Eigenschaften, um eine gute Milch- und Fleischleistung in einem Tier zu vereinen.

Wenn ein Tier oder eine Pflanze sehr günstige und Ertrag bringende Eigenschaften besitzt, so wird versucht, die Tiere oder Pflanzen in den Folgegenerationen reinerbig zu erhalten. Die guten Eigenschaften sollen immer wieder sicher an die nächste Generation weitergegeben werden. Solche reinerbigen Linien entstehen durch **Inzucht,** also durch Kreuzung nahe verwandter Individuen. Dabei werden aber auch unerwünschte Eigenschaften weitergegeben. Individuen aus Inzuchtlinien sind deshalb empfindlicher und weniger fortpflanzungsfähig.

Hybridzüchtung

Wenn besonders hohe Erträge erzielt werden sollen, werden bei Saatgut oft sogenannte **F_1-Hybriden** angeboten. Diese werden durch Kreuzung von reinerbigen Linien erzeugt. Die aus dieser Kreuzung hervorgehenden mischerbigen Pflanzensamen werden dann verkauft. Bei dieser Kreuzung wird der sogenannte **Heterosiseffekt** erzeugt: Die F_1-Hybriden bringen höhere Ernteerträge als ihre reinerbigen Eltern. Unerwünschte Eigenschaften, die durch die Reinerbigkeit der Eltern entstehen, werden durch die Durchmischung aufgehoben. Vorteilhafte Anlagen ergänzen sich.

2 Pflanzensamen als F_1-Hybride

Dieser Effekt kann allerdings nur einmal erzielt werden. Mit F_1-Hybriden kann nicht weitergezüchtet werden. Ein Landwirt, der mit F_1-Hybriden arbeitet, muss deshalb immer wieder neues Saatgut kaufen.

> Du kannst klassische Methoden der Tier- und Pflanzenzüchtung nennen und anhand von Beispielen beschreiben.

Moderne Züchtungsverfahren

1. ≡ Ⓐ
Nenne die Vorteile der künstlichen Besamung.

2. ≡ Ⓐ ⦿
Stelle die Schritte beim Embryonentransfer in einem Flussdiagramm dar.

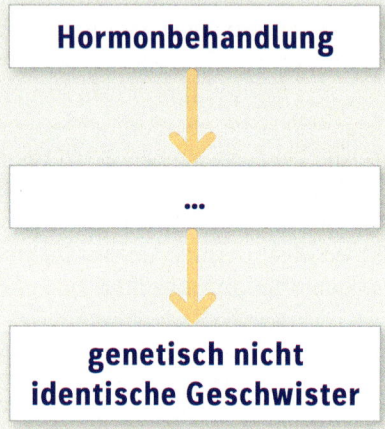

Hormonbehandlung

...

genetisch nicht identische Geschwister

3. ≡ Ⓐ
Erläutere mithilfe der Abbildung 1, warum die Klone bei der Embryonenverteilung zwei Mütter haben.

4. ≡ Ⓐ
Beschreibe die Mutationszüchtung. Nimm die Abbildung unten und den Text zu Hilfe.

5. ≡ Ⓐ
Beschreibe das Klonen von Pflanzen. Nutze dazu die folgende Abbildung.

Gewebeteil

Nährmedium

Zellhaufen (Kallus)

Sprosse

Pflanze in Erde

6. ≡ Ⓐ
Gib an, warum sich Pflanzen im Vergleich zu Tieren leichter klonen lassen.

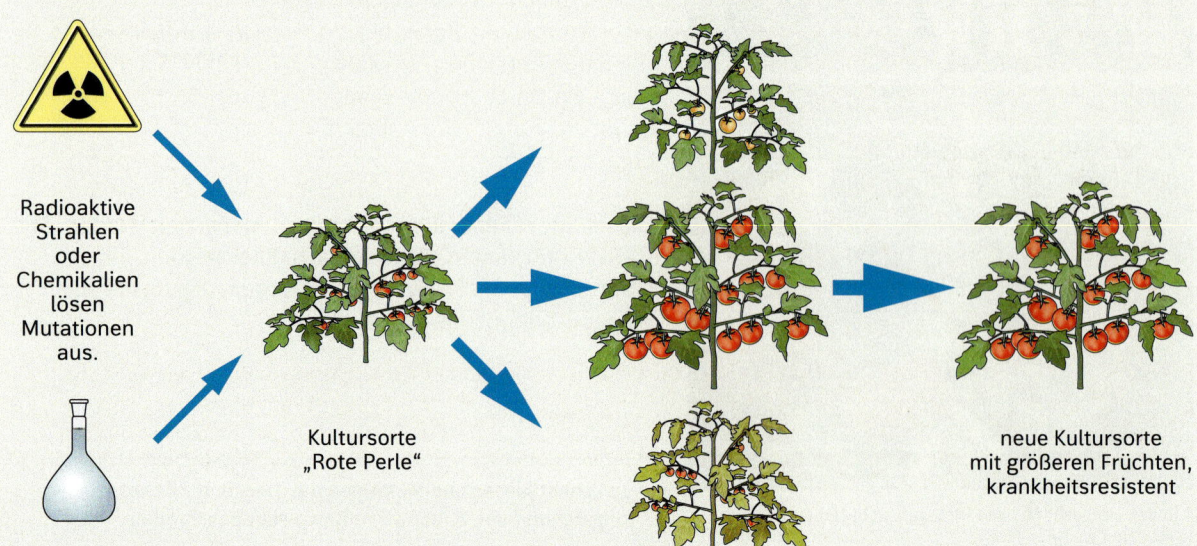

Radioaktive Strahlen oder Chemikalien lösen Mutationen aus.

Kultursorte „Rote Perle"

neue Kultursorte mit größeren Früchten, krankheitsresistent

Mutationszüchtung

In der Natur sind Mutationen eine Ursache dafür, dass sich Merkmale bei Pflanzen und Tieren verändern. Mutationen finden aber relativ selten statt. Möchte man schneller neue Merkmale erhalten, kann man die Mutationsrate künstlich erhöhen. Bei dieser **Mutationszüchtung** bestrahlt man Pflanzen mit radioaktiven Strahlen oder behandelt sie mit bestimmten Chemikalien. Die meisten Mutationen sind schädlich für die Pflanzen. Aber manchmal erhält man so auch Veränderungen, die günstig sind und mit denen man dann weiterzüchten kann.

Polyploidie

Eine besondere Art der Mutation ist die **Polyploidie.** Hierbei ist der gesamte Chromosomensatz einer Pflanze vervielfacht. So liegt bei einigen Getreidesorten jedes Chromosom sechsmal vor, bei Erdbeersorten zum Teil zehnmal. Pflanzen mit Polyploidie sind oft kräftiger und ertragreicher als ihre Wildformen. Die Polyploidie kann in der Natur spontan entstehen oder vom Menschen künstlich ausgelöst werden.

2 Erdbeeren: **A** Wildform,
B Kulturform durch Polyploidie

Künstliche Besamung

Die meisten Rinder entstehen heute durch **künstliche Besamung.** Dazu werden Hochleistungskühe mit dem Sperma von Hochleistungsbullen besamt. Diese Bullen werden nur für die Spermienabgabe gezüchtet und gehalten. Ein einziger Bulle kann auf diese Weise viele tausend Nachkommen zeugen und ihnen seine Eigenschaften vererben. So entstehen Rinder, die immer höhere Milchleistungen und noch mehr Fleisch erbringen.

Embryonentransfer

Auch der **Embryonentransfer** wird in der Tierzucht erfolgreich eingesetzt. Durch eine Hormonbehandlung löst man bei einer Hochleistungskuh die Reifung von mehreren Eizellen aus. Nach Besamung und Befruchtung entstehen mehrere Embryonen, die aus der Gebärmutter ausgespült werden. Die Embryonen werden in Leihmutterkühe, die Ammenkühe, eingesetzt. So erhält man viele Nachkommen des leistungsstarken Muttertieres. Sie sind zwar Geschwister, aber nicht genetisch identisch.

Klonen

Genetisch identische Tiere, sogenannte **Klone,** können zum Beispiel durch die **Embryonenteilung** entstehen. Hierbei wird ein Embryo in einem frühen Stadium, dem Maulbeerkeim-Stadium, entnommen und geteilt. Jedes Teilstück entwickelt sich danach weiter und kann in der Gebärmutter eines Ammentieres zu einem kompletten Individuum heranwachsen.

Bei Pflanzen dagegen wird eine andere Form der Herstellung von Klonen angewendet. Die **Gewebekultur** nutzt die besondere Fähigkeit vieler Pflanzen, dass aus Gewebeteilen oder Einzelzellen durch Zellteilungen und Zelldifferenzierungen wieder vollständig neue Pflanzen heranwachsen können.

> Du kannst moderne Züchtungsverfahren wie Mutationszüchtung, künstliche Besamung, Embryonentransfer, Embryonenteilung sowie die Gewebekultur beschreiben.

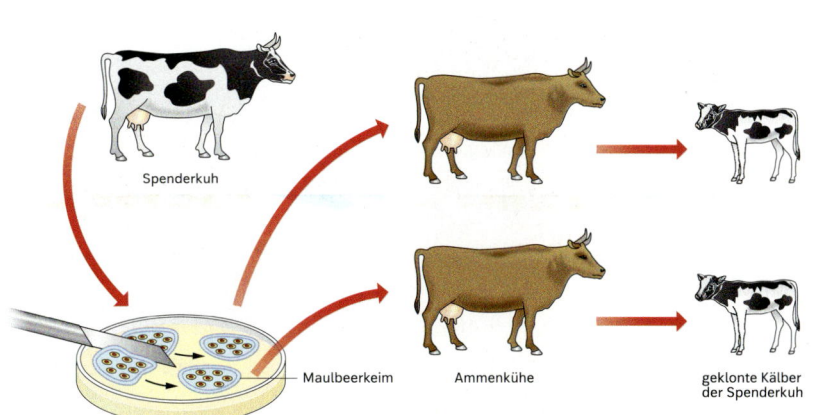

Spenderkuh

Maulbeerkeim Ammenkühe geklonte Kälber der Spenderkuh

1 Klonen durch Embryonenteilung

Gentechnik in der Landwirtschaft

1. Q
Informiere dich über die Lebensweise, die Entwicklung, die Schadwirkung und die Bekämpfung des Maiszünslers.

2. ≡ A
Erkläre, wie der Maiszünsler mit Gentechnik bekämpft wird.

3. ≡ A ◉
a) Beschreibe das unten abgebildete Diagramm und fasse die wesentlichen Aussagen zusammen.
b) In Deutschland ist der Anbau von Bt-Mais verboten. Diskutiere dieses Verbot und nutze für die Argumentation den Informationstext und die Aussagen des Diagramms.

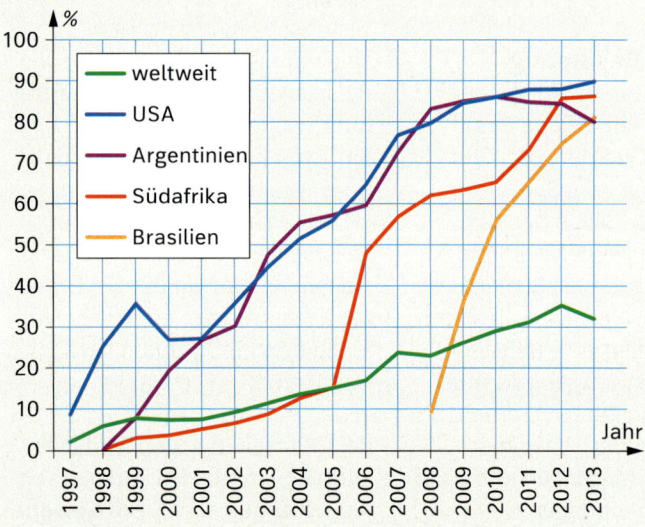

1 Anteil von genverändertem Mais an der Anbaufläche eines Landes in Prozent

5. ≡ A
a) Betrachte die Karikatur oben und formuliere ihre Aussage.
b) Diskutiere das Für und Wider von Bt-Mais. Sortiere dafür zunächst die Argumente auf dem unten abgebildeten Zettel. Formuliere dann deine eigene Meinung.

Chancen und Risiken der "grünen Gentechnik"
- Das Erbgut wurde schon immer verändert.
- Der Anbau von GVO leistet einen unverzichtbaren Beitrag zur Lösung des Welternährungsproblems.
- Die GVO produzieren Proteine, die es in den Organismen vorher nicht gab. Diese Proteine können Allergien auslösen.
- Es werden weniger Spritzmittel ausgebracht.
- Die Veränderung der Erbinformation kann zu völlig unerwünschten Folgen führen.
- Die Landwirte sind abhängig von den Saatgutherstellern, die auch die entsprechenden Spritzmittel verkaufen.
- Die Fremdgene können unkontrolliert auf verwandte Nutzpflanzen und Wildpflanzen übertragen werden.

4. Q
a) Recherchiere, unter welchen Bedingungen in Deutschland Lebensmittel mit dem dem Siegel „Ohne GenTechnik" gekennzeichnet werden können.
b) Würdest du dein Kaufverhalten nach dem Siegel ausrichten? Begründe deine Antwort.

Bt-Mais gegen den Maiszünsler

Mais gehört mit Weizen und Reis zu den wichtigsten
Nahrungs- und Futterpflanzen der Welt. Ernteausfälle beim
Mais haben hohe Kosten zur Folge.
Ein Grund für hohe Ernteausfälle beim Mais ist weltweit ein
Schadinsekt, der Maiszünsler. Die Larven des Maiszünslers entwickeln sich in den Stängeln der Maispflanze, die
Pflanze wird brüchig und stirbt ab. Um die Ernteausfälle zu
verringern, wurden gentechnisch veränderte Maispflanzen
erzeugt. Das dazu nötige Gen fand man in einem Boden-
bakterium, Bacillus thuringiensis, kurz Bt. Bacillus thuringiensis stellt ein Protein her, das für Larven einiger Insekten tödlich ist. Das Gen, das die Information für das
tödliche Eiweiß trägt, wurde in die Maispflanzen einge-
schleust. Nun stellen die sogenannten Bt-Mais-Pflanzen
das Gift selber her und die Maiszünslerlarven, die davon
fressen, sterben. Organismen wie der Bt-Mais, in deren
Erbgut gentechnisch eingegriffen wurde, heißen **gentechnisch veränderte Organismen (GVO).**

Bt-Mais in der Diskussion

Während in Amerika die Produktion von gentechnisch ver-
ändertem Mais inzwischen üblich ist, sind die Menschen in
Deutschland gegenüber dem Bt-Mais sehr skeptisch. Zum
einen meinen Kritiker, die Giftstoffe im Mais könnten auch
andere Tiere wie Bienen, Spinnen oder Käfer töten oder
sich schädlich auf sie auswirken. Ebenso besteht die
Angst, dass das Gift auch in unseren Körper gelangt und
dort Allergien erzeugen kann. Außerdem könnte der veränderte Pollen auch das Erbgut herkömmlicher Maissorten
verändern. Wissenschaftler erforschen alle diese Aspekte
genau, um die Risiken abzuschätzen.

Verbraucherschutz durch Kennzeichnung

Viele Verbraucher in Deutschland stehen der Gentechnik in
Lebensmitteln sehr skeptisch gegenüber. Sie wollen wissen, ob in einem Lebensmittel Gentechnik steckt oder
nicht. Aber so einfach ist diese Frage oft nicht zu beantworten. Zwar sind gentechnisch veränderte Pflanzen und
Tiere als Lebensmittel in Deutschland nicht erlaubt, solche
Pflanzen können aber durchaus zuvor an Tiere verfüttert
worden sein. Nach gesetzlichen Regelungen in der EU
müssen Lebensmittel gekennzeichnet sein, die aus GVO
bestehen, sie enthalten oder aus ihnen gemacht sind.
Wenn aber Tiere mit gentechnisch veränderten Pflanzen
gefüttert wurden, oder ein Brot mithilfe von Enzymen aus
gentechnisch veränderten Bakterien hergestellt wurde,
müssen diese Lebensmittel nicht gekennzeichnet werden.

2 Maiszünsler: **A** gesunde Maispflanzen,
B Schmetterling, **C** Raupe, **D** Schadbild

Du kannst am Beispiel von Bt-Mais erläutern,
was ein GVO ist und das Für und Wider seiner
Nutzung diskutieren.

Gene und Vererbung

Die genetische Information

Die genetische Information eines Lebewesens liegt auf den Chromosomen im Zellkern. Chromosomen bestehen aus einem langen, dünnen Faden aus DNA. Er ist um Proteine gewickelt. Die DNA enthält einen Zucker, die Desoxyribose, Phosphorsäurebestandteile und vier verschiedene Basen. Die Erbinformation ist durch die Reihenfolge der Basen festgelegt. Die Form der DNA erinnert an eine Wendeltreppe (Doppelhelix-Modell).

Verdopplung der DNA

Bevor sich eine Zelle teilt, verdoppelt sich die DNA, sodass die gleiche Information zweimal vorliegt. Dabei öffnet sich der Doppelstrang der DNA. Die Einzelstränge werden wieder zu Doppelsträngen ergänzt. Die Reihenfolge der Basen und die gespeicherte Information in beiden Strängen (Chromatiden) sind gleich. Bei der Kernteilung (Mitose) werden sie auf die Tochterzellen verteilt.

Proteinbiosynthese

Ausgehend von der DNA kann die Zelle alle Eiweiße (Proteine) herstellen, die sie braucht. Dazu wird die Information zunächst kopiert (Transkription), dann in den Bauplan des Eiweißes übersetzt (Translation) und an Ribosomen aus Aminosäuren zusammengesetzt.

Keimzellbildung und Befruchtung

Zur Bildung von Keimzellen findet eine Kernteilung, die Meiose, statt. Die homologen Chromosomen werden getrennt, sodass jede Keimzelle nur noch halb so viele Chromosomen enthält. Die Verteilung der Chromosomen erfolgt zufällig. Bei der Befruchtung kommen die Chromosomen einer Ei- und einer Spermazelle zusammen. Es entsteht wieder ein doppelter Chromosomensatz.

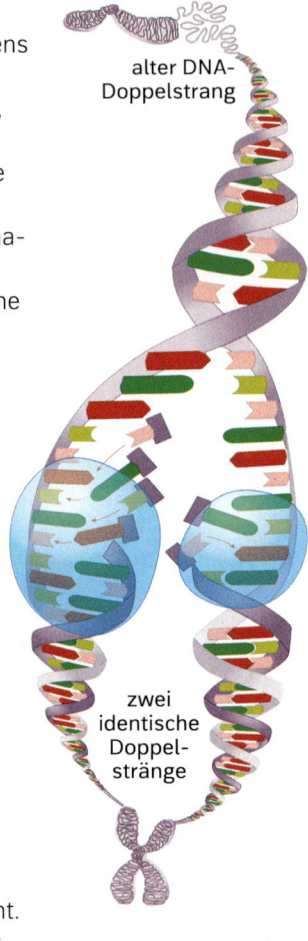

alter DNA-Doppelstrang

zwei identische Doppelstränge

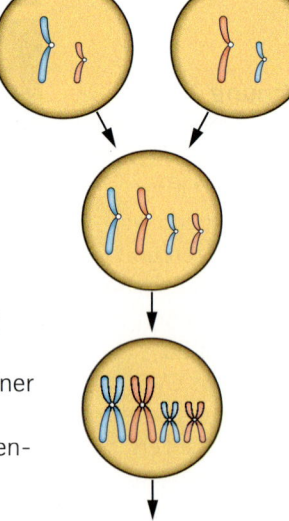

Entwicklung zum Embryo

MENDELsche Erbregeln

GREGOR MENDEL entdeckte drei Erbregeln, die auch für den Menschen gelten: die Uniformitätsregel, die Spaltungsregel und die Unabhängigkeitsregel. Wie er erkannte, gibt es in den Körperzellen zu jedem Gen jeweils zwei Allele. Sie werden zufällig auf die Keimzellen verteilt und bei der Befruchtung neu kombiniert.

Mutationen

Mutationen sind ungerichtete Veränderungen des Erbgutes. Sie betreffen entweder ein einzelnes Gen (Genmutationen), größere Bereiche eines Chromosoms (Chromosomenmutationen) oder die Zahl der Chromosomen (Genommutationen). Mutationen sind häufig Ursache von Erbkrankheiten wie dem DOWN-Syndrom.

Erbe und Umwelt

Jedes Lebewesen hat eine genetische Ausstattung, die seine Merkmale bestimmt. Merkmalsausprägungen werden auch durch die Umwelt beeinflusst. Dies sind Modifikationen. So wird etwa Pflanzenwachstum durch Lichteinflüsse verändert. Modifikationen werden nicht vererbt.

Züchtung und Biotechnologie

Kenntnisse über Abläufe, die bei der Vererbung von Eigenschaften wichtig sind, werden zur Züchtung und Vermehrung von Pflanzen und Tieren genutzt. Sogar bei der Produktion von Arzneimitteln spielen sie eine Rolle. Moderne Verfahren der Biotechnologie und der Gentechnik eröffnen dabei völlig neue Möglichkeiten. Diese können aber auch mit Risiken verbunden sein.

AUF EINEN BLICK

Entwick-
lung

Struktur
und
Funktion

Entwicklung

1. ≡ Ⓐ

a) Beschreibe die Vorgänge, die bei der Mitose ablaufen.

b) Erkläre die Bedeutung der Mitose für die Entwicklung eines Lebewesens.

→ S. 124 – 126

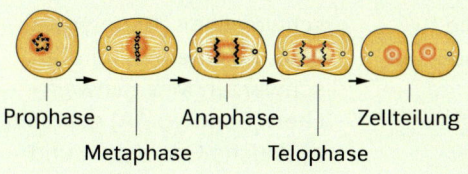

Prophase — Anaphase — Zellteilung
Metaphase — Telophase

Struktur und Funktion

3. ≡ Ⓐ

a) Ordne die Abbildungen A und B den Phasen des Zellzyklus zu.

b) Erkläre, welche Funktionen die Chromosomen in den beiden Phasen haben.

→ S. 124 – 126

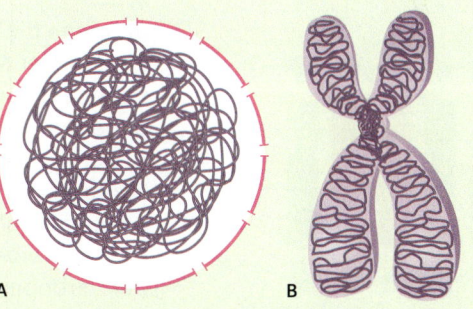

A — B

Entwicklung

2. ≡ Ⓐ

a) Erkläre, warum Sexualität eine Ursache für Individualität und Vielfalt ist.

b) Erläutere in diesem Zusammenhang die Rolle der Meiose.

c) Erkläre, warum sich eineiige Zwillinge trotz gleichen Erbgutes unterschiedlich entwickeln können.

→ S. 134 – 135, 152 – 153

Struktur und Funktion

4. ≡ Ⓐ

Zeige den Zusammenhang zwischen den Abläufen bei der Keimzellbildung und Befruchtung und den MENDELschen Regeln. Fertige dazu auch Erbschemata an.

→ S. 134 – 135, 138 – 143

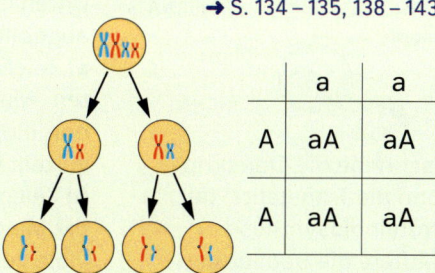

	a	a
A	aA	aA
A	aA	aA

BASISKONZEPTE

Gene und Vererbung ◐

Vom Gen zum Merkmal

Kannst du schon ...

...Familienähnlichkeiten mithilfe von Erkenntnissen aus der Genetik erklären? (S. 123)

...den Bau von Chromosomen beschreiben? (S. 123, 129)

...das Doppelhelix-Modell der DNA erläutern? (S. 129 – 131)

...die Teilschritte der Proteinbiosynthese benennen und ihren Ablauf erklären? (S. 133)

Zeig, was du kannst!

1. ≣ Ⓐ

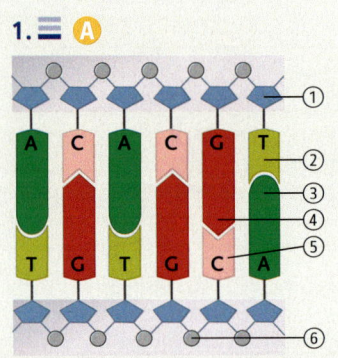

a) Benenne die Bausteine der DNA.
b) Erkläre, wie die Erbinformation gespeichert ist.
c) Erläutere das Prinzip der Basenpaarung.

2. ≣ Ⓐ

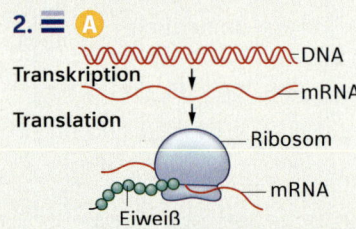

a) Beschreibe die Transkription und die Translation bei der Proteinbiosynthese.
b) Erläutere die Bedeutung von Proteinen für den Stoffwechsel.

Zellteilung und Keimzellbildung

Kannst du schon ...

...die Vorgänge bei der Zellteilung beschreiben? (S. 124 – 126)

...erklären, wie die Replikation der DNA abläuft? (S. 132 – 133)

...wesentliche Vorgänge bei der Meiose beschreiben und zeichnen? (S. 134 – 135, 138)

...die Bedeutung der Meiose für die genetische Variabilität erläutern? (S. 143)

Zeig, was du kannst!

3. ≣ Ⓐ

a) Bringe die dargestellten Phasen der Mitose in die richtige Reihenfolge und benenne sie.
b) Benenne den wichtigsten Vorgang, der in der Interphase abläuft.
c) Beschreibe den Vorgang der Verdopplung der Erbinformation.

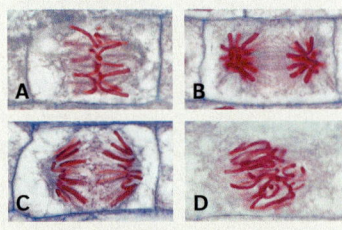

4. ≣ Ⓐ
Unten ist ein Zellkern abgebildet.
a) Zeichne alle Möglichkeiten, wie in der Meiose I die homologen Chromosomen verteilt werden können.
b) Zeichne auch die Meiose II. Wie viele verschiedene Keimzelltypen ergeben sich?

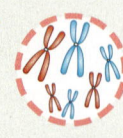

MENDELsche Erbregeln

Kannst du schon ...

...die MENDELschen Erbregeln wiedergeben und anhand von Beispielen erläutern? (S. 136 – 137, 139-143)

...die Begriffe „intermediärer" und „dominant-rezessiver Erbgang" erklären? (S. 140-141)

...anhand von Beispielen erläutern, dass die Erbregeln auch für Menschen gelten? (S. 144 – 145)

Zeig, was du kannst!

5. ≣ Ⓐ
Ein reinerbig weißes Meerschweinchen (Genotyp aa) wird mit einem reinerbig schwarzen Meerschweinchen (Genotyp AA) gekreuzt.
a) Welche Genotypen und welche Phänotypen treten in der 1. Tochtergeneration F_1 auf? Nenne die Erbregel, die hier deutlich wird.
b) Kreuze nun zwei Tiere der F_1-Generation. Ermittle die Genotypen und die Phänotypen in der 2. Tochtergeneration F_2.
c) Nenne die Erbregel, die hier greift.
d) Erläutere die Bedeutung dieser Erbregel für die Tierzüchtung.

6. ≣ Ⓐ
Gesunde Eltern haben ein an Mukoviszidose erkranktes Kind. Das Allel für diese Krankheit ist rezessiv. Mit welcher Wahrscheinlichkeit wird ein weiteres Kind diese Erkrankung haben? Begründe mithilfe der Erbregeln.

Angewandte Genetik

Kannst du schon ...

... beschreiben, wie und warum fremde Gene in Bakterien eingebracht werden? (S. 156 – 157)

... erklären, wie die Gentherapie oder Stammzellen in der Medizin eingesetzt werden? (S. 158 – 161)

... moderne Methoden der Tier- und Pflanzenzucht beschreiben? (S. 164 – 167)

... die Bedeutung gentechnisch veränderter Pflanzen für die Landwirtschaft erklären? (S. 168 – 169)

Zeig, was du kannst!

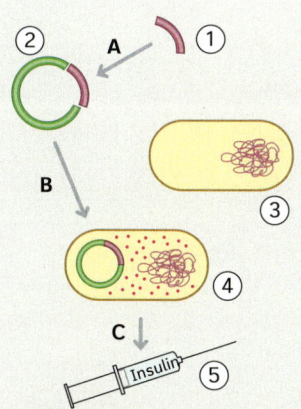

7. ☰ Ⓐ
Beschreibe mithilfe der Zeichnung, wie Insulin gentechnisch hergestellt wird. Ordne den Ziffern jeweils einen Fachbegriff und den Buchstaben jeweils einen Vorgang zu.

8. ☰ Ⓐ
a) Definiere den Begriff Stammzelle.
b) Benenne einige Chancen und Schwierigkeiten im Zusammenhang mit der Stammzellforschung.

9. ☰ Ⓐ
Beschreibe das in der Abbildung unten dargestellte Verfahren. Wie heißt es und warum wird es angewendet?

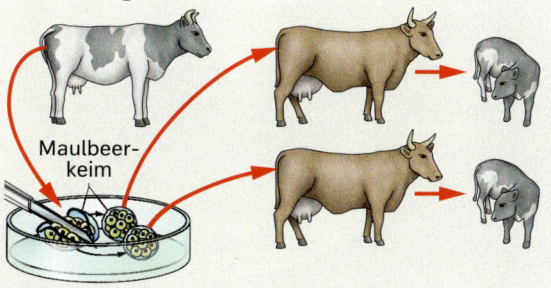

Mutation und Modifikation

Kannst du schon ...

... die verschiedenen Arten von Mutationen benennen und beschreiben? (S. 146)

... mögliche Auswirkungen von Mutationen an Beispielen beschreiben? (S. 150 – 151)

... erklären, was man unter Mutagenen versteht und Beispiele nennen? (S. 146 – 147)

... erklären, was Modifikationen sind und den Unterschied zu Mutationen beschreiben? (S. 153)

Zeig, was du kannst!

10. ☰ Ⓐ
Rechts sind die roten Blutkörperchen eines an Sichelzellanämie Erkrankten abgebildet. Erläutere am diesem Beispiel, wie sich eine Mutation auswirken kann.

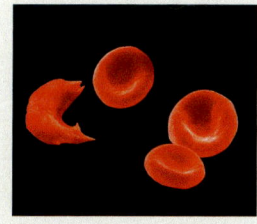

11. ☰ Ⓐ
Bei Röntgenuntersuchungen werden den Patienten Bleischürzen umgelegt, um die Strahlung abzuschirmen. Erkläre diese Maßnahme und verwende dabei den Begriff "Mutagen".

Wichtige Begriffe

- Chromosom
- DNA
- Allel, Gen, Protein, Merkmal
- Proteinbiosynthese, Transkription, Translation
- Karyogramm
- Zellteilung, Mitose, Replikation
- Meiose (Keimzellbildung)
- MENDELsche Erbregeln
- Erbgang, Kreuzungsschema
- Genotyp, Phänotyp
- homozygot, heterozygot
- dominant, rezessiv
- Mutation, Mutagen

Evolution

Wie entstehen neue
Arten und warum
sterben sie wieder aus?

Welche Rolle spielt
die Sexualität in der
Evolution?

Stammt der Mensch vom Affen
ab? Wie sahen unsere
Vorfahren aus?

Fossilien – Zeugen der Vorzeit

A

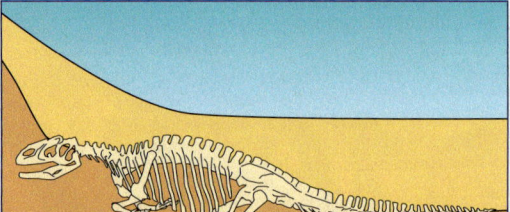

B

C

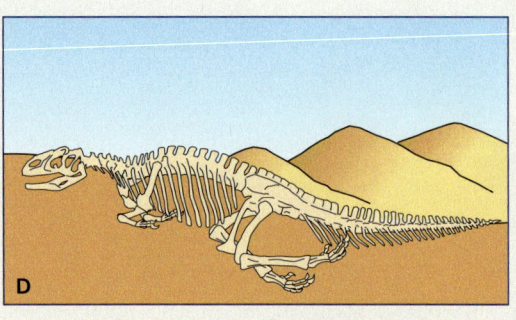

D

 1. Ⓐ
Beschreibe anhand der Abbildungen A – D, wie ein Fossil entsteht.

 2. Ⓐ
Begründe, weshalb man Fossilien von Tieren, die im oder am Wasser gelebt haben, häufiger findet als die von Landtieren.

 3. Ⓐ
Erkläre den Prozess der Versteinerung eines Lebewesens.

4. Ⓠ ⑂
Verfasse Steckbriefe zu „Fossilien des Jahres". Nutze dafür die Homepage der Deutschen Paläontologischen Gesellschaft.

5. Ⓥ
Überlegt euch, wie ihr mithilfe von Muscheln und Gips selbst „Fossilienmodelle" erstellen könnt. Plant eure Vorgehensweise und stellt Fossilienmodelle her. Präsentiert sie der Klasse und erläutert eure Vorgehensweise. Berichtet auch von euren Schwierigkeiten.

> **TIPP**
> für eure Materialkiste: 1 Muschel (beide Schalenhälften), Klebstoff, 1 Gipsbecher, 1 Getränkekarton, Schnellgips, Seidenpapier, gelbe Kreide, Wasser, Handcreme, Löffel, Messer, Hammer, Gummibänder

 6. Ⓐ
Nenne die Vorgänge der Fossilienentstehung, die bei einem Modell wie in Aufgabe 5 nachvollzogen werden.

Dinosaurierfunde – auch in Deutschland

1932 stießen Paläontologen in Trossingen in Baden-Württemberg bei einer groß angelegten Ausgrabung auf eine Vielzahl von Dinosaurierknochen. Vor 210 Millionen Jahren lebten dort Saurier. Es herrschte tropisches Klima, in dem sie ideale Lebensbedingungen vorfanden. Nach wochenlangen Ausgrabungsarbeiten hatten die Forscher die Überreste von vier vollständigen und 17 nahezu vollständigen Skeletten des Pflanzenfressers Plateosaurus freigelegt.

So entstanden Fossilien

Vermutlich waren die in Trossingen gefundenen Tiere in ein großes Schlammloch geraten und dort gestorben. Sand und Schlick bedeckten die toten Körper schnell, und die Weichteile verfaulten. Weil es aber keinen Sauerstoff gab, wurden die Körper nicht vollständig zersetzt. Hartteile wie Knochen oder Zähne blieben erhalten. Immer neue Sand- und Schlammschichten, das Sediment, lagerten sich über den toten Sauriern ab. Je feiner das umliegende Sediment war, desto mehr Einzelheiten sind heute an den **Fossilien** erkennbar. Durch einsickerndes Wasser, darin gelöste Mineralsalze, den Druck und die Temperatur veränderten sich die Hartteile der Saurier in ihrer Zusammensetzung, sie versteinerten. Ihre Form blieb dabei erhalten. Durch Bewegungen der Erdkruste kommen die **Versteinerungen** wieder an die Erdoberfläche und werden durch Einwirkung von Regen und Wind freigelegt.

2 Tapir: **A** Fossiler Urtapir, **B** Schabrackentapir (eine heute lebende Art)

Fossilien zeigen Vielfalt vergangener Zeiten

Heute leben ungefähr 60 000 Wirbeltierarten. Sie machen zusammen aber nur ein Prozent der Wirbeltiere aus, die jemals gelebt haben. Im Lauf von vielen Millionen Jahren sind immer wieder neue Arten entstanden. Diese Entwicklung von Arten in der Erdgeschichte heißt **Evolution.** Die meisten Arten, die im Verlauf der Evolution entstanden, sind wieder ausgestorben.

Alle Überreste von Lebewesen heißen **Fossilien.** Dies können auch Spuren oder Pflanzenabdrücke sein. Oft ähneln Fossilien heutigen Arten, wie zum Beispiel das 47 Millionen Jahre alte Fossil eines Urtapirs. Sein Skelett sieht dem Skelett heutiger Tapire sehr ähnlich. Anhand solcher Fossilien kann man die Geschichte heutiger Tiere oft weit in die Vergangenheit verfolgen. Dabei sind jüngere Fossilien unseren jetzigen Arten ähnlicher als ältere Fossilien.

1 Fund eines Plateosaurus

Du kannst erklären, was Fossilien sind und wie sie entstehen.

Fossilien

Ammoniten-Steinkern
Ammoniten hatten eine harte Schale. Nach dem Tod des Tieres und der Verwesung der inneren Organe füllte sich die leere Schale mit Sediment. Durch den hohen Druck versteinerte es. Als die Schale später durch weitere Zersetzungsprozesse aufgelöst wurde, blieb ein Steinkern zurück.

Trilobiten-Abdrücke
Nachdem dieser Trilobit gestorben war, und Schlamm und Sediment ihn überdeckt hatte, hinterließen die harten Panzer Abdrücke im Sediment. Als die Schale ebenfalls zersetzt war, blieben die Abdrücke erhalten und versteinerten. Es gibt Abdrücke sowohl von der Außenseite als auch von der Innenseite des Panzers.

Bernstein-Einschluss
Die Spinne muss vor 50 Millionen Jahren von austretendem Baumharz getötet worden sein. Das Baumharz verfestigte sich im Laufe der Zeit zu Bernstein und konservierte die Spinne vollständig. So blieben viele Insekten fast vollständig erhalten.

Mumie – konserviert in Eis
Vor 35 000 Jahren wurde dieses kleine Mammut von Eis bedeckt, als es starb. Seitdem ist es im sibirischen Dauerfrostboden mumifiziert. Solche Fossilien sind selten und nie sehr alt, denn bei einem Klimawechsel tauen sie auf und werden dann weiter zersetzt. So braucht auch Mammut „Dima" eine spezielle Lagerung und Behandlung, damit es so erhalten bleibt.

Velociraptor – Spurenfossilien
Im heutigen Obernkirchen in Niedersachsen hinterließen vor 140 Millionen Jahren Raubsaurier ihre Spuren. Eine aufkommende Sturmflut bedeckte die Spuren wahrscheinlich mit Sand und sorgte so dafür, dass sie bis heute erhalten blieben. Velociraptor war etwa 1,80 m lang. Er hatte Federn, war jedoch nicht flugfähig.

1. ☰ **A**
Beschreibe den Unterschied zwischen einem Steinkern und einem Abdruck.

2. **V**
Tragt Fossilien aus der Biologiesammlung und von zu Hause zusammen. Beschriftet sie und gestaltet eine Ausstellung.

3. ☰ **Q**
Recherchiere, wie versteinertes Holz entsteht. Berichte.

Eine Exkursion steht an

Naturwissenschaftliche Entdeckungen und Erlebnisse sind immer spannend, wenn sie vor Ort und nicht nur im Klassenzimmer durchgeführt werden. Solche Orte, an denen ihr selbst etwas ansehen, erkunden oder entdecken könnt, sind beispielsweise ein Steinbruch oder ein nahegelegenes Museum.

Wenn ihr mit eurer Klasse einen Steinbruch besucht, könnt ihr Fossilien entdecken. Solche Versteinerungen ermöglichen einen Einblick in die Lebenswelt vergangener Erdzeitalter.

1. Exkursionsziele

Zuerst solltet ihr euch auf ein Ziel einigen. Interessante Exkursionsziele sind der Schiefersteinbruch Kromer, das Urweltmuseum Hauff in Holzmaden auf der Schwäbischen Alb, die Staatlichen Museen für Naturkunde in Stuttgart und Karlsruhe, das Zementwerk in Dotternhausen im Zollernalbkreis oder das Senckenberg-Museum in Frankfurt am Main.

METHODE

2. Organisation

Je nach Zielort und Programm müsst ihr vorab folgende Fragen klären, zum Beispiel:
- Wie erreichen wir unser Ziel?
- Welche Kosten fallen an?
- Müssen wir uns anmelden?
- Gibt es Führungen oder eine Rallye?
- Welche Ausrüstung brauchen wir? (Kleidung, Material und Verpflegung...)
- Wie bereiten wir die Exkursion thematisch vor?
- In welcher Form werden die Ergebnisse der Exkursion nachbereitet und eventuell präsentiert?

3. Gestaltung einer Fossilienausstellung

Nach der Exkursion könnt ihr Fundstücke und Eindrücke mit der ganzen Klasse bzw. Schule teilen. Reinigt und beschriftet alle Fossilien und gebt ein ungefähres Alter an. Fügt Fotos, Skizzen und Bildmaterial hinzu.
Ladet Gäste ein und stellt eure Ergebnisse vor.

Ein Fossil wird zum Leben erweckt

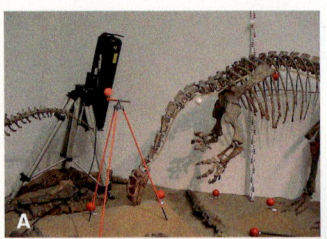

1 Rekonstruktion eines Plateosaurus-Skeletts: **A** Laserscanner vermisst die einzelnen Knochen, **B** Saurier-Schädel aus dem 3D-Drucker, **C** rekonstruiertes Skelett

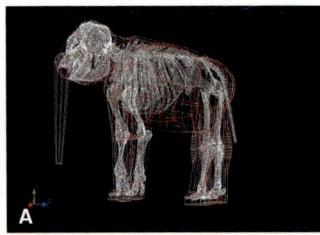

C

2 Rekonstruktion der Gestalt durch Vergleich mit einem Elefanten: **A** Scannerbild eines Elefanten, **B** Ermittlung der Muskelmasse, **C** fertige Rekonstruktion des Plateosaurus

Das Skelett rekonstruieren

Wenn Versteinerungen gefunden werden, muss mit großer Vorsicht und speziellen Werkzeugen das fossile Tier aus dem Gestein herausgelöst werden. Bei Wirbeltieren werden oft nur wenige versteinerte Knochen eines Skelettes gefunden. Diese sind meistens verkrümmt und in ihrer Anordnung durcheinander geraten. Die Knochen freizulegen, richtig zu sortieren, ihr ursprüngliches Aussehen zu rekonstruieren sowie fehlende Teile des Skelettes zu ergänzen, ist die Arbeit von Präparatoren. Sie kümmern sich auch um die Anfertigung von Modellen wichtiger Fossilien. Um zunächst das Skelett zu rekonstruieren, werden alle vorhandenen Knochen mit Laserscannern vermessen. Mithilfe dieser Daten und dem Vergleich mit anderen Skeletten ermitteln sie auch die Größe und Lage fehlender Knochen. Danach werden alle Knochen aus speziellen Kunststoffen nachgebildet. Heute werden diese Modelle auch mit 3D-Druckern angefertigt.

Lebensnahe Modelle herstellen

Schwieriger als das Skelett zu rekonstruieren, ist die lebensnahe Darstellung eines Dinosauriers. Die Weichteile eines verstorbenen Tieres sind fast nie als Fossil erhalten. Anhand der gefundenen Knochenfossilien und mithilfe von Vergleichen mit lebenden Tieren müssen Aussagen über das Aussehen gemacht werden. Der Knochenbau eines Dinosauriers lässt einige Rückschlüsse auf seine Muskulatur zu. Bei der Rekonstruktion eines Plateosaurus hat man indische Elefanten und Nashörner mit Laserscannern genau vermessen und deren Muskelmasse ermittelt. Diese Daten wurden dann auf das Skelett des Plateosaurus übertragen.

Über die Farbe und das Muster der Haut weiß man allerdings nichts. Hier spielt neben der vermuteten Tarnung des Dinosauriers auch viel Fantasie eine Rolle.

---

1. **A**

Beschreibe die Schritte der Rekonstruktion eines Dinosauriers.

Evolution vollzieht sich in langen Zeiträumen

 **1.** **A**
Ordne die Gesteinsschichten in Abb. 1 mithilfe der Randabbildung zeitlich ein.

2. **A**
Übertrage die Uhren vergrößert in dein Heft und gestalte sie mit allen Daten aus dem Text.

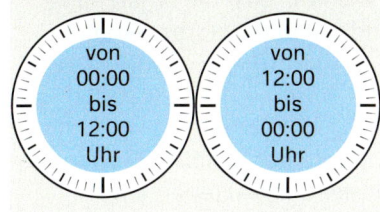

von 00:00 bis 12:00 Uhr

von 12:00 bis 00:00 Uhr

1 Schichtung im Gestein: Kreide-Tertiär-Grenze (Pfeil)

Das Alter von Fossilien bestimmen

In Steinbrüchen kann man oft sehen, dass das Gestein in deutlich sichtbaren Schichtungen vorliegt. Sie sind vor vielen Millionen Jahren entstanden. Besonders eindrucksvoll sichtbar ist dies an der Kreide-Tertiär-Grenze. Hier hinterließ weltweit ein Meteoriteneinschlag eine bis heute sichtbare Linie.

In vielen Gesteinsschichten findet man Fossilien. Dabei sind die Fossilien in den oberen Schichten am jüngsten. Nach unten hin werden die Schichten und damit die Fossilien immer älter. So kann man eine relative Altersbestimmung vornehmen.

In manchen Schichten findet man auf der ganzen Welt die gleichen Fossilien. Findet man solche **Leitfossilien,** kann man das Alter der Gesteinsschicht und anderer Funde aus der gleichen Schicht angeben. Es gibt aber heute chemische und physikalische Methoden, die das Alter viel genauer bestimmen können.

Die ganze Evolution an einem Tag

Die Erde ist 4,5 Milliarden Jahre alt. Älteste Fossilien, die man von heutigen Menschen findet, sind ungefähr 200 000 Jahre alt. Die Zeiträume, in denen die Evolution neue Arten hervorbringt, sind so groß, dass Menschen sie sich schlecht vorstellen können.

Vergleicht man die gesamte Geschichte unserer Erde mit einem einzigen Tag von 24 Stunden und nimmt an, dass die Erde um 0.00 Uhr nachts als glühender Feuerball entstanden ist, kühlt sie die nächsten 9 Stunden zunächst einmal ab. Um 9.00 Uhr tauchen das erste Mal Einzeller in den Meeren auf. Diese Urbakterien sind bis um 21.00 Uhr am Abend die einzigen lebenden Organismen. Dann entstehen die ersten mehrzelligen Lebewesen. Von nun an geht die Entwicklung viel schneller. Schon 21.45 Uhr sind aus diesen ersten Mehrzellern über viele andere Zwischenformen die Ur-Wirbeltiere entstanden. Um 22.00 Uhr tauchen die ersten Fische in den Ozeanen auf, eine Viertelstunde später die Amphibien und der Gang an Land wird gewagt. Weitere 25 Minuten später gibt es die ersten Reptilien und um 23.00 Uhr die ersten Säugetiere. Erst 10 Minuten bevor der Tag zu Ende geht, sind die Vorfahren unserer Menschenaffen auf der Erde entstanden. Gegen 23.59 Uhr und 58 Sekunden betritt der Homo sapiens, also unsere eigene Art, den Planeten Erde.

> Du kannst erklären, wie man anhand von Leitfossilien das ungefähre Alter eines Fossils bestimmt. Du kannst die Zeiträume der Evolution als Modell darstellen.

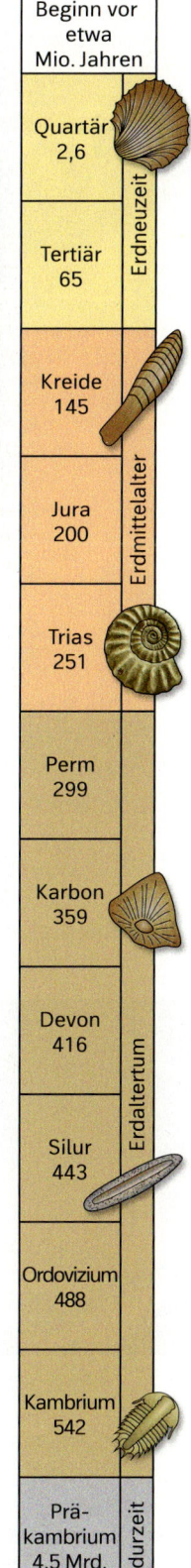

Beginn vor etwa Mio. Jahren	
Quartär 2,6	Erdneuzeit
Tertiär 65	
Kreide 145	Erdmittelalter
Jura 200	
Trias 251	
Perm 299	Erdaltertum
Karbon 359	
Devon 416	
Silur 443	
Ordovizium 488	
Kambrium 542	
Präkambrium 4,5 Mrd.	Erdurzeit

Wie alles begann

1. ≣ **A**
Beschreibe, was man unter der „chemischen" und der „biologischen" Evolution versteht.

2. ≣ **Q**
Informiere dich im Internet über „Mikrosphären". Berichte.

3. ≣ **A**
Beschreibe, wie man sich die Entstehung der Mitochondrien und Chloroplasten vorstellt.

4. ≣ **A**
Erkläre die Vorteile der Symbiose für:
a) die aufnehmenden Bakterien und
b) die Bakterien, die sich zu Mitochondrien und Chloroplasten entwickelt haben.

Die Entstehung der Erde

Die Entstehung unserer Erde liegt etwa 4,5 Milliarden Jahre zurück. Zu Beginn war sie ein glühender Gasball, der über viele hundert Millionen Jahre abkühlte. Ihre Entstehungszeit war geprägt durch Meteoriteneinschläge, extreme Regenfälle, gewaltige Gewitter, Vulkanausbrüche, dampfende Lagunen und Erdspalten.

1 Schema einer Urlandschaft

Man nimmt an, dass die „Uratmosphäre" aus Stickstoff, Kohlenstoffdioxid, Wasserdampf, Schwefelwasserstoff, Methan, Spuren von Ammoniak und anfänglich auch freiem Wasserstoff bestand.

Die chemische Evolution

Dem amerikanischen Studenten STANLEY MILLER gelang es 1953 in einem Versuch, die Bedingungen der „Uratmosphäre" nachzuahmen. Dazu mischte er die Gase der Uratmosphäre und erhitzte das Gemisch. Er erzeugte mit Elektroden künstliche Blitze und bestrahlte seine „Uratmosphäre" mit UV-Licht.
Wenige Tage später machte er die sensationelle Entdeckung, dass seine **„Ursuppe"** organische Verbindungen wie Ameisensäure und einige Aminosäuren enthielt. Variationen der Versuchsbedingungen führten später auch zu Fetten, Kohlenhydraten und Bestandteilen von Nukleinsäuren.
Die Ergebnisse der Experimente lassen den Schluss zu, dass die Bildung einfacher organischer Substanzen bereits zur Zeit der Uratmosphäre möglich war. Gesicherte Erkenntnisse liegen allerdings bisher nicht vor.
Die Entstehung von organischen Verbindungen aus anorganischen Stoffen bezeichnet man als **chemische Evolution.**

Die biologische Evolution

Nach einem Modell des Nobelpreisträgers MANFRED EIGEN organisieren Ketten von RNA-Bausteinen die Herstellung bestimmter Eiweiße. Über Millionen Jahre könnten sich auch einige davon zu kleinen Kügelchen zusammengeschlossen haben. Derartige Gebilde aus Eiweißhülle und RNA-Kern haben sich möglicherweise zur **„Urzelle"** weiterentwickelt.

Erstes Leben aus der Tiefsee?

Andere Wissenschaftler sehen in den „Schwarzen Rauchern" der Tiefsee die Quelle des Lebens. Untersuchungen an den „Black Smokern" ergaben, dass sich trotz Temperaturen von 350 °C und extremen Druckverhältnissen kleine zellähnliche Strukturen mit einer membranartigen Hülle entwickeln, sogenannte **Mikrosphären.** In ihnen vermuten einige Wissenschaftler die Urformen der ersten Lebewesen.

Urbakterien – die ersten Zellen

Die ersten Lebewesen waren **Urbakterien.** Es waren von der Außenwelt durch Zellmembranen abgegrenzte Organismen. Diese Abgrenzung ist wichtig, damit die Reaktionen des Lebens kontrolliert ablaufen konnten. Die Urbakterien betrieben Stoffwechsel, indem sie energiereiche Stoffe aufnahmen und die darin gespeicherte Energie in andere Energieformen umwandelten.

Urbakterien waren einfache Zellen, die noch nicht über einen abgegrenzten Zellkern verfügten. Sie waren **Prokaryoten,** die sich teilen und vermehren konnten.

☰ Von den Prokaryoten zu den Eukaryoten

Die Entstehung der Zellen, wie sie Pflanzen, Tiere und der Mensch besitzen, erklären Wissenschaftler mit der **Endosymbiontentheorie.** Sie beschreibt den Zusammenschluss von verschiedenen urtümlichen Bakterien, die eine Symbiose – eine Gemeinschaft zum beiderseitigen Vorteil – miteinander eingingen. Sauerstoff atmende Bakterien, die sich mit Urbakterien zusammenschlossen, entwickelten sich in diesen zu Mitochondrien. Diese verfügen über eine eigene Erbsubstanz und dienen seitdem als „Energiekraftwerke" in den Zellen.

Bei der Entwicklung der Pflanzenzellen nahmen die Eukaryoten als weitere „Untermieter" Fotosynthese betreibende Cyanobakterien auf. Sie entwickelten sich in den Pflanzenzellen zu Chloroplasten.

Die DNA des Urbakteriums wurde nach und nach durch Membranen vom Zellplasma abgegrenzt. So entstanden Zellen mit einem echten, membranumhüllten Zellkern. Lebewesen mit solchen Zellen nennt man **Eukaryoten.** Dazu gehören alle Pflanzen und Tiere und auch der Mensch.

Wissenschaftler sprechen von einer Theorie, wenn es für eine Vorstellung eine Vielzahl überzeugender Belege gibt. Dies ist bei der Endosymbiontentheorie der Fall.

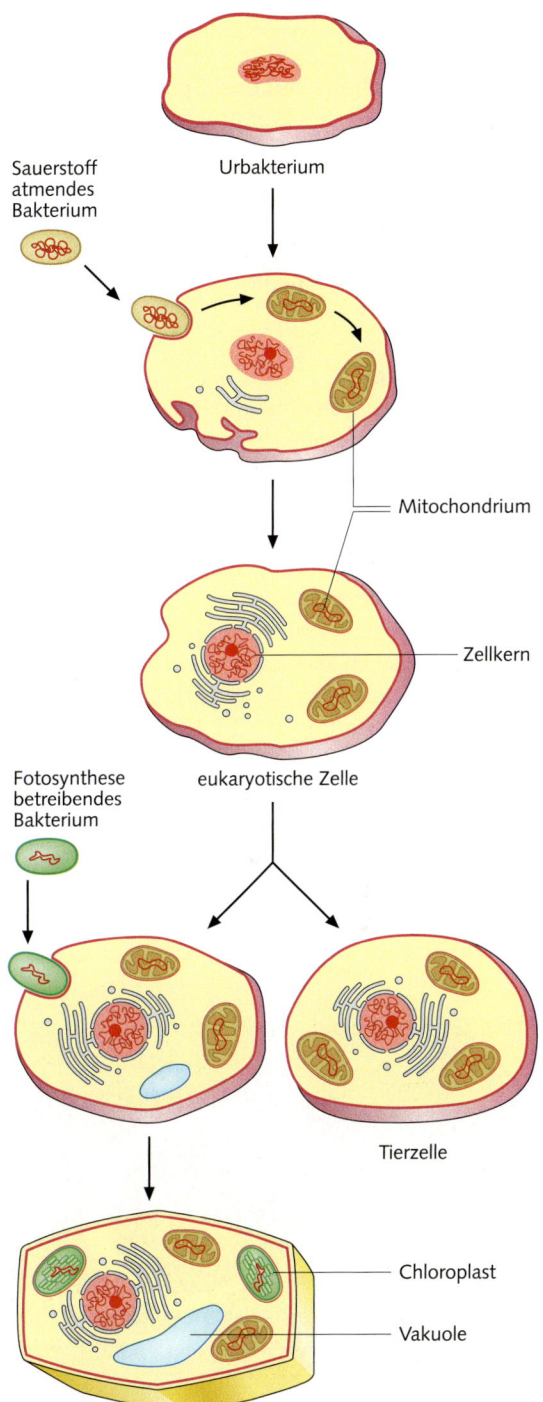

Sauerstoff atmendes Bakterium

Urbakterium

Mitochondrium

Zellkern

eukaryotische Zelle

Fotosynthese betreibendes Bakterium

Tierzelle

Chloroplast

Vakuole

Pflanzenzelle

2 Die Entwicklung eukaryotischer Zellen nach der Endosymbiontentheorie

Du kannst die „chemische" und die „biologische" Evolution beschreiben.

Erdzeitalter und ihre Lebewesen

1. ☰ Ⓐ
Lege eine Tabelle mit drei Spalten an. Ordne darin jedem Zeitalter aus dem Text eine Zeitangabe und einige Lebewesen zu. Zeitangaben findest du auf der Seite „Evolution vollzieht sich in langen Zeiträumen". In der Spalte „Lebewesen" genügen jeweils einige Beispiele.

2. ☰ Ⓐ
Erläutere die Bedeutung des Sauerstoffs in der Erdurzeit.

3. Ⓠ 🔍
Erkläre den Zusammenhang zwischen dem Aussterben der Dinosaurier und der nachfolgenden Artenfülle bei den Säugetieren.

Die Erdurzeit

Nachdem die Erde entstanden war, gab es lange Zeit noch keinen freien Sauerstoff. Die ersten Urbakterien vor 3,8 Milliarden Jahren auf der Erde brauchten zur Energiegewinnung noch keinen Sauerstoff. Etwa 600 Millionen Jahre später entwickelte sich die Fotosynthese. Dabei wurde Sauerstoff frei, der für viele Lebewesen giftig war. Viele Arten starben aus. Nur Organismen, die sich davor schützen konnten, überlebten diese einschneidende Umweltveränderung. Vor 1,5 Milliarden Jahren entwickelten sich dann aber Zellen, die Sauerstoff nutzen konnten. Damit hatten sie einen Vorteil, weil sie viel Energie mithilfe des Sauerstoffs gewinnen konnten.

Das Erdaltertum

Im **Kambrium** entwickelte sich dann eine Vielzahl mehrzelliger Organismen im Wasser wie Algen, Quallen und Gliederfüßer wie zum Beispiel die Trilobiten. Mit den kieferlosen Fischen tauchten im **Ordovizium** die ersten Wirbeltiere im Wasser auf. Als erste höhere Pflanzen besiedelten im **Silur** Nacktfarne das Land. Im **Devon** lebten Lungenfische, Vorfahren der ersten Landwirbeltiere. Urlurche wie Ichthyostega besaßen bereits ein Skelett, das ihnen eine Fortbewegung auf vier Beinen ermöglichte. Obwohl sie schon den Großteil ihres Lebens an Land verbrachten, waren sie bei der Fortpflanzung noch auf das Wasser angewiesen. Erst die Reptilien konnten vollständig an Land leben. Im **Karbon** gab es riesige Sumpfwälder aus Siegel- und Schuppenbäumen sowie Schachtelhalmen. Die Überreste sind noch heute als Kohle erhalten.

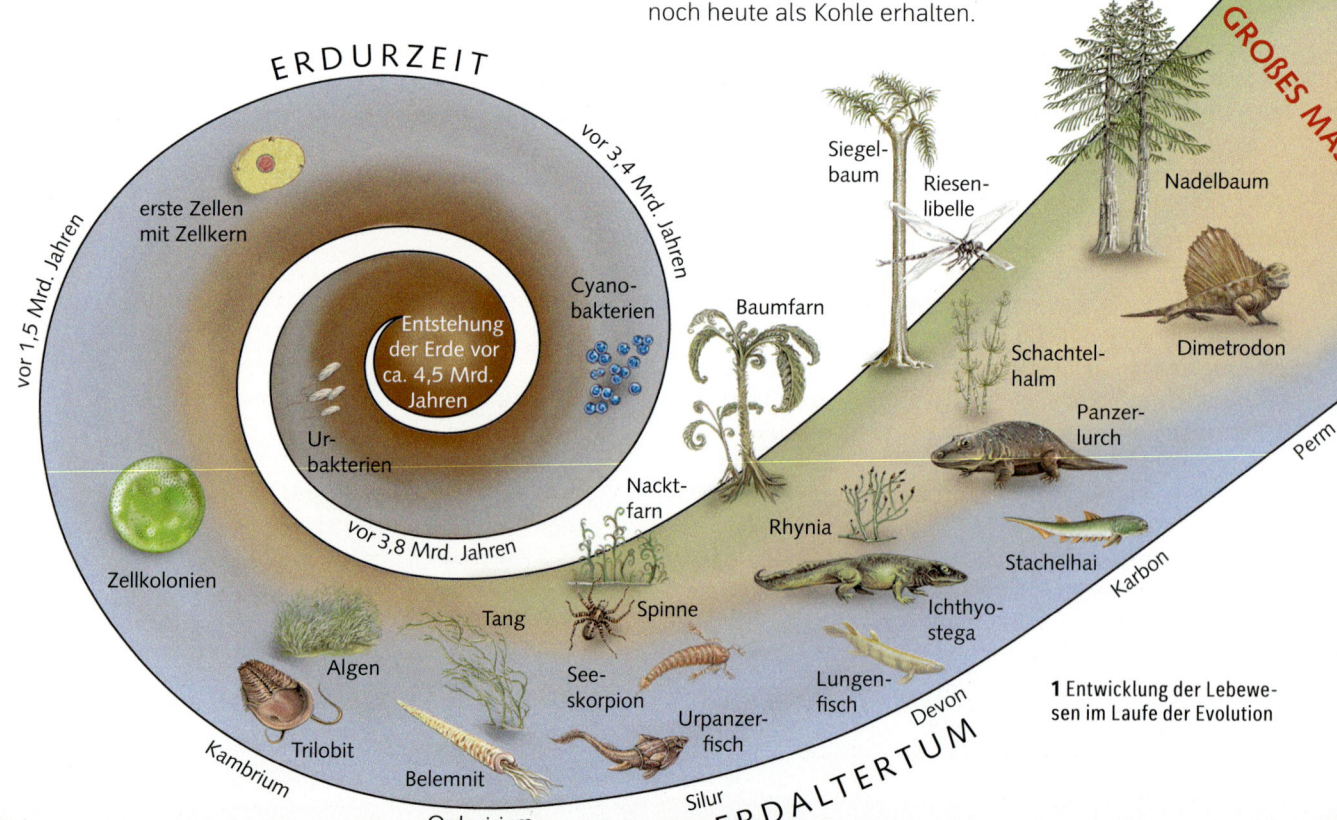

1 Entwicklung der Lebewesen im Laufe der Evolution

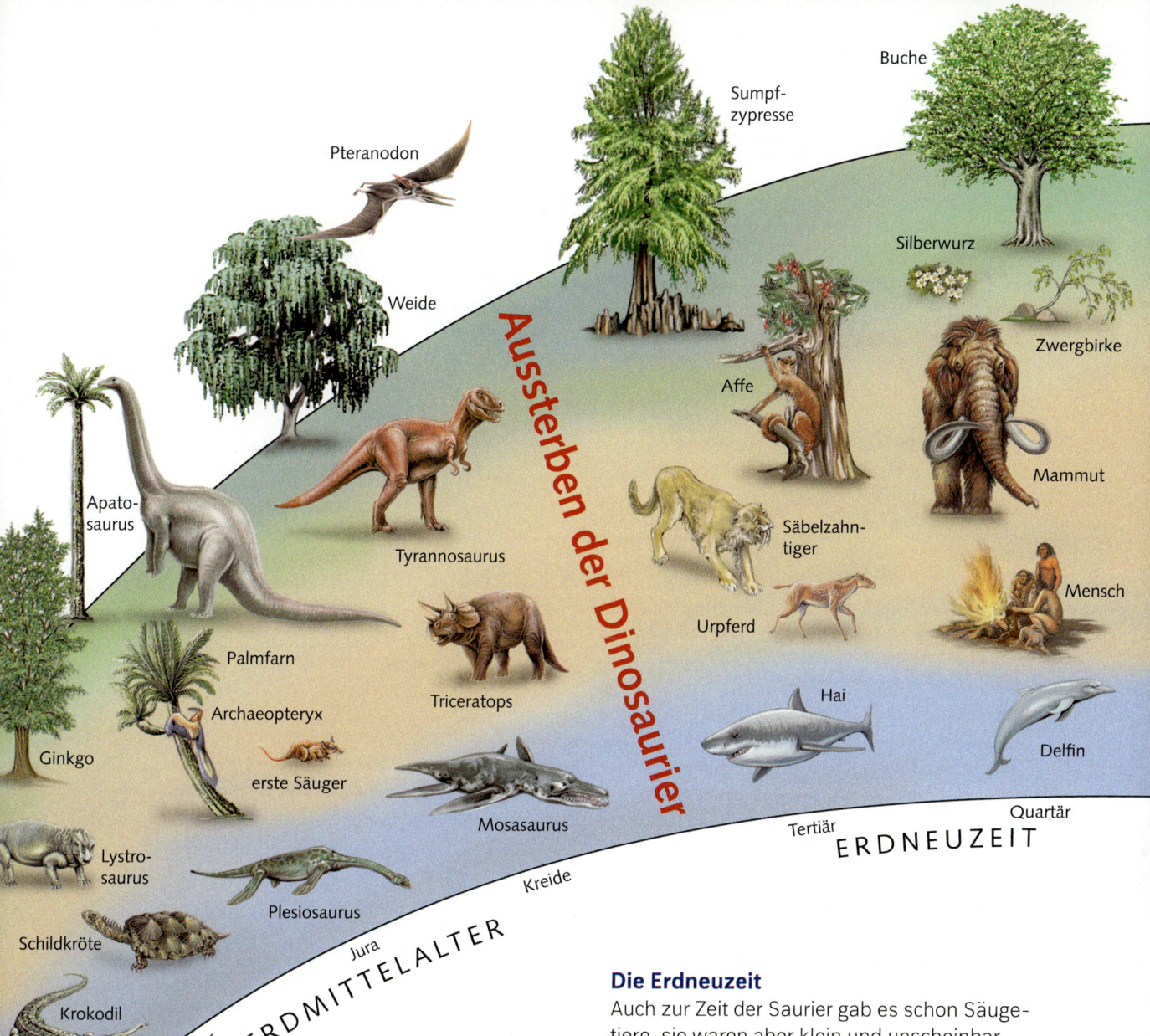

Pteranodon

Buche

Sumpf-
zypresse

Weide

Silberwurz

Zwergbirke

Affe

Apato-
saurus

Mammut

Tyrannosaurus

Säbelzahn-
tiger

Aussterben der Dinosaurier

Mensch

Urpferd

Palmfarn

Triceratops

Archaeopteryx

Hai

erste Säuger

Delfin

Ginkgo

Mosasaurus

Quartär

Lystro-
saurus

Tertiär   ERDNEUZEIT

Plesiosaurus

Kreide

Schildkröte

Jura

Krokodil

Trias   ERDMITTELALTER

Das Erdmittelalter

Das Erdmittelalter war die Blüte der Saurier.
Laufende, schwimmende und fliegende
Saurier beherrschten fast alle Lebensräume
der Erde. Im **Jura** entwickelten sich unter den
Dinosauriern die größten und schwersten
Landlebewesen, die es je gab, wie zum
Beispiel der Apatosaurus.
Gegen Ende der **Kreidezeit** starben die Saurier
jedoch aus. Als Nachfahren der Saurier gelten
die Vögel. Bei den Pflanzen tauchten neben
Farnen und Bärlappgewächsen die ersten
Laubbäume und Blütenpflanzen auf.

Die Erdneuzeit

Auch zur Zeit der Saurier gab es schon Säugetiere, sie waren aber klein und unscheinbar.
Erst nach dem Verschwinden der Dinosaurier
konnten sich Säugetiere in großer Artenvielfalt
entwickeln.
Im **Tertiär** herrschten sehr hohe Temperaturen
und es gab auch am Nordpol kein Eis, sodass
auch hier Wälder wuchsen. Als es trockener
und kühler wurde, breiteten sich Eichen- und
Buchenwälder aus. Gegen Ende des Tertiärs
traten erste menschenähnliche Lebewesen
auf.
Die Tiere und Pflanzen im **Quartär** wurden
den heutigen Formen immer ähnlicher. Erst vor
etwa zwei Millionen Jahren begannen die
ersten Menschen wie Homo erectus die Erde
zu besiedeln.

Du kannst die Entwicklung des Lebens in den
Erdzeitaltern beschreiben.

Vom Wasser auf das Land

1. **Ⓐ**
Beschreibe mithilfe der Abbildungen auf dieser und der folgenden Seite, welche Angepasstheiten Tiere und Pflanzen bei der Besiedlung des Landes entwickeln mussten.

2. **Ⓐ**
Nenne Gründe, weshalb die Tiere erst nach den Pflanzen das Land erobern konnten.

3. **Ⓐ**
Liste mithilfe des Textes alle Merkmale von Reptilieneiern auf, die Angepasstheiten an das Ablegen an Land sind.

4. **Ⓐ**
Vergleiche ein Hühnerei und ein Froschei. Nenne die Angepasstheiten an den jeweiligen Lebensraum.

5. **Ⓠ**
Recherchiere, wann die folgenden Pflanzen und Tiere auf der Erde lebten und erstelle zu einer Art einen Steckbrief: Rhynia, Gingko, Tiktaalik, Meganeura.

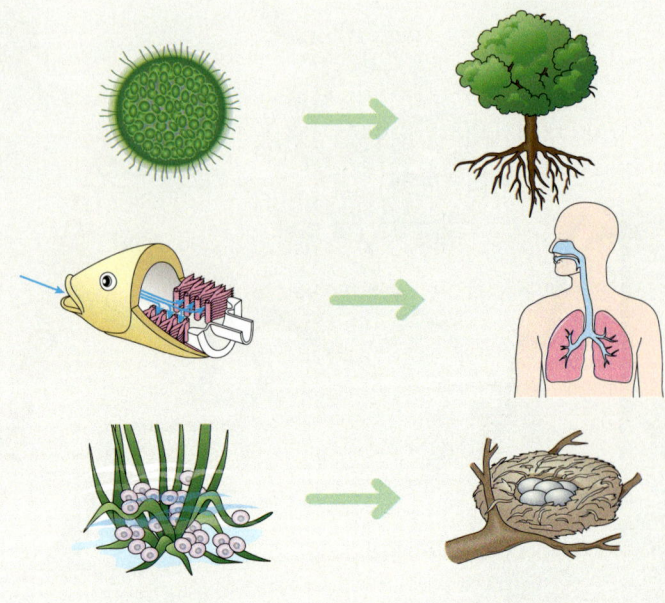

Leben begann im Wasser

Im Kambrium gab es an Land noch kein Leben. Fossilien belegen aber, dass eine Vielzahl von Lebewesen die Meere bevölkerte. Von den Pflanzen gab es nur **Algen.** Sie lebten frei im Wasser und waren sehr klein.

Auch alle heutigen Tierstämme sind im Wasser entstanden und stammen aus dem Kambrium. Sie nutzten den Sauerstoff, der im Meerwasser gelöst war und nahmen ihn entweder über die Körperoberfläche oder über Kiemen auf.

Zur Vermehrung gaben die Männchen Spermien und die Weibchen die Eizellen einfach ins Wasser ab.

Ebenso bereitete die Aufnahme von Mineralstoffen den Tieren und Pflanzen keine Probleme. Sie waren im Meerwasser reichlich enthalten.

Pflanzen erobern das Land

Aus dem Ordovizium und dem Silur sind erste Spuren von Pflanzen bekannt, die schon teilweise aus dem Wasser ragten. Diese Pflanzen hatten noch keine Blätter und Wurzeln.

Pflanzen, die später im Devon ganz an Land lebten, hatten echte Wurzeln. Damit konnten sie sich im Boden verankern und Wasser aufnehmen. An Land benötigten Pflanzen auch mehr Stabilität, um aufrecht zu stehen. Es entwickelten sich **Festigungsgewebe** mit stark verdickten Zellwänden.

Außerdem mussten Wasser und Nährstoffe in der Pflanze über weitere Strecken transportiert werden. Dazu gab es **Leitgewebe.** Bei den Landpflanzen entwickelten sich **Blätter** mit der Fähigkeit, für die Fotosynthese Kohlenstoffdioxid aus der Luft aufzunehmen.

Im Karbon gab es schon richtige Wälder mit Baumfarnen, Schuppenbäumen und großen Schachtelhalmen. Laubbäume und Blütenpflanzen entstanden in der Kreidezeit.

Erste Tiere erobern das Land

Den Tierstamm der **Gliederfüßer** gab es bereits im Kambrium. Sie besaßen schon einen festen Panzer aus Chitin. Dieser Panzer schützte die Tiere an Land vor dem Austrocknen. So waren die ersten Landtiere im Silur vermutlich Seeskorpione und Tausendfüßer, die im feuchten Boden oder an Ufern lebten. Aus ihnen entwickelten sich später auch die Insekten.

Erste Wirbeltiere erobern das Land

Unter den Wirbeltieren gab es vor 400 Millionen Jahren Fische, die sich mit vier Gliedmaßen auf dem Meeresboden fortbewegen konnten. Einige Arten dieser **Quastenflosser** entwickelten außerdem zusätzlich zu den Kiemen ein Schwimmblasen-Lungen-Organ. Damit konnten sie Luft atmen. Sie lebten teilweise im Wasser und am Ufer.

Im Devon lebte **Tiktaalik.** Er vereinigte Merkmale von Fischen und Amphibien in seinem Körperbau. Mit seinen Brustflossen stütze er sich auf dem Boden ab.
Ein berühmtes Amphibium aus dem späten Devon ist **Ichthyostega.** Er hatte noch einen Fischschwanz, aber schon Beine, mit denen er auf dem Land laufen konnte. Für den Gang an Land waren einige Veränderungen im Körperbau notwendig. Statt des Wassers, das den Körper vorher trug, waren jetzt stärkere Bauch- und Rückenmuskeln nötig.

Erst die Reptilien, die sich vor 300 Millionen Jahren aus den Amphibien entwickelten, waren noch unabhängiger vom Wasser. Sie legten Eier, deren Schale mit den darunterliegenden Eihäuten das Ei vor Zerstörung und Austrocknung schützten. Außerdem enthielten diese Eier genügend Nährstoffe und Flüssigkeit für den Embryo.
So war es möglich, dass die Eier an Land abgelegt wurden und nicht mehr im Wasser, wie noch bei den Amphibien.

> Du kannst benennen, welche Veränderungen bei Pflanzen und Tieren für die Besiedlung des Landes nötig waren.

1 Die Entwicklung der Landwirbeltiere: links der Quastenflosser Pandeichthys, in der Mitte Tiktaalik und rechts Ichtyostega

Vom Urpferd zum heutigen Pferd

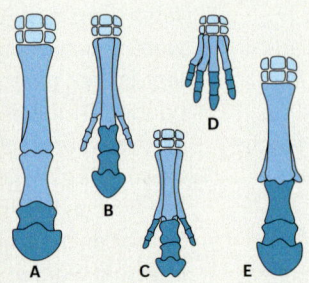

2. ⓠ
Recherchiere, in welchen Ländern Fossilfunde vom Urpferd gemacht wurden. Stelle deine Ergebnisse in einem Kurzvortrag vor.

3. ☰ ⓐ
Die Pferdeartigen waren in ihrem Körperbau zu jeder Zeit an die jeweiligen Umweltbedingungen angepasst.
Erläutere diese Aussage an einem Beispiel.

1. ☰ ⓐ
Das Urpferd Hyracotherium hatte vier Zehen an den Vorderfüßen.
a) Stelle aus den abgebildeten Vorderfüßen der Pferde eine Entwicklungsreihe auf.
b) Beschreibe die Veränderungen auf jeder Stufe.
c) Überprüfe deine Zuordnung mit dem Text und ordne den einzelnen Stufen die Namen der Urpferde zu.

4. ☰ ⓐ
a) Beschreibe den Stammbaum der Pferde.
b) Erkläre, warum viele Zweige blind enden.
c) Gib eine Möglichkeit an, die Messeler Urpferde in den Stammbaum einzuordnen.

5. ⓠ
Informiere dich über die heute existierenden Pferdeartigen und stelle sie auf einem Plakat vor.

Urpferde in Deutschland

In der Tagebaugrube von Messel bei Darmstadt fanden Forscher Fossilien von drei verschiedenen Arten Urpferden. Die Fossilien waren so gut erhalten, dass man noch feststellen konnte, was die Tiere zuletzt gefressen hatten. Alle diese Urpferde lebten vor ungefähr 40 Millionen Jahren in einem dichten tropischen Regenwald. Sie waren nur so groß wie Schäferhunde und ihre Vorderfüße hatten vier Zehen, die alle in kleinen Hufen endeten. Damit sanken sie auf dem weichen und sumpfigen Waldboden nicht ein. Im Wald ernährten sie sich von Blättern und Früchten.

Der Vorfahre heutiger Pferde

Die Tiere aus Messel und unsere heutigen Pferde sind Nachfahren von **Hyracotherium**. Dieses fuchsgroße Urpferd lebte vor 55 Millionen Jahren in Europa und war den messeler Urpferden äußerlich sehr ähnlich. Die Nachfahren von Hyracotherium lebten außer in Europa auch in Nordamerika. Dort ging die Entwicklung bis zu unseren heutigen Pferden weiter. In Europa starben die Nachfahren von Hyracotherium, zum Beispiel die Messeler Urpferde, später aus.

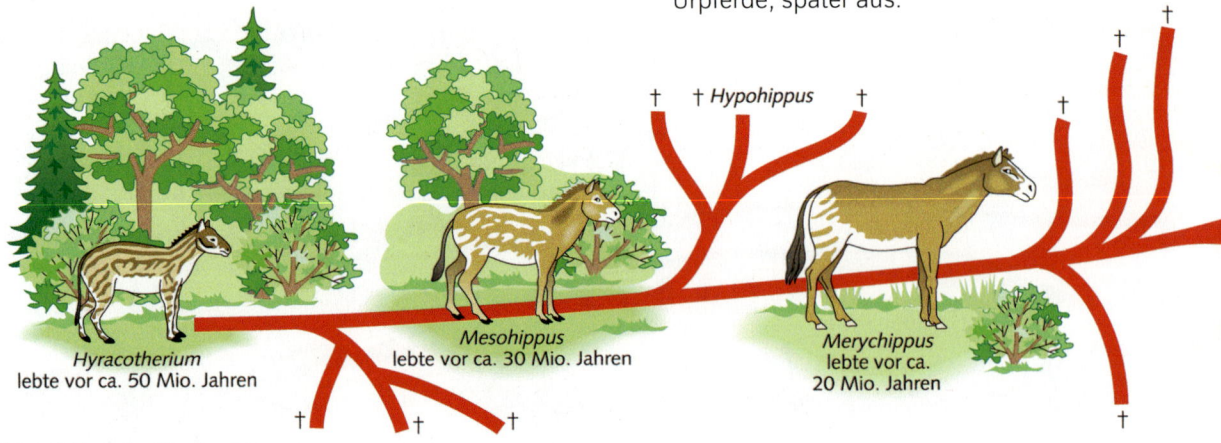

1 Entwicklung der Pferdeartigen

Vom Wald- zum Steppenbewohner

Aus den kleinen Waldpferden entwickelten sich über 50 Millionen Jahre und über viele Zwischenformen die großen, langbeinigen Pferde mit einem einzigen Huf. Ein Grund für diese Veränderung war die Abkühlung und das Verschwinden der Urwälder in Nordamerika. Stattdessen breiteten sich Grassteppen aus. So hatten die Urpferde einen Vorteil, die Gras oder härtere Blätter verdauen und sich schnell fortbewegen konnten. Aus diesem Zeitraum wurden viele Fossilien gefunden, die diese Entwicklung belegen.

So lebte vor 35 Millionen Jahren **Mesohippus** mit einer Schulterhöhe von 50 cm in Nordamerika. Es hatte vorne drei Hufe, dabei war die mittlere Zehe vergrößert. Außerdem konnte Mesohippus härtere Pflanzen zerkleinern. Etwas größer war schon **Merychippus.** Mit seinen längeren Beinen sah es schon eher aus wie unsere heutigen Pferde. Sein Mittelhuf war stark vergrößert, zwei kleinere Hufe konnten den Huf in sumpfigerem Gebiet noch stützen. Mit den Zähnen konnten schon härtere Gräser zerkleinert werden. **Pliohippus** lebte vor 10 Millionen Jahren. Es sah unseren heutigen Pferden schon sehr ähnlich. Es war ungefähr 120 cm groß. Die kleineren Seitenhufe waren schon sehr stark zurückgebildet.

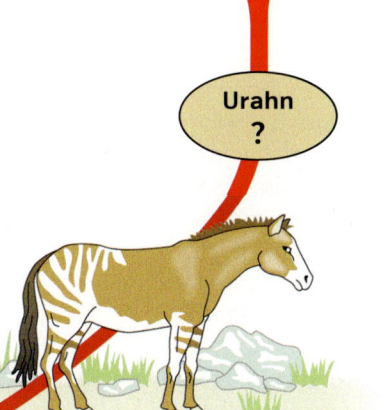
Urahn ?

Pliohippus lebte vor ca. 7 Mio. Jahren

† *Hipparion*

Seit vier Millionen Jahren gibt es **Equus,** dazu gehören auch unsere heutigen Pferde. Mit einem einzigen starken Huf können sie auf dem harten Steppenboden schnell laufen. Sie wanderten vor 2,5 Millionen Jahren von Nordamerika nach Europa ein. In Nordamerika starben sie aus und wurden erst wieder im 16. Jahrhundert von den Spaniern nach Amerika gebracht. Heute gibt es noch Esel, Halbesel, Pferde und Zebras, die mit jeweils unterschiedlichen Arten zur Familie der Pferdeartigen gehören.

≡ Angepasstheit und Evolution

Die meisten Pferdearten, die einmal gelebt haben, gibt es nicht mehr. Aus ihnen sind andere Arten hervorgegangen, oder sie sind ohne Nachfolger ausgestorben. Wenn die Umwelt sich verändert, überleben nur die Arten, die an die neuen Verhältnisse angepasst sind. Manchmal erwerben Tiere durch Zufall auch Merkmale, die sich erst später als hilfreich herausstellen. Hyracotherium zum Beispiel hatte als Waldtier schon die Fähigkeit, Gras zu verdauen. Später ging der Wald in eine Grassteppe über. Damit hatten die Nachfahren von Hyracotherium einen Vorteil.

Du kannst den Stammbaum der Pferde erklären. Du kannst beschreiben, wie sich die Pferde in ihrer Entwicklung vom Wald- zum Steppentier verändert haben.

Verwandt oder nur ähnlich?

1. ☰ Ⓐ
Wähle aus der Abbildung rechts zwei Vordergliedmaßen aus. Nenne Gemeinsamkeiten und Unterschiede in Bau und Funktion.

2. ☰ Ⓐ
Erkläre, warum homologe Organe auf gemeinsame Vorfahren hinweisen.

3. Ⓠ
a) Informiere dich über homologe Organe bei Pflanzen. Halte einen kurzen Vortrag.
b) Erkläre, warum es sich bei den Stacheln der Rosen und den Dornen der Kakteen um analoge Organe handelt.

4. ☰ Ⓐ
a) Vergleiche die Vorderflosse des Buckelwals in Abbildung 4 mit den Vordergliedmaßen anderer Wirbeltiere. Begründe, ob es sich um homologe oder analoge Organe handelt.
b) Erkläre, inwieweit die in der Zeichnung abgebildeten rudimentären Becken- und Oberschenkelknochen beim Buckelwal ein Beleg für die Evolution sind.

5. ☰ Ⓐ
Seelöwen und Walrosse tragen auf den Flossen Reste von Fuß- bzw. Fingernägeln.
Begründe, welche Schlüsse man daraus über die Entwicklungsgeschichte dieser Tierarten ziehen kann.

6. Ⓠ
In seltenen Fällen treten wie in Abbildung 2 dargestellt sogenannte Atavismen bei Tieren auf.
Recherchiere, ob auch beim Menschen solche Atavismen auftreten können. Stelle deine Ergebnisse in einem Kurzvortrag vor.

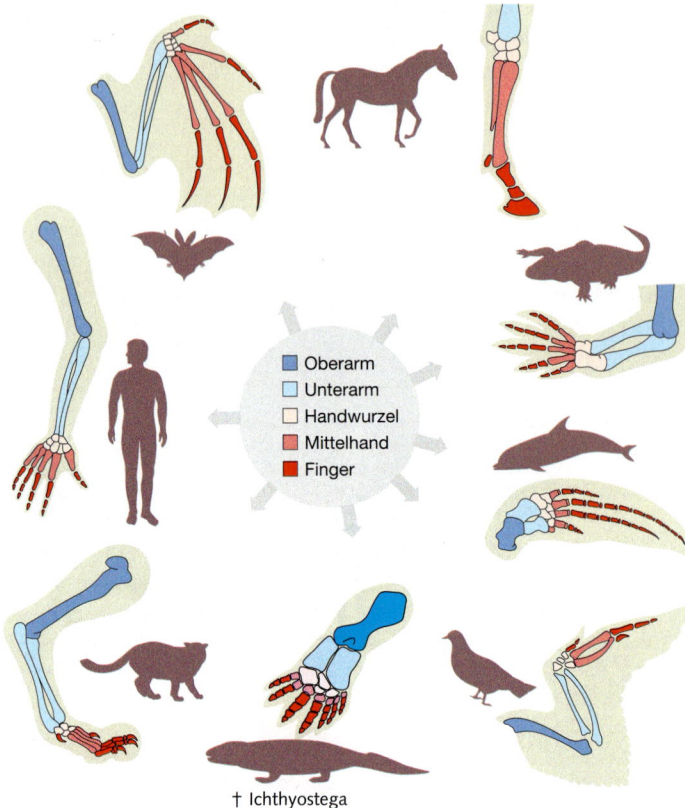

† Ichthyostega

1 Vordergliedmaßen von Wirbeltieren

Legende:
- ■ Oberarm
- ■ Unterarm
- □ Handwurzel
- ■ Mittelhand
- ■ Finger

Homologe Organe

Die Flossen eines Delfins und die Vorderbeine einer Katze haben äußerlich kaum Gemeinsamkeiten. Auch ihre Funktionen sind unterschiedlich. Während die Flossen zum Schwimmen genutzt werden, sind die Beine zum Laufen geeignet. Vergleicht man den Knochenbau beim Delfin und bei der Katze, findet man allerdings einen **gemeinsamen Grundbauplan.** Beide besitzen Oberarm-, Unterarm- und Handknochen. Diesen Grundbauplan findet man bei den Vordergliedmaßen aller Wirbeltiere.

Solche Organe, die trotz ihrer manchmal unterschiedlichen Funktion einen gemeinsamen Grundbauplan haben, werden als **homologe Organe** bezeichnet. Sie weisen auf gemeinsame Vorfahren hin. Im Laufe der Evolution wurde der ursprüngliche Bauplan immer wieder abgewandelt.

Analoge Organe

Ähnliches Aussehen oder vergleichbare Funktion sind aber nicht immer ein Hinweis auf eine stammesgeschichtliche Verwandtschaft. Ein Beispiel dafür sind der Maulwurf und die Maulwurfsgrille.

Beide graben mit ihren Vordergliedmaßen Gänge unter der Erde. Obwohl die Grabbeine beider Tiere dem gleichen Zweck dienen, haben sie einen unterschiedlichen Aufbau. Der Maulwurf hat typische Wirbeltiergliedmaßen. Das Grabbein der Maulwurfsgrille hingegen ist ein abgewandeltes Insektenbein mit einem Außenskelett aus Chitin. Organe, die zwar die gleiche Funktion erfüllen, aber einen unterschiedlichen Grundbauplan haben, bezeichnet man als **analoge Organe.**

Ähnliche Umweltbedingungen können dazu führen, dass Organe, die die gleiche Funktion erfüllen, sehr ähnlich aussehen können. Diese Ähnlichkeiten sind das Ergebnis von Angepasstheiten unterschiedlicher Lebewesen an den gleichen Lebensraum.

3 Analoge Organe (Grabbeine):
A Maulwurf, **B** Maulwurfsgrille

Rudimentäre Organe

Bei einigen Arten findet man weit zurückgebildete Organe, die keine Funktion mehr erfüllen. Wale zum Beispiel haben keine hinteren Gliedmaßen. Dennoch gibt es bei ihnen Reste von Becken- und Oberschenkelknochen.

Sie sind ein Beleg dafür, dass die Vorfahren der Wale vierbeinige Landsäugetiere waren. Ihre hinteren Gliedmaßen bildeten sich im Laufe der Evolution als zunehmende Angepasstheit an das Leben im Wasser wieder zurück. Solche Organreste werden als **rudimentäre Organe** bezeichnet.

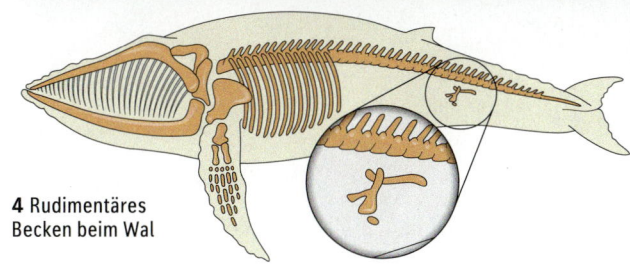

4 Rudimentäres Becken beim Wal

Atavismen

Manchmal können rückgebildete Organe zufällig wieder auftreten, obwohl sie in der Stammesgeschichte der jeweiligen Art eigentlich verschwunden waren. Solche **Atavismen** sind beispielsweise überzählige Hufe bei Pferden oder Rindern.

2 Atavismus beim Pferd

Du kannst Beispiele für homologe und analoge Organe nennen. Du kannst mithilfe von homologen und rudimentären Organen beurteilen, ob Lebewesen miteinander verwandt sind.

Belege für die Evolution

1. ≣ Ⓐ ◐
Archaeopteryx (A) hat Merkmale von Reptilien (Dinosaurier, B) und Vögeln (C).
Erstelle eine Tabelle mit zwei Spalten zum Vergleich.

2. ≣ Ⓐ
Erkläre, welche Bedeutung Funde wie Archaeopteryx für das Verständnis von Evolutionsprozessen haben.

3. ≣ Ⓐ
Das heutige Schnabeltier ist ein Brückentier. Entscheide, ob diese Aussage richtig ist. Begründe.

4. ≣ Ⓐ
Betrachte die Rekonstruktion von Archaeopteryx unten. Beurteile, ob sie mit den wissenschaftlichen Erkenntnissen übereinstimmt. Mach Verbesserungsvorschläge.

A

B

C

1 Archaeopteryx: Rekonstruktion

Archaeopteryx – Entwicklung zum Vogel

Fossiliensammler stießen 1861 im bayrischen Solnhofen in Gesteinsschichten des Jura auf das versteinerte Skelett eines rabengroßen Tieres.

Es war eindeutig gefiedert, was ihm den Namen **Archaeopteryx** („uralte Feder") einbrachte. Neben Federn, Flügeln und einem vogelartigen Kopf mit Schnabel besaß es auch Zähne, Krallen an den Flügeln und einen langen, knöchernen Schwanz, wie ihn Reptilien haben. Die Wirbelsäule bestand aus Wirbeln, die nicht miteinander verwachsen waren und auch die Bauchrippen waren frei. Dies sind typische Merkmale von Reptilien. Außerdem fehlte der für Vögel typische Brustbeinkamm.

Weitere Untersuchungen zeigten aber auch einen vogeltypischen Schultergürtel und zu einem Gabelbein verwachsene Schlüsselbeine, wie sie ebenfalls bei Vögeln zu finden sind. Das ungewöhnliche Tier war also ein Mosaik aus Vogel- und Reptilienmerkmalen.

Archaeopteryx – ein Brückentier

Archaeopteryx lebte vor etwa 150 Millionen Jahren in der Gegend des heutigen Solnhofen. Vermutlich hatte er schwarz-weißes Gefieder. Über die Lebensweise weiß man bisher nur wenig. Der Knochenbau lässt allerdings vermuten, dass er zwar den Gleitflug beherrschte, aber zu einem aktiven, freien Flug noch nicht fähig war.

Funde von Archaeopteryx sind wissenschaftlich deshalb von so großer Bedeutung, weil sie Merkmale von zwei benachbarten Tierklassen aufweisen, die heute vollständig voneinander getrennt sind: den Reptilien und den Vögeln. Tiere, die solche **Merkmalsmosaike** aufweisen, heißen **Brückentiere.** Sie zeigen, dass es eine Evolution von einer Tierklasse zu einer anderen gegeben haben muss.
Es hat inzwischen 11 Funde von Archaeopteryx und anderen Fossilien gegeben, die ebenfalls Merkmale von Vögeln und Reptilien kombinieren. Es muss zwischen den Dinosauriern und den heutigen Vögeln viele Brückentiere gegeben haben, die inzwischen ausgestorben sind. Die Vögel sind die einzigen Nachkommen der Dinosaurier, die es heute noch gibt.

2 Archaeopteryx: Fossil aus Solnhofen

Das Schnabeltier

Schnabeltiere leben im östlichen und süd-östlichen Teil Australiens und sind an das Leben in trüben Gewässern angepasst. Sie vereinigen Merkmale von Vögeln, Reptilien und Säugetieren. Sie legen Eier mit einer ledrigen Schale wie Reptilien und haben für die Ausgänge von Darm, Harnleiter und Geschlechtsorganen nur eine Körperöffnung, die Kloake. Genauso ist es auch bei Reptilien und Vögeln. Andererseits haben die Schnabeltiere ein Fell und füttern ihre Jungen mit Milch, die aus Poren auf der Bauchseite kommt. Auch im Skelett findet man Merkmale von Reptilien, Vögeln und Säugetieren.
Schnabeltiere haben sich vor 166 Millionen Jahren aus ersten reptilienähnlichen Säugetieren entwickelt. In diesen 166 Millionen Jahren haben sich auch die Schnabeltiere weiter entwickelt. Dabei haben sie Merkmale sowohl von Reptilien, als auch solche von Vögeln und von Säugetieren behalten.
Tiere wie das Schnabeltier werden oft als **lebende Fossilien** bezeichnet.

3 Schnabeltier

Du kannst die Bedeutung von Brückentieren wie Archaeopteryx für die Evolutionstheorie erklären.

Evolutionstheorien von LAMARCK und DARWIN

C

B

A

1 LAMARCKS Evolutionstheorie zur Entstehung des langen Giraffenhalses über mehrere Generationen

1. 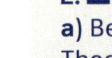 **A**
Erkläre die Entstehung der langen Hälse bei den Giraffen mit den Theorien von LAMARCK und DARWIN.

2. **A**
a) Beschreibe die Unterschiede in den Theorien von LAMARCK und DARWIN zur Entstehung der Arten.
b) Erkläre, warum die Theorie von LAMARCK nach heutigen Erkenntnissen falsch ist.

3. **A**
Während der Evolution wurden die Hälse der Giraffen über viele Generationen immer länger.
Erkläre, warum die heutigen Giraffen keine haushohen Hälse haben.

4. **Q**
Okapis sind nahe Verwandte der Giraffen. Sie sind aber viel kleiner und haben kurze Hälse.
a) Recherchiere den Lebensraum und die Ernährungsweise der Okapis.
b) „Okapis sind aufgrund ihrer kürzeren Hälse gegenüber Giraffen benachteiligt."
Nimm begründet Stellung zu dieser Aussage.

JEAN-BAPTISTE DE LAMARCK
(1744 – 1829)

LAMARCKS Theorie zur Entstehung von Arten

Als einer der ersten Forscher beschrieb LAMARCK 1809 eine Theorie zur Entwicklung der Arten. Er ging davon aus, dass beispielsweise der lange Giraffenhals dadurch entstanden ist, dass die Vorfahren der heutigen Giraffen die Hälse zum Fressen nach oben reckten und diese dadurch von Generation zu Generation immer länger wurden. Wenn sich also die Umweltbedingungen verändern, passen sich die Tiere in ihrer Lebensweise daran an. Durch Gebrauch oder Nichtgebrauch verändern sich so im Laufe des Lebens die Organe und Eigenschaften eines Individuums. Solche aufgrund von Umweltbedingungen entstehende Veränderungen von Merkmalsausprägungen bezeichnet man heute als **Modifikationen.**

LAMARCK ging davon aus, dass diese veränderten Eigenschaften an die Nachkommen vererbt werden. Die Vorstellung, dass Lebewesen Eigenschaften, die sie im Laufe ihres Lebens erworben haben, an ihre Nachkommen vererben, bezeichnet man als **LAMARCKismus.** LAMARCK erkannte, dass Arten sich wandeln und neue aus früheren entstehen, seine Erklärungen waren jedoch falsch. Es wurde nie beobachtet, dass die erworbenen Eigenschaften einer Generation an die Nachkommen vererbt werden. Erst die Erkenntnisse der modernen Genetik zeigten dann, dass Modifikationen nicht vererbt werden.

CHARLES DARWIN
(1809 – 1882)

DARWINS Theorie zur Entstehung von Arten

DARWIN vertrat wie LAMARCK die Ansicht, dass sich alle Arten aus früheren Formen entwickelt haben. Er ging aber von der Entstehung der Arten durch natürliche Auslese aus. 1859 stellte er seine Theorie in einem Buch vor.

So erzeugt jede Art mehr Nachkommen als zu ihrer Erhaltung notwendig wären. Manche Nachkommen eines Elternpaares zeigen dabei Eigenschaften, die keine ihrer Vorfahren aufgewiesen haben. Solche Veränderungen treten zufällig und ungerichtet auf. Man bezeichnet sie heute als **Mutationen.** Dadurch entstehen unterschiedliche Erscheinungsformen innerhalb einer Art. Man sagt, die Art hat eine große **Variabilität.** Diese Eigenschaften können für das Lebewesen von Vor- oder Nachteil sein. Es überleben langfristig nur diejenigen, die am besten an die jeweiligen Lebensbedingungen angepasst sind. Sie pflanzen sich vermehrt fort und vererben ihre Merkmale. Durch diese natürliche Auslese, die **Selektion,** verändern sich Arten langsam über viele Generationen hinweg.

Für die Giraffen bedeutet dies nach DARWIN: Diejenigen mit nachteiligen Eigenschaften wie den kürzeren Hälsen haben geringere Chancen zu überleben und sich zu vermehren. Von den Giraffen mit längeren Hälsen dagegen überleben mehr Tiere und vererben ihre Eigenschaften an die Nachkommen.

DARWIN konnte die Aufspaltung einer Art in mehrere neue Arten erklären. Er erkannte die Veränderungen, nicht aber ihre Ursache. Erst die moderne Genetik konnte seine Theorie bestätigen und weiterentwickeln.

> Du kannst die Theorien von LAMARCK und DARWIN zur Entstehung der Arten an einem Beispiel beschreiben und vergleichen.

C

| wenige Nachkommen | viele Nachkommen |
| wenig Nahrung | viel Nahrung |

B

A

2 DARWINS Evolutionstheorie zur Entstehung des langen Giraffenhalses über mehrere Generationen

Die Entstehung neuer Arten

1. ≣ Ⓐ
Nenne die vier Faktoren, die zur Entstehung neuer Arten führen.

2. ≣ Ⓐ
Erkläre, wie die Evolutionsfaktoren bei der Artbildung wirken.

3. ≣ Ⓐ
Betrachte die Abbildung mit den Galapagos-Finken.
a) Beschreibe die unterschiedlichen Schnäbel der Arten.
b) Erkläre, wie sie an ihre spezielle Nahrung angepasst sind.

4. ≣ Ⓐ
Der Dickschnabel-Grundfink ernährt sich von großen und harten Samen. Erkläre, wie er aus der Ursprungsart entstanden sein könnte.

5. ≣ Ⓐ
Stelle in einem Flussdiagramm dar, wie es zur Entwicklung der flügellosen Kerguelen-Fliege gekommen ist.

1 Galapagos-Finken: **A** Arten, **B** Grünfink, ähnlich dem „Urfink", **C** Südamerika, Heimat des „Urfinken"

CHARLES DARWIN und die Galapagos-Finken

Im 19. Jahrhundert umsegelte DARWIN mit einem Forschungsschiff fünf Jahre lang die Erde und erforschte Tiere und Pflanzen. Dabei erkannte er, dass sich Arten im Laufe der Erdgeschichte verändert hatten und neue Formen aus bereits vorhandenen entstanden waren.
Entscheidende Ideen für seine Evolutionstheorie erhielt DARWIN, als er die Galapagos-Inseln vor Südamerika besuchte. Hier fiel ihm die extreme Ähnlichkeit der Finkenarten auf. Sie unterschieden sich oft in der Form ihrer Schnäbel, mit denen sie unterschiedliche Nahrungsquellen nutzen konnten.
DARWIN vermutete, dass alle 13 Arten, die er auf den Inseln zählte, von einem „Urfink" abstammten. Dieser Urfink musste vom Festland Südamerikas auf die Inseln gelangt sein. Aus ihm haben sich alle heutigen Galapagos-Finken entwickelt.

Auf der Grundlage von DARWINS Evolutionstheorie führt man heute die Veränderung und Entstehung neuer Arten auf das Wirken mehrerer **Evolutionsfaktoren** zurück.

Mutation und Neukombination als Evolutionsfaktoren

Die Urfinken, die die Galapagos-Inseln erreichten und sich dort vermehrten, zeigten bald etwas unterschiedliche Schnabelformen. Diese Veränderungen sind auf **Mutationen,** also auf zufällige, ungerichtete Veränderungen des Erbgutes zurückzuführen. Durch die **sexuelle Fortpflanzung** kam es auch zur **Neukombination** und Verbreitung der veränderten Erbanlagen. So entstand eine **Variabilität,** also eine Vielfalt, der Schnabelformen.

Selektion als Evolutionsfaktor

Die Finken mit ihren unterschiedlichen Schnäbeln haben in ihrer Umwelt bessere oder schlechtere Überlebens- und Fortpflanzungschancen. Wo es zum Beispiel Nüsse gibt, können Finken mit kräftigen Schnäbeln diese besser knacken. Sie können sich und ihre Brut besser ernähren, vermehren sich stärker und vererben die Anlagen für kräftige Schnäbel. Die Auswahl der am besten angepassten Lebewesen bezeichnet man als **Selektion.** Dies erklärt die auffällige **Angepasstheit** vieler Arten an ihre Umwelt.

Isolation als Evolutionsfaktor

Die Finken besiedelten verschiedene Inseln. Dort entwickelten sich die Finken unterschiedlich. Je länger eine solche **Isolation** dauerte, desto größer wurden die Unterschiede, bis sich verschiedene Arten entwickelt hatten. Neben dieser **räumlichen Isolation** kam es auch zu einer **ökologischen Isolation.**

Die Finken, die sich auf einer Insel stark vermehrten, machten sich bald Konkurrenz um das begrenzte Nahrungsangebot. Aufgrund der Variabilität der Schnabelformen konnten sie aber unterschiedliche Nahrungsquellen nutzen. Finken mit schmalen, spitzen Schnäbeln fraßen Insekten. Finken mit großen, kräftigen Schnäbeln harte Samen und Nüsse. Angepasst an verschiedene ökologische Nischen entstanden so auch auf einer Insel mehrere Arten.

Eine Theorie passt auf viele Beispiele

Bei den **Riesenschildkröten** auf den Galapagos-Inseln entwickelten sich auch verschiedene Arten. Durch Mutationen und Neukombinationen entstanden unterschiedlich geformte Panzer. Die Selektionsbedingungen waren unterschiedlich. Auf der Insel Española beispielsweise herrscht heißes, trockenes Klima. Daher ist der Bodenbewuchs gering. Die hier lebenden Riesenschildkröten entwickelten sattelförmige Panzer. Die größere Halsbeweglichkeit ermöglicht den Tieren Pflanzenteile in größerer Höhe zu fressen. Durch Isolation getrennt entwickelten sich auf der Nachbarinsel Santa Cruz Riesenschildkröten mit kuppelförmigem Panzer. Sie ernähren sich vom hier reichlich vorhandenen Bodenbewuchs.

Die Kerguelen sind eine Inselgruppe im Indischen Ozean. Die hier lebenden **Kerguelen-Fliegen** haben keine oder nur verkrüppelte Flügel. Mutationen, die zu verkrüppelten Flügeln führen, sind normalerweise schädlich für Insekten. Auf den Kerguelen-Inseln erweisen sie sich jedoch als Selektionsvorteil. Insekten ohne Flügel werden durch die ständigen starken Winde nicht so häufig auf das offene Meer hinausgetragen.

2 Galapagos-Riesenschildkröten:
A Schildkröte auf Española,
B Schildkröte auf Santa Cruz

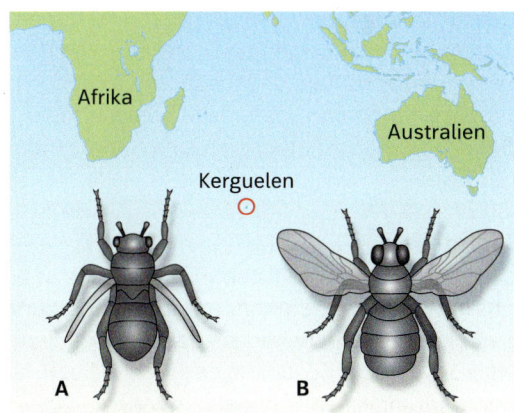

3 Kerguelen-Inseln:
A Kerguelen-Fliege,
B normaler Fliegentyp

Du kannst erklären, wie Mutation, Neukombination, Selektion und Isolation zur Veränderung und Entstehung von Arten führen.

Die Entstehung neuer Arten

Vielfalt der Arten
Auf der Erde gibt es eine Vielzahl an Arten. Was ist eigentlich eine **Art?** Unter dem Begriff „Art" werden alle Individuen zusammengefasst, die sich miteinander fortpflanzen können. Sie verändern sich von Generation zu Generation. Man spricht dann von Evolution.

Veränderung des Erbguts
Die Nachkommen von einem Elternpaar sind alle verschieden. Dabei müssen die Unterschiede nicht sehr groß sein. Sie unterscheiden sich zum Beispiel in der Färbung des Gefieders, der Länge oder der Form des Schnabels. Diese Unterschiede entstehen, da bei der sexuellen Fortpflanzung die Gene der beiden Eltern bei der Bildung der Geschlechtszellen immer anders kombiniert werden. Außerdem gibt es immer wieder zufällige Veränderungen im Erbgut. Eine solche Veränderung wird **Mutation** genannt.

Natürliche Auslese
Diese Mutationen können dazu führen, dass die Nachkommen beispielsweise besser an ihre Umwelt angepasst sind. Sie können sich neue Nahrungsquellen erschließen und haben gegenüber ihren Artgenossen bessere Überlebens- und Fortpflanzungschancen. Diesen Prozess nennt man „natürliche Auslese" oder **Selektion.** So verändert sich eine Art im Laufe der Zeit.

Isolation
Die etwas unterschiedlichen Tiere werden unterschiedliche Lebensräume besiedeln, zum Beispiel solche, in denen sie passende Nahrung finden. So kann eine Trennung von der ursprünglichen Gruppe stattfinden. Pflanzen sich dann die Individuen untereinander fort, die sich in diesem Lebensraum begegnen, entwickeln sie sich getrennt von der ursprünglichen Gruppe weiter. Aufgrund dieser **Isolation** entstehen mehrere verschiedene Arten.

> Du kannst die Faktoren nennen, die bei der Entstehung neuer Arten zusammenwirken. Du kannst erklären, wie neue Arten entstehen.

1 Entstehung neuer Arten:
A Großer Grundfink frisst harte Samen,
B Spechtfink frisst Insektenlarven,
C Kaktusfink frisst Blütennektar

1. Ⓐ
Nenne eine Bedingung, die für Individuen zutreffen muss, damit sie zu einer Art gehören.

2. Ⓐ
Beschreibe, wie sich Arten verändern.

Schöpfungsmythen

Alte Mythen

Die Überlegungen und Theorien über die Entstehung des Lebens sind schon sehr alt. In fast allen Kulturen gibt es Vorstellungen über ein **schöpferisches Wesen.** So hatten die Menschen der Antike in Ägypten, im römischen Reich, in Griechenland und Germanien recht genaue Vorstellungen von der Erschaffung der Welt. Ihren Schöpfungsmythen liegt zugrunde, dass eine Gottheit die lebendige Welt aus dem Chaos geschaffen hat. Ähnliche Schöpfungsmythen finden sich auch bei den Mayas und Atzteken sowie bei den Völkern Ostasiens.

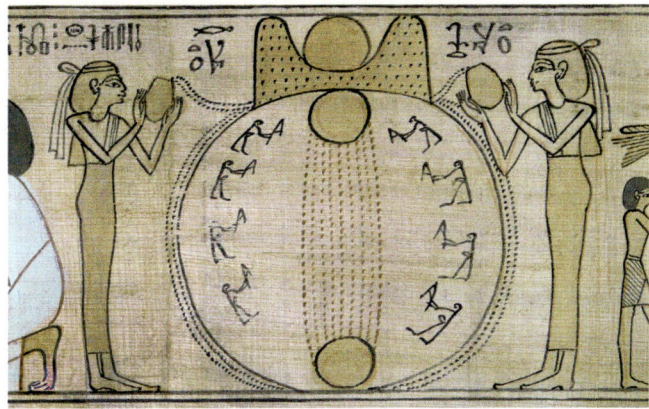

1 Schöpfungsmythos in Ägypten

Naturreligionen

Bei den Aborigines ist die Regenbogenschlange der Quell allen Lebens. Im Zentrum ihres Schöpfungsglaubens stehen die „Creative Ancestors", die schöpferischen Ahnen, die alle Lebewesen erschufen. Sie sind die eigentlichen Schöpfer der Welt. Die Aborigines behandeln die Erde mit Respekt und Verantwortung, um sie im Urzustand der Schöpfung zu erhalten und so auch an ihre Nachkommen weiterzugeben. Auch in den Traditionen der Indianer Nordamerikas ist alles Erschaffene beseelt. Von den Menschen wird erwartet, dass sie alles Geschaffene respektvoll behandeln.

2 Uluru (Ayers Rock) in Australien: der heilige Berg der Aborigines, an dem sie die schöpferischen Ahnen verehren

Christliche Schöpfungsmythen

Für den christlichen Kulturkreis ist die Schöpfungsgeschichte der jüdischen Religion von Bedeutung. Danach schuf Gott die Welt mit allen Lebewesen. Jedes Lebewesen, das wir heute kennen, hat Vorfahren, die in gleicher Gestalt seit Anbeginn der Welt vorhanden sind. Aus diesem Glauben leiten manche Anhänger die Auffassung ab, dass sich die Arten seit dem Beginn des Lebens auf der Erde nicht mehr verändert haben. Auf dieser Grundlage beruht die Theorie von der **Konstanz der Arten.**

Seit Beginn des 20. Jahrhunderts gibt es eine Bewegung, die das Ziel verfolgt, anstelle der Evolutionstheorie den Schöpfungsbericht der Bibel als Grundlage eines Weltbildes wieder einzusetzen. Man nennt diese Richtung

3 MICHELANGELO: Erschaffung des Adam

Kreationismus. Die Kreationisten sind sich darin einig, dass die heute bekannten Organismen nicht auf einen gemeinsamen Vorfahren zurückgehen, sondern als sogenannte Grundtypen von einem Schöpfer oder Designer geschaffen wurden.

STREIFZUG

Die Rolle der Sexualität

1. ≣ Ⓐ
Vergleiche in einer Tabelle die ungeschlechtliche und die sexuelle Fortpflanzung.

2. ≣ Ⓠ ⓚ
Recherchiere, was Parthenogenese bedeutet. Suche ein interessantes Beispiel und
berichte.

3. ≣ Ⓐ
Beschreibe das Bild in Hinblick auf Famili-
enähnlichkeiten und Unterschiede. Erkläre
mithilfe des Textes.

Ungeschlechtliche Fortpflanzung

Das Brutblatt kann sich ungeschlechtlich vermehren. Am
Blattrand bildet es viele kleine
Pflänzchen, die erbgleich mit der
Mutterpflanze sind. Die kleinen
Pflanzen fallen einfach ab und
verankern sich dort im Boden, wo
sie geeigneten Untergrund
finden. Durch diese Art der unge-
schlechtlichen Fortpflanzung kann
das Brutblatt sich schnell vermehren. Da die Nachkommen den
Eltern gleichen, sind sie ebenso
gut an die herrschenden Umweltbedingungen angepasst wie die
Eltern. Dies ist von Vorteil,
solange sich die Umweltbedingungen nicht ändern.

Bedeutung der Sexualität

Das Brutblatt kann sich aber auch
sexuell vermehren. Dazu bildet es
Blüten. Nach der Befruchtung
entsteht eine Frucht mit vielen
Samen. Diese haben nicht das
gleiche Erbmaterial wie die
Mutterpflanze, sondern sind alle
etwas unterschiedlich. Ändern
sich die Umweltbedingungen, so
ist diese größere **Variabilität**
vorteilhaft. Damit ist die Wahrscheinlichkeit groß, dass einige

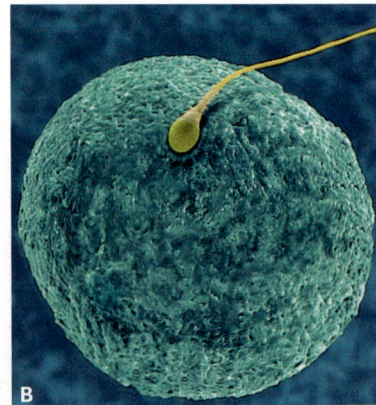

1 Fortpflanzung: **A** Brutblatt,
B Spermium und Eizelle

Du kannst geschlechtliche und
ungeschlechtliche Fortpflanzung
unterscheiden. Du kannst die
Bedeutung der Sexualität für die
Evolution erklären.

Nachkommen gut an die neuen
Umweltbedingungen angepasst
sind. Große Variabilität ist durch
Sexualität gewährleistet.
Voraussetzung für die hohe
Variabilität ist die Neukombination
der Erbanlagen. Jedes Mal, wenn ein
Spermium und eine Eizelle
entstehen und bei der Befruch-
tung verschmelzen, wird Erbma-
terial neu kombiniert. Diese
Neukombination wird auch
Rekombination genannt. Durch
Rekombination entstehen die
Unterschiede zwischen Familien-
mitgliedern und den Mitgliedern
einer Art, sodass kein Individuum
dem anderen vollständig gleicht.

Vielfalt durch Mutation und Rekombination

Außer der Rekombination sorgen
auch zufällig auftretende Ände-
rung im Erbgut, die Mutationen,
für eine Variabilität. Rekombination und **Mutation** gemeinsam
erhöhen die Variabilität und damit
die Wahrscheinlichkeit, dass
Lebewesen gut an eine sich
verändernde Umwelt angepasst
sind. Sie schaffen so die Voraussetzungen dafür, dass sich Arten
im Lauf der Erdgeschichte verändern können.

Sexuelle Selektion

Pfau
Die Pfauenmännchen haben ein so ausgefallenes Gefieder, dass es schon gefährlich ist. Mit so langen und bunten Federn kann kein Pfauenmännchen lange fliegen oder sich in einem Gebüsch vor Feinden verstecken. Andererseits wählen die Weibchen für die Fortpflanzung Männchen aus, die das größte Rad schlagen können und die meisten bunten Augenflecken besitzen. Es ist ein Zeichen für Gesundheit und wenig Parasiten.

Laubenvogel
Die Männchen der Laubenvögel bauen für ihr Weibchen eine große Laube. Dieses offene Bauwerk wird mit möglichst vielen bunten Dingen bestückt, die das Männchen in der Umgebung findet. Die Weibchen wählen das Männchen mit der größten und prächtigsten Laube aus. Sie ist ein Zeichen für einen einsatzbereiten Partner bei der Brut.

1. ≡ Ⓐ
Erkläre, warum bei der sexuellen Selektion beide Partner einen Vorteil haben.

Sexuelle Selektion ist ein Begriff dafür, dass bestimmte Merkmale die Chance erhöhen, vom anderen Geschlecht als Partner ausgewählt zu werden und damit in der Fortpflanzung erfolgreich zu sein.

Seeelefanten
Bei den Seeelefanten können die Männchen bis zu 3500 kg schwer werden, die Weibchen bis zu 900 kg. In der Paarungszeit kämpfen die Männchen um die Weibchen. Schwache und kleine Seeelefanten stehen sehr stark unter Stress. Am Rand der Kolonie haben sie nur sehr ungünstige Bedingungen und kaum Chancen, sich mit einem Weibchen zu paaren. Der größte und stärkste Bulle ist der Vater der meisten Jungtiere in seiner Kolonie.

PINNWAND

Großes Artensterben am Ende der Eiszeit

Riesenhirsch
Zeit: lebte vor 400 000 – 9 500 Jahren
Größe: Schulterhöhe 2,1 m · Geweih bis 50 kg und 4 m breit
Lebensraum und Lebensweise: Steppe, Buschlandschaft und Tundra · Leben im Wald unmöglich
Nahrung: Pflanzenfresser · Gräser und Büsche

Höhlenlöwe
Zeit: lebte vor 900 000 – 10 000 Jahren
Größe: bis 3,2 m lang · Schulterhöhe 1,5 m
Lebensraum und Lebensweise: Steppe, Buschlandschaft und Tundra
Nahrung: größere Pflanzenfresser

Wollnashorn
Zeit: lebte vor 500 000 – 10 000 Jahren
Größe: 2 m Schulterhöhe
Lebensraum und Lebensweise: Einzelgänger oder kleine Gruppen · dickes Fell als Schutz vor der Kälte · angewiesen auf baumlose Steppen
Nahrung: Pflanzenfresser · vor allem Gras

Der Mensch am Ende der Eiszeit
Lebensweise: lebten und jagten in Gruppen · lebten mit Hunden zusammen, die bei der Jagd halfen
Nahrung und Jagd: Mischkost · im Winter vor allem Fleisch · jagten unter anderem Mammuts, Riesenhirsche und Wollnashörner · nutzen alle Teile eines erlegten Tieres
Werkzeug: Speere und Steinwerkzeuge

Klima und Vegetation

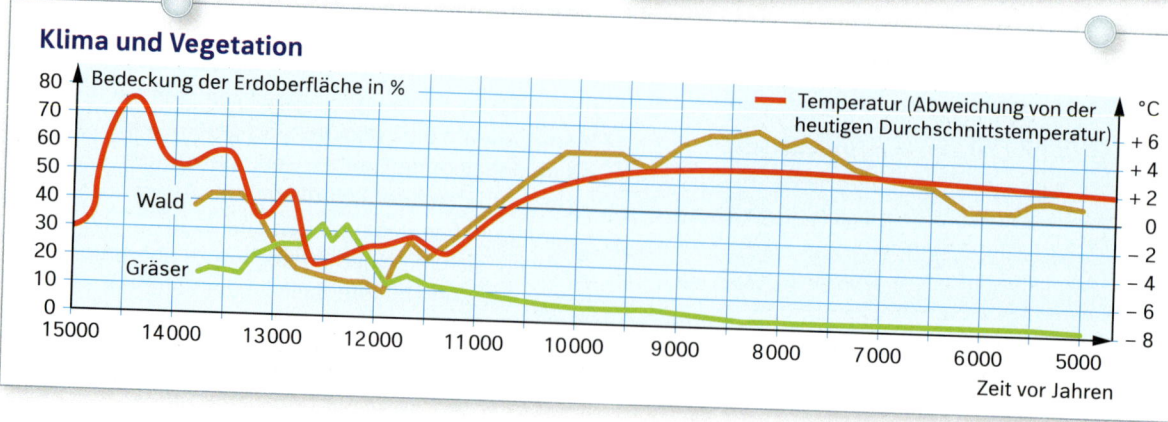

PINNWAND

Gruppenpuzzle

Eine Form des Gruppenunterrichtes ist das Gruppenpuzzle. Ein solcher Gruppenunterricht verläuft in folgenden Schritten:

❶ Stammgruppen bilden

Bildet Dreiergruppen. Wenn das in euer Klasse nicht aufgeht, können auch vier Schüler in einer Gruppe sein. Zweiergruppen sind nicht möglich. Verteilt in der Stammgruppe die folgenden Themen an die Schüler. Jeder hat nun ein anderes Thema in eurer Stammgruppe. Wenn ihr vier Schüler in einer Gruppe seid, bearbeiten zwei das gleiche Thema.

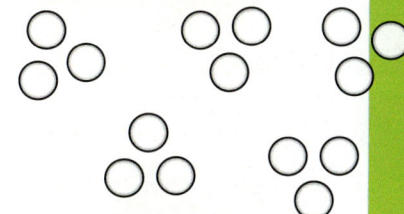

1. Stammgruppen bilden

❷ Teilthemen übernehmen und bearbeiten

Bearbeitet zu eurem Thema folgende Aufgaben in Einzelarbeit. Schreibt eure Ergebnisse auf.

Thema 1: Riesenhirsche und Menschen
Schreibe kurze Texte zu den Pinnzetteln. Beschreibe, wie die beiden Arten miteinander in Beziehung standen. Stelle eine Vermutung auf, warum der Riesenhirsch ausgestorben sein könnte.

Thema 2: Wollnashorn und Höhlenlöwe
Schreibe kurze Texte zu den Pinnzetteln. Beschreibe, wie die beiden Arten miteinander in Beziehung standen. Stelle eine Vermutung an, warum das Wollnashorn und der Höhlenlöwe ausgestorben sind.

Thema 3: Klima und Vegetation
Beschreibe das Diagramm genau. Fasse dann die Aussage in einem Satz zusammen. Stelle eine Vermutung an, warum die großen Arten ausgestorben sein könnten.

2. Themen übernehmen und bearbeiten

❸ In der Expertenrunde vertiefen und sichern

Alle, die das gleiche Teilthema bearbeitet haben, treffen sich in der Expertenrunde und tauschen die Ergebnisse aus. Es sollten Fragen geklärt und eine gemeinsame Lösung für Probleme gefunden werden.

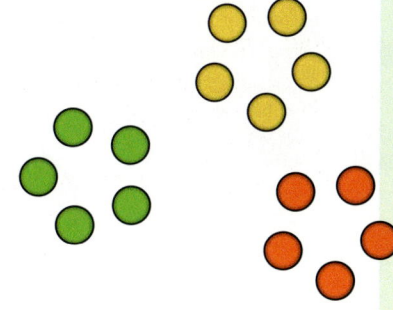

3. In Expertengruppen vertiefen und sichern

❹ In der Stammgruppe austauschen und das Puzzle zusammensetzen

Die Stammgruppe besteht nun aus drei unterschiedlichen Experten. Jedes Thema ist damit in der Stammgruppe vertreten. Jeder stellt sein Thema und seine Aufgaben vor. Überlegt gemeinsam, wie es zum Aussterben jeder einzelnen Art am Ende der Eiszeit kam. Tragt alle Aspekte zusammen und erstellt eine umfangreiche Mindmap dazu.

4. In Stammgruppen austauschen und das Puzzle zusammensetzen.

METHODE

Mensch und Menschenaffe – miteinander verwandt

1. **Q**
Auf den Bildern links sind einige Primaten dargestellt. Es sind ein großer Menschenaffe, ein kleiner Menschenaffe, Hundsaffen und Lemuren. Finde jeweils den Artnamen heraus und erstelle Steckbriefe.

2. **Q**
JANE GOODALL erforschte die Schimpansen, indem sie mit ihnen lebte.
DIANE FOSSEY erforschte auf ähnliche Weise die Gorillas und BIRUTE GALDIKAS die Orang-Utans.
Recherchiert zu diesen oder anderen Primatenforschern und erstellt Plakate.

3.  **A**
Vergleiche in einer Tabelle Mensch und Schimpanse. Berücksichtige dabei Wirbelsäule, Schädel, Gebiss, Hände und Füße, Becken und Verhalten.

4. **V**
Forme mithilfe von Draht die Wirbelsäule eines Schimpansen und eines Menschen nach. Begründe anhand dieser Modelle, warum für den aufrechten Gang des Menschen die doppelte S-Form der Wirbelsäule günstiger ist als die C-Form der Wirbelsäule des Schimpansen.

5. **A**
Werte den Stammbaum aus.
Gib an, wann sich die Entwicklungslinien benachbarter Arten jeweils voneinander getrennt haben.

Stammbaum:
- Schimpanse
- Bonobo
- Mensch
- Gorilla
- Orang-Utan
- Gibbon
- Hundsaffen (z.B. Pavian)

35 30 25 20 15 10 5 0
Jahrmillionen vor heute

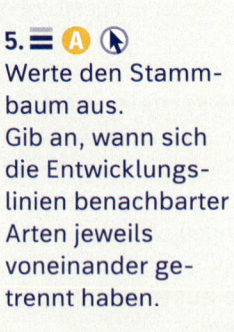

1 JANE GOODALL mit einem Schimpansen

Menschen gehören zu den Primaten

Menschen und Affen gehören zur Säugetierordnung der Primaten. Primaten haben einige Gemeinsamkeiten.
Sie zeichnen sich durch Greifhände, nach vorne gerichtete Augen und relativ große Gehirne aus. Außerdem wachsen sie langsam, haben eine späte Geschlechtsreife und ein komplexes Sozialverhalten.
Auch ein Vergleich der DNA von Affen und Menschen bestätigt die Verwandtschaft.
Besonders Schimpanse und Bonobo sind uns sehr ähnlich. Der Bonobo ist eine Menschenaffenart, die äußerlich sehr dem Schimpansen ähnelt. Er ist aber kleiner und hat ein ganz anderes Sozialverhalten.

Trotz der nahen Verwandtschaft sind Mensch und Schimpanse auch verschieden. Dies liegt an den unterschiedlichen Angepasstheiten und der langen Zeit, in der sie sich unabhängig voneinander entwickelt haben.

Schimpanse

Das **Skelett** des Schimpansen ist an das Leben auf Bäumen und auf dem Boden angepasst. Die Arme sind länger als die Beine. Die Wirbelsäule ist c-förmig, sodass der Körperschwerpunkt unter den Rippen liegt.

Der **Schädel** des Schimpansen hat eine ausgeprägte Schnauze. Dadurch ist sein **Gebiss** fast rechteckig und mit großen Eckzähnen ausgestattet. Der relativ kleine Gehirnschädel bildet über den Augen Überaugenwülste.

Die Handflächen des Schimpansen sind lang und die Finger vergleichsweise kurz. Auch der Daumen ist sehr kurz. Er kann aber den anderen Fingern grob gegenübergestellt werden. Damit zeigen die Hände eine starke Angepasstheit an das Klettern im Baum. Auch die Füße dienen als **Greifwerkzeuge** und haben einen großen Zeh, der von den anderen Zehen abgespreizt ist, sodass er greifen kann.

Das **Becken** ist langgestreckt wie bei den meisten Vierbeinern.

Schimpansen haben 48 **Chromosomen.**

Zum Zeitpunkt der Geburt sind junge Schimpansen sehr weit entwickelt. Sie halten sich im Fell der Mutter fest.
Schimpansen verständigen sich durch Laute, Gesten und Mimik, sind aber zu einer differenzierten Lautsprache nicht fähig.

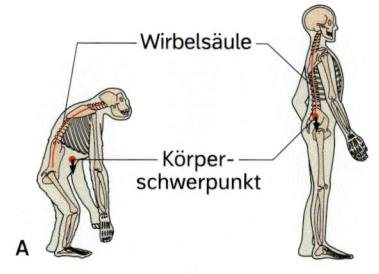

Wirbelsäule

Körper-schwerpunkt

A

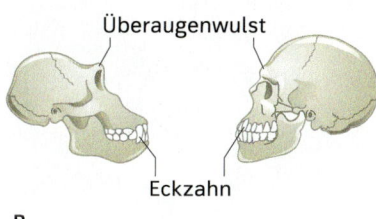

Überaugenwulst

Eckzahn

B

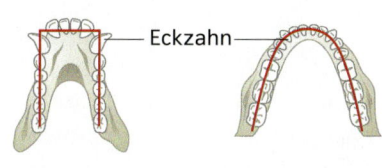

Eckzahn

C

 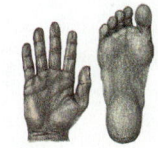

D

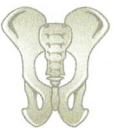 

E
2 Vergleich von Schimpanse und Mensch:
A Skelett, **B** Schädel,
C Kiefer, **D** Hände und Füße,
E Becken

> Du kannst die Verwandtschaft von Mensch und Menschenaffen am Beispiel des Schimpansen erläutern.

Mensch

Das **Skelett** des Menschen ist an den aufrechten Gang angepasst. Die Wirbelsäule hat eine federnd wirkende doppelte S-Form. Das Becken ist breit und wie eine Schüssel geformt. Dadurch liegt der Körperschwerpunkt über dem Becken. Die Arme sind kürzer als die Beine und nicht so kräftig.

Der **Schädel** des Menschen hat keine vorspringende Schnauze. Das **Gebiss** ist halbrund und die großen Eckzähne fehlen. Der Gehirnschädel ist sehr groß, so dass eine ausgeprägte Stirn entstanden ist. Die Überaugenwülste fehlen.

Der Mensch braucht die Hände nicht mehr zur Fortbewegung. Sie sind an den **Präzisionsgriff** angepasst. Der Daumen ist lang und lässt sich präzise jedem anderen Finger gegenüberstellen. Der Fuß ist ein Standfuß. Er hat ein Fußgewölbe entwickelt und die große Zehe liegt den anderen Zehen an.

Das **Becken** ist breit und stützt die inneren Organe wie eine Schale nach unten hin ab.

Menschen haben 46 **Chromosomen**.

Menschenbabys sind sehr unselbstständig nach der Geburt. Sie müssen getragen werden. Ihre Entwicklung dauert lange. Menschen verständigen sich durch Gesten, Mimik und eine sehr differenzierte Laut- und Schriftsprache. Damit entwickelten sie Kultur und Technik.

Auf dem Weg zum Menschen – Australopithecus bis Homo

1. ☰ Ⓐ ◔
Die sechs Bilder rechts zeigen Modelle von Schädeln und Unterkiefern von Australopithecus, Schimpanse und Mensch.
a) Ordne den Schädeln 1– 3 die entsprechenden Unterkiefer A– C zu.
b) Ordne die Schädel den Arten Schimpanse, Australopithecus afarensis und Mensch zu.
c) Vergleiche Zähne, Größe des Kiefers, Gehirn- und Gesichtsschädel der drei Arten.

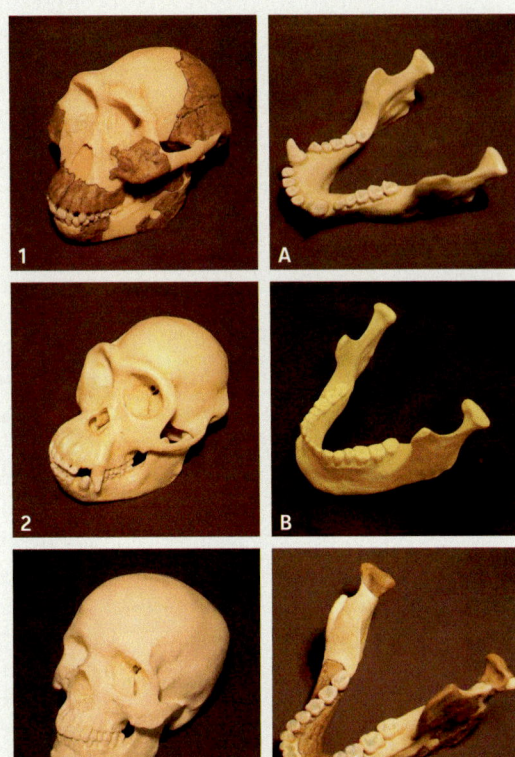

2. ☰ Ⓐ ◔
Die Fußspuren, die im Bild zu sehen sind, gehören vermutlich zu Australopithecus afarensis.
a) Beschreibe die Abdrücke.
b) Begründe, warum Forscher in diesen Spuren Hinweise sahen, dass Australopithecus aufrecht ging.
c) Nenne Vermutungen zum Sozialverhalten von Australopithecus.

3. ☰ Ⓠ ◔
Die Karte zeigt Fundorte von Australopithecus, Homo habilis und Homo rudolfensis.
a) Recherchiere, wo es die ältesten Funde gab.
b) Finde heraus, welche Bedeutung es hat, dass viele Funde im Bereich des ostafrikanischen Grabens gemacht wurden.

● Australopithecus
● H. habilis und H. rudolfensis
Hadar
Omo
Ost Turkan
Oldovai
Laetoli
Sterkfontein
Taung

4. ☰ Ⓠ ◔
Homo rudolfensis und Homo habilis haben erste Steinwerkzeuge hergestellt.
a) Recherchiere, wie diese Werkzeugkultur genannt wird und welchen Zeitraum sie umfasst.
b) Finde heraus, wie die Werkzeuge hergestellt und wie sie genutzt wurden.
c) Vergleiche die Werkzeuge von Homo rudolfensis und Homo habilis (A, B) mit späteren Faustkeilen (C).

A

B

C

Schwierige Deutung von Funden

Weil Funde selten und oft auch unvollständig sind, sind viele Details im Stammbaum des Menschen sehr unsicher. Sicher ist aber, dass Menschen und Affen einen gemeinsamen Ursprung haben.

Erste aufrecht gehende Vormenschen waren die sogenannten Australopithecinen. Eine Art dieser Gattung entwickelte sich zur Gattung Homo weiter und innerhalb dieser Gattung entstand der moderne Mensch.

Proconsul – Vorfahre von Menschenaffe und Mensch

Am Ufer des Victoria Sees in Ostafrika fand man das 20 Millionen Jahre alte Skelett eines paviangroßen Affen. Man nannte ihn **Proconsul.** Die Untersuchung seiner fossilen Skelettreste ergab, dass er ein Baumbewohner war und einige Merkmale heutiger Menschenaffen hatte. Man vermutet, dass Proconsul oder einer seiner Verwandten der letzte gemeinsame Vorfahre von Menschenaffen und Menschen war.

1 Rekonstruktion von Proconsul

Die Australopithecinen

1974 fand eine Forschergruppe um DONALD JOHANSON in der Region von Afar in Äthiopien ein fast vollständiges Skelett, das eine Mischung von Schimpansen- und Menschenmerkmalen zeigte.

Es stellte sich heraus, dass es mehr als drei Millionen Jahre alt war. JOHANSON und sein Team nannten es „Lucy."

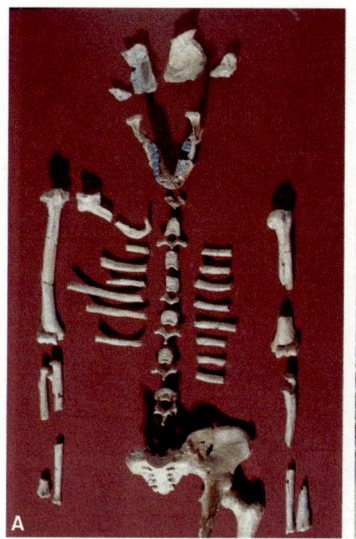

2 Australopithecus afarensis: **A** Fund von Afar („Lucy"),
B Rekonstruktion

Die Art **Australopithecus afarensis**, zu der „Lucy" gehörte, war in Afrika entstanden, als das Klima trockener wurde und sich Grassteppen auszubreiten begannen. Bei diesen Bewohnern von Urwaldrändern und Savannen hatte sich ein Körperbau entwickelt, der sowohl das Klettern in Bäumen als auch den aufrechten Gang für die Bewegung am Boden erlaubte. Damit wurden die Hände frei zur Benutzung von Werkzeugen wie Stöcken und Knochen. Australopithecus afarensis wurden 1,2 m bis 1,5 m groß und ernährten sich von Pflanzen.

Außer Australopithecus afarensis gab es noch eine ganze Reihe anderer Arten aus der Gattung Australopithecus. Aus einer dieser Arten ist die Gattung Homo entstanden, zu der auch wir gehören.

Homo rudolfensis und Homo habilis

Vor ungefähr 2,5 Millionen Jahren entstanden **Homo rudolfensis** und **Homo habilis.** Sie gelten als die ältesten Vertreter der Gattung Homo. Sie unterschieden sich von den Australopithecinen durch ein größeres und leistungsfähigeres Gehirn. Außerdem stellten sie Hammer- und Schneidewerkzeuge aus Stein her und ernährten sich sowohl von Pflanzen als auch von Fleisch.

Dieser Konsum von Fleisch gilt zusammen mit den frei gewordenen Händen als wichtiger Faktor für die weitere Entwicklung des Gehirns auf dem Weg zum modernen Menschen.

> Du kannst beschreiben, wie sich aus Menschenaffen über die Australopithecinen die Gattung Homo entwickelte.

Auf dem Weg zum Menschen – die Gattung Homo

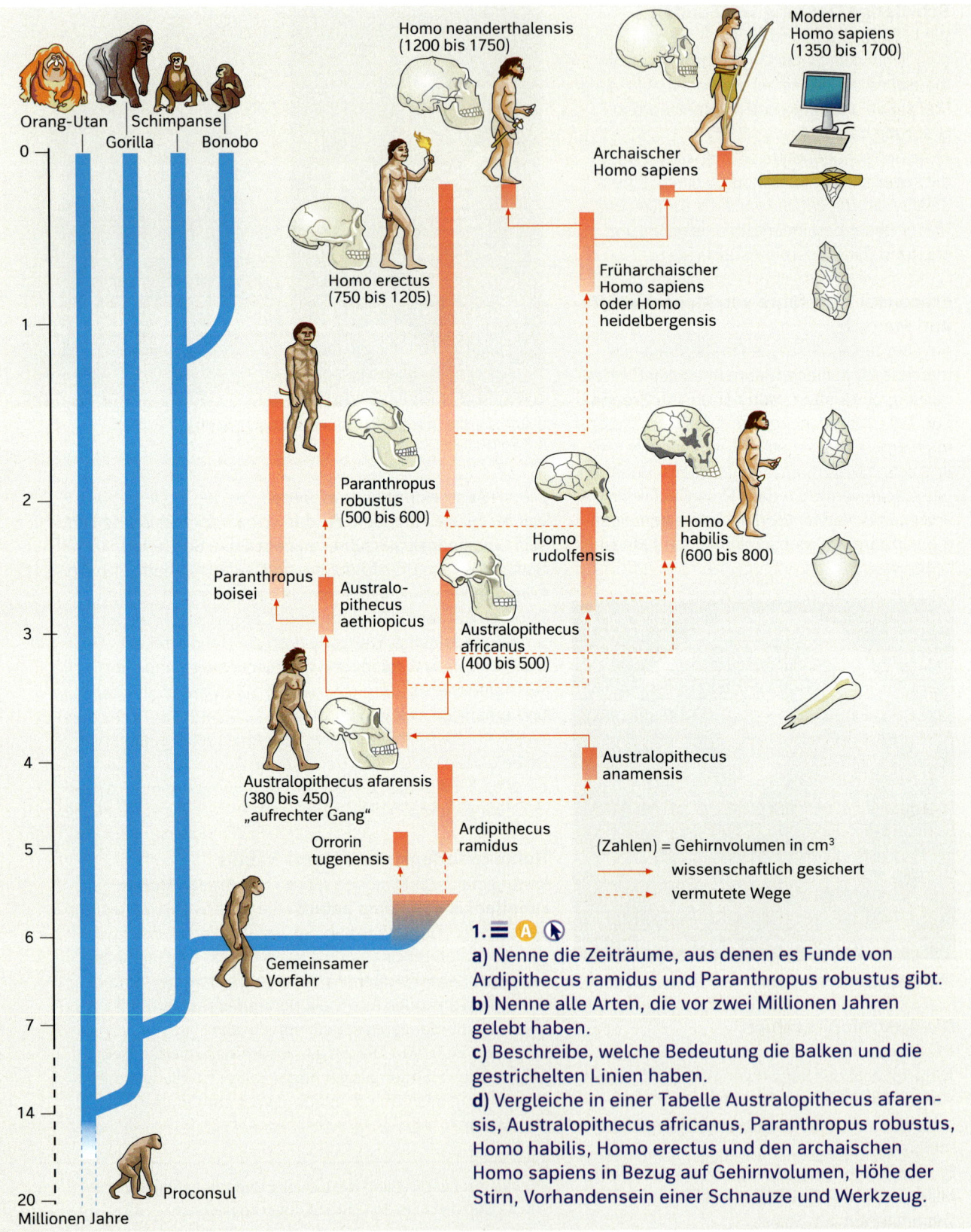

Homo neanderthalensis
(1200 bis 1750)

Moderner
Homo sapiens
(1350 bis 1700)

Orang-Utan
Gorilla
Schimpanse
Bonobo

Archaischer
Homo sapiens

Homo erectus
(750 bis 1205)

Fr...archaischer
Homo sapiens
oder Homo
heidelbergensis

Paranthropus
robustus
(500 bis 600)

Homo
habilis
(600 bis 800)

Paranthropus
boisei

Australo-
pithecus
aethiopicus

Homo
rudolfensis

Australopithecus
africanus
(400 bis 500)

Australopithecus
afarensis
(380 bis 450)
„aufrechter Gang"

Australopithecus
anamensis

Orrorin
tugenensis

Ardipithecus
ramidus

(Zahlen) = Gehirnvolumen in cm³

→ wissenschaftlich gesichert

--→ vermutete Wege

Gemeinsamer
Vorfahr

Proconsul

0
1
2
3
4
5
6
7
14
20

Millionen Jahre

1. ≡ Ⓐ ◉
a) Nenne die Zeiträume, aus denen es Funde von
Ardipithecus ramidus und Paranthropus robustus gibt.
b) Nenne alle Arten, die vor zwei Millionen Jahren
gelebt haben.
c) Beschreibe, welche Bedeutung die Balken und die
gestrichelten Linien haben.
d) Vergleiche in einer Tabelle Australopithecus afarensis, Australopithecus africanus, Paranthropus robustus,
Homo habilis, Homo erectus und den archaischen
Homo sapiens in Bezug auf Gehirnvolumen, Höhe der
Stirn, Vorhandensein einer Schnauze und Werkzeug.

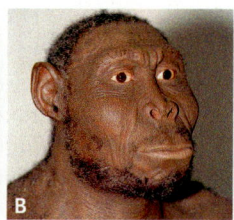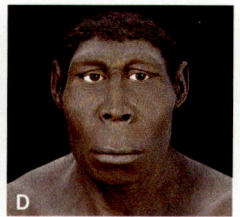

1 Vor- und Frühmenschen: **A** Australopithecus afarensis, **B** Homo rudolfensis, **C** Homo habilis, **D** Homo erectus, **E** Homo neanderthalensis

Homo erectus

In der Art Homo erectus werden eine ganze Reihe von Formen zusammengefasst, die in Afrika entstanden sind und sich von dort nach Europa, Asien und in den mittleren Osten ausgebreitet haben.

Homo erectus stellte Werkzeuge aus Holz und Stein her, mit denen er Wildtiere töten und zerlegen konnte. Neue Waffen, wie hölzerne Speere, erlaubten es, Tiere aus größerer Entfernung zu erlegen. Diese Menschen waren die ersten Lebewesen, die das Feuer beherrschten. Sie legten damit wichtige Grundpfeiler für jede weitere technische Entwicklung.

Mit dem Feuer war es möglich, gezielter zu jagen, eine Wärmequelle zu nutzen und sich vor wilden Tieren zu schützen. Das Feuer ermöglichte die Auswanderung in kältere Gebiete und damit die Auswanderung aus Afrika nach Europa und Asien. Es ermöglichte eine bessere Aufschließung der Nährstoffe aus dem Fleisch. Alle diese Faktoren bewirkten, dass auch das Gehirn sich nach und nach vergrößerte.

2 Homo erectus beherrschte das Feuer

Homo neanderthalensis

Der Neandertaler, wie Homo neanderthalensis auch genannt wird, entwickelte sich vermutlich vor mehr als 250 000 Jahren aus Formen des Homo erectus. Er lebte in Europa und im mittleren Osten.

Die Neandertaler waren sehr kräftig und robust gebaut, hatten einen großen Schädel, eine flache Stirn, Überaugenwülste und ein flaches Kinn. Spuren an Zähnen des kräftigen Gebisses lassen vermuten, dass sie auch als Werkzeug genutzt wurden, etwa beim Weichkauen von Leder.
Neandertaler verfügten über geistige, handwerkliche und kulturelle Eigenschaften, die denen des modernen Menschen ähneln. Manche von ihnen waren zeitweise sesshaft und bauten Behausungen aus Fellen, Holz und Knochen. Von einigen Neandertalergruppen ist bekannt, dass sie ihre Toten bestatteten.

Homo sapiens

Der moderne Mensch wird als Homo sapiens bezeichnet. Das bedeutet „wissender Mensch". Er ist nicht der Nachfahre des Neandertalers, sondern hat sich unabhängig von ihm vermutlich aus dem Homo erectus in Afrika entwickelt. Allerdings gibt es Hinweise, dass sich Neandertaler und heutiger Mensch miteinander gepaart haben und dieses Erbe heute noch in der DNA nachgewiesen werden kann. Älteste Funde des Homo sapiens sind 130 000 Jahre alt. Von Afrika aus hat er sich auf der ganzen Welt verbreitet und vermutlich alle anderen Menschenarten, die gleichzeitig lebten, verdrängt.

Du kannst einige Vertreter der Gattung Homo nennen und ihre Eigenschaften beschreiben.

Basiskonzepte S. 221

Auf dem Weg zum Menschen

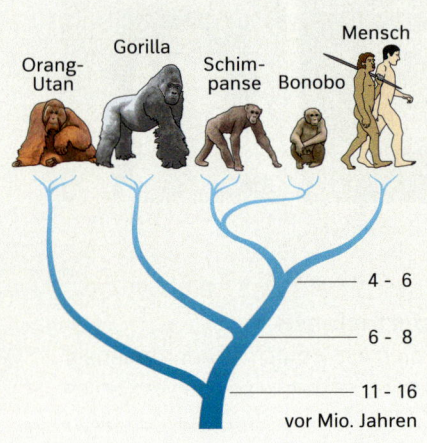

Orang-Utan Gorilla Schim-panse Bonobo Mensch

4 - 6
6 - 8
11 - 16
vor Mio. Jahren

 1. 🅐
Menschen haben sich aus Menschenaffen entwickelt. Nimm mithilfe der nebenstehenden Abbildung Stellung zu dieser Aussage.

 2. 🅐
Beschreibe die Möglichkeiten, die sich für den „Aufrecht gehenden Menschen" aus der Nutzung des Feuers ergeben haben.

3. 🅠
a) Informiere dich über die Jagdtechniken eines Vertreters der Gattung Mensch.
b) Stelle deine Ergebnisse in einem Kurzvortrag vor. Nutze dazu auch Abbildungen.

Die Herkunft des Menschen

Mit Fossilien versuchen Wissenschaftler zu klären, wie die Evolution des Menschen verlief. Immer neue Funde sorgen für immer neue Kenntnisse.

Proconsul

Am Ufer des Victoria-Sees in Ostafrika fand man ein 20 Millionen Jahre altes Skelett eines **Proconsuls.**

Proconsule waren etwa paviangroße Baumbewohner. Vermutlich waren sie die letzten gemeinsamen Vorfahren von Menschenaffen und Menschen.

Südaffe aus Afar

In Äthiopien entdeckten Forscher ein 3 Millionen Jahre altes Skelett. Es zeigte Merkmale von Schimpansen und Menschen. Vormenschen wie dieser bewohnten die Urwaldränder und Savannen Afrikas.

Südaffen (Australopithecus afarensis) wurden bis zu 1,5 m groß und ernährten sich von Pflanzen. Der aufrechte Gang war ihnen bereits möglich. Sie nutzten bereits Stöcke und Knochen als Werkzeuge. Aus einer Art dieser Vormenschen entstand die Gattung **Mensch (Homo).**

Mensch vom Rudolfsee

Als einer der ersten Frühmenschen entwickelte sich der **Mensch vom Rudolfsee (Homo rudolfensis).** Sie entstanden vor etwa 2,5 Millionen Jahren in Kenia.

Ihr Gehirn war größer und leistungsfähiger als das der Südaffen. Sie stellten erste Steinwerkzeuge her. Zudem bestand ihre Nahrung überwiegend aus Pflanzen aber auch schon aus Fleisch. Diese Verhaltensweisen ermöglichten die weitere Entwicklung des Gehirns auf dem Weg zum modernen Menschen.

1 Die Entwicklung des Menschen - vom Proconsul zum Homo sapiens

Aufrecht gehender Mensch

Durch das warme Klima und die gute Angepasstheit entwickelte sich vor etwa einer Million Jahren auch der **Aufrecht gehende Mensch (Homo erectus)** in Afrika.

Diese Menschen waren größer und kräftiger als ihre Vorgänger. Aus Holz und Stein fertigten sie Werkzeuge und Waffen. Damit töteten und zerlegten sie Wildtiere. Mit Holzspeeren konnten sie Tiere aus größerer Entfernung erlegen.

Diese Menschen nutzten als erste das Feuer. Das änderte ihr Leben deutlich. Das Feuer spendete Wärme und schützte vor wilden Tieren. Zudem konnten die Menschen die Nährstoffe von gebratenem Fleisch besser nutzen. Mithilfe des Feuers war es auch möglich, in kältere Gebiete in Europa und Asien einzuwandern.

Mensch aus dem Neandertal

Vor mehr als 250 000 Jahren entwickelte sich der **Neandertaler (Homo neanderthalensis).** Er lebte in Europa.

Die Neandertaler waren kräftig gebaut und etwa so groß wie heutige Menschen. Sie hatten einen großen Schädel, eine flache Stirn, ein flaches Kinn und große Wülste über den Augen. Sie trugen Kleidung aus Fell und lebten in Höhlen und selbst gebauten Zelten.
Die Neandertaler hatten bereits geistige, handwerkliche und kulturelle Eigenschaften, die denen des modernen Menschen ähneln.
Von einigen Neandertalergruppen weiß man, dass sie ihre Toten bestatteten.

Der wissende Mensch

Der wissende Mensch (Homo sapiens) hat sich vermutlich über Zwischenstufen aus dem „Aufrecht gehenden Menschen" entwickelt. Die ältesten Funde stammen aus Afrika. Sie sind 130 000 Jahre alt.

Von Afrika aus hat sich der Homo sapiens auf der ganzen Welt verbreitet. In Europa lebten Neandertaler und heutige Menschen zeitweise nebeneinander. Alle heutigen Menschen gehören aber zur Art Homo sapiens.

Der frühe Homo sapiens hatte bereits ein leistungsfähiges Gehirn. Er hinterließ in Höhlen kunstvollen Schmuck, Musikinstrumente und Waffen aus Elfenbein.

Du kannst menschliche Vorfahren und einige Vertreter der Gattung Mensch nennen und ihre Eigenschaften beschreiben.

Die kulturelle Evolution des Menschen

1. **A**
Nenne Vorteile, die die einzelnen kulturellen Errungenschaften in der Evolution des Menschen hatten.

2. **A**
a) Beschreibe, wie die Nutzung des Feuers die Lebensweise der damaligen Menschen veränderte.
b) Erkläre, warum die Nutzung des Feuers die Ausbreitung des Menschen über alle Erdteile ermöglichte.

Kulturelle Veränderungen

Durch die besondere Ausprägung des Großhirns konnten unsere Vorfahren Fertigkeiten entwickeln, die sie im Laufe der Zeit immer weiter verfeinerten. Dies wird als die **kulturelle Evolution** des Manschen bezeichnet. Sie verlief in enger Verbindung mit der biologischen Evolution.

1 Schneidewerkzeuge: **A** Faustkeil, **B** Laserskalpell

Werkzeuge

Schon unsere Vorfahren machten vor über zwei Millionen Jahren eine entscheidende Entdeckung: Steine ließen sich als Werkzeuge benutzen. Damit begann die kulturelle Evolution des Menschen.

Zunächst wurden Steine so benutzt, wie sie gefunden wurden. Später lernten unsere Vorfahren die Steine zu bearbeiten. So entstanden Geräte wie der **Faustkeil.** Mit diesen **Steinwerkzeugen** konnten unsere Vorfahren Tiere jagen, Felle zerschneiden, Nahrung zerkleinern und weitere Werkzeuge herstellen. Erst vor etwa zehntausend Jahren konnten sie dann auch Metall gewinnen und bearbeiten. **Metallwerkzeuge** waren haltbarer und leistungsfähiger. Dadurch verloren Steinwerkzeuge an Bedeutung.

Heute ist der Mensch zum Beispiel durch die Entwicklung der Lasertechnologie in der Lage, Licht zum Schneiden zu verwenden.

2 Steinzeitmenschen am Feuer

Feuer

Ein weiterer entscheidender Schritt in der kulturellen Entwicklung des Menschen war die Nutzung des Feuers. Dies entstand oft auf natürliche Weise, beispielsweise durch Blitzschlag. Bereits Homo erectus gelang es, das Feuer für sich nutzbar zu machen. Es spendete Wärme, bot Schutz vor Raubtieren, erhitzte Nahrung und machte diese lagerfähig. Auch bei der späteren Besiedlung kälterer Regionen war das Feuer von großer Bedeutung.

3 Planungsgespräch

Sprache

Die Sprache ermöglicht den schnellen Austausch von Informationen, die Planung von Vorhaben und die Weitergabe von Erfahrungen.

Die Wissenschaft geht davon aus, dass **Sprache** in erster Linie eine soziale Funktion erfüllt. Sie sichert den sozialen Zusammenhalt in der Gruppe. Vermutlich waren schon der „Aufrecht gehende Mensch" und der Neandertaler zu einer einfachen Sprache fähig. Heute gibt es weltweit etwa 6500 verschiedene Sprachen.

3.
Erläutere, welche Vor- und Nachteile die weltweite digitale Kommunikation für die Menschheit hat.

4.
In einigen Höhlen der Schwäbischen Alb wurden interessante Funde gemacht. Recherchiere und berichte.

4 Schrift: **A** Tontafeln, **B** digitale Medien

Schrift

Lange nach der Sprache entwickelte sich die **Schrift.** Mit ihr konnten Informationen dauerhaft festgehalten werden. Sie ermöglichte es jeder Generation, die Erfahrungen der vorherigen zu nutzen. Von ersten in Stein gehauenen Schriftzeichen über die Erfindung des Buchdrucks verlief die Entwicklung bis hin zur digital übermittelten Nachricht. Damit steht heute ein großer Teil des Wissens vielen Menschen jederzeit zur Verfügung.

5 Kunstwerke: **A** Höhlenmalerei, **B** Graffiti

Kunst und Musik

Einen weiteren Entwicklungsschritt machte die kulturelle Evolution des Menschen vor 50 000 bis 30 000 Jahren. Die Menschen begannen, **Kunstgegenstände, Schmuck** und **Musikinstrumente** anzufertigen. An den Wänden von Höhlen und an Felsen in Südeuropa fand man farbige Malereien aus der Steinzeit. Häufige Motive waren Tiere und Jagdszenen. In einigen Höhlen der Schwäbischen Alb entdeckte man Tierfiguren, Grabschmuck und einfache Flöten aus Elfenbein. Bis heute zeigt sich das künstlerische Schaffen des Menschen in vielfältiger Form.

6 Religiöse Bauten: **A** Stonehenge, **B** Ulmer Münster

Religion

Auch religiöse Vorstellungen entwickelten sich im Laufe der kulturellen Evolution. Die frühen Höhlenmalereien dienten vermutlich dazu, Macht über die Jagdbeute zu erlangen. **Religiöse Rituale** sind bereits aus der Altsteinzeit bekannt. Schon vom Neandertaler sind Grabstätten bekannt. Man fand Grabbeigaben wie Nahrungsmittel, Waffen und Werkzeuge neben den Skeletten verstorbener Neandertaler. Eventuell ist dies ein Hinweis auf eine frühe Form von Religiosität und die Hoffnung auf ein Weiterleben nach dem Tod.

Aus vielen Regionen der Erde sind beeindruckende Steinzeitbauten bekannt, zum Beispiel Stonehenge in England. Sie dienten häufig religiösen Zwecken. Bis heute bauen Menschen große Kirchen, Tempel und Moscheen. Sie wollen damit ihre religiösen Überzeugungen zum Ausdruck bringen. Somit waren Religionen zu allen Zeiten auch ein wichtiger Antrieb für Kunst und Kultur, allzu oft aber auch für Krieg und Tod.

> Du kannst wichtige Entwicklungsschritte der kulturellen Evolution des Menschen an Beispielen beschreiben.

Das Beil des Ötzi

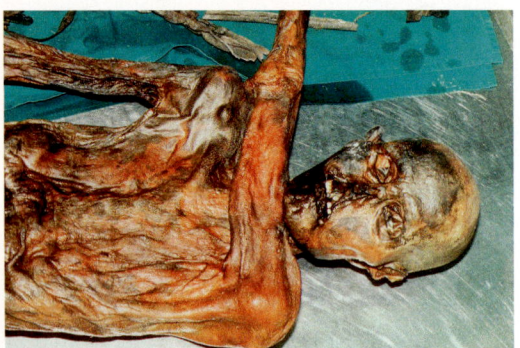

1 Mumie des Ötzi

Der Körper wird untersucht

Ötzis Körper wurde von vielen Wissenschaftlern genau erforscht. Bei der Untersuchung seines Magens fand man heraus, dass er kurz vor seinem Tod eine reichhaltige Mahlzeit mit viel Fleisch gegessen hatte.
Aber auch auf Krankheiten wurde der Körper untersucht. Man stellte bei ihm Karies, Bandscheibenverschleiß und Arteriosklerose, eine Verengung der Blutgefäße, fest. Außerdem litt er an Borreliose, einer Krankheit, die von Zecken übertragen wird.

STREIFZUG

Der Mann aus dem Eis

Am 19. September 1991 entdeckten Bergwanderer in den Ötztaler Alpen eine leblose Gestalt, die im Gletschereis eingebettet war. Nach der Bergung wurde klar, dass es sich um die Mumie eines Mannes handelte, der vor über 5000 Jahren gelebt hatte.
Es setzte eine ganze Welle von wissenschaftlichen Untersuchungen mit Forschern aus vielen verschiedenen Fachrichtungen ein. Die Forschungsergebnisse geben wichtige Einblicke in das Leben der Steinzeitmenschen. Zur weiteren Erforschung wurde ein eigenes wissenschaftliches Institut gegründet.

Die Ausrüstung

Der Mann aus dem Eis war gut ausgerüstet. Seine Kleidung war aus Leder und Tierfellen gefertigt, er hatte zwei Umhänge, einen aus Fell gegen Kälte und einen aus Gras gegen Feuchtigkeit.
Er besaß auch Waffen und Werkzeuge. Ein Dolch mit einer 7 cm langen Feuersteinklinge steckte in einer Bastscheide. Man fand auch einen Bogen von 182,5 cm Länge und 14 Pfeile in einem Köcher aus Leder. Der Bogen war eine sehr gefährliche Waffe. Damit konnte Ötzi auf eine Distanz von 30 m bis 50 m ein Tier erlegen.
Besonders interessant war aber das Beil, weil die Klinge aus Kupfer gefertigt war. Dies war eine Überraschung, da man bislang gedacht hatte, dass Kupfer erst tausend Jahre später gewonnen und verarbeitet werden konnte.

A

2 Ötzi:
A Rekonstruktion,
B Steinklinge,
C Kupferklinge

So starb Ötzi

Ötzi starb mit ungefähr 45 Jahren. Röntgenuntersuchungen ergaben, dass er von hinten mit einem Pfeil erschossen wurde. Die Pfeilspitze aus Stein war noch auf dem Röntgenbild zu sehen. Außerdem fand man eine Ansammlung von Blut im Gewebe des Toten. Ob er von einem oder mehreren Menschen angegriffen wurde, hofft man bei weiteren Nachforschungen herauszufinden.

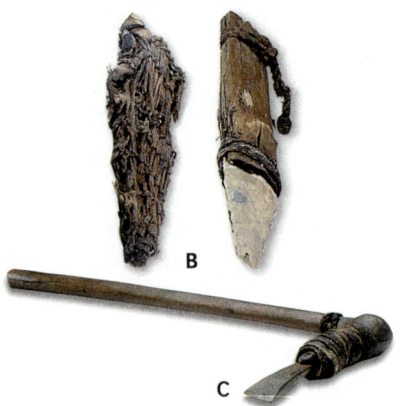

B

C

1. ≡ Ⓐ
Beschreibe, welche Erkenntnisse über das Leben in der Steinzeit sich aus der Erforschung von Ötzi ergeben.

Menschen beeinflussen die Evolution

1. Ⓐ
Beschreibe an einem Beispiel, wie die Menschen den Evolutionsfaktor Isolation beeinflussen.

2. ☰ Ⓐ
Erläutere anhand von Beispielen aus der Medizin und der Technik, wie der Mensch Einfluss auf seine eigene Evolution nimmt.

3. ☰ Ⓐ
Erkläre anhand von Beispielen, wie der Mensch Einfluss auf die Vielfalt des Lebens nimmt.

4. Ⓠ
a) Informiere dich über Pandemien und deren Folgen.
b) Überlege, welche Auswirkungen dies auf die Evolution haben könnte. Stelle deine Ergebnisse in der Klasse vor.

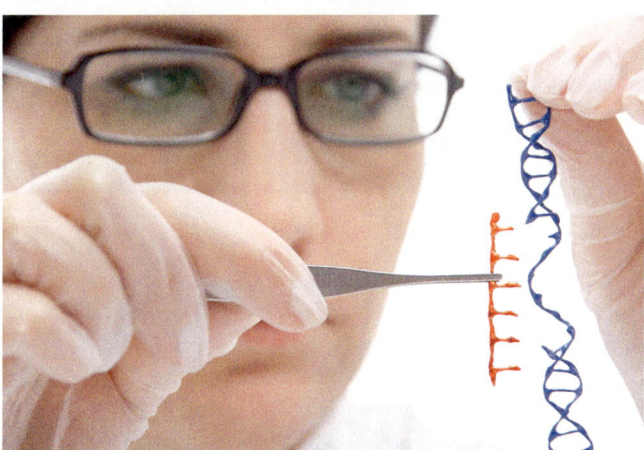

1 Evolutionsfaktoren Medizin und Technik

2 Evolutionsfaktor Monokulturen

Medizin und Technik als Evolutionsfaktoren

Auch heute noch wirken **Evolutionsfaktoren** auf den Menschen ein. Dabei sind mit dem Begriff Evolutionsfaktor alle Einflüsse gemeint, die die Entwicklung einer Art in der Evolution beeinflussen.

Durch Entwicklungen in der Medizin und dem technischen Fortschritt kann der Mensch selbst die Faktoren seiner Evolution beeinflussen. Deshalb wirkt die natürliche Selektion oft nicht mehr ungebremst auf den Menschen ein. Heute ist es möglich, viele Krankheiten erfolgreich zu behandeln, die früher zum Tode geführt haben. Für Menschen mit gesundheitlichen Einschränkungen gibt es Hilfsmittel, mit denen sie ein ganz normales Leben führen können.

Mobilität durch Schiffe und Flugverkehr

Durch den wachsenden Schiffs- und Flugverkehr zwischen allen Kontinenten der Erde können sich Infektionskrankheiten länder- und kontinentübergreifend ausbreiten. Kommt es zu einer solchen Ausbreitung einer Krankheit, spricht man von einer **Pandemie.**

Umweltzerstörung vernichtet Vielfalt

Fortschritt und Wachstum verändern nicht nur den Menschen, sondern auch seine Umwelt. Wälder werden abgeholzt und Moore trockengelegt. Flüsse werden begradigt und Pflanzen in großen Monokulturen angebaut. Die vom Menschen verursachte Klimaerwärmung bewirkt das Ansteigen der Meeresspiegel und die Ausbreitung von Wüsten. Zudem stellt der von Menschen produzierte Müll eine wachsende Umweltbelastung dar.
Damit zerstört der Mensch zunehmend die Lebensgrundlage vieler Tiere und Pflanzen. So wird die Vielfalt des Lebens, die **Biodiversität,** durch den Menschen zunehmend eingeschränkt. Auf diese Weise greift der Mensch massiv in die Evolution der Lebewesen ein.

> Du kannst an Beispielen erklären, wie der Mensch Einfluss auf die Evolution nimmt.

Evolution des Verhaltens

1. **A**
Beschreibe die Karikatur. Formuliere die Aussage und gib Beispiele, die sie erläutern.

2. **A**
Beschreibe den Zusammenhang zwischen dem Hormon Oxytocin und dem Verhalten von Mutter und Kind bei Schimpansen und Menschen.

3. **A**
Betrachte die Fotos unten und beschreibe sie. Erläutere die abgebildeten Verhaltensweisen mithilfe des Informationstextes.

1 Verhalten von Schimpanse und Mensch:
A Schimpansin mit Jungtier, **B** Mutter mit Kleindkind

Schimpansen und Menschen haben ähnliche Verhaltensweisen

Beobachtet man Schimpansinnen mit ihrem Säugling, findet man viele Parallelen zum Verhalten von menschlichen Müttern. Schimpansinnen spielen mit ihrem Jungen, streicheln und küssen es. Auch in anderen Bereichen des Sozialverhaltens kann man menschliches Verhalten wiedererkennen. Schimpansen gehen Freundschaften ein, festigen sie mit einer gemeinsamen Mahlzeit, geteiltem Futter und engem Körperkontakt. Bei frei lebenden Schimpansen wurde beobachtet, dass sie verwaiste Kinder adoptieren, sie auf dem Rücken tragen, mit ihnen das Schlafnest und das Futter teilen und sie jahrelang versorgen.

„Kuschelhormon" Oxytocin

Wenn Schimpansen solche engen sozialen Bindungen eingehen, kann man in ihrem Urin einen erhöhten Gehalt an Oxytocin feststellen. Bei der gegenseitigen Fellpflege oder bei gemeinsamen Mahlzeiten und dem Teilen von Futter wird dieses Hormon ausgeschüttet.
Oxytocin ist auch beim Menschen als so genanntes „Kuschelhormon" bekannt. Es bewirkt, dass weniger Stresshormone freigesetzt werden, das Belohnungssystem angeregt und Angst gemindert wird. Damit stärkt es die soziale Bindungsfähigkeit und unterstützt die Bindung zwischen Mutter und Kind.
Schimpansen und Menschen haben also nicht nur körperliche Merkmale gemeinsam. Auch Verhaltensmerkmale und deren hormonelle Auslöser teilen sie als evolutionäres Erbe.

4. ≣ Ⓐ
Erkläre den Zusammenhang zwischen Körpergeruch, HLA-Molekülen und Partnerwahl.

5. ≣ Ⓐ ⒃
Erläutere mithilfe der Evolutionstheorie, welchen Einfluss Körpergeruch auf die Partnerwahl hat.

6. ≣ Ⓐ
Beziehe Stellung zu dem Satz: Krieg und Gewalt liegen in der Natur des Menschen. Beachte dabei auch die Verantwortung des Menschen.

2 Drohender Schimpanse

Gerüche beeinflussen die Partnerwahl

Wir glauben, dass unsere Partnerwahl auf dem attraktiven Aussehen oder der witzigen Ausstrahlung eines Menschen beruht. Dies ist aber nur ein kleiner Teil der Wahrheit. Eine große Rolle bei der Partnerwahl spielen Gerüche. Dazu machten Verhaltensforscher folgendes Experiment:
Sie ließen Männer drei Tage ohne Unterbrechung das gleiche T-Shirt tragen. So entwickelten sie ihren ganz eigenen Körpergeruch. Dann wurden die T-Shirts in Plastiktüten verpackt und verschiedenen Frauen zur Geruchsprobe vorgelegt. Dabei sollten die Testerinnen beurteilen, welches T-Shirt am besten riecht und welcher Geruch am wenigsten angenehm ist. Dabei stellte jede Testerin eine andere Rangfolge auf.

HLA-Moleküle sorgen für Körpergeruch und Immunabwehr

Weitere Untersuchungen ergaben, dass der Geruch als attraktiv wahrgenommen wurde, wenn sogenannte HLA-Moleküle bei den Männern und Frauen deutlich unterschiedlich waren. Diese Moleküle beeinflussen den individuellen Körpergeruch eines Menschen. Außerdem sind sie an der Immunabwehr beteiligt, indem sie Krankheitserreger identifizieren. Kinder, deren Eltern sehr unterschiedliche HLA-Varianten tragen, sind besser gegen Krankheitserreger geschützt als Kinder von Eltern mit stark ähnlichen HLA-Molekülen. Viele unterschiedliche HLA-Varianten sorgen für eine breite Immunabwehr.
Der Körpergeruch eines möglichen Partners gibt uns also unbewusst Auskunft über die Immunabwehr möglicher gemeinsamer Kinder.

Aggression und Krieg

Genauso wie Bindungsfähigkeit und Partnerwahl haben auch die Bereitschaft zu Aggression und Gewalt beim Menschen evolutionäre Wurzeln. Die meisten Ähnlichkeiten im Aggressionsverhalten finden wir wieder bei den Schimpansen. Anders als andere Primaten kooperieren männliche Schimpansen sehr stark bei der Kriegsführung gegen andere Schimpansen-Gruppen. Wenn sie eine Gruppe besiegt haben, kann es sein, dass sie die Weibchen der Gegner entführen. Andererseits riskieren Schimpansen mitunter ihr Leben, um Mitglieder der eigenen Gruppe zu befreien.

Verantwortung für den Frieden

Zwar liegen die Wurzeln von Krieg und Gewalt in der Evolution, Krieg und Gewalt können damit aber nicht gerechtfertigt werden. Im Unterschied zu den Schimpansen können Menschen die Probleme von Aggression erkennen und sie kontrollieren. Damit sind sie für Frieden und gewaltfreie Kommunikation verantwortlich.

> Du kannst an Beispielen erläutern, wie menschliches Verhalten sich in der Evolution entwickelt hat.

Menschen – frei und gleich an Rechten und Pflichten

1. **Q**

Die Generalversammlung der Vereinten Nationen verkündete 1948 die Allgemeine Erklärung der Menschenrechte.

a) Recherchiere im Internet die Erklärung im Wortlaut.

b) Schreibe vier Artikel der Erklärung heraus, die dir am wichtigsten erscheinen.

c) Stelle aktuelle Situationen aus der Zeitung oder den Nachrichten zusammen, die Menschenrechtsverletzungen zeigen.

2. **A**

Stelle Argumente zusammen, warum der Begriff der Rasse für Menschen nicht angebracht ist.

3. **A**

Formuliere eine oder mehrere Aussagen des unten stehenden Bildes.

4. **A**

Beschreibe die wesentlichen Aussagen der beiden Karten A und B.

a) Nenne die Zusammenhänge zwischen Hautfarbe und Intensität der UV-Strahlung.

b) Erläutere den Zusammenhang mithilfe des Informationstextes.

c) Erläutere, wie sich in der Evolution der Menschen helle und dunkle Hautfarben entwickelt haben.

5. **Q**

In dem Netzwerk „Schule ohne Rassismus – Schule mit Courage" sind inzwischen deutschlandweit mehr als 2.300 Schulen vertreten.

a) Informiert euch auf der Internetseite zu dem Netzwerk und erstellt ein Werbe-Plakat.

b) Stellt Aktionen und Projekte eurer eigenen Schule gegen Rassismus und Gewalt vor.

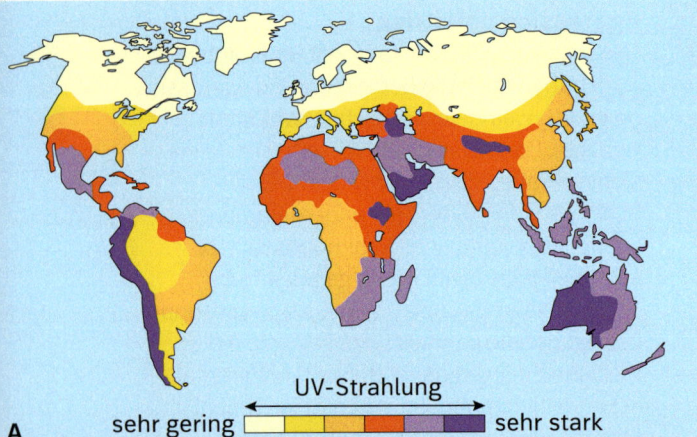

UV-Strahlung

A sehr gering ▭▭▭▭▭ sehr stark

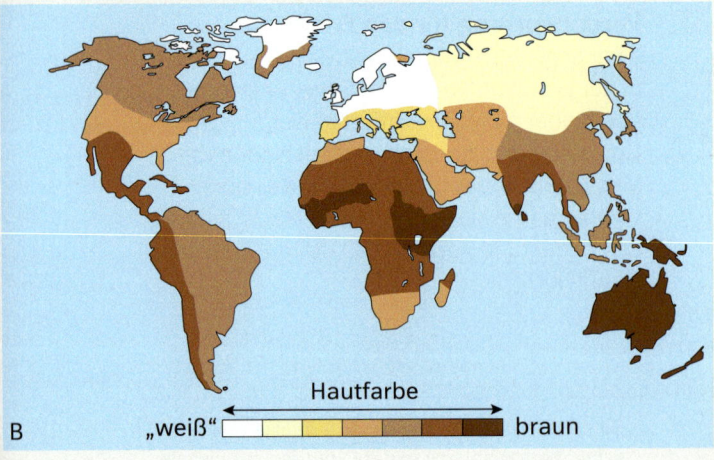

Hautfarbe

B „weiß" ▭▭▭▭▭ braun

Alle Menschen haben die gleiche Würde

Alle Menschen gehören gemeinsam einer Art an. Menschen verschiedener Hautfarben und Kulturen gründen gemeinsam Familien und ziehen ihre Kinder groß. Menschen aller Kulturen haben viele Gemeinsamkeiten. Ausdrucksformen menschlichen Verhaltens wie Trauer, Wut, Zorn, Ekel oder Freude sind in allen Kulturen ähnlich. Dieser prinzipiellen Gleichheit aller Menschen trägt die **Erklärung der Menschenrechte** Rechnung: Menschen sind gleich an Würde und Rechten.

Daher besitzt jeder Mensch unabhängig von seinen Eigenschaften, seinem körperlichen und geistigen Zustand, seinen Leistungen und sozialem Status aufgrund seiner bloßen Existenz als Mensch einen Wert.
Daher ist aus biologischer, aus kultureller und aus historischer Sicht der Begriff der Rasse in Bezug auf den Menschen nicht angebracht.

Evolution der Hautfarben

Menschen unterscheiden sich aber auch in Haut- und Haarfarbe, Sprache und Kultur.
Diese Unterschiede lassen sich mit der Entwicklung des Menschen erklären. Die Vorfahren aller heutigen Menschen waren dunkelhäutige Afrikaner. Bei der Auswanderung aus Afrika in die anderen Teile der Welt entstanden Menschengruppen, die durch Meere, Gebirge oder Eis von einander isoliert waren. Sie entwickelten sich unabhängig voneinander weiter.

1 Variabilität beim Menschen:
A Australier (Ureinwohner), **B** Peruaner,
C Norwegerin, **D** Chinesin,
E Polynesierin, **F** Westafrikanerin

Es entstanden aber keine unterschiedlichen Arten, weil die Zeit der Isolation nicht lang genug war.

Allerdings veränderte sich in Anpassung an die jeweilige UV-Einstrahlung zum Beispiel die Hautfarbe. Dunkle Hautpigmente schützen die Zellen vor schädlichen UV-Strahlen. Diese können Mutationen in der DNA verursachen. UV-Licht bewirkt aber andererseits auch die Bildung von VItamin D, das wichtig für Wachstum und Gesundheit ist. So entstanden in Angepasstheit an weniger starke UV-Strahlung hellere Hautfarben.

Aber auch Sprachen, Kulturen und Religionen entwickelten sich, sodass sie heute in unterschiedlichen Menschengruppen sehr verschieden sein können.

Unterschiedlichkeit respektieren

Unterschiedliche Kulturen, Religionen und Wertvorstellungen stoßen an vielen Orten der Welt scheinbar unvereinbar aufeinander. Das kann zu Krieg, Verfolgung oder sogar Völkermord führen. Daher ist es wichtig überall auf der Welt für Verständigung und Akzeptanz zu werben, wo verschiedene Menschen aufeinander treffen, sich Kulturen und Religionen begegnen.
Dies geht vor allem, wenn man einander kennen lernt und mit Respekt begegnet.

> Du kannst erklären, wie es zur Variabilität des Menschen kam und erläutern, warum alle Menschen gleichwertig sind.

Evolution ◐

Evolution
Evolution ist die Veränderung von Lebewesen über viele Generationen hinweg. Im Verlauf der Erdgeschichte haben sich aus einfachen Formen zahlreiche und immer komplexere Lebewesen entwickelt.

Evolutionstheorie
Der Wissenschaftler CHARLES DARWIN hat eine umfassende Theorie zur Entstehung der Arten im Verlauf der Erdgeschichte formuliert. Er erkannte, dass Variabilität, Isolation und Selektion für die Entwicklung der Arten verantwortlich sind.

Fossilien – Spuren der Evolution
Fossilien sind die Überreste verstorbener Lebewesen. Sie geben ein Bild davon, wie die Lebewesen in vergangenen Zeiten ausgesehen haben. Mithilfe von Fossilien lassen sich Verwandtschaften feststellen und Entwicklungsreihen nachvollziehen. Anhand von Leitfossilien kann man Funde zeitlich einordnen.

Mutation und Rekombination
Variabilität kommt durch Veränderungen des Erbmaterials zustande. Diese entstehen durch zufällige Mutationen und der Rekombination von Genen bei der sexuellen Fortpflanzung.

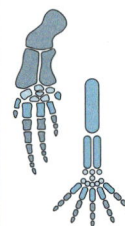

Homolog oder analog
Homologe Organe können unterschiedliche Funktionen haben, sind aber im Grundbauplan gleich. Sie belegen eine gemeinsame Abstammung.
Analoge Organe erfüllen die gleiche Funktion, sind aber im Aufbau unterschiedlich. Analogien weisen nicht auf Verwandtschaft hin.

Schimpanse und Mensch
Menschen sind sehr nah mit Schimpansen verwandt. In ihrem Körperbau gibt es viele Ähnlichkeiten, aber auch deutliche Unterschiede. Schimpansen sind eng an das Leben in Bäumen angepasst. Menschen haben einen aufrechten Gang entwickelt. Dazu gehören eine doppelt S-förmige Wirbelsäule, ein Fußgewölbe und lange Beine. Sie haben ein größeres Gehirn und keine vorspringende Schnauze. Menschen haben den Präzisionsgriff entwickelt.

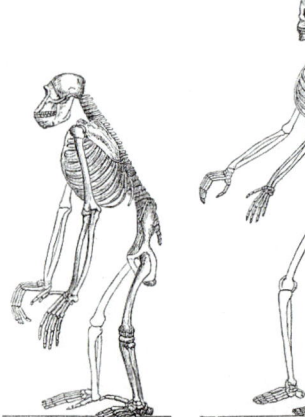

Mensch als Ergebnis der Evolution
Vor sechs Millionen Jahren haben sich die Entwicklungslinien von Schimpanse und Mensch getrennt. Fossilfunde von frühen Menschen lassen sich in zwei Gattungen einteilen. Die Australopithecinen hatten kleine Gehirne, konnten bereits aufrecht gehen und nutzten Werkzeuge aus Knochen und Holz.
Zur Gattung Homo gehören Menschentypen mit größerem Gehirn. Homo habilis stellte einfache Steinwerkzeuge her, Homo erectus nutzte das Feuer. Homo neanderthalensis und Homo sapiens entwickelten weitere technische und kulturelle Fertigkeiten.

Entwicklung

Struktur und Funktion

Entwicklung

1. 🅐

Beschreibe, welche Organe sich verändern mussten, um einem Wirbeltier das Leben an Land zu ermöglichen.

→ S. 186 – 187

Entwicklung

2. 🅐

a) Gib an, wann sich die Entwicklungslinien der abgebildeten Primaten jeweils voneinander getrennt haben.
b) Trotz der nahen Verwandtschaft von Mensch und Schimpanse gibt es deutliche Unterschiede. Beschreibe Beispiele.

→ S. 204 – 209

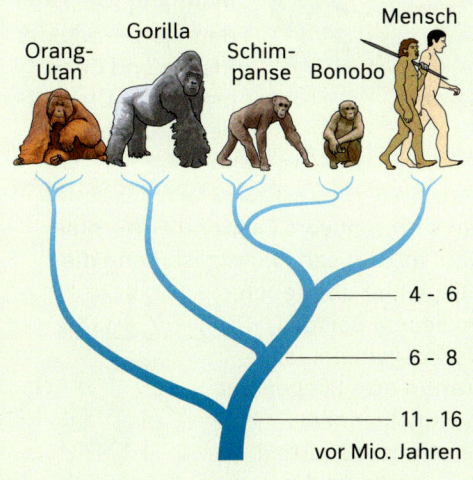

Orang-Utan Gorilla Schimpanse Bonobo Mensch

4 - 6

6 - 8

11 - 16

vor Mio. Jahren

Struktur und Funktion

3. 🅐

Geparden erreichen beim Angriff im Sprint sehr hohe Geschwindigkeiten.
a) Beschreibe die Angepasstheiten des Geparden anhand des Bildes.
b) Begründe, warum diese Angepasstheiten Vorteile für den Geparden darstellen.

→ S. 186 – 189

Struktur und Funktion

4. 🅐

Erkläre die Angepasstheiten beim Geparden mit der Evolutionstheorie von DARWIN.

→ S. 194 – 195

Evolution

Fossilien

Kannst du schon ...
... erklären, was ein Fossil ist? (S. 176 – 177)
... unterschiedliche Typen von Fossilien benennen und Beispiele angeben? (S. 178)
... beschreiben, wie ein Fossil entsteht? (S. 176 – 177)
... an einem Beispiel zeigen, wie man das Alter von Fossilien bestimmen kann? (S. 181)
... Beispiele für Lebewesen aus verschiedenen Erdzeitaltern nennen? (S. 184 – 185)

Zeig, was du kannst!

1.
a) Nenne Typen von Fossilien und ihre Kennzeichen.
b) Nenne Bedingungen, unter denen Fossilien entstehen.

2.
a) Ordne mithilfe der Leitfossilien den Erdschichten die richtigen Erdzeitzalter zu.
b) Nenne das Alter der einzelnen Schichten in der Abbildung.
c) Nenne weitere Tiere, die man in den einzelnen Schichten finden könnte.

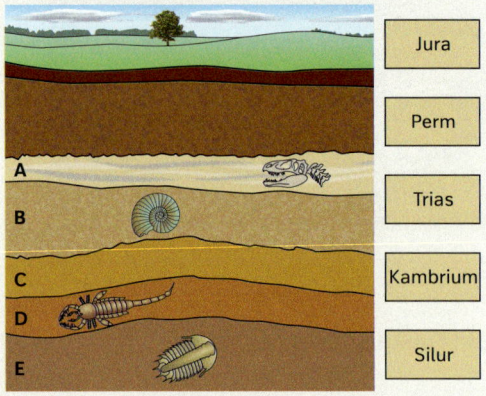

3.
Nenne typische Lebewesen aus der Kreidezeit.

Evolutionstheorie

Kannst du schon ...
... begründen, warum Homologien Hinweise für eine Verwandtschaft sind? (S. 190 – 191)
... die Bedeutung von Brückentieren für die Evolutionstheorie an einem Beispiel erklären? (S. 192 – 193)
... die Evolutionstheorie Darwins an einem Beispiel erläutern? (S. 194 – 195)
... Mutation und Rekombination von Genen, Isolation und Selektion als Evolutionsfaktoren erklären? (S.196 – 198)
... erklären, wie durch Evolution neue Arten entstehen? (S. 196 – 198, 200)

Zeig, was du kannst!

4.
Entscheide, ob die Stromlinienform von Pinguin und Delfin analog oder homolog ist. Begründe deine Entscheidung.

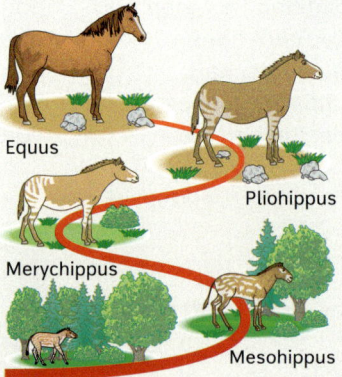

5.
Beschreibe den Stammbaum der heutigen Pferde.

6.
Erkläre den Zusammenhang zwischen dem Körperbau der Pferde und den jeweiligen Umweltbedingungen.

7.
Die Kerguelen sind weit vom Festland entfernte Inseln. Obwohl es dort sehr windig ist, kann die Kerguelen-Fliege hier überleben.
a) Erkläre an diesem Beispiel, was mit Isolation gemeint ist.
b) Erkläre, warum dort Fliegen mit sehr kleinen Flügeln einen größeren Fortpflanzungserfolg haben.

LERNCHECK

Mensch und Schimpanse

Kannst du schon ...

... Gemeinsamkeiten und Unterschiede im Körperbau zwischen Mensch und Schimpanse nennen? (S. 204 – 205)

... erklären, welche Angepasstheiten Menschen und Schimpansen jeweils auszeichnen? (S. 204 – 205)

... einen Stammbaum auswerten? (S. 188, 204, 208, 210)

Evolution des Menschen

Kannst du schon ...

... Vorfahren des heutigen Menschen nennen? (S. 206 – 209)

... erläutern, welche Veränderungen auf dem Weg zum Menschen stattgefunden haben? (S. 206–209)

... Aspekte der kulturellen Evolution nennen und ihre Bedeutung für die Evolution des Menschen erläutern? (S. 212 – 213)

... erläutern, wie der Mensch Einfluss auf die Evolution nimmt? (S. 215)

LERNCHECK

Zeig, was du kannst!

Zeig, was du kannst!

7. Ⓐ

a) Vergleiche die Körpermerkmale von Schimpanse und Mensch anhand der Abbildungen.
b) Erläutere die Angepasstheiten des Menschen, die ihm den aufrechten Gang ermöglichen.

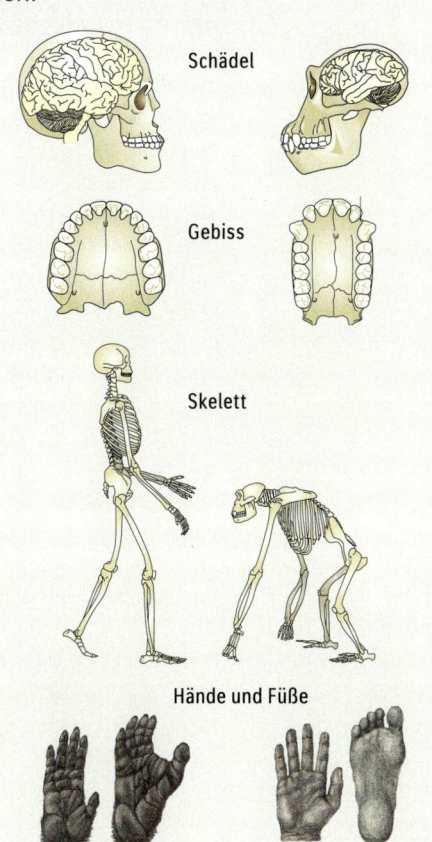

Schädel

Gebiss

Skelett

Hände und Füße

8. ≡ Ⓐ

Die Abbildung zeigt einen Ausschnitt aus dem Stammbaum des Menschen.
a) Benenne die Arten 1 – 9.
b) Erkläre, welche Bedeutung die Balken haben.
c) Erkläre die Bedeutung durchgezogener und gepunkteter Linien.

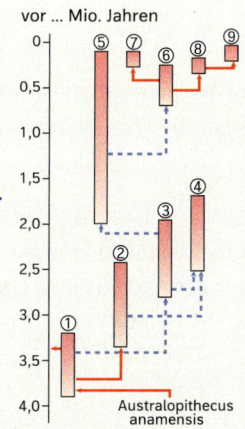

vor ... Mio. Jahren

Australopithecus anamensis

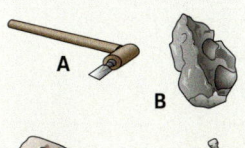

A
B
C
D

9. ≡ Ⓐ

Bringe die abgebildeten Werkzeuge A – D in die richtige zeitliche Reihenfolge. Begründe deine Sortierung.

Wichtige Begriffe

- Fossilien
- homologe Organe, analoge Organe
- rudimentäre Organe, Atavismen
- Brückentier, Mosaiktypen
- Evolutionsfaktoren: Mutation, Rekombination, Isolation, Selektion
- Variabilität
- Art
- Stammbaum, Verwandtschaft

Stichwortverzeichnis

f. = die folgende Seite
ff. = die folgenden Seiten

A

Abdruck 178
Abfall 67
abiotischer Faktor 8, 54
Aborigine 199
Abwasserreinigung 109
Adenin 129
Aggression 217
Ähre 75
Albinismus 144
Alge 25, 47, 49, 186
Algenblüte 53
Allel 141
Allesfresser 77
Ameise 25
Ammenkuh 167
Ammonit 178
Ammonium 104
Amöbe 48
analoges Organ 191, 220
Anaphase 125
Angepasstheit 197
Animation 51
Archaeopteryx 192, 193
Arktis 88
Art 194, 196, 198
Artensterben 202
artgerechte Tierhaltung 107
Atavismus 191
Atemwegserkrankung 99
Atmosphäre 95, 98 f.
Atmung 26, 92
aufrecht gehender Mensch 211
Auslese, natürliche 195, 198
Auslesezüchtung 165
Australopithecus 206, 207, 209
Australopithecus afarensis 207, 210
Auwald 10

B

Bach, Familie von Johann Sebastian 152
Bacillus thuringiensis 169
Bakterien 47, 49
- gentechnisch veränderte 157, 169
- transgene 157
Base 129, 130
Basenpaarung 129
Basiskonzept 80 f.
- Entwicklung 80 f.
- Struktur und Funktion 80 f.
- System 81
Bastgewebe 17
Baumschicht 11
Befruchtung 135, 138, 170
Beratungsstelle, genetische 154
Bergahorn 18
Bernstein 178
Bewegungsenergie 97
Biodiversität 60, 215
Biogas 97
Biologielaborant(in) 163
biologische Evolution 182
biologischer Pflanzenschutz 35
Biomasse 26, 29, 97
Biosphäre 88
Biosphärengebiet 63
biotischer Faktor 9, 54
Biotop 8, 9
Biozönose 9
Blatt 186
Blattlaus 25
blaugrüne Bakterien 47, 49
Blautopf 62
Bluterkrankheit 149
Blutgruppe 145
Bodenauflage 101
Boden 100 ff.
Bonobo 204
Borke 17
Borkenkäfer 35
Boten-RNA 133
Brandrodung 91
Braunkohle 96

Brennstoff, fossiler 88, 91, 96
Bruchwald 10
Brückentier 193
Brutblatt 200
Brutparasitismus 25
Bt-Mais 169
Buche 16, 34
Buchecker 16
Buchenmischwald 9

C

Centromer 125, 126
chemische Evolution 182
Chlor-Fluor-Kohlenwasserstoff 99
Chloroplast 183
Chromatid 125, 126
Chromosom 123, 125, 126, 127, 129, 138, 170, 205
– homologe 123, 138
Chromosomenmutation 146, 151
Chromosomensatz 123
– diploider 123
– haploider 123
CO_2 26, 91, 95, 97
Copyright 162
Crick, Francis 131
Cytosin 129

D

Darwin, Charles 195, 196
Denguefieber 89
Desoxyribose 129
Destruent 21, 26, 45, 67, 76, 102
Devon 184
Diabetes 156
Diagramm 12
Dickenwachstum 17
Dilemma, ethisches 161
Dinosaurier 177, 180, 185
diploid 123
DNA 128, 129, 130, 132, 170
DNA-Analyse 131

DNA-Doppelhelix 129, 130, 131
DNA-Doppelstrang 129, 132
DNA-Polymerase 132
DNA-Verdopplung 132
dominant 139, 141
dominant-rezessiver Erbgang 141
Doppelhelix-Modell 129, 131
Down-Syndrom 151
Dreieck der Nachhaltigkeit 112
Dünger 53, 102 f., 107
Düngung 102 f.

E

Einschluss 178
Einzeller 46, 47
Eiszeit 202
Eiweiß 129
Eiweißbildung 133
Eizelle 134
elektrische Energie 97
Elterngeneration (P-Generation) 136, 137
embryonale Stammzelle 161
Embryonenteilung 167
Embryonentransfer 167
endemisch 110
endemische Art 110
Endkonsument 22, 44, 76
Endosymbiontentheorie 183
Energie 28, 30, 67, 97
– elektrische 97
– regenerative 97
Energiefluss 28, 29, 30, 82, 88
Energiequelle, erneuerbare 97
Entwicklung, Basiskonzept 80
Equus 189
Erbanlage 123

Erbgang 143
– dominant-rezessiver 141
– intermediärer 140
– x-chromosomaler 149
"Erbgesundheitspflege" 155
Erbinformation 126, 128
Erbkrankheit 159
Erbregel, Mendelsche 137
Erbse 136, 137, 143
Erdaltertum 184
Erdboden 11
Erde, Entstehung 182
Erdgas 88, 93, 96
Erdmittelalter 185
Erdneuzeit 185
Erdöl 88, 93, 96
Erdurzeit 184
Erdzeitalter 184
Erholung 33
Erlenzone 39
erneuerbare Energiequelle
97
Erosion 33, 107, 111
Erwärmung, Erde 88, 95
Erzeuger 22
Eukaryot 183
Eutrophierung 53
Evolution 174 ff., 177, 181,
220
– biologische 182
– chemische 182
– des Verhaltens 216
– kulturelle 212
Evolutionsfaktor 196, 215
Evolutionstheorie 194 f.,
220
Exkursion 179
Expertendiskussion 37

F

F₁-Generation 137, 140
F₁-Hybride 165
F₂-Generation 137
Fadenwurm 47
Familienähnlichkeit 122,
123
Faustkeil 212
Feinstaub 99

Festigungsgewebe 186
Feuer 209, 212
Feuerlibelle 78
Fichte 18, 34
Fingerprobe 100
Fink 196
Flechte 25
Fledermaus 71
Fliegenpilz 21
Florist(in) 79
Folie erstellen 50
Forstwirt(in) 79
Forstwirtschaft 36
Fortpflanzung
– sexuelle 200
– ungeschlechtliche 200
Fortpflanzungskonkurrenz
24
fossiler Brennstoff 88, 91,
96
Fossilien 176, 177, 178,
181, 220
– Altersbestimmung 181
Fotosynthese 26, 29, 31,
76, 93
Fotovoltaikanlage 97
Fremdbestäubung 137
Fruchtfolge 107
Fruchtkörper 21
FSC-Label 36
Fuchs 71, 76
Fukushima 147

G

Galapagos 196
Galapagos-Fink 196
Gelbrandkäfer 40
Gen 123, 130, 133
Gendiagnose 154
Gen 120 ff., 123
genetische Beratung 154
genetischer Code 156
genetische Variabilität 135
Genmutation 146, 151
Genommutation 146, 151
Genotyp 141
Genregulation 153
Gen-Taxi 157, 159

Gentechnik 156
– grüne 168
gentechnisch veränderter
Organismus (GVO) 169
Gentherapie 158, 159
Gentransfer, horizontaler
157
Geschlechtschromosom
148
geschlechtsgebundene
Vererbung 149
Geschlecht, Vererbung 148
Gesetz des Minimums 103
Gesteinsschicht 101, 181
Gewässergüte 54 f., 56
Gewässergüteklasse 55, 58
Gewebekultur 167
Gliederfüßer 187
Glockentierchen 48
Goodall, Jane 204
Grasblüte 75
Großvatertanne 62
Grundbauplan 190
Gründüngung 102
Grundwasser 103, 105
Gruppenpuzzle 203
Guanin 129
Gülle 53, 102
GVO 169

H

Hainbuche 19
Hallimasch 21
haploid 123
Hautfarbe 219
Heide 61
Herkulesstaude 78
Herz-Kreislauf-System 89,
99
Heterosiseffekt 165
Heuaufguss 46
Hitler, Adolf 155
HLA-Molekül 217
Hochmoor 61
Höhlenlöwe 202
Holz 17, 32, 33
Homo erectus 209, 211
Homo habilis 206, 207, 209

homolog 123, 220
homologe Chromosomen
123, 138
homologes Organ 190
Homo neanderthalensis
209, 211
Homo rudolfensis 206, 207,
209, 210
Homo sapiens 209, 211
horizontaler Gentransfer 157
Hüllenflagellat 49
Human-Genom-
Organisation (HUGO) 131
Human-Genom-Projekt 131
Hybride 137
Hybridzüchtung 165
Hyphe 21
Hyracotherium 188

I

Ichthyostega 187
Infektionskrankheit 89
Inkohlung 96
Insulin 156
intensive Landwirtschaft
107
intermediärer Erbgang 140
Internet 162
Interphase 125
Inzucht 165
iPS-Zelle 161
Isolation 197, 198
– ökologische 197
– räumliche 197
Isteiner Klotz 62

J

Jahresring 17
Jura 185

K

Kalk 91
Kambium 17
Kambrium 184, 186
Karbon 184
Karyogramm 123, 148, 154

Kätzchen 16
Katzenschrei-Syndrom 151
Keimzellbildung 134, 138, 170
Keimzelle 134, 138, 146
Kerguelen-Fliege 197
Kernholz 17
Kernteilung 125, 170
Kläranlage 109
klassische Züchtung 165
Kleinlibelle 41
Klima 94 f.
Klimaregulation 33
Klima, Stadt 65
Klimaveränderung 94
Klimawandel 89, 91, 93
Kloake 193
Klon 167
Klonen 166, 167
Kloster Brünn 137
Knöllchenbakterien 102, 105
Knollenblätterpilz 20
Kodominanz 145
Kohle 88, 93
Kohlensäure 91
Kohlenstoff 30, 31, 90 f., 92, 96, 116
Kohlenstoffdioxid 26, 88, 90, 95
Kohlenstoffkreislauf 26, 90, 93
– globaler 90 f., 116
Kohlenstoffspeicher 91
Kombinationszüchtung 165
Kompost 102
Konkurrenz 9, 24
Konstanz der Arten 199
Konsument 22, 26, 44, 67, 76
Konsumgüter 66
Korallenriff 91
Korngröße 101
Körperzelle 146
Krallenfrosch 128
Krautschicht 11
Kreationismus 199
Kreide-Tertiär-Grenze 181
Kreidezeit 185

Kreisdiagramm 12
Kreuzotter 61
Kreuzung 137, 140
Kreuzungsexperiment 137
Kreuzungsversuch 140
Krieg 217
Kronenverlichtung 34
Krümel 101
Kuckuck 25
kulturelle Evolution 212
Kulturfolger 71
Kunst 213
Kunstdünger 103
künstliche Besamung 167
künstliches Ökosystem 9, 65, 82
Kurvendiagramm 12
Kurzfingrigkeit 144

L
Label 36
Lamarck, Jean-Baptiste de 194
Lamarckismus 194
Lamellenpilz 21
Landwirt(in) 79
Landwirtschaft 102, 107
– intensive 107
– ökologische 107
landwirtschaftlich-technische(r) Assistent(in) 163
Landwirtschaft, ökologische 107
Langohrfledermaus 71
Lärche 19
Larve 42, 43
Laserscanner 180
Laubbaum 16
Laubblatt 16
Laubenvogel 201
Laubmischwald 88
Laubwald 10
lebendes Fossil 193
Lebensgemeinschaft 9
Lebensraum 8 ff.
Lehmboden 101
Leitfossil 181

Leitgewebe 186
Libelle 41, 42 f.
Lichtkonkurrenz 24
Ligase 157
Losung 15
Löwenzahn 153
Lucy 207
Luftschadstoff 34, 35, 98

M
Maiszünsler 169
Malaria 89, 151
Mammut 178
Markstrahl 17
Meiose 134, 138, 170
Meiose I 134
Meiose II 134
Mendel, Johann Gregor 136, 139, 170
Mendelsche Erbregel 137, 139, 140, 141, 143, 170
Mensch 205, 220
Menschenaffe 204
Menschenrecht 219
Mensch vom Rudolfsee 210
Merkmal 130, 136
Merkmalsmosaik 193
Merychippus 189
Mesohippus 189
Metallwerkzeug 212
Metamorphose 43
Metaphase 125
Mikroskop 46
Mikrosphäre 183
Mineraldünger 107
Mineralstoff 26, 31, 53, 55, 102
Mineralstoffkreislauf 31, 102
Mindmap 59
Minimumtonne 103
mischerbig 137, 139, 140
Mischling 141
Mischwald 10, 35, 36
Mist 102
Mitochondrium 183
Mitose 123 f., 124, 125, 170
Modell 127

Modifikation 153, 170, 194
Monokultur 35, 36, 215
Moor 61
Moos 14
Moosschicht 11
mRNA 133
Mücke 43
Mukoviszidose 158, 159
Mülltrennung 67
multipotent 161
Mumie 178
Mundfeld 47
Mutagen 146
Mutation 146, 150, 170, 195, 196, 198, 200, 220
Mutationszüchtung 167
Mykorrhiza 21
Myzel 21

N
N_2 104
Nachhaltigkeit 36, 112 f., 113, 116
– Dreieck der 112
– ökologische Dimension 112
– ökonomische Dimension 112
– soziale Dimension 112
Nadel 16
Nadelbaum 16
Nadelwald 10
Nahrungsbeziehung 22, 44, 82
Nahrungsbläschen 47
Nahrungskette 22, 44, 76
Nahrungskonkurrenz 24
Nahrungsnetz 22, 44, 76
Nahrungspyramide 28, 45
Nationalpark 63
Nationalsozialismus 155
Naturdenkmal 62
natürliche Auslese 198
natürliches Ökosystem 9, 82
natürlicher Treibhauseffekt 95
Naturpark 63

Neandertaler 209, 211
Neobiota 78
Neophyt 69
neuartiger Waldschaden 35
Neubürger 69, 71, 78
Neukombination 135, 143, 196
NH_4^+ 104
Nische, ökologische 24
Nitrat 27, 53, 55, 57, 103, 105
Nachhaltigkeit 112 f.
NO 98
NO_2 98
NO_3^- 104
NO_x 98
Nukleotid 129

O

O_2 26
O_3 99
Oberboden 101
Ökobilanz 113
Ökologie 86 ff.
ökologische Isolation 197
ökologische Landwirtschaft 107
ökologische Nische 9, 24
ökologischer Fußabdruck 113
Ökosystem 6 ff., 8, 9, 82
– künstliches 9, 65, 82
– natürliches 9, 82
Ordovizium 184
Organ
– analoges 191
– homologes 190
– rudimentäres 191
Ötzi 214
Oxytocin 216
Ozon 99
Ozonloch 99
Ozonschicht 99

P

Paarungsrad 42
Pandemie 215
Pantoffeltierchen 47

Parasit 21, 25
Parasitismus 25
Pfau 201
Pferd, Entwicklung 188 f.
Pflanzenabdruck 177
Pflanzengesellschaft 68
Pflanzenschutzmittel 107
Pflanzenzone 39
Pflanzenzüchtung 165
pflanzliches Plankton 39
Pflasterritze 68
P-Generation 108, 140
pH-Wert 54, 57
Phänotyp 141, 143
Phosphat 53, 55
Pilz 20 f., 25
Plankton 39, 49
Plasmid 157
Plateosaurus 177, 180
Pliohippus 189
pluripotent 161
Polyploidie 167
ppm (parts per Million) 94
Präsentation 50, 51
Präzisionsgriff 205
Primat 204
Proconsul 207, 210
Produzent 22, 26, 44, 67, 76
Prokaryot 183
Prophase 125
Proteinbiosynthese 130, 170
Protein 129, 130

Q

Quartär 185
Quastenflosser 187

R

Rädertier 47, 48
Radioaktivität 147
Rasen 72 f.
Rasse 218
Ratte 71
Räuber-Beute-Beziehung 23, 77

Rauchen 147
Raumkonkurrenz 24
räumliche Isolation 197
Recyceln 67
regenerative Energie 97
Regenwald, tropischer 110 f.
reinerbig 136, 139, 140
Reiz 47
Rekombination 135, 200, 220
Rekonstruktion 180, 192, 214
Religion 199, 213
Replikation 132
Restriktionsenzym 157
rezessiv 139, 141
Riesenbärenklau 78
Riesenhirsch 202
Riesenschildkröte 197
Rispe 75
RNA 133
Robinie 69
Röhrenpilz 21
Röhricht 39, 53
Rollenspiel 37
Röntgenstrahl 147
Rotauge 40
Rotbuche 16, 24
Rotfuchs 76
Rot-Grün-Sehschwäche 149
Rotwangen-Schmuckschild-kröte 78
Rückenschwimmer 41
rudimentäres Organ 191
Ruhezeit 53

S

Sahara 88
Sand 101
Saprophyt 21
Sauerstoff 26, 30, 31, 55, 98
Sauerstoffgehalt 57
Sauerstoffkreislauf 26
Säulendiagramm 12
Saurier 185

Schabrackentapir 177
Schaf 61
Scheinakazie 69
Schildkröte 78, 197
Schimpanse 204, 205, 216, 220
Schlämmprobe 100
Schluff 101
Schmarotzer 25
Schmetterlingsblütenge-wächs 105
Schmuck 213
Schnabeltier 193
Schöpfung 199
Schöpfungsmythus 199
Schrift 213
Schwäbische Alb 63
Schwarzerle 18
Schwarzwald 63
Schwimmblattzone 39
See 38 ff., 53
– Belastungen 53
– Freizeitaktivitäten 53
Seeelefant 201
Selektion 195, 197, 198
– sexuelle 201
Sexualität 200
sexuelle Fortpflanzung 196
Sichelzellanämie 151
Sichttiefe 54, 56
Siebenschläfer 60
Silur 184
Skelett, Plateosaurus 180
Smog 99
Solartechnik 97
Sommersmog 99
Sonne 95, 97
Sonnenenergie 97
Sonnenlicht 31
Spaltungsregel 139, 141
Spermium 134
Spindelapparat 125
Splintholz 17
Sprache 212
Spurenfossil 178
Stadt 64 ff.
Stammbaum 149
Stammbaumanalyse 145, 154

Stammzelle 160, 161
- embryonale 161
Stechmücke 43
Steinkern 178
Steinkohle 96
Steinmarder 71
Steinpilz 21
Steinwerkzeug 212
Stickstoff 27, 98, 104 f.
Stickstoffdioxid 98
Stickstoffkreislauf 27, 30, 104
Stickstoffmonooxid 98
Stickstoffoxid 98
Stieleiche 19
Stockwerk, Wald 11
Stoffkreislauf 26, 30 f., 45, 67, 82, 88
Strauchschicht 11
Streuobstwiese 60
Strom 97
Struktur und Funktion, Basiskonzept 80
Subtropen 88
Südaffe aus Afar 210
Symbiose 21, 25, 183
System, Basiskonzept 81

T
Tauchblattzone 39
Teichhuhn 40
Teichmuschel 40
Telophase 125
Tertiär 185
therapeutisches Klonen 161
Thymin 129
Tiefalgenzone 39
Tierhaltung, artgerechte 107
Tierzüchtung 165
Tiktaalik 187
Tochtergeneration (F$_1$-Generation) 137
Ton 101
Torfmoos 61
totipotent 161
transgenes Bakterium 157
Transkription 133

Translation 133
Traubenzucker 29
Treibhauseffekt 91, 95, 116
- natürlicher 95
- zusätzlicher 95
Treibhausgas 98
Trilobit 178
Trinkwassergewinnung 108
Trisomie 21 151
tRNA (transfer RNA) 133
tropischer Regenwald 10, 110 f.
Trübung 54
Tschernobyl 147

U
Überdüngung 103
Überträger 149
ultraviolette Strahlung 99
Umkippen, See 53
Umwelt 215
Umwelteinfluss 130, 153
umweltschutztechnische(r) Assistent(in) 163
Unabhängigkeitsregel 143
ungeschlechtliche Fortpflanzung 200
Uniformitätsregel 139, 141
Unterboden 101
unvollständige Verwandlung 43
Uratmosphäre 182
Urbakterien 183
Urban Gardening 69
Urpferd 188
Ursuppe 182
Urtapir 177
Urwald 36
Urzelle 182
UV-Strahlung 99

V
Variabilität 195, 196, 200
- des Menschen 219
- genetische 135
Velociraptor 178
Veranlagung 153

Verbraucher 76
Vererbung 120 ff.
Vererbungsregel 136
vergeilen 153
Verhalten, Evolution 216 f.
Versauerung 91
Versiegelung 65
Versteinerung 176, 177, 180
vertikale Landwirtschaft 69
Verwandlung
- unvollständige 43
- vollständige 43
Verwitterung 101
Virus 159
virtuelles Wasser 109
vollständige Verwandlung 43
Vormensch 207

W
Wachholderheide 61
Wachstumsschicht 17
Wald 10, 91
- Funktionen 32
Waldchampignon 20
Waldkiefer 16
Waldsterben 35
Wärmeenergie 95
Wärmeinsel 65
Wärmekollektor 97
Waschbär 71
Wasserkraft 97
Wasserläufer 40
Wasserskorpion 41
Wasserspeicherung 33
Wasserspinne 41
Wassertemperatur 55, 56
Wasserverbrauch 108
Watson, James 131
Werkzeug 209
Wettererscheinung 89
Wetterextrem 95
Wiese 72 f.
Wiesen-Kerbel 74
Wiesen-Margerite 74
Wiesenpflanze 74
Wiesen-Salbei 74

Wildgras 75
Wildschwein 9, 71
Wimpertierchen 47, 48
Windenergie 97
Windenergieanlage 97
Windschutz 33
Wintersmog 99
Wirt 25
Wirtschaftswald 36
wissender Mensch 209, 211
Witwenspitz 145
Wollnashorn 202
Wunderblume 140, 141
Wurzelschicht 11

X, Y
x-chromosomaler Erbgang 149
X-Chromosom 148, 149
Y-Chromosom 148, 149

Z
Zapfen 16
Zebra 189
Zeigerorganismus 55, 58
Zeigerpflanze 74
Zellafter 47
Zellatmung 29
Zelle, differenzierte 160
Zellkern 126, 128, 129
Zellschlund 47
Zellteilung 124, 125, 126, 132
Zellzyklus 125
Zersetzer 45, 76
Zigarettenrauch 147
Züchtung 146, 164, 166
zusätzlicher Treibhauseffekt 95

Namensverzeichnis

BACH, JOHANN SEBASTIAN 152
CHARGAFF, ERWIN 131
CRICK, FRANCIS 131
DARWIN, CHARLES 194-197, 220
EIGEN, MANFRED 182
GOODALL, JANE 204

HITLER, ADOLF 155
JOHANSON, DONALD 207
LAMARCK, JEAN-BAPTISTE DE 194-195
LIEBIG, JUSTUS 103
MENDEL, JOHANN GREGOR 136-137,
139-143, 170

MICHELANGELO 199
MILLER, STANLEY 182
KÖNIGIN VICTORIA VON ENGLAND 149
WATSON, JAMES 131

Übersicht

METHODEN
12 Messungen durchführen und auswerten
37 Expertendiskussion
50 Erstellen von Folien
51 Präsentieren mit dem Computer

59 Eine Mindmap erstellen
80 Arbeiten mit Basiskonzepten
127 Modelle helfen beim Verstehen
162 Informationsquellen im Internet kritisch nutzen
179 Eine Exkursion steht an
203 Gruppenpuzzle

LERNEN IM TEAM
14 Walduntersuchungen
56 Gewässergüte eines Sees
108 Belastung und Schutz der Wasservorräte
114 Global denken – lokal handeln

Gefahrstoffe

Gefahrstoffe sind Stoffe, die zu physikalischen Gefahren, Gesundheits- oder Umweltgefahren führen können.

Einfache Piktogramme geben Hinweise auf Gefahren, die von **Gefahrstoffen** und dem Umgang mit ihnen ausgehen. Die Kennzeichnung erfolgt weltweit einheitlich nach **GHS** (Globally Harmonised System).

Je nach Gefahrenpotenzial müssen Gefahrstoffe mit den entsprechenden **GHS-Piktogrammen** gekennzeichnet werden.

Zusätzlich gibt es Signalwörter, die den Grad der Gefährdung anzeigen:

- **Gefahr** für schwerwiegende Gefahrenkategorien
- **Achtung** für weniger schwerwiegende Gefahrenkategorien

In der unten stehenden Tabelle werden die im vorliegenden Buch genutzten Gefahrstoffe aufgelistet und durch Hinweise zum Umgang mit ihnen ergänzt.

Stoff mit GHS-Piktogramm, Signalwort	**Nutzungshinweise**	**Gefahrenhinweise**	**Hinweise zur Entsorgung** bei den Versuchen im Buch
(Brenn-)Spiritus (Ethanol, vergällt) Gefahr	Schutzbrille mit Seitenschutz verwenden.	Verursacht schwere Augenreizung. Flüssigkeit und Dampf leicht entzündbar.	S. 128: Spiritus in den Behälter für halogenfreie, organische Stoffe geben.

Bildquellenverzeichnis

|A1PIX - Your Photo Today, Ottobrunn: HSC 193; RESO/Eureka 73; Rug 91. |action press - die bildstelle, Hamburg: Rex Features Ltd. 222. |akg-images GmbH, Berlin: 152, 199; euroluftbild.de/Peter Schubert 89; Hessisches Landesmuseum 209, 211; Lessing, Erich 213; Science Photo Library 209, 210. |alamy images, Abingdon/Oxfordshire: Bildagentur-online/Ohde 120; Bolton, Ryan M. 196; J. Henkelmann Photography 68; Maksym Yemelyanov 115; NatureOnline 25; Prisma Archivo 206; PRISMA ARCHIVO 206, 206; RBflora 137; The Science Picture Company 209; Werner Dieterich 179; Wildlife 169. |alimdi.net, Deisenhofen: Michael Krabs 142. |APA-Picture-Desk GmbH, Wien: 2010 Pritz, F. 38. |Aquazoo - Löbbecke Museum, Düsseldorf: Ehrich 212. |Arco Images GmbH, Lünen: De Meester, J. 142; P. Wegner 204; Wegner, P. 142. |Astrofoto, Sörth: Ravenswaay, Detlev van 182. |Avenue Images GmbH, Hamburg: Clément Philippe/agefotostock 202, 202. |Beckmann, Simone, Merfeld: 106, 106. |Bernhardt Apparatebau GmbH u. Co., Holm: 41. |Blickwinkel, Witten: McPHOTO 98, 112. |Bulls Pressedienst GmbH, Frankfurt am Main: 144. |Bundeskoordination Schule ohne Rassismus - Schule mit Courage, Berlin: 218. |Caro Fotoagentur, Berlin: Sanchez 178. |Conrad Electronic SE, Hirschau: 15, 15. |CPMA SA, Lausanne: © Laboratoire Fertisupport, CPMA SA, CH-Lausanne 126. |ddp images GmbH, Hamburg: Picture Press/Stefan Ernst 78. |Depositphotos, Fort Lauderdale: Chris Van Lennep 215. |Descam 3D Technologies GmbH, München: 180. |Deutsches Historisches Museum, Berlin: Inv.-Nr.: 1988/1284 155. |Deutsches Museum, München: 136, 170, 194, 195. |Dobers, Joachim, Göttingen: 14. |dreamstime.com, Brentwood: Dariya64 91. |Eulner, Haan: 213. |F1online, Frankfurt/M.: Aflo 169; Hero Images 56; Johnér RF 144; Pacific Stock 117. |Floramedia Group B.V., EK Zaandam: 48. |Forest Stewardship Council (FSC) Deutschland, Freiburg: 110. |fotolia.com, New York: alpineva 68; AR Pictures 76; beerfan 167; Birkelbach, Sonja 107; blende40 61; ChiccoDodiFC 57; Christian Pedant 60; christiane65 62; creativenature.nl 73; Danilov Andrej 80; donyanedomam 197; emmi 213; eyewave 8; fabianammer 22; fotoperle 21; GioRez 72; hecke71 24; hotte_light 82; IndustryAndTravel 25; Ingairis 74; Joelle, M. 171; Johannes D. Mayer 40; Kacpura 178; Kitty 216; Klingebiel, Jens 204; Kneschke, Robert 4, 121; loraks 130; luckett, michael 194; Marco2811 236; Maszlen, Peter 102; Melastmohican 167; merydolla 22; Mostovoy, Sergey 28; mozZz 8; next143 43; Nielsen, Inga 9; psdesign1 97; Reinartz, Petra 102; S.H.exclusiv 6; science photo 127; Scisetti Alfio 68; sebgsh 60; Soru Epotok 76; sunnychicka 32; Syda Productions 79; thomas_pics 62; volff 25; Weber, Oliver 83; Wolfilser 104. |Freudenstadt Tourismus, Freudenstadt: www.freudenstadt.de 62. |Freundner-Huneke, Imme, Neckargemünd: 13, 46, 127, 127, 128, 128. |Gaßmann, Helmut, Bad Münstereifel: 100, 100, 100. |Gesellschaft für ökologische Forschung e.V., München: Sammlung 94; Wolfgang Zängl 94. |Getty Images, München: AFP 219; Allen, Douglas 43; Design Pics/Westmorland, Stuart 91; Henn Photography/cultura 32; Minden Pictures/Du Toit, Richard 1; National Geographic Image Collection/Garrett, Kenneth 206; Richard Du Toit Titel; Rosenfeld, Christel 110; Rotko, Lauri 37; The Image Bank/Rossi 199. |Glammeier, Bettina, Hannover: 3, 7. |Groth, Horst, Ibbenbühren: 151. |HANNA Instruments Deutschland GmbH, Vöhringen: 57. |Hessisches Landesmuseum Darmstadt, Darmstadt: Sina Althöfer 209, 211. |Imago, Berlin: blickwinkel 22; Kurzendörfer, Reinhard 78; Lichtgut 89; McPhoto 21; Rust 115; Simon, Sven 28. |Institut für Humangenetik, Universitätsklinikum, RWTH Aachen/Dr. rer.nat. Herdit M. Schüler, Aachen: 123, 148, 148. |Interfoto, München: ARDEA/Beste, Hans and Judy 193; FLPA/Hugh Clark 71; Mary Evans/Natural History Museum 202; Sammlung Rauch 220. |iStockphoto.com, Calgary: alvarez 163; Andjic, Vesna 79; Andyworks 60; BartCo 163; Chushkin, Sergey 80; Dunkel, Alexander 10; fotoVoyager 8; JohnPitcher 174; Khirman, Vladimir 213; lubilub 38, 82; Mac99 147; Mantonature 21; Michael Zurawski 79; micro_photo 47; Mitchell, Dean 102; monkeybusinessimages 218; Musat 177; NOSKOWSKI, MACIEJ 88; ryonouske 204; searagen 213; ShevchenkoAndrey 65; simon91germany 78; vgajic 32; Warwick Lister-Kaye 174; WhitcombeRD 22; youngvet 110. |Jochen Tack Fotografie, Essen: 131. |Johannes Lieder GmbH & Co. KG, Ludwigsburg: 124, 124, 124, 125, 125, 125, 127, 129, 134, 154, 172, 172, 172, 172. |Jost Benning baumportal.de, Münster: 16. |juniors@wildlife Bildagentur GmbH, Hamburg: Biosphoto 201; Harms, D. 28, 169, 200, 236; Heumader 98; Layer, W. 204; Minden Pictures 189. |Keystone Pressedienst, Hamburg: Schulz, Volkmar 102. |Köcher, Ulrike, Hannover: 219. |laif, Köln: Audras, Stephane/REA 5, 175; Ernsting, Thomas 220. |Marcus Sommer SOMSO Modelle GmbH, Coburg: Original SOMSO Chromosomenmodell ZoS 57/4 127. |mauritius images GmbH, Mittenwald: age 10, 16, 100; Beck 42; Beuthan, Steffen 61; Birke 83; Caroline 41; Frank, Roland T. 142; Johnér 212; Knöll, Robert 10; Kugler, Jean 201; Nowell 37; Phototake 200; Pöhlmann, André 118; Rauschenbach, Fritz 42; Reinhard, Hans 9, 73; Science Source/Kinsman, Ted 179; Thonig 10. |Max-Delbrück-Centrum (MDC) für Molekulare Medizin in der Helmholtz-Gemeinschaft, Berlin: Hakan Toka 144. |Minkus Images Fotodesignagentur, Isernhagen: 10, 12, 14, 15, 46, 51, 59, 110, 115, 122, 122, 122, 122, 122, 122, 122, 122, 140, 149, 149, 149, 152, 165, 179. |Naturaliter snc, Capannoli (Pi): Model by Naturaliter, Italy 207, 210. |NordicPhotos, Berlin: Ove Eriksson/NordicPhotos 53. |OKAPIA KG - Michael Grzimek & Co., Frankfurt/M.: Birke, Roland 48; Freund 41; Holt Studios/Cattlin, Nigel 102, 104; imageBROKER/Weitzel, Holger 109; Kerstitch 178; Kneer, B. L. 178; Markmann, Hans-Jürgen 81; NAS/Cartier, Jim 207; NAS/Phillips, Mark D. 151; NAS/Shields, Martin 54; OSF/Cooke 43; OSF/Schulz, Gerhard 41; Pelka 118; Pott, Dr. Eckart 35; Reinhard 28, 70; Sauer, Frieder 191; SAVE/Kunz, Bernd 114; TH Foto/Tschanz-Hofmann 139; Visual & Written/Williams, J.H. 207; Vogt-Mössingen 21; Zillmann, Ulrich 109. |PantherMedia GmbH (panthermedia.net), München: Kneschke, Robert 145; Monkeybusiness Images 200; Pravdica, Viktor 216; Schneider, Robert 63; sergieiev 21; totalpics 114. |Pferdefotoarchiv Lothar Lenz, Dohr: 42, 70, 70. |Philipp, Dr. Eckhard, Berlin: 10, 34, 34, 34. |Picture-Alliance GmbH, Frankfurt/M.: 37; akg-images 199; Arco Images 71; Arco Images/Fieber, J. 6; Bildagentur-online 38; blickwinkel 6, 57, 71, 216; blickwinkel/Hartl, A. 40; dieKLEINERT.de/Privit, Wolfgang 209; dpa 36, 43, 71, 76, 165, 178, 179, 214, 216; dpa-Zentralbild/euroluftbild.de 72; dpa/Cat 160; dpa/Gutberlet 28; dpa/Hollemann, H. 64; dpa/Hollemann, Holger 106; dpa/Landov 110; dpa/Lenz, Katja 209, 210; Hahn, Abaca Lionel/dpa 145; Harms, D./Wildlife 169; Hippocampus Bildarchiv 41; Hippocampus-Bildarchiv 69; Hurek, Markus C. 53; Klett/Jung, A. 48, 48; Koenig, R./blickwinkel 177; Mary Evans Picture Library 181; Minden Pictures 198; Okapia 198; OKAPIA/Naturbild/Greulich, R. 69; Photoshot 147, 204; Texas A&M University/AP 152; Tödt, Matthias/ZB 163; Wildlife 202; WILDLIFE/Hamblin, M. 198; WILDLIFE/Hartmann, P. 43; WILDLIFE/Nagel, R. 43; Wildlife/Oxford, N. 197; ZB 163; ZB/Kasper, Jan-Peter 158; ZB/Schmidt, Hendrik 119; Zentralbild 37; Zucchi, Uwe 97. |pixabay.com, Neu-Ulm: Skitterphoto 162. |plainpicture, Hamburg: Pat Meise 69. |Radtke, Lothar, Hilchenbach: 20, 20. |Reinhard-Tierfoto, Heiligkreuzsteinach: 70, 70, 70. |Rogosch, Michael, Bochum: 139. |Roß, Janne, Lienen: 206, 206, 206, 206, 206, 206. |Sauriermuseum Frick, Frick: 177. |Schrempp, Heinz, Freiburg i. Br.: 16. |Science Photo Library, München: Boeing 211; Brown, A Barrington 131; FRANS LANTING/MINT IMAGES 198; Garlick, Mark 174, 182; Leroy, Francis 151; MARTA MONTANYA/LUIS MONTANYA 212; Patterson, Dr. David J. 48; PHANIE/VOISIN 147; SPL/Mehau Kulyk 154; Visual Unlimited/Flegler, Dr. Stanley 173. |Senckenberg Forschungsinstitut und Naturmuseum/Abt. Messelforschung & Mammalogie, Frankfurt: Messelforschung 188. |Shotshop GmbH, Berlin: bluemagenta/D. Heinemann 73. |Shutterstock.com, New York: alice-photo 220; Aniszewski, Paul 36, 80; anurakss 212; Bildagentur Zoonar 117, 117; blvdone 219; Brzostowska 68; ChameleonsEye 219; cloki 4, 87, 116; Elliotte Rusty Harold 71; Fotokostic 86; Gallinago_media 71; GeK 215; Goosev, Alexey 189; hjochen 102; Image Point Fr 156; Janyst, Lukasz 88; Jevtic, Budimir 236; jopelka 68; Kappel, Sabine 57; kropic1 110; Kuzmina, Oksana 153; LazarevaEl 143; Lindner, Roland 64; Lorne, Evan 102; Marsan 103; Melnik, Vladimir 88;

Aufgaben verstehen und richtig bearbeiten

Wie werden Aufgaben richtig bearbeitet?

Um eine Aufgabe erfolgreich bearbeiten zu können, musst du nicht nur über das Thema Bescheid wissen. Du musst auch verstehen, was in der Aufgabe erwartet wird. Um das herauszufinden, solltest du besonders auf die Verben in der Aufgabe achten: Sie geben an, was du tun sollst.

Gene und Vererbung

Gentechnik in der Landwirtschaft

1. 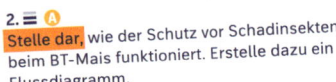 **Beschreibe,** wie es durch den Maiszünsler zu Ernteausfällen kommen kann.

2. **Stelle dar,** wie der Schutz vor Schadinsekten beim BT-Mais funktioniert. Erstelle dazu ein Flussdiagramm.

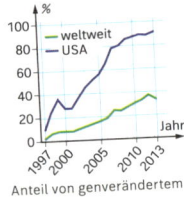

Anteil von genverändertem Mais

3. **Werte** das Diagramm **aus** und stelle die Bedeutung von BT-Mais heraus.
a) in den USA
b) weltweit

4. **Erläutere** Unterschiede zwischen klassischer Züchtung und der Erzeugung von GVOs.

5. **Plane** Versuche, mit denen sich herausfinden lässt, ob neue, gentechnisch veränderte Pflanzen zum einen resistent gegen Schädlinge, zum anderen aber ungefährlich für Nutzinsekten wie Bienen sind. Wie würdest du vorgehen, um die Natur durch die Versuche nicht zu gefährden?

6. Wissenschaftler haben Nutzpflanzen gentechnisch gegen ganz bestimmte Schädlingsbekämpfungsmittel resistent gemacht. **Beurteile,** ob dies Probleme für die Natur bedeuten könnte.

8. **Diskutiert** Pro- und Kontra-Argumente zum Anbau von BT-Mais. Sammelt sie in Form eines kurzen Artikels für eine Schülerzeitung. Zieht ein Fazit.

7. **Bewerte** das in Aufgabe 6 beschriebene Vorgehen vor dem Hintergrund, dass sich die eingesetzten Schädlingsbekämpfungsmittel im Boden anreichern können.

Schülerzeitung

NEUESTE NACHRICHTEN AUS POLITIK, KULT

1. Beschreiben
Beim Beschreiben sollte etwas knapp, aber genau wiedergegeben werden. Der Text muss selbst formuliert und gut strukturiert sein. Zusammenhänge sollten deutlich werden.

2. Darstellen
Ähnlich wie beim Beschreiben sollen auch hier Sachverhalte, Zusammenhänge oder Abläufe verständlich wiedergegeben werden. Statt eines Textes kann aber auch eine Grafik, eine Skizze, ein Diagramm oder ähnliches verwendet werden.

3. Auswerten
Beim Auswerten müssen Daten, Fakten oder Beobachtungen aus Versuchen in den richtigen Zusammenhang gebracht werden. Vor dem Hintergrund einer gegebenen Fragestellung können Schlussfolgerungen gezogen und aus den Daten ein Ergebnis abgeleitet werden.

4. Erklären – Erläutern
Beim Erklären und Erläutern muss ein Sachverhalt verständlich und nachvollziehbar ausgedrückt werden. Zusammenhänge und Begründungen müssen deutlich werden: Was passiert in welcher Reihenfolge? Aus welchem Grund passiert es? Welche Folgen oder welchen Sinn hat es? Ist eine Erläuterung gefragt, müssen ergänzende Informationen herangezogen werden, um die Aussagen verständlich und die Zusammenhänge deutlich zu machen.